ALOIS M. HAAS

TODESBILDER IM MITTELALTER

ALOIS M. HAAS

TODESBILDER IM MITTELALTER

Fakten und Hinweise in der deutschen Literatur

WISSENSCHAFTLICHE BUCHGESELLSCHAFT
DARMSTADT

Einbandbild: Tod, gefaßte Holzskulptur, um 1500. Museum in der Burg Zug, CH-6300 Zug. Foto: Punktum Bildarchiv Zürich/Beno Dermond.

CIP-Titelaufnahme der Deutschen Bibliothek

Haas, Alois M.:
Todesbilder im Mittelalter: Fakten und Hinweise in der deutschen Literatur / Alois M. Haas. – Darmstadt: Wiss. Buchges., 1989
   ISBN 3-534-06719-3

wb Bestellnummer 06719-3

© 1989 by Wissenschaftliche Buchgesellschaft, Darmstadt
Satz: Maschinensetzerei Janß, Pfungstadt
Druck und Einband: Wissenschaftliche Buchgesellschaft, Darmstadt
Printed in Germany
Schrift: Linotype Garamond, 9.5/11

ISBN 3-534-06719-3

INHALT

VORWORT

Keiner ist sich klarer über die Vorläufigkeit und das Fragmentarische des hier Vorgelegten als dessen Verfasser. Das Problem des Todes im deutschen Mittelalter – in seinen Spiegelungen in Literatur und Geschichte – darstellen wollen ist eine für einen einzelnen kaum zu leistende Aufgabe. Hier werden ein paar Skizzen und Hinweise auf den Reichtum dessen, was zu ermitteln wäre, gegeben; mehr nicht. Erwachsen aus Vorlesungen, kann und will der hier vorgelegte Entwurf seine Herkunft nicht verleugnen.

Frau Dr. Louise Gnädinger hat mir, unterstützt von der Stiftung für wissenschaftliche Forschung der Universität Zürich, beim Forschungsreferat geholfen. Sie hat auch das Register erstellt. Ihr und der Stiftung danke ich herzlich!

Zürich, Allerseelen, 2. November 1988   Alois M. Haas

I. PROLEGOMENA ZUR PROBLEMATIK DES TODES

> Morimur ergo semper dum vivimus, et tunc tantum desini-
> mus mori cum desinimus vivere.
> Innozenz III., De miseria humanae conditionis, cap. 23

1. Die Quasi-Erfahrung des Todes

Es gibt kaum einen größeren denkbaren Gegensatz im menschlichen Dasein als jenen zwischen der schlichten Gegebenheit des Lebens und der unvermeidlichen des Todes. Diese Gegensätzlichkeit ist an sich kaum auszuhalten,
und für gewöhnlich entzieht man sich ihr, indem man *einen* Gegensatz einfach ausschaltet, naheliegenderweise das gespenstische, unheimliche und so
irritierende Moment des Todes, das sich in eigenartiger Dialektik als „anwesend in Abwesenheit"[1] im Leben bemerkbar macht.

Denn tatsächlich *hat* der Mensch zunächst eine massive Erfahrung des Lebens als solchen; die Erfahrung des Wachstums und des Alterns dagegen ist
vage; und vom eigentlichen Ende des Lebens, vom Tode, haben wir gar keine
Erfahrung, obwohl ein unbestimmtes Gefühl, geboren zu sein, das Sein nicht
sich selber gegeben zu haben und von anderen Seienden abzustammen, ein
Kontingenzbewußtsein ins Dasein bringt, das so etwas wie einen Tod für uns
innerlich gegenwärtig hält. Aber den Tod habe ich – lebend – noch nicht
erfahren; ich habe auch nicht die Möglichkeit, die Erfahrung des Sterbens
schlicht zu antizipieren. Daher ist der Tod nicht einfach eine Grenze wie die
Geburt, er ist ihr nicht symmetrisch zugeordnet; der Tod ist auch nicht impliziert im denkenden Bewußtsein wie die Geburt. Im Grunde ist der Tod eine
Idee, die man von außen her aufgreift und die im subjektiven Bewußtsein
durch kein Äquivalent bestätigt wird. Einzig, läßt sich vermuten, entspricht
dieser Idee das Kontingenzgefühl, das als Angst um die Beständigkeit des
Individuums das Dasein durchwaltet. Bis zu einem gewissen Grad zeigen
und verweisen die Erfahrungen, die eine Seinsverminderung im Gefolge
haben, wie Schmerz, Leid, Altern, Bewußtseinsverminderung oder -trübung
(Schlaf, Müdigkeit, Ohnmacht), auf den Tod als deren letzten Nenner. Aber
umgekehrt läßt sich mit gutem Grund behaupten, daß gerade diese Erfahrungen der Seinsverminderung wie etwa der Schmerz das subjektive Gefühl der
Präsenz zu Welt und Ich weniger dämpfen als antreiben: der Brand des Bewußtseins, den der Schmerz gleichzeitig anfacht und intensiviert, wird ausge-
löscht einzig im Tod. Insofern ist aber der Tod nie vollkommen natürlich,

sondern er besteht immer in einem Schock, der uns außerhalb alles Bekannten und Verfügbaren wirft. „Friedliches Verlöschen" und ähnliche Euphemismen betrügen um die Wahrheit des Todes,[2] der angesichts seiner grundsätzlichen Fremdartigkeit nie daseinsanalytisch völlig verrechnet werden kann. Selbst die dem Tode scheinbar näherstehenden Erfahrungen der Ohnmacht und des Schlafes sind dem Tod dadurch, daß man aus ihnen wieder zurückkommt und aufwacht, inkommensurabel. Der Tod ist immer *vor* uns, und keiner ist daraus noch zurückgekommen.[3] Der Tod ist die letztdenkbare Verneinung, und zwar eine Verneinung hors série, die sich nicht einfügen läßt in die Kette von Verneinungen, die das Leben durchziehen.[4] Die Tatsache, daß ich sterben muß, ist also keine gemachte Erfahrung, sie ist aber ein Wissen, allerdings ein abstraktes Wissen, das ich von außerhalb meiner selbst durch das Schauspiel des Todes bei anderem Seienden empfange. Erst sekundär kann ich aus der Kontingenz alles Seienden so etwas wie eine persönliche Todesfurcht oder ein Gefühl des Todes, das mein Leben durchzieht, konstruieren. In der Beobachtung des andern Seienden enthüllt sich der Tod als ein empirisches Gesetz ohne Ausnahme. Alle organisierten Lebewesen sind sterblich. Wenn ich nicht gewissermaßen als Biologe denken kann, kann ich den Tod nicht denken, denn mein Wissen vom Tod ergibt sich rein aus äußerer Erfahrung. Das heißt doch: Wir sind nicht von unserem Wesen her sterblich; wir haben deshalb auch kein subjektives Äquivalent der Notwendigkeit des Todes in uns.[5]

Ist das einmal festgehalten, dann muß man allerdings hinzufügen, daß die Idee des Todes in unserem inneren Erfahrungsbereich trotz allem eine unbeschränkte Auswirkung haben kann, ja muß. Denn die Erkenntnis des Sterben-Müssens ist von Natur aus so emphatisch gegeben, daß diese an sich bloß sekundäre Erfahrung des Todes und der Kontingenz den Charakter einer originalen Erfahrung annehmen kann. Der allgemein exemplarische Charakter des Todes muß als Notwendigkeit, daß *ich* sterben muß, gedeutet werden. *Ich* bin der spezielle Fall eines allgemeingültigen Gesetzes. Ich muß also diese Notwendigkeit des Sterbens irgendwie ernst nehmen. Man muß sich auf seinen zukünftigen Tod einüben, einlernen; völlig improvisieren läßt er sich – als ein absolut Fremdes, das er ist – nicht.

Zunächst hat sich der Gedanke an den Tod einzufügen in das vage Gefühl der Kontingenz, das durch die Tatsache, daß ich nicht durch mich selber bin, unaufhörlich gegeben ist. Das geschieht ohne Schwierigkeit; ja es ist so, daß der Satz ‚Du mußt sterben' den andern ‚Du bist nicht durch dich selber' gewissermaßen komplettiert, konkretisiert und verdeutlicht. Die unbestimmte Trauer darüber, daß ich mich nicht mir selber verdanke, hat nun einen objektiven Grund in der Hinfälligkeit meiner Existenz auf den Tod hin. Aber trotz allem, die Fremdheit des Todes bleibt: der Tod ist keine Erfahrung, sondern ein Wissen, das als eine Quasi-Erfahrung mein Leben bestimmt. Daher haben es die Philosophen, die lange Zeit ihr Geschäft als eine *commentatio mortis* [6] oder nach dem Spanier Gonzales aus dem 12. Jahrhundert als *cura et studium et sollicitudo mortis* [7] verstanden haben, so schwer, die Herzen der Menschen mit ihrem nachdrücklichen Hinweis auf den eigenen Tod zu treffen. Der Gedanke an den Tod hat etwas Kaltes und in der Existenz als solcher nicht Grundgelegtes; er ist und bleibt abstrakt bis zu einem gewissen Grade, während das Gefühl der Kontingenz, der Schauder vor der Absenz möglicher Begründung der Existenz in sich selber, im Wesen des Existierenden selber liegt. Die Tatsache, daß der Gedanke an den Tod daher immer wieder leicht aus dem Gesamtzusammenhang des Lebendigen eskamotiert zu werden droht, hat daher ihren genauen Grund.

2. Epikur: Die philosophische Tabuierung des Todes

Obwohl heute eine umfängliche, kaum mehr überblickbare Literatur zur Todesproblematik vorhanden ist, bleibt daher das Gedenken an den Tod bestenfalls beschränkt auf die Tatsache, daß man den Tod des Mitmenschen zur Kenntnis nimmt, daß ich also mit dessen Tod mich in irgendeiner Weise auseinanderzusetzen habe. Daß *mein* persönlicher Tod aber in die Faktizität des Sterbens und des Todes wesentlich involviert ist und bleibt, daß ich vom Tod nicht dispensiert bin, dieser Gedanke, wenn ich ihn überhaupt denke, geniert mich nicht nur, sondern er erschreckt mich. Lieber bleibe ich beim unverbindlichen 'man stirbt', das dem 'man' überbindet, was auch *ich* zu bestehen hätte. Die Rede, die auf den Tod aufmerksam macht, wird so zur Pornographie – Geoffrey Gorer hat von einer eigentlichen „Pornographie des Todes" [8] gesprochen, die es beispielsweise verbiete, daß das Wort 'Tod' in großen, angesehenen Tageszeitungen gedruckt werde – ein Tatbestand, der noch in der Diffamierung des Todes, um ihn aus dem Gedächtnis zu tilgen, doch auch eine *Auffassung* vom Tode darstellt: Man befreit sich von der Todesfurcht, indem man nicht mehr daran denkt. Diese Haltung hat schon bei Epikur [9] in einem berühmten Sophisma einen klassischen Ausdruck gefunden: „Gewöhne dich an den Gedanken, daß der Tod uns nichts angeht. Denn alles Gute und Schlimme beruht auf der Wahrnehmung. Der Tod aber ist der Verlust der Wahrnehmung. Darum macht die rechte Einsicht, daß der Tod uns nichts angeht, die Sterblichkeit des Lebens genußreich, indem sie uns nicht eine unbegrenzte Zeit dazu gibt, sondern die Sehnsucht nach der Unsterblichkeit wegnimmt. Denn im Leben gibt es für den nichts Schreckliches, der in echter Weise begriffen hat, daß es im Nichtleben nichts Schreckliches gibt. Darum ist jener einfältig, der sagt, er fürchte den Tod nicht, weil er schmerzen wird, wenn er da ist, sondern weil er jetzt schmerzt, wenn man ihn vor sich sieht. Denn was uns nicht belästigt, wenn es wirklich da ist, kann nur einen nichtigen Schmerz bereiten, wenn man es bloß erwartet. – Das schauerlichste Übel also, der Tod, geht uns nichts an; denn solange wir existieren, ist der Tod nicht da, und wenn der Tod da ist, existieren wir nicht mehr. Er geht also weder die Lebenden an noch die Toten; denn die einen berührt er nicht und die andern existieren nicht mehr." [10]

Solche und ähnliche Überlegungen haben im Lauf der Geschichte immer wieder zu möglichster Verdrängung, Tabuierung, Banalisierung, Bagatellisierung, Privatisierung und Entöffentlichung des Todes geführt; in immer neuen Abwandlungen – von Lukrez und Cicero bis zu Montaigne und Ernst Bloch – wird dieses Sophisma weitergereicht. Das ist aber nur die eine Seite der Medaille. Im Protest heutiger Denker gegen die moderne Todesverdrängung meldet sich eine Anschauung, die den Tod und dessen Meditation als eine Möglichkeit der Erweckung und Festigung transzendenter Bezüge des Menschen ins Auge faßt. In der Todesverdrängung wird Verweltlichung und illegitime Abkehr von der Transzendenz beklagt; im *memento mori* dagegen, dessen Insistenz gewissermaßen als Begleitphänomen des Lebens gefordert wird, soll die Transzendenz denkbar gegenwärtig und fühlbar werden.

3. Philosophie – eine commentatio mortis

Schon Cassiodor, ein in der ersten Hälfte des 6. Jahrhunderts nach Christus lebender Denker und Freund des Boethius, hatte die Definition der Philosophie als einer *commentatio mortis* bereitwillig übernommen und versichert, diese Kennzeichnung der Philosophie sei dem Christen am ehesten gemäß, [11] obwohl sie dem Platonismus und der Stoa entstammt. Tatsächlich hat sich die Religion, und nicht nur die christliche, in Auseinandersetzung mit dem Geschehen des Todes ausgebildet. Ja, das gesamte religiöse Bewußtsein der Menschheit hat sich „offensichtlich in der ständigen Auseinandersetzung mit dem Faktum des Todes und in dem immer neuen Versuch einer geistigen Verarbeitung des Erlebnisses des Todes entwickelt" [12].

Unsere Kultur und Zivilisation, unser Persönlichkeitsbewußtsein und unsere Gemeinschafts- und Gesellschaftsvorstellungen sind von dieser Auseinandersetzung aufs nachhaltigste geprägt. Die Religionsgeschichte zeigt, daß der Mensch das einzige Wesen ist, das seine Toten begräbt. [13] Die Bestattung der Toten hat eine ähnliche Signifikanz für das unterscheidend Menschliche wie die Sprache. Die Sprache der Gräberfunde verweist darüber hinaus auf den merkwürdigen Tatbestand, daß man durchgehend glaubte, der physische Tod sei nicht als definitives Ende des Lebens hinzunehmen, sondern als ein transitorischer Zustand, aus dem sich die Seele als eine unsterbliche zu retten vermag. Der Tod markiert so in den Augen der archaischen Religionen einen Wandel der Seins- und Lebensbedingungen, der meist in primitiven Seelen-

mythen anschaulich gemacht wurde. Es geht uns bei dieser Feststellung der
Religionsgeschichte nicht um einen Beweis für die Unsterblichkeit der Seele
– das wurde oft versucht [14] –, sondern vielmehr um die wesentlich bescheide-
nere Tatsache, daß der eigenartige Leerraum in der menschlichen Existenz,
der durch die noch ausstehende Erfahrung des Todes charakterisiert ist, und
der physische Abschluß der Existenz im Tode für jedermann Anlaß geben für
eine spezifisch religiöse Deutung des Daseins. Das heißt, das Wissen um den
unabwendbaren Tod und die laufende Erfahrung der Kontingenz bewirken,
daß die darin sich ausdrückende Abhängigkeit und Unaufgeschlossenheit der
menschlichen Existenz im Sinne einer konkreten Abhängigkeit des Ge-
schöpfs von einem Schöpfer oder – neutraler – eines menschlichen Seinsemp-
fängers von einem Seinsspender gedeutet wird. Aber nicht nur das, sondern
darüber hinaus wird das einmal in der menschlichen Existenz empfangene
Sein als ein Sein interpretiert, das aus irgendwelcher göttlichen Ermächtigung
heraus den Tod überdauert. Selbst – im Bereich der Hochreligionen – etwa in
atheistischen Formen des Buddhismus ist der Ausstieg aus dem Kreis der Ge-
burten und Wiedergeburten als Todesüberwindung verstanden. Von dieser
allzu pauschal und undeutlich aufgewiesenen Wichtigkeit des Todes als eines
Transitus ins Jenseits bekommt der Tod im Leben eine unheimliche Gegenwärtigkeit als anwesende Abwesenheit der Schranke, jenseits deren sich ein
neues Leben aus der Konsequenz des alten ergibt. Im Grunde verschafft die
Religion zunächst in einem ganz allgemeinen Sinn jenem besprochenen Gefühl der Kontingenz und dem Schrecken vor dem Tode eine Legitimation,
eine höhere Richtigkeit, die gerade auch in Form von Mythen eine Erkennt-
nisleistung darstellt. Religion ist – höchst allgemein gesprochen – die Form
glaubender Erkenntnis, die dem Tod und der Kontingenz einen Sinn verleiht,
so daß ein handlungsweisendes Normensystem höherer Dignität entstehen
kann, in dem sich der Mensch gesichert und geborgen weiß, weil die Transzendenz in irgendeiner Form ihn umgreift. Wenn heute trotz einer hochent-
wickelten Thanatologie die Tabuierung des Todes um sich zu greifen vermag,
dann ist gerade *die* Stelle des menschlichen Daseins, da die Transzendenz
ihren Einbruch ins Irdische haben kann, verborgen und verleugnet. Es sind
deshalb auch vor allem Theologen und Gesellschaftskritiker religiöser Prove-
nienz, welche die These von der Todesverdrängung in der heutigen Gesellschaft vertreten und begründen. [15]

4. Tod und Erkenntnis (Augustinus)

　　Wir haben gesagt, daß die Bewältigung des Todes etwas mit Erkenntnis zu
tun hat, [16] gerade auch in ihrer religiösen Variante. Das gilt es noch etwas weiter auszuführen. Wenn ich auch von meinem Tod keine direkte Erfahrung

habe außer im Tode selbst, so habe ich doch mittelbar eine direkte Erfahrung
– wenigstens eine direktere Erfahrung – vom Tode im Sterben meines Mitmenschen. Lassen Sie mich ein berühmtes Beispiel für eine solche Todeserfahrung geben, das uns zeigen kann, wie darin die Erkenntnis als eine
Selbstbefragung des Subjekts entstehen kann. Der hl. Augustinus [17] erzählt im
vierten Buch seiner ›Confessiones‹ vom Tod eines Freundes, ein Geschehnis,
das sehr bald die Kontur eines exemplarischen und grundsätzlichen Ereignisses bekommt. Augustinus ist Lehrer der Rhetorik in Thagaste, seiner afrikanischen Heimatstadt. Er hängt dem Manichäismus an, einer gnostischen
Lehre, die sich von einem Perser namens Mani (216–276) herleitet; in ihr
wird ein transzendentaler Monismus, verbunden mit einem auf die Erschei-
nungswelt bezogenen Dualismus, gelehrt. Der Böse beherrscht die Welt der
Materie, in der die Seele als Teil des guten Gottes in den Körpern eingekerkert
ist. Ein ständiger Befreiungskampf zwischen den guten Mächten des Lichts
und den finsteren Dämonen der Hyle ist im Gange. In dieser Glaubenssitua-
tion ist Augustinus besonders empfindlich für Ereignisse im Zwischenbereich
von Materie und Geist. Einem Studiengefährten von Jugend auf ist er zu dieser Zeit aufs innigste verbunden. Dieser aber wird krank und stirbt unverse-
hens. Dieses Ereignis, das den 19jährigen Augustinus in der Mitte des eigenen
Daseins betrifft und verstört, wird ausführlich erzählt. Danach aber schildert
Augustinus, seinen Fall zu einem exemplarischen machend, in dem die Trauer
der Menschheit sich spiegelt, seine Verzweiflung und sein Elend, darin er sich
nach dem Tod seines Freundes findet. Er schreibt: „Vom Schmerz darüber
[über den Tod des Freundes] ward es finster in meinem Herzen, und was ich
ansah, war alles nur Tod *(et quidquid aspiciebam mors erat)*. Die Heimat war
mir Qual, und das Vaterhaus ein seltsames Mißgeschick, und alles, was ich gemeinsam mit ihm erlebt hatte, war ohne ihn verwandelt zu grenzenloser Pein.
Überall suchten ihn meine Augen, und er zeigte sich nicht. Und ich haßte
alles, weil es ihn nicht barg und nichts von allem mir noch sagen konnte: 'sieh,
bald kommt er', so wie es ehemals gewesen, wenn er eine Weile nicht zugegen
war. Ich war mir selbst zur großen Frage geworden *(Factus eram ipse mihi
magna quaestio)*, und ich nahm meine Seele ins Verhör, warum sie traurig sei
und mich so sehr verstöre, und sie wußte mir nichts zu sagen. Und wenn ich
ihr sagte: 'Hoffe auf Gott', so gab sie billig kein Gehör: denn wirklicher und
besser war der Mensch, mit dem sie den liebsten verloren hatte, als der Trug-
gott, auf den zu bauen sie geheißen war. Einzig das Weinen war mir süß, und
es war an meines Freundes Statt gefolgt als die Wonne meines Herzens"
(Conf. IV, 4, 9). Die Erfahrung vom Tode des Mitmenschen, die sich spezifisch unterscheidet von der Quasi-Erfahrung des eigenen Todes – ist *diese*
abwesende Anwesenheit des Todes, so ist *jene* anwesende Abwesenheit des
Todes! –, führt hier Augustinus zu einer Phänomenologie des Todes, wie
sie schärfer nicht gedacht werden könnte. Die anwesende Abwesenheit des

Todes im Toten, der bloß noch Leichnam, seelenlose Materie ist, ist stark genug, die gesamte Umwelt in Tod zu verwandeln. Augustinus findet sich in der *regio dissimilitudinis* (τόπος ἀνομοιότητος [Platon. Politik 273 d; Plotin, Enn. I, 8, 13, 16]) im Reich der Ungleichheit zu seinem Schöpfer, in dem der Tod herrscht. Es ist eine völlige Entfremdung des Menschen zu sich selber, wenn ein Geliebter ihm entrissen wird. Bemerkenswert ist, wie Augustinus den Unterschied zwischen räumlicher Entfremdung und radikaler Entfremdung im Tode herausstellt: Der Freund ist radikal weg, fern, fremd, so daß alle Nähe hassenswert wird; solange der Freund lebte, konnte man immer denken: er ist nur räumlich entfernt, gleich wird er kommen; jetzt ist er definitiv weg; der Raum, den er ausfüllte, ist leer. Das ist nicht nur psychologisch exakt beschrieben – tatsächlich hofft man, nach dem Tode eines geliebten Menschen, er trete unverhofft schlicht zur Tür hinein und der Alptraum sei vorbei –, sondern auch ontologisch; denn das Sein des Menschen ist – soweit es seine objektive Erfahrbarkeit betrifft – stärkstens an den Raum gebunden.[18] Gleich nach dieser Stelle – in einer seltsamen, aber höchst sinnvollen Kehrtwendung – „geschieht in Gegenwart des Lesers" – wie Paul Ludwig Landsberg sich ausdrückt – „die Geburt der existentiellen Philosophie"[19]: „Ich selber war mir eine große Frage geworden." Mindestens können wir von einem großen autobiographischen Moment sprechen, in den Augustinus gerät. Es ist bezeichnend, daß dieses philosophische Fragen angesichts des Todes geschieht: Denn dieser Tod des Freundes signalisiert die Möglichkeit der Selbsterforschung, der erinnernden Erforschung des eigenen Ichs, das selber vom Tode bedroht ist und ihm gewiß zum Opfer fallen wird. Anderswo in den ›Confessiones‹ schreibt Augustinus: „Ich . . ., o Herr, mühe mich . . . ab und mühe mich an mir selber ab: es wurde mein Ich mir zum Boden der Mühsal, und ich bestelle ihn mit vielem Schweiß *(factus sum mihi terra difficultatis et sudoris nimii)*. Jetzt ist es kein Forschen an den Gefilden des Himmels, kein Messen zwischen den Gestirnen, kein Loten auf der Erde: das bin ich selbst, ich bin mein Erinnern, ich bin meine Seele. Kein Wunder ist es, wenn sich meinem Ich entlegen zeigt, was ich nicht bin; was aber ist mir näher als mein Ich? Und siehe, da wird schon diese meine Kraft Gedächtnis nicht von mir begriffen, ohne die ich doch mich selbst nicht einmal nennen könnte . . ." (X, 16, 25). Dieses Sich-selber-zur-Frage-Werden an der Erfahrung vom Tode des Mitmenschen beweist für Augustinus, daß das sterbliche Alltagsleben nicht die wahre, endgültige Existenz sein kann. Das Forschen und Suchen im rückwärtigen Raum der Erinnerung stößt in den Abgrund vor, der sich unverhofft auf Gott und seine Abgründigkeit hin öffnet und offenhält. Der Schmerz über den Tod des Nächsten und der vorausgenommene über den eigenen Tod wird als Zeichen zeitlicher Trauer Hinweis aufs Ewige. Zunächst aber bleibt Augustinus im Trost seiner eigenen Tränen befangen: *Requiescebam in amaritudine* – „ich fand Ruhe in der Bitternis". Und gleich entdeckt er die scharfe

Antinomie seines damaligen Zustandes: „Nein, ich weiß nicht, welch ein völlig entgegengesetztes Gefühl in mir erwacht war: der Überdruß am Leben lastete schwer auf mir, gleichschwer auch die Furcht vor dem Sterben. Ich glaube, je tiefer ich den Freund geliebt hatte, um so tiefer haßte und fürchtete ich als den wütendsten Feind den Tod, der ihn mir entrissen hatte, und ich meinte schon, er werde jählings alle Menschen verschlingen, da er ihn hatte verschlingen können" (IV, 6, 11). Erst später wird ihm Gott, den er als *spes mea* bezeichnet, als Ausweg aus diesem Dilemma von Überdruß am Leben und Furcht vor dem Tode deutlich werden können. In diesem Dilemma – einerseits Überdruß und Ekel am Leben, auf der andern Seite ein nur noch stärkeres Sichanklammern ans Leben – bezeugt sich eine Dialektik, die Jahrhunderte später Feuerbach folgendermaßen umschrieben hat: „Der Tod . . . als eine totale Verneinung ist eine sich selbst verneinende Verneinung, eine Verneinung, die, indem sie Alles nimmt, Nichts nimmt, oder richtiger eine Vernichtung, die Nichtigkeit und Vernichtung ihrer selbst, die Nichts ist, eine gehalt-, bedeutungslose Verneinung. Bedeutung hätte sie ja nur, wenn sie Etwas verneinte und eben dieses Etwas, das sie verneint, ihre Bedeutung wäre, wie die Verneinung meiner Güter an der Bestimmung, daß sie Verneinung einer bestimmten Existenz, reiner begüterter Wirklichkeit ist, ihre Bedeutung hat, Etwas bedeutet, eben weil sie nur Etwas verneint. Was die Existenz selber verneint, hat selbst keine Existenz, denn indem es die Existenz selbst verneint, verneint es das, worin, wovon und wodurch es existieren könnte. Der Tod daher, indem er in der Verneinung der Existenz sich selbst verneint, indem er in der Vernichtung des Positiven, des Lebens selbst Nichts ist, ist dadurch die Bejahung selbst der Existenz, die untrüglichste, stärkste Versicherung und Bestätigung der absoluten Realität der Existenz und des Lebens."[20]
Auch wenn Feuerbach hier dem Sophisma von der Nichtgeltung des Todes aufsitzt, so gibt er doch aufs genaueste in ontologischer Terminologie einen psychologisch diagnostizierbaren Tatbestand wieder: Der Mensch, der dem Tod begegnet, wundert sich mit aller Kraft seiner Existenz, daß er lebt und nichts als lebt. Es hat einen tiefen Sinn, daß das Totenmahl meist in eine weinfröhliche Selbstbestätigung der Hinterbliebenen ausartet.
Augustinus ist in diesem Ereignis nicht schlicht vor *den* Tod gestellt, sondern, indem er den Tod seines Nächsten erfährt, in die Nichtigkeit *seines eigenen* Todes hineingestellt.[21]
Aus diesem Tatbestand wird etwas Weiteres deutlich: Es ist die Mitmenschlichkeit in der Form der Zuneigung und Liebe, die erst die eigene Todverfallenheit des eigenen Ichs zu ratifizieren vermag, und erst aus diesem starken verzehrenden Erlebnis der durch den Tod ge- und verstörten Mitmenschlichkeit heraus entwickelt sich die erkennende Erforschung des eigenen Ichs und seiner Abgründe.
Von diesem mit Scharfsinn und eigentlicher Akkuratesse geschilderten

Ereignis aus dem Leben Augustinus' läßt sich nun eine allgemeine Feststellung machen, die im exemplarischen Charakter, den Augustinus ihm verleiht, schon angezeigt ist. Die *commentatio mortis* ist, sofern sie sich auf die tatsächliche Erfahrung des Todes (eines Mitmenschen) und auf die tatsächliche Einübung in die Todverfallenheit des eigenen Ichs einläßt, wesentlich ein Gehalt der Philosophie, der denkenden Bemühung um das Leben. Wer des Todes nicht inne wird, kann dem Leben nicht hinter seine Spontaneität schauen. *Memento mori* – der dunkle Rat, mit dem sich die von dem hl. Paulus von Theben herleitenden „Brüder des Todes" begrüßt haben sollen[22] – ist letztlich nichts anderes als eine andere Form des *Nosce teipsum* (Gnothi sauton), eine Mahnung, die in Delphi über dem Tempel geschrieben stand und nichts anderes meinte als: „Denk daran, daß du sterblich bist, daß du nicht Gott bist."[23] Daraus erwächst dann eine ganze Philosophie der Erkenntnis, die zu beantworten versucht, als was, woher und warum der Mensch existiert. Und wohlweislich, all das wird nicht gefragt, weil der Mensch *lebt*, sondern weil er sterblich ist, weil er zu leben aufhören wird; nur deshalb ist der Mensch aufgerufen, sich selber zu erkennen. Gedenke, daß du sterben mußt, und deshalb erkenne dich selbst.

5. Die platonische und christliche Deutung des Todes

Es ergibt sich – und damit verlassen wir Augustinus – aus dieser Verbindung von Erkenntnis und Tod der auf den ersten Blick befremdliche Tatbestand, daß, was als das Signal lebendigster Spontaneität im menschlichen Dasein gilt, die Erkenntnis, aufs nachhaltigste auf das Nicht-mehr-Leben hin verweist, auf den Tod, sobald sie nicht mehr rein objektbezogen, sondern zurückbezogen auf das denkende Subjekt geschieht. Definiert sich der Mensch mit Recht als *animal rationale*, als Lebewesen, das in vollem Geistbesitz sich und anderes zu erkennen fähig ist, so muß er sich – in genauer Weiterführung dieser Definition – als dasjenige Lebewesen verstehen, das ein Verhältnis zu seinem eigenen Tod hat. Es ist sogar die Frage, ob nicht die Einsicht in die Unvermeidlichkeit des Todes gewissermaßen als fundamentale geistige Erfahrung das Denken aus sich hervortreibt. Denn Denken passiert offenbar da, wo etwas nicht stimmt, wo ein Nichts im Etwas steckt. Eine fugenlos geschlossene Welt gibt keinen Anlaß, sie zu erklären. Daher hat wohl Aristoteles auch das Staunen als den Anfang allen Philosophierens genannt: Staunen kann man nur, wo Unerhörtes, Ungeklärtes vor den Blick kommt. Und es ist klar, daß der Tod als Urereignis der Befremdung gelten darf, gelten muß, denn Erstaunlicheres, als daß Lebendiges in den Tod überführt wird, läßt sich gar nicht vorstellen.

Dieser Schock der Erkenntnis, näherhin der Selbsterkenntnis, daß das Ich sterblich ist, erschöpft sich – bei den *griechischen Denkern* – nicht darin, die Warntafel menschlicher Sterblichkeit aufzustellen, sondern versucht gleich auch das denkerische Heilmittel gegen den Tod zu erfinden, „und angesichts des Schierlingsbechers hat Sokrates es gefunden" [24].

Das Wesen des Menschen ist Geist, und dieser ist so kostbar, daß er im Tode nicht untergehen kann. Der Geist ist unsterblich; das Beste im Menschen, der Geist, kann daher vom Tode nicht angefochten werden. Was stirbt, ist der Leib, „der äußerlich, 'widerrechtlich' mit dem Geist verbunden worden ist, auf Grund eines 'Sündenfalls', einer Selbstentfremdung des Geistes, von der er (wenn er es richtig macht) durch den Tod wieder ledig werden kann. Nur das Uneigentliche des Menschen stirbt, nur das, was ihn, der eigentlich unsterblicher Geist ist, in die Sphäre der Vergänglichkeit herabzog." [25] Damit ist nach Sokrates–Plato die Seele unter Preisgabe des Leibes vor dem Tod denkerisch gerettet. Diese platonische Intuition hat Jahrtausende abendländischen Denkens geblendet, ohne daß man inne wurde, daß hier die metaphysische Einheit der Person aufgehoben wurde um der Bewältigung des Todes willen. Die volle Negativität des Todes ist hier umgangen dadurch, daß die Seele als das unzerstörbar Positive sich davon abhebt und ihre Lebendigkeit als eine unsterbliche dagegenhält. Damit zeigt sich auch die platonische Auffassung als eine Tabuierung des Todes, wenigstens bis zu einem gewissen Grade.

6. Die christliche Todeslehre

Die Faszination dieses Modells hat untergründig auch im Christentum mindestens anderthalb Jahrtausende gewirkt. So heißt es in einem Lehrentscheid Papst Benedikts XII. über die beseligende Gottesschau und die Letzten Dinge vom 29. Januar 1336: „Nach allgemeiner Anordnung Gottes waren, sind und werden sein im Himmel, im Himmelreich und im himmlischen Paradies mit Christus, in Gemeinschaft mit den heiligen Engeln: die *Seelen* aller Heiligen, die aus dieser Welt vor dem Leiden unseres Herrn Jesus Christus hinweggegangen sind, und (die Seelen) der heiligen Apostel, Märtyrer, Bekenner, Jungfrauen und der anderen Gläubigen, die nach Empfang der heiligen Taufe Christi gestorben sind und in denen beim Tode nichts zu reinigen war oder nichts zu reinigen sein wird oder die nach dem Tode gereinigt worden sind . . ." Auch im folgenden ist immer von den S e e l e n der Verstorbenen die Rede, so als ob für den Menschen alles gerettet ist, wenn die „Seele" bei Gott ist. Die Auferstehung im Fleisch am Jüngsten Tage bekommt in diesem Zusammenhang den Charakter eines Akzessoriums, das im Grund ebensogut wegbleiben könnte. Der Text schließt folgendermaßen: „Aber trotzdem (obwohl die Seelen der Geretteten und Verdammten in einem individuellen Gericht schon geschieden wurden) werden am Tage des Gerichtes alle Menschen vor dem Richterstuhl Christi in ihrem Leibe erscheinen und Rechenschaft geben über ihre eigenen Taten, 'damit ein jeder sein Entgelt empfange für das, was er bei Lebzeiten getan hat'" (2 Kor 5, 10).[26] Das Auftreten im Leib bekommt hier den bloßen akzidentellen Charakter einer folkloristischen Schau der Leiber – eine Art eschatologischer Freikörperkultur – am Ende der Zeiten, ohne metaphysische, vor allem aber ohne theologische Begründung im Tode Christi.

Es ist klar, daß der Tod, gedeutet als die Trennung der überdauernden Seele vom zerstörbaren Leib, denkerisch vom Negativen ins Positive gewendet wird. Es ist eine Art Glück, das dem Menschen zum ursprünglichen Zustande der befreiten Seele verhilft. Dieser Tod – selbst wenn er christlich adoptiert wird – ist Glück und kein Schmerz. Er ist kein Ende, sondern Vollendung. Deshalb singen die Schwäne, bevor sie sterben, nach Platons ›Phaidon‹ (84e), „am meisten und schönsten" – aus Freude, daß sie zu Apollon eingehen dürfen, dem Gott des Gesanges, ihrem Herrn.[27] So ist auch Sokrates' Schwanengesang notwendig zum Loblied auf den befreienden Tod geworden.

7. Hegels Denken über den Tod

Eine wesentlich andere philosophische Stellung gegenüber dem Tode und der Erkenntnis nimmt Hegel ein, der in seiner ›Vorrede‹ zur ›Phänomenologie des Geistes‹ auf die Problematik eingeht.[28]

Für ihn verkörpert sich im Tod die „ungeheure Macht des Negativen", „die Energie des Denkens, des reinen Ichs". „Der Tod, wenn wir jene Unwirklichkeit [des Negativen] so nennen wollen, ist das Furchtbarste, und das Tote festzuhalten, das, was die größte Kraft erfordert."[29] Der Tod – als die Macht des Negativen schlechthin verstanden – darf nicht aus dem Leben weggedacht werden: „Aber nicht das Leben, das sich vor dem Tode scheut und von der Verwüstung rein bewahrt, sondern das ihn erträgt und in ihm sich erhält, ist das Leben des Geistes."[30] Der Tod hat eine eigenartige Auswirkung: Er bewirkt das Denken in dem Sinne, daß er die Negation des Bekannten bewirkt und es so zu einem Erkannten macht. „Das Bekannte überhaupt ist darum, weil es *bekannt* ist, nicht erkannt."[31]

Das *Analysieren* einer Vorstellung muß die Form des Bekanntseins aufheben. In diesem Scheidungsprozeß, in dem das Konkrete mittels des Verstandes in seine Elemente zerlegt wird, ja jeder Teil eine „abgesonderte Freiheit" gewinnt,[32] kommt das Wissen von der Stelle und in Bewegung, so daß das Bekannte zum Erkannten werden kann. Das beruht auf der Negativität des Scheidens, des Todes, der als ein innerster Antrieb des Denkens im genannten Sinne verstanden wird. Der Geist „gewinnt seine Wahrheit nur, indem er in der absoluten Zerrissenheit sich selbst findet. Diese Macht ist er nicht als das

Positive, welches von dem Negativen wegsieht, wie wenn wir von etwas sagen, dies ist nichts oder falsch, und nun, damit fertig, davon weg zu irgend etwas anderem übergehen; sondern er ist diese Macht nur, indem er dem Negativen ins Angesicht schaut, bei ihm verweilt. Dieses Verweilen ist die Zauberkraft, die es ins Sein umkehrt." [33] Das ist nun eine *commentatio mortis* anderer Art als die der platonischen Richtung. Gewiß ist auch hier das Denken an den Tod Anlaß, einer Trennung ansichtig zu werden, aber nicht jener zwischen Leib und Seele im Sinne einer Läuterung, sondern einer Scheidung als Verwüstung. Soweit es menschenmöglich ist, wird hier eine Theorie des *Schmerzertragens* und nicht des *Schmerzüberwindens* gegeben.

Hegels Ansicht über den Tod nun wäre nicht möglich ohne die breite und mühsame Selbstreflexion des sterblichen Menschen angesichts des durch den Tod Jesu Christi eröffneten Verständnisses des menschlichen Todes. Nur deshalb soll diese Konzeption hier auch genannt worden sein. Sie wirft ein Licht zurück auf die Art, wie Sokrates und Christus gestorben sind. Sokrates trank den Schierlingsbecher als eine Medizin der Befreiung und starb mit einem Schwanengesang; Christus starb mit einem Schrei: „Mein Gott, mein Gott, warum hast du mich verlassen?" (Mt 27, 46).

Wenn man die biblisch-christliche Todeserfahrung respektive das christliche Wissen vom Tode als solche zu deuten versucht, dann muß man sich allerdings von allem Anfang an klar sein darüber, daß diese durch die Jahrhunderte hindurch nicht gleichgeblieben sind. „Vielmehr erweisen sie sich in einem hohen Maße als wandelbar und müssen sie sich auch heute weiter wandeln können. Auch das also, was christlicher Glaube vom Tod weiß und wie er sich zum Tode verhält, hat seine Geschichte. Der Tod wird im Alten Testament nicht einheitlich gewertet und im ganzen anders mit Gott in Beziehung gebracht und deshalb anders erfahren als bei Jesus, bei diesem anders als in der frühen christlichen Gemeinde, die sich um Christus als den auferstandenen und wiederkommenden Herrn sammelt, bei dieser anders als im Mittelalter, als in der Reformationszeit, im Barockzeitalter, bei den Pietisten, den religiösen Aufklärern usf." [34]

Die Stile des Sterbens ändern sich im Laufe der Zeit wie die Art des Wissens vom Tod. Inwiefern sich in diesem Wissen, soweit es vom christlichen Glauben in irgendeiner konfessionellen Denomination imprägniert ist, ein wesentlicher christlicher Gehalt durch alle Zeiten hindurch ausprägt, kann vorerst wohl mit dem Hinweis auf die Tatsache beantwortet werden, daß sich im christlichen Glauben der Tod unabänderlich als ein Hauptthema präsentiert dergestalt, daß seine Schrecklichkeit und sein Schockcharakter nie durch gedankliche Spekulation völlig aufgehoben oder weginterpretiert werden. Die Überwindung des Todes liegt danach keineswegs im Ermessen des Menschen, sondern einzig in Gottes gnadenhafter Zuwendung zum Menschen.

8. Die „Demokratie der Toten"

Bevor ich aber in aller Kürze in die christliche Interpretation des Todes eintrete, lohnt es sich, ein Wort zur inneren Begründung dieser Beschäftigung mit dem Tod und damit mit den Toten zu sagen. Heißt es doch bei Heraklit mit allem denkbaren rabiaten Pathos: „Leichen sind eher fortzuschaffen als Mist" [35], d. h. Tote sind, sobald sie aus dem Angesicht gebracht sind, auch aus der Erinnerung zu tilgen. Das ist eine totale Absage an die Tradition, die sich definiert als Gehalt, der von Toten uns überliefert wird, wenigstens zum großen Teil. Diese Absage an die Tradition ist ebenso dumm wie unmöglich und – undemokratisch. Die Fairneß geistigen Lebens gebietet, den Toten – gegen die Arroganz der derzeit Herrschenden – das ihrer Zahl und ihrer geistigen Potenz entfernt entsprechende Gewicht einzuräumen. Totenehrung kann und darf sich nicht auf Gräberkultur beschränken, sondern muß im Sinne einer heute in Frankreich modernen Disziplin weitergehen bis zu einer «histoire des mentalités», in der die traditionellen Gehalte geistigen Lebens zur Anschauung gelangen. Das demokratische Verständnis der Tradition hat schon 1908 G. K. Chesterton in der folgenden reizvollen Weise vertreten: „... es gibt etwas, das ich seit meiner Jugend nie imstande war zu verstehen. Ich konnte nie verstehen, wo die Leute die Idee herhatten, Demokratie sei in irgendeiner Weise der Tradition entgegengesetzt. Es ist eindeutig, daß Tradition nichts anderes bedeutet als die Ausdehnung der Demokratie in der Zeit. Ein Sichverlassen auf Stimmenmehrheit mehr als auf eine einzelne oder willkürliche Stimme. Der Mensch, der gegen die Tradition der katholischen Kirche ein paar deutsche Historiker zu Felde führt, pocht zum Beispiel streng auf Aristokratie. Er pocht auf die Überlegenheit eines Experten gegen die schreckliche Autorität einer Masse. Es ist leicht einzusehen, warum eine Legende respektvoller aufgenommen wird oder werden sollte, als ein historisches Buch. Die Legende kommt gewöhnlich zustande durch die Mehrzahl der Leute im Dorf, die normal sind. Das Buch ist gewöhnlich vom einzigen Menschen im Dorfe geschrieben worden, der verrückt ist. Wer die Tradition mit der Begründung ablehnt, die Menschen seien in früheren Zeiten unwissend gewesen, möge hingehen und das im Herrenklub zum besten geben, gleichzeitig mit der Feststellung, daß die Stimmberechtigten der Slums unwissend seien. Für uns gilt das nicht. Wenn wir einhellig der Meinung gewöhnlicher Menschen größte Bedeutung beimessen, sobald es sich um die Lösung von Tagesfragen handelt, so ist kein Grund vorhanden, sie im Zusammenhang von Geschichte oder Fabel nicht zu berücksichtigen. Man kann Tradition als eine Ausdehnung des Wahlrechts definieren. Tradition heißt, der dunkelsten aller Klassen das Stimmrecht einräumen: unsern Vorfahren. Es ist die Demokratie der Toten. Die Tradition weigert sich, der kleinen und arroganten Oligarchie derer, die einfach zufällig auf Erden wandeln, sich zu unterwerfen. Wer ein Demokrat ist, widersetzt sich der Ansicht, daß ein Mensch durch den Zufall seiner Geburt disqualifiziert werden könne; die Tradition widersetzt sich der Ansicht, daß er disqualifiziert werden könne durch den Zufall seines Todes. Demokratie veranlaßt uns, die Meinung eines anständigen Menschen nicht zu verachten, selbst wenn er unser Stallknecht ist; die Tradition veranlaßt uns, die Meinung eines anständigen Menschen nicht zu verachten, selbst wenn er unser Vater ist. Ich jedenfalls kann die beiden Ideen der Demokratie und die Tradition nicht voneinander trennen; es scheint sich mir eindeutig um dieselbe Idee zu handeln. Wir wollen die Toten zu Rate ziehen. Die alten Griechen gaben bei Wahlanlässen ihre Stimmen auf Steine ab; wir werden sie auf Grabsteine schreiben. Das ist alles in Ordnung, denn die meisten Grabsteine, wie die meisten Stimmzettel, sind mit einem Kreuz gezeichnet. – Ich muß also vorausschicken, daß wenn ich je eine Neigung verspürte, es immer eine Neigung zur Demokratie war und damit zur Tradition. Bevor wir mit irgendwelchen theoretischen oder logischen Erörterungen beginnen, will ich gerne diese persönliche Schwäche einkalkulieren: ich neigte immer dazu, eher der Masse schwer arbeitender Leute zu glauben als der abgesonderten und unangenehmen Literatenklasse, der ich angehöre. Ich ziehe auch die Phantasie und Vorurteile von Leuten, die das Leben von der Innenseite kennen, den klarsten Beweisführungen jener vor, die das Leben nur von außen sehen. Ich würde mich immer stärker auf die Märchen alter Weiber verlassen, als auf die Tatsachenberichte alter Jungfern. Solange der Witz Mutterwitz ist, mag er so toll sein wie er will." [36]

Mit diesen Hinweisen Chestertons zu einer allgemeinen Rechtfertigung geistiger Traditionen – selbst wenn sie sich einer Polemik befleißen, die leicht zur Einseitigkeit tendiert – ist das Thema von Tod und irdischer Relevanz des von einst Lebendigen Geschaffenen angeschlagen, ein Thema, das in den Zusammenhang einer allgemeinen Hermeneutik gehört. Für uns mag die „Demokratie der Toten" die Beschäftigung mit dem Wissen und Denken vom Tode in historischer Dimension rechtfertigen und begründen, wenigstens in einem allerersten Ansatz. Wollte man das hermeneutische Problem, das die Beschäftigung mit geschichtlich Gewordenem stellt, genauer untersuchen, würde man bald merken, daß jedermann in Aktion oder Reaktion an Vergangenes, Totes gebunden ist: keine Theorie des Erklärens und Deutens kann sich des Toten entschlagen, dessen Starre so immer wieder in Lebendigkeit umschlägt.

Das stärkste „Hoffnungsbild gegen den Tod" aufgestellt zu haben ist – um mit Bloch zu sprechen [37] – gewißlich das Verdienst des Christentums. Hier ist die Dialektik von Tod und Leben, von Tradition und Fortschritt in Form einer Demokratie der Toten gewissermaßen die grundlegende Bedingung der gläubigen Selbstvergewisserung. Und mit einem gewissen Schrecken muß man heute konstatieren, daß die Produktivität der „Demokratie der Toten" hinsichtlich der Glaubensreflexion über den Tod das rezipierende Vermögen eines einzelnen bei weitem übersteigt, auch wenn vieles Gesagte in Form eines bis zu einem gewissen Grade festen Traditionsgutes vorliegt, sich also Wiederholungen aller Art häufen. Der Wahlspruch des gewiß nicht theologisch engagierten Sigmund Freud der zweiten Lebenshälfte *Si vis vitam, para mortem* [38] findet sich schon in einem Psalm des Alten Testaments: „Lehre uns bedenken, daß wir sterben müssen (Unsere Tage zu zählen, lehre uns), auf daß wir klug werden" (89[90], 12). [39]

Oder derselbe Gedanke im Brief eines Jungen an den lieben Gott: „Lieber Gott, wie ist das, wenn man stirbt? Niemand will es mir sagen. Ich will es nur wissen, ich will es nicht tun. Dein Freund Michael." [40]

9. Tod im Alten Testament

Die angetönte Schwierigkeit, daß das Wissen vom Tod selbst keineswegs immer gleichgeblieben ist, sondern sich im Wandel der Mentalitäten eben selber immer auch gewandelt hat, ist der Grund, daß man auch über die im Alten und Neuen Testament sich manifestierende Anschauung vom Tod nicht schlechterdings objektiv sprechen kann, insbesondere nicht, wenn man das nur aus zweiter oder dritter Hand tun kann wie der Literaturwissenschaftler, der selbst trotz starker theologischer Neigungen Dilettant in solchen Fragen bleibt. Ich werde daher in möglichster Kürze die biblische Deutung des Todes aus dem Blickwinkel zweier neuerer Theologen referieren, nämlich Jüngels und Leuenbergers. [41] Das soll eine gewisse Folie abgeben, vor der sich dann die mittelalterliche, in den meisten Fällen ja mehr oder weniger theologische Deutung des Todes aufgrund einzelner literarischer Texte nachzeichnen läßt.

Das Volk Israel des Alten Testaments hat ein stark diesseitiges Verhältnis zum Tod, das sich in einer prononcierten Feindschaft gegen ihn äußert. Der Tod ist etwas Schreckliches, obwohl er dem Menschen nicht das absolute Ende bringt. Die Toten nehmen Aufenthalt in den Grabkammern oder der Scheol, der Unterwelt, über die aber keine einhelligen Vorstellungen bestehen. Jahwe ist der Gott der Lebenden, nicht der Toten; das Leben schlechthin wird gepriesen; ein schönes, patriarchalisches Alter wird gefeiert. Totenriten und Bestattungsbräuche müssen, da das Leben das einzige ist, was zählt, kultgesetzlich bekämpft werden. (Der heidnische Bestattungswahn der Antigone hätte hier keinen Platz!) Der Tod ist für den Israeliten etwas Unreines. Wenn der Tod und der Tote unter die Herrschaft Jahwes gestellt werden, dann nur zusammen mit dem Leben und dem Lebendigen. Zwar ist der Tod schrecklich, aber Jahwe hat Macht über ihn. Entscheidung für Jahwe ist Entscheidung für das Leben gegen den Tod. Natürlich gibt es auch bei den Israeliten selber eine Entwicklung im Wissen vom Tod. Der Gehorsam zu Jahwe verleiht eine gewisse Distanz zum Tod. So können die Propheten, gerade im Augenblick der nationalen Katastrophe, im Exil nach Ägypten, da der geschichtliche Tod des Volkes Israel droht, dem toten Israel die Auferstehung aus den Gräbern der Verbannung voraussagen. Auch der einzelne bekommt durch den Glauben an Jahwe ein bestimmtes Verhältnis zum Tode: Er ist ihm nicht bloß Ende des Daseins, sondern darüber hinaus bedeutet er ihm die „Dunkelheit des Daseins . . . als Schuld, Leiden und Verzweiflung" [42]. Die Psalmen schildern alle denkbaren menschlichen Bedrängnisse, Krankheit, Gefangenschaft, Verlassenheit, Anfeindung als Todeserfahrungen mitten im Dasein. (Da die Psalmen durch das Mönchtum und dessen Tagzeitengebet auf unerhört starke Weise auf die Mentalität des mittelalterlichen Menschen einwirken, werden ihre Aussagen über den Tod oft zu Topoi der Todesdeutung im Mittelalter!) Der Tod erweist sich in dieser Perspektive als Ausdruck der Zornesmacht Gottes im Diesseits. Auf der andern Seite wird die Erfahrung der Gegenwart Gottes bisweilen bis an die Grenze des Unsterblichkeitsglaubens ausgeweitet: „Ich bin beständig bei dir . . ., du leitest mich mit deinem Rat und darnach nimmst du mich in Herrlichkeit auf. Mag vergehen mein Fleisch und mein Herz, so bleibt Jahwe doch mein Erbteil für immer" (Psalm 73, 23 ff.). Wenn das auch noch keineswegs ein präziser Auferstehungsglaube ist, so ist hier doch ein Anlaß gegeben, wo die spezifisch christliche Lehre von der Auferstehung typologisch ansetzen kann. Sicher ist aber jedenfalls, daß der Israelit nicht von sich aus sein Verhältnis zum Tod in Ordnung bringen kann, das kann er nur unter der Herrschaft Jahwes.

10. Tod im Neuen Testament

Im Neuen Testament hat der Tod nun ein unvergleichlich stärkeres Gewicht als im Alten.[43] Die Begründung hierfür liegt in der Gestalt Jesu selber, von dem die christliche Urgemeinde bekanntgibt, daß er von den Toten auferstanden ist. Sicher ist also dieses: Der Glaube an Jesus ist Glaube an das Leben, das den Tod überwindet, indem es ihn radikal ernst nimmt.

Im Neuen Testament kommt jene Auffassung vom Tode, die im Alten Testament am Rande steht, am mächtigsten zum Zuge: die Auffassung, daß die Menschen von den Toten auferstehen, und die Hoffnung darauf. Hieß es im Alten Testament noch: „Die Unterwelt lobpreist dich nicht; dich lobt auch nicht der Tod. Die rühmen deine Treue nicht, die in die Grüfte sinken. Nur wer noch lebt, nur wer noch lebt, der kann dich loben, so wie ich's heute tun möchte" (Isaias 38, 18 f.). So heißt es nun bei Paulus: „Und so hoffe ich fest und zuversichtlich, daß ich in keiner Weise zuschanden werde, daß vielmehr Christus vor aller Welt, wie immer, so auch jetzt an meinem Leibe verherrlicht wird: sei es durch Leben, sei es durch Sterben. Denn Christus ist für mich das Leben, und das Sterben ist Gewinn. Soll ich weiterhin leben, so bedeutet das für mich fruchtbare Arbeit. Und so weiß ich nicht, was ich wählen soll. Es zieht mich nach beiden Seiten hin: Ich habe das Verlangen, aufgelöst zu werden und bei Christus zu sein; das wäre bei weitem das Beste. Aber noch am Leben bleiben, ist euretwegen notwendiger" (Phil 1, 20–24). Auffällig ist gegenüber der alttestamentlichen Haltung die Relativierung von Leben und Tod: Christus kann sowohl durch Leben als auch Sterben verherrlicht werden. Wichtig ist also nicht mehr die alttestamentliche Bindung des Gottesverhältnisses an das Leben, sondern die Bindung an Christus, der Leben *und* Tod bestimmt. Nochmals Paulus (Röm 8, 38 f.): „Weder Tod noch Leben, weder Engel noch Herrschaften, weder Gegenwärtiges noch Zukünftiges, weder Mächte, weder Hohes noch Niederes noch sonst etwas Erschaffenes vermag uns von der Liebe Gottes zu scheiden, die da ist in Christus Jesus, unserm Herrn." Oder (Röm 14, 7 f.): „Keiner von uns lebt für sich selbst, und keiner stirbt für sich selbst. Leben wir, so leben wir für den Herrn, sterben wir, so sterben wir für den Herrn. Wir mögen also leben oder sterben, wir gehören dem Herrn. Eben dazu ist ja Christus gestorben und wieder zum Leben zurückgekehrt, um über die Lebenden wie über die Toten zu herrschen." Es gibt ein Kriterium für das Gottesverhältnis des neutestamentlichen Menschen: Jesus Christus und der Glaube an ihn.[44]

Die Frage läßt sich nicht unterdrücken, ob hier nicht eine über Tod und Leben sich wähnende Gleichgültigkeit und philosophische Freiheit im Sinne der Stoa sich äußert, wenn es nicht darauf ankommt, ob ich lebe oder tot bin. Tatsächlich hat aber der Tod für Paulus nicht in sich – als Übergang in eine höhere Freiheit – einen Mehrwert über das Leben, sondern der Tod ist einzig vorteilhafter, weil er – paradoxerweise – den Toten dem überantwortet, der lebt und nicht mehr stirbt. Röm 6, 9: „Wenn wir aber mit Christus gestorben sind, so glauben wir, auch an seinem Leben teilzunehmen. Wissen wir doch, daß Christus, von den Toten auferstanden, nicht wieder stirbt. Der Tod hat keine Macht mehr über ihn." Die Glaubensgewißheit besteht darin, daß die Getauften mit Christus *leben* werden. Jesu Tod wird also von Paulus nie isoliert als ein Ereignis seiner privaten und individuellen Geschichte, sondern schlechterdings auch als ein Ereignis der menschlichen Geschichte überhaupt geschildert.[45]

So kann es möglich werden, daß – in einer seltsamen Überlagerung der Zeitstrukturen – der christlich Glaubende auf seinen Tod bereits zurückblickt, obwohl er seinen physischen und existentiellen Tod noch vor sich hat.[46] Und weil der Tod, auf den er zurückblickt, nicht sein eigener ist, kann sein Leben jetzt ihm gar nicht gehören: „Nicht mehr ich lebe, Christus lebt in mir" (Gal 2, 20).

Die klaren Verhältnisse von Leben und Tod, wie sie noch im AT und in den hellenistischen Philosophien so oder so herrschten, sind nun in eine gründliche Verwirrung geraten. Das Paradox setzte sich an die Stelle der klaren Scheidung der beiden Gegebenheiten. Während das Leben aller Menschen in den Tod führt, kommt das Leben Jesu aus dem Tod, so daß der Mensch seinen eigenen Tod von dort her zu begründen hat. So heißt es dann im Johannesevangelium (Christus zu Martha, Joh 11,25 f.): „Ich bin die Auferstehung und das Leben. Wer an mich glaubt, wird leben, auch wenn er stirbt; und jeder, der im Glauben an mich lebt, wird niemals sterben." Und anderswo (Joh 5,24 f.): „Wahrlich, wahrlich, ich sage euch: Wer mein Wort hört und dem glaubt, der mich gesandt hat, der hat ewiges Leben und kommt nicht ins Gericht, sondern ist schon vom Tode ins Leben übergegangen."

Das innovatorische Moment, das hier als unerhörte Aufregung in die Sprache eindringt und sie gewissermaßen aufsprengt, ist nichts anderes als das Ereignis der Auferstehung Jesu von den Toten, das als das unerhörte Geschehnis, das es ist, eine völlige Neuorientierung der Sprache verlangt.[47] Aber nicht nur der Sprache, sondern auch des Seins. Wenn einer von den Toten auferweckt wurde, dann mußte das die Aufhebung der alten Zeitstrukturen bedeuten, „die Gegenwart des Endes der Zeit mitten in der Zeit", ein „Gericht über die Welt mitten in der Welt".[48]

Paulus deutet den Tod, den der Gläubige schon gestorben ist, eindeutig negativ: „. . . der Sünde Sold ist der Tod, das Gnadengeschenk Gottes aber ist das ewige Leben in Christus Jesus, unserem Herrn" (Röm 6,23). Sünde aber bedeutet Gottlosigkeit. Wer die Beziehungen zu Gott abbricht und sich ganz auf sich und seine Verwirklichung konzentriert, hat christlich sein Leben verwirkt, ja sogar das Recht auf Leben. Der Tod ist in diesem Zusammenhang ein aus dem Wesen der Sünde folgendes Ereignis der Strafe, der Verhältnislosigkeit des Geschöpfes gegenüber seinem Schöpfer. Tod ist „die Sichtbarkeit der Schuld"[49]. Der Tod ist so gewissermaßen „Fluchtod"[50]. Er ist der Fluch der bösen Tat, die alles verhältnislos macht und so in der Tat fortzeugend Böses gebären muß, bis sie als letztes den Tod gebiert, der die Nichtigkeit eines verhältnislosen Lebens offenbart, indem er es zunichte macht. Paulus: „Der Tod herrschte von Adam bis Moses jedoch auch über die Menschen, die nicht durch eine ähnliche Übertretung wie Adam gesündigt hatten. Adam ist das Vorbild des Zukünftigen. Allein mit der Gnade verhält es sich nicht wie mit der Sünde. Wenn durch den Fehltritt des einen die vielen dem Tode verfallen sind, so ist die Gnade Gottes und das Gnadengeschenk des einen Menschen Jesus Christus über die vielen in sehr viel reicherem Maße übergeströmt. Mit der Gnade verhält es sich nicht wie mit der Sündentat des einen. Das Urteil über den einen brachte die Verurteilung, die Gnade aber führte von vielen Sünden zur Rechtfertigung. Denn wenn durch die Übertretung des einen und eben durch den einen der Tod die Herrschaft erlangt hat, so wird um soviel mehr in denen das Leben herrschen, die durch den einen Jesus Christus die reiche Gnadengabe der Gerechtigkeit erlangt haben" (Röm 5,14–17). Hierin erweist sich der Tod als die Leistung des Menschen, er stellt die Konsequenz des Menschen dar, er ist des Menschen eigene Tat.

Das aber ist nur die eine, negative Seite des Todesereignisses. Das Sterben kann auch ein Ende ohne Schrecken sein. Es braucht nicht notwendigerweise ein Fluchtod zu sein. Diesem kann und muß letztlich der Mensch enthoben sein durch die Heilstat dessen, der in seinem Tode den Tod überwunden hat, exemplarisch und endgültig. Paulus: „Ich unglückseliger Mensch! Wer erlöst mich von diesem todgeweihten Leibe? Dank sei Gott durch Jesus Christus, unsern Herrn" (Röm 7, 24). Diese Erlösung vom Fluchtod, der das Resultat des menschlichen Dranges in die Verhältnislosigkeit ist, besteht in einer radikalen Neubegründung der Verhältnisse, so daß Paulus geradezu von einer Neuschöpfung sprechen kann: „Wer in Christus ist, ist ein neues Geschöpf. Das Alte ist vergangen, siehe, Neues ist geworden. Das alles kommt von Gott. Er hat uns durch Christus mit sich versöhnt und uns mit dem Dienste der Versöhnung betraut. Denn Gott hat in Christus die Welt mit sich versöhnt; er rechnet ihr die Sünden nicht mehr an und hat uns das Wort der Versöhnung übertragen" (2 Kor 5, 17–19).

In solcher Sicht bedeutet der menschliche Tod nicht einen radikalen Abbruch des Lebens so, daß danach nichts folgen würde, sondern ein Ende, auf das Gott folgt. So kann es denn geschehen, daß der Glaubende von sich sagen kann, daß er den Tod schon vor seinem Lebensende hinter sich hat (Paulus und Johannes). Dagegen verdoppelt sich für den Gottlosen gewissermaßen der Tod: Sie haben den Tod sogar nach ihrem Lebensende noch vor sich, nämlich im Weltgericht; Johannes schildert das in seiner Apokalypse folgendermaßen: „Dann sah ich einen großen, glänzenden Thron und den, der darauf saß. Vor seinem Angesicht flohen Himmel und Erde, und es fand sich für sie keine Stätte mehr. Ich sah die Toten, groß und klein, vor dem Throne stehen. Bücher wurden aufgeschlagen. Noch ein anderes Buch wurde aufgeschlagen, das Buch des Lebens. Die Toten wurden nach ihren Werken gerichtet, wie es in den Büchern aufgezeichnet war. Das Meer gab die Toten heraus, die es barg, und der Tod und die Unterwelt gaben ihre Toten heraus. Jeder wurde nach seinen Werken gerichtet. Der Tod und die Unterwelt wurden in den Feuerpfuhl geworfen" (Off 20, 11–15). Über die Seligen, die an der Auferstehung teilhaben, hat dieser zweite Tod keine Gewalt (nach Off 20,6). Die Schwierigkeit dieses Ausdrucks „der zweite Tod"[51] besteht darin, daß man später – etwa Augustin – eine dogmatische Rabulistik des Todes entwickelt hat, die im Grunde den ersten und entscheidenden Tod nicht mehr so ganz ernst genommen hat. Wir werden darauf zurückkommen.

In all den zitierten Stellen aus der Schrift ist auf ein Ereignis unmittelbar oder mittelbar Bezug genommen worden, das offenbar für die christliche Religion von absolut entscheidendem Rang ist: der Tod Jesu. Wir können von der für die Theologen wichtigen Frage, inwieweit Jesus seinen ureigenen Tod gestorben ist, d. h. inwiefern er bewußt und konzentriert auf seinen Tod als das Heilsereignis schlechthin hingelebt hat, hier absehen. Uns geht es nicht um Dogmatik, sondern um die christliche Deutung des Todes Jesu. – Es ist dabei von sekundärer Bedeutung, ob die Deutung des Todes Jesu von ihm selber oder von den ersten Christen stammt. Die Anhänger Jesu haben zunächst das Geschehen der Kreuzigung noch keineswegs als das rettende Heilsereignis durchschaut, denn sie „verließen ihn und flohen alle" (Mk 14,50; Lk 24,21; Joh 20,19). Verbürgt ist wohl auch, daß Jesus schreiend gestorben ist. Er war gewißlich dem Tod in voller Ohnmacht preisgegeben. Ebenso gewiß ist aber, daß er seinen Tod als eine Konsequenz seines Lebens und Wirkens verstanden hat. Deshalb das Eingeständnis, das Johannes von ihm und seinem Sterben berichtet: „Es ist vollbracht" (Joh 19,30). Und das Wort, das Markus berichtet, wonach Jesus im Sterben ausgerufen habe: „Mein Gott, mein Gott, warum hast du mich verlassen?" (Mk 15,34), muß mit jenem zusammengehalten werden, in dem er die Gottverlassenheit seines Sterbens pauschal und absolut akzeptiert, indem er seinen Tod als eine Gehorsamstat versteht: „Nicht, was ich will, sondern was du willst" (Mk 14,36). „Der Ruf der Verzweiflung über die Gottverlassenheit des Sterbens ist also zugleich das Bekenntnis, daß der Sterbende es mit nichts und mit niemand außer mit Gott zu tun hat. Dem Abgrund Gottes gibt er sich preis – aber in der Tat bleibt es Gott, dem er sich preisgegeben weiß."[52]

Mit dem Tod Jesu eng verbunden ist die Kunde von seiner Auferstehung. Diese Kunde hat, ganz abgesehen von der historischen Wirklichkeit, die ihr zugrunde liegt, eine unerhörte Auswirkung gehabt. Sie wird als das christliche Heilsmysterium par excellence verstanden. Sie bildete auch den wesentlichen Inhalt des Ur-Kerygmas. Paulus hat es in der folgenden Weise beschrieben (1 Kor 15,3 ff.): „Christus ist der Schrift gemäß für unsere Sünden gestorben. Er wurde begraben und ist der Schrift gemäß am dritten Tage auferstanden. Er ist dem Kephas erschienen, dann den Zwölfen, hierauf über fünfhundert Brüdern auf einmal, von denen die meisten noch am Leben sind. Einige davon sind entschlafen. Sodann ist er Jakobus und darauf sämtlichen Aposteln erschienen. Zuallerletzt ist er auch mir erschienen, der ich doch gleichsam eine Mißgeburt war." Im Grunde ist die Auferstehung das Ereignis, das den Tod erst letztlich zu einem absolut bedeutsamen macht. Paulus verlangt daher an dieser Stelle gewissermaßen offiziellen Traditionscharakter, indem er weniger die Einzelheiten des Auferstehungsgeschehens als die autorisierten Zeugnisse beizieht. Aus diesem Grund erwähnt er wohl auch nicht das leere Grab und spricht nicht von den Frauen, die es als erste entdeckt haben. Die Tatsache des leeren Grabes berichten dagegen alle Evangelien und umrahmen sie mit verschiedenen Einzelschilderungen. So erwähnt nur Matthäus die Wache und spricht von der Absicht der Frauen, das Grab zu besuchen. Markus und Lukas erwähnen den Wunsch der Frauen, den Leichnam

Jesu zu salben. Bei Markus und Lukas wird das leere Grab als eigenes Phänomen konstatiert, während nach Matthäus die Engel eingreifen und den
Stein wegwälzen. In einer fundamentalen Behauptung stimmen die Aussagen
der Evangelien überein: Die Frauen kamen zum Grab, sahen den Platz,
wohin man den Leichnam Jesu gelegt hatte, und stellten fest, daß dieser nicht
mehr dort war. Hingegen sind die Aussagen der Evangelien über den Ort von
Jesu Erscheinungen nicht einheitlich.

Ohne Diskussion der vielen Fragen, die die Auferstehung hermeneutisch
stellt, müssen wir uns doch fragen, was sie für das Christentum in einem allgemeinen Verständnis bedeutete. Eine eigentliche Philologie und Scholastik
feinster Unterscheidungen hat sich heute in der exegetischen Wissenschaft
und Theologie dieses Ereignisses angenommen. Wir lassen sie weg und wollen nur wissen, was die Auferstehung für eine theologische Begründung im
allgemeinsten Sinn erfahren hat. Sie gehörte immer zu den grundlegenden
Wahrheiten des Glaubens und wird in allen Glaubensbekenntnissen ohne
Ausnahme geführt. Sie ist wohl *das* zentrale Thema des christlichen Glaubens
selbst, insofern sie die Vollendung des Heilshandelns Gottes an der Welt und
am Menschen ist. Sie hat einen christologischen und einen soteriologischen
Aspekt.

1. Der christologische Aspekt: Tod und Auferstehung Jesu bilden einen
innerlich in seinen Phasen nicht lösbaren Zusammenhang eines einzigen Vorganges. Sachlich heißt das, daß Jesus in seiner ganzen und darum leibhaftigen
Wirklichkeit zur verklärten Vollendung und Unsterblichkeit auferstanden ist,
die ihm gebührt kraft seines Leidens und Sterbens, insofern diese mit einer
inneren Wesensnotwendigkeit diese konkrete Vollendung zeitigen. Er ist das,
was er der Menschheit bringt, „Neuschöpfung", exemplarisch selber. Darin
ist an einer Person, am Gottmenschen, dem „Erstling aller Entschlafenen"
(1 Kor 15,20,23), grundlegend für alle Menschen Tatsache geworden, was
eschatologisch allgemein werden wird: die Auferweckung von den Toten.

2. Der soteriologische Aspekt: Im Geschehen von Tod und Auferstehung, in
der Einheit dieses Ereignisses, ist der Anfang der Verklärung der Welt als Erlösung gegeben. In der personalen Selbsterschließung Jesu in diesen Gescheh-
nissen ist Grund und Anfang der Verklärung der Welt gelegt. Insofern der
Kern der Verklärung die Kommunikation Gottes mit den Geschöpfen aus
Gnade ist, ist das Geschöpf inchoativ immer schon von der Verklärung
durchdrungen. Deshalb ist der Fluchtod als ein Abbruch des Lebens in die
Verhältnislosigkeit *weggenommen*, und es ist christlich, ein *Ende* des Lebens
zu erwarten, das den Tod nicht mehr zu fürchten hat, weil ihm der Stachel
genommen ist durch den Tod Jesu.

Das biblische Verständnis des Todes hat so letztlich zwei Komponenten
oder besser zwei Dimensionen.[53] Einerseits bringt es eine Feststellung über
das eigentliche Wesen des Todes: der Tod bricht das Leben ab und ist so das

Ereignis der Verhältnislosigkeit. Der Tod ist so das Ende einer Biographie und einer menschlichen Person. Der Tote ist nur noch in der Weise des Gewesenseins. Die andere, nun eher neutestamentliche Dimension des christlich verstandenen Todes ist die eines Angebotes, das nur im Glauben ratifiziert werden kann. Es ist die Rede vom Sieg über den Tod, von seiner Überwindung in Jesu Tod und Auferstehung. Es ist ganz klar, daß Glaube oder Nicht-Glaube das letzte Wort sprechen darüber, ob die Sinnhaftigkeit des biblischen Kerygmas zum Austrag kommt oder nicht. Tatsache ist, daß über lange Jahrhunderte hinweg der Tod und der Sieg Christi über ihn in vielfältigen Formen meditiert worden ist. Das reicht von der leidenschaftlichen Bekämpfung des Todes bis zu seiner zwerchfellerschütternden Verspottung. Der *risus paschalis*[54] hat schon immer das ganze Angebot menschlich denkbarer Komik aufgeboten, um diesem Sieg eine Anschaulichkeit zu verleihen, die als solche unmittelbar einleuchtet. Es ist daher von fragwürdiger Evidenz, wenn uns gewisse Vertreter der Osterspielforschung glaubwürdig machen wollen, daß die volkstümlich-erotisch gehaltenen Szenen dieser Spiele dem eigentlichen Kerygma – der österlichen Frohbotschaft – als eine Art heidnisches Substrat widersprechen. Sobald im Mittelalter das Geistliche nicht mehr autonom und rein auftritt, sondern sich der weltlichen Gehalte zu bedienen versucht, ergibt sich diese Mischung aus Ernst und Burleske, die auch ohne Mißstimmung rezipiert wird.

11. Problemgeschichtliche Aspekte einer „doppelpoligen Eschatologie" (G. Greshake)

Es ist nicht so, daß die philosophisch-griechische und die hebräisch-biblische Auffassung des Todes, die Konzeption einer „Unsterblichkeit der Seele" einerseits und einer „Auferstehung des Leibes" andererseits im Laufe der Zeit unverbunden nebeneinandergestanden hätten, etwa wie zwei einander konkurrierende Prinzipien. Zwar sind sie zwei je verschiedene Totalantworten auf die Frage nach einer Überwindung der Todesgrenze; sie wurden aber schon recht früh – bereits im Spätjudentum und vollends in der frühchristlichen Theologie – zu einer bewegten Korrelation gebracht, so daß im Mittelalter beide Vorstellungen immer mehr oder weniger ineinander verhängt vorkommen.

Damit ganz klar wird, was mit den beiden Hoffnungsbildern gemeint ist, mögen sie ganz kurz nochmals konzipiert sein.[55] Die griechische Anthropologie ist unter dem Einfluß platonischer Gedanken durch einen deutlichen Leib-Geist-Dualismus gekennzeichnet. Aus Leib und Seele, Materie und Geist setzt sich der Mensch zusammen, und zwar so, daß der Leib der niedrigere Teil ist, der die Tätigkeit der Seele hemmt und fesselt. Eigentliche

Lebensaufgabe ist, sich dem Leiblich-Materiellen zu entziehen und sich in die Freiheit des Geistes zu erheben. Diese erfüllt sich erst im Tod, der als Trennung von Leib und Seele definiert und erfahren wird. Die Seele, losgelöst von dem sie hindernden Leiblichen, kann nun teilhaben am Geistigen, Ewigen, Göttlichen, Einen. Es handelt sich hier um ein „dualistisches" Modell, das eine Zweiheit – Seele und Leib – lehrt.

Gegenüber diesem dualistischen Modell des Griechentums ist das hebräische ganzheitlich und schöpfungstheologisch bestimmt. Die verschiedenen anthropologischen Bezeichnungen der Bibel beziehen sich nicht auf verschiedene, den Menschen zusammensetzende Substanzen, sondern bezeichnen je verschiedene am Einen und ganzen Menschen feststellbare Aspekte. Biblisch stirbt der Mensch als Einer und Ganzer. Die Hoffnung richtet sich dann natürlich nicht auf die sich im Tode vom Leib trennende Seele, die überdauert, sondern auf die Auferstehung des einen und ganzen Menschen, der wesentlich auch Leib ist.

Soweit die Ausgangsposition. Noch das Neue Testament schließt in seinen anthropologischen Vorstellungen und in seiner Thanatologie an das ursprünglich hebräisch-biblische Modell an, muß sich aber – vor allem im paulinischen und spätkanonischen Schrifttum – schon gegen gewisse häretische Tendenzen polemisch absetzen, vor allem gegen die Gnosis. Der Gnostiker deutet die christliche Erlösung als die Befreiung des pneumatischen Selbst vom Leib und dessen Bedingungen. Nach dem Tode kann die befreite Seele ihre „Himmelsreise" beginnen, zurück in das Reich des Geistes, aus dem sie präexistierend gefallen war. Eine Auferstehung des Leibes gibt es in diesem Modell nicht mehr. Die frühchristliche Eschatologie zeigt sich nun durch die polemische Front gegen diese spiritualisierende Auffassung vom Tode weithin geprägt. Man stellt polemisch das Leibliche und Geschichtliche der menschlichen Existenz heraus, die Bedeutung von Leib, Welt und Geschichte. Gegen jede gnostische Verflüchtigung des Leiblichen wird die Auferstehung des Fleisches, „dieses Fleisches", das wir nun tragen, außerordentlich forciert. Eine Identität zwischen Erden- und Auferstehungsleib wird postuliert; daher die massive Realistik der Auferstehung der Toten als eine Öffnung der Gräber und eine großartige Belebung der erstorbenen Gebeine.

Die Ablehnung der Gnosis von seiten des frühen Christentums führt nicht zur Ablehnung der Seelenunsterblichkeit. Der alttestamentliche Gedanke, daß der Mensch „nach Gottes Bild und Gleichnis" geschaffen sei, ließ sich vortrefflich im Begriff der Seelenunsterblichkeit fassen.

Dazu kam die christliche Auffassung, daß der Mensch bereits *im Tod* – und nicht erst beim Jüngsten Gericht – zur Christusgemeinschaft gelangt; Problem dabei war die Deutung des Zwischenzustandes zwischen Tod und Jüngstem Gericht, der zwar als ein vorläufiges, das Sehnen des Menschen erfüllendes, aber noch nicht endgültiges und volles Heil des Menschen gedeutet werden mußte. Um diesen Zwischenzustand und die Gottebenbildlichkeit der menschlichen Seele zu deuten, griff man leicht zum griechischen Modell der Seelenunsterblichkeit, allerdings so, daß man nicht eine natürliche Unsterblichkeit der Seele annahm, sondern eine als Gnadengeschenk Gottes verstandene Unsterblichkeit der Seele.

Ein Blick auf die Scholastik des dreizehnten Jahrhunderts zeigt, daß sich hier die Probleme der frühchristlichen Eschatologie verschärft haben: Das Auseinander zwischen der Hoffnung auf die Seligkeit gleich nach dem Tode einerseits und der Erwartung auf die Auferstehung des Leibes am Ende der Geschichte andererseits führte zur Problematik einer genaueren Verhältnisbestimmung der Seligkeit der Seele und der endgültigen Vollendung des Menschen bei der Auferstehung; zudem erforderte die behauptete Identität zwischen Erden- und Auferstehungsleib eine genauere Erklärung.

Was den ersten Punkt anlangt, die Verhältnisbestimmung zwischen Seligkeit der Seele im Tode und deren endgültiger Aufnahme bei Gott am Ende der Geschichte bei der Auferstehung der Leiber, so wurde von den Scholastikern immer die Einheit von Leib und Seele betont, bis dahin, daß der aus der Trennung von Leib und Seele im Tode resultierende Zustand des Menschen bisweilen als völlig unreflektierbar bezeichnet wird. So kommentiert Thomas von Aquin das aristotelische Wort „Der Tod ist das Allerschrecklichste" folgendermaßen: „Der Grund dafür ist, daß der Tod das Ende dieses Lebens ist, und nichts von alledem, was uns aus dem jetzigen Leben vertraut ist, weder im Guten noch im Bösen, scheint nach dem Tod noch zu gelten. Und der Zustand der Seelen nach dem Tod ist uns nicht einsichtig. Dasjenige nun, wodurch der Mensch alles Gut, das ihm vertraut ist, verliert, ist wohl sehr schrecklich." [56]

Implizit ist aber natürlich die griechische Auffassung einer Trennung von Leib und Seele im Tode hier übernommen. Aber der Tod ist in seiner ganzen Schärfe als Tod des ganzen Menschen, der sich gerade durch die Einheit von Leib und Seele definiert, interpretiert. Seele und Leib sind nicht zwei Wirklichkeiten im Menschen, sondern die *anima* ist *forma corporis* nur in Form einer lebendigen Leib-Seele-Einheit. Im Tod wird also nicht ein Teil des Menschen zerstört, sondern der Mensch. So kann auch der Zustand der im Tod überdauernden Seele nicht als ein vollends glücklicher bezeichnet werden, da das Angelegtsein der Seele auf den Körper sich hier als ein *appetitus naturalis* auf den Leib störend bemerkbar macht. Erst die Auferstehung – wenn der Körper mit der Seele wieder verbunden ist – kann diesen Hunger der Seele stillen. Die Fortdauer der Geistseele nach dem Tode kann also scholastisch nie Ersatz für die Auferstehung sein, sondern umgekehrt ist die Auferstehung die Bedingung für das Überdauern der Geistseele.

Was nun den zweiten Punkt betrifft, die Identität des Erdenleibes mit dem Auferstehungsleib, so hat die Scholastik viel philosophisch-analytische und ebensoviel naturwissenschaftliche Spekulation in diesen Gedanken investiert.

Vorstellungsmodell ist die Unterscheidung von Materie und Form. Die Seele ist die Form der Materie des Leibes. Da nun die Seele eben die Materie des Leibes formiert, d. h. die *materia* überhaupt erst zum menschlichen Leib gestaltet, bedeutet die Auferstehung des Leibes nicht die Hinzufügung von etwas in sich Existierendem zur in sich existierenden Seele, sondern eine schlechthin neue Information von Materie durch die Seele zum neuen Strukturganzen einer menschlichen Person. Die Identität des Menschen wird also durch die Selbigkeit der Seele garantiert. Die Identität des Auferstehungsleibes mit dem irdischen Leib ist also durch eine *formale* Seligkeit gewährleistet. Die Notwendigkeit, über die Selbigkeit der Materie zu spekulieren, entfällt damit. Die Schwierigkeit ist, daß ein in sich sterblicher Leib und eine unsterbliche Seele auch bei Thomas im Sinne des griechischen Dualismus verbleiben.

Es stellen sich die folgenden Probleme:

1. Auch der zurückbleibende Leichnam, dessen *unica forma* ja die Seele sein soll, muß als solcher wieder eine Form haben, die von der Seele entlassen wird im Moment, da sie den Körper verläßt.

2. Die Seele, die als getrennte nicht die menschliche Person selber ist, gerät im Tod in einen naturwidrigen Zustand. Um hier leben zu können, muß Gott die Funktionen der Leiblichkeit mirakulös ersetzen während der Zeit der Trennung.

3. Die Unsterblichkeit der Seele steht in einem Widerspruch zur Gnadenhaftigkeit des Auferstehungsvorgangs. Es heißt bei Thomas: *Immortalitas igitur animarum exigere videtur resurrectionem corporum futuram.*[57] Man beachte das zögernde *videtur*, das wegen der Gratuität der Auferstehung gesetzt werden muß. Die schon einmal angetönte Frage stellt sich, ob bei grundsätzlicher Annahme eines Dualismus von Leib und Seele wenigstens im Rahmen einer Eschatologie der Zwischenzustand, in den die überdauernde Seele gerät, gerade im Moment der Seligkeit, die hierin versprochen ist, ganz grundsätzlich dem Endzustand, den die Auferstehung des Fleisches gewähren wird, widerspricht.

Die moderne Theologie, insbesondere im Rückgriff auf die dialektische Theologie, hat das Problem einer Unsterblichkeit der Seele dadurch gelöst, daß sie es überhaupt fahren gelassen hat und polemisch das Auferstehungskerygma gegen die Unsterblichkeitsthese hält. Damit hat sie es sich gewissermaßen leicht gemacht, da sie so das philosophische Problem einer allfälligen Unsterblichkeit der Seele aus theologischen Gründen leichthin eskamotiert. Philosophisch aber bleibt die Unsterblichkeit der Seele weiterhin ein nicht leicht lösbares, schon gar nicht leicht zur Seite schiebbares Problem, aus dem einfachen Grund, weil der Mensch existentialontologisch so lebt, wie wenn es schlechthin keinen Tod gäbe, auch dann, wenn er über den Tod nachdenkt und auf einen Diskurs über ihn eintritt. Der Syllogismus „Alle Menschen sind sterblich usw." betrifft immer nur die andern, nie mich.

II. DIE THEORETISCHE DIMENSION
MITTELALTERLICHER THANATOLOGIE

1. Feuerbachs Deutung des mittelalterlichen Todesdenkens

Ludwig Feuerbach unterscheidet in seinen ›Gedanken über Tod und Unsterblichkeit‹ (Nürnberg 1830) drei wesentliche Epochen in der Lehre von der
Unsterblichkeit, nämlich Antike, Mittelalter und Moderne. Die mittelalterliche Epoche schildert er folgendermaßen:

Die zweite Epoche in der Entwicklungsgeschichte dieser Lehre oder dieses Glaubens fällt in die christlich katholische Zeit, in das Mittelalter. Die Unsterblichkeit
wurde hier allgemeiner Glaubens- und Lehrartikel. Es wäre aber eine sehr oberfläch-
liche Betrachtung des christlich katholischen Zeitalters, wenn man als ein charakteri-
stisches Moment und entscheidendes Merkmal des Geistes jener Zeit anführen wollte,
daß in ihr die Unsterblichkeit geglaubt und gelehrt wurde. Vielmehr muß als das
wesentlich Charakteristische und Auszeichnende jener Zeit gefaßt werden der beseligende Glaube an das wirkliche Dasein der göttlichen Gnade und der höchsten übersinnlichen Güter, der unbedingte, nicht ausscheidende und sondernde Glaube an den
ganzen, positiven Inhalt der christlichen Religion. Der einzelne Mensch hatte noch
nicht das öde und leere Bewußtsein seiner Einzelheit, isolierter Selbständigkeit, war
noch nicht sich selbst preisgegeben und auf sich selbst gestellt; er war aufgenommen
und enthalten in der heiligen Gemeinschaft der Gläubigen und wußte und fühlte sich
selbst, allein schon durch das Enthaltensein in einer göttlichen Gemeinschaft, einer
heiligen geistigen Welt, einer wirklichen übersinnlichen Ordnung, erlöst, errettet,
im Besitze des wahren Lebens. Höchstes Sein ist gemeinschaftliches Sein, höchster
Genuß Genuß und Gefühl der Einheit. Aber die katholische Kirche war eben dies
gemeinschaftliche Sein, das Vereintsein aller Geister in einen Geist und einen Glauben.
Da der einzelne nicht von sich selbst abhängig und auf sich selbst beschränkt und angewiesen war, so war damit auch nicht die Erlangung seines Jenseits, d. i. seines
Heils und seiner Seligkeit von seiner innerlichen, eignen Selbstbestimmung abhängig
gemacht, von seiner Tätigkeit, Überzeugung und Streben. Weder der Glaube, noch die
moralische Gesinnung und Handlung ist Sein, sie sind nur innerliche Selbstbestim-
mungen, Selbsttätigkeiten; das Sein ist für sie ein nicht wirkliches, sondern ein nur jenseitiges, geglaubtes, zu hoffendes, ersehntes Sein; in der christlich katholischen Zeit
aber war das für den Glauben und die moralische Gesinnung nur jenseitige Sein in der
Kirche, als der über dem nur natürlichen und weltlichen Leben stehenden, sinnlich
übersinnlichen und übersinnlich sinnlichen Welt, wirkliches Sein; nicht der Glaube
noch die moralische Gesinnung, das Sein in der Kirche war daher auch das Wesen der
einzelnen. Da nun aber die Kirche als die Gemeinschaft der Gläubigen, das wirkliche
Reich Gottes war, so war damit kein Raum verstattet der Trennung zwischen Diesseits

und Jenseits, Hoffen und Erreichen, Tätigkeit und Sein, Idealität und Realität, Möglichkeit und Wirklichkeit, und der Glaube an die Unsterblichkeit war nur ein Lehr- und Glaubensartikel unter andern Artikeln, aber kein den Geist bestimmendes, charakterisierendes, ins Licht und Leben hervortretendes Merkmal und Moment. Ja, betrachtet man genauer und sorgfältiger die Sache, von der es sich hier handelt, so muß man behaupten, daß nicht sowohl das Individuum als solches, als vielmehr der Himmel und die Hölle der wesentliche Gegenstand jenes Glaubens und Lehrartikels war, und den Glauben an Himmel und Hölle muß man wahrlich noch sehr unterscheiden und absondern von dem Glauben an die Unsterblichkeit des Individuums. Das Wesentliche in dem Glauben nämlich an Himmel und Hölle ist der Glaube an die Vergeltung des Guten und Bösen, d. h. an die Realität des Guten und die Nichtigkeit des Bösen, nicht der Glaube an die Individuen und ihre ewige Fortdauer. Der Himmel ist doch wohl nichts weiter als ein sinnliches Gemälde von dem Guten und der mit ihm verbundenen Seligkeit, wie die Hölle die sinnliche Vorstellung von dem Bösen und der von ihm unzertrennlichen Nichtigkeit und Unseligkeit. Der wahre Sinn dieses Glaubens, wenn man ihn säubert vom Bildlichen, ist der: dem Guten folgt Gutes, dem Bösen Böses, die Folgen des Guten und Bösen hören nicht auf mit dem Ende des sinnlichen Daseins; säubert man ihn aber ab von allem beigemischten Zeitlichen, so ist er dieser: es gibt nicht bloß ein äußerliches, sinnliches Unglück, sondern auch ein rein geistiges, moralisches Unglück, welches das Böse selbst ist und nicht bloß äußerliche sinnliche Güter, sondern auch ewige, moralische Güter, die aus dem Guten selbst kommen und allein im Genuß desselben bestehen; das Gute und Böse hat nicht bloß sinnliche Folgen, hat nicht bloß äußerliche Belohnung und Strafe zur Folge, sondern es gibt auch eine innere moralische Belohnung und Strafe. Obwohl die Freuden des Himmels wie die Schmerzen der Hölle sinnlich vorgestellt und ausgemalt wurden, so ist doch der Himmel das Reich des Guten, die Hölle des Bösen, und der Sinn folglich: die Guten werden im Guten belohnt, die Bösen im Bösen bestraft.

Wenn man irgendwo in dem Glaubenssystem der frühern christlichen Zeit den Gedanken der Unsterblichkeit des Individuums als solchen, seiner individuellen Fortdauer nach dem Tode im Sinne des modernen Zeitalters enthalten finden will, so kann man ihn nur finden in dem Glauben an die Auferstehung der Leiber. Denn dieser Glaube enthält eigentlich diesen Sinn, daß selbst der Leib, d. h. das Individuum als Individuum unsterblich sei. In der Natur folgt der Schatten der Sache nach, in der Geschichte aber geht der Schatten der Sache voran; ebenso in der Kunst kommt nach dem Original die Kopie, in der Geschichte aber die Kopie vor dem Original. Der Glaube an die Auferstehung war das Symbol, das rätselhafte Bild, der Schatten von dem Glauben an die Unsterblichkeit des Individuums als solchen. Als daher die Geschichte, die alle Rätsel löst und alle Geheimnisse offenbart, auch jenes Rätsel löste, als der Sinn jenes Glaubens für sich heraustrat und offenbar wurde, so verschwand der Glaube an das Bild. Was diese Ansicht bestätigt, ist, daß selbst schon in den heiligen Religionsbüchern des alten Zendvolkes sich der Glaube an die Auferstehung der Leiber vorfindet. Mit der christlichen Religion hängt aber wohl dem Geiste nach keine Religion der alten Welt so sehr zusammen wie die der alten Parsen, denn sie ging allein von *moralischen Prinzipien* aus, und wie die ganze altpersische Religion nur ein lichtvolles, durchsichtiges Symbol war, ein Gedanke, der Gedanke des Guten unter dem Symbole des Lichtes und des Bösen unter dem Symbole der Finsternis und in Beziehung auf das Christentum die ganze altpersische Religion selbst ein Symbol, ein Schattenbild der christlichen Religion genannt werden kann, so war auch der Glaube an die Auferstehung nichts weiter als die Unsterblichkeit des Individuums als solchen, der Gedanke derselben, der erst im modernen christlichen Zeitalter sich aussprach, im Bilde und Symbol, gleich wie auch die altpersische Vorstellung, daß jedes Ding seinen himmlischen Feruer, seinen beschützenden Genius habe, ein Gleichnis und Bildnis war der platonischen und christlichen Lehre von den Ideen und Wesenheiten aller Dinge in Gott.[1]

In diesem Abriß der Geschichte der Einstellung des Menschen zu Tod und Unsterblichkeit ist Feuerbachs leitende These – ganz im Geiste Hegels – die, daß in Epochen, die den Menschen ein „substantielles Leben", d. h. ein Leben in der Verbindung mit der Gemeinschaft ermöglichten, die Menschen kein Bedürfnis nach individueller Unsterblichkeit verspürten und ohne Verstimmung ihre natürliche Endlichkeit hinnehmen konnten. Im Gegensatz zu Hegel behauptet nun Feuerbach, daß im Mittelalter die individuelle Unsterblichkeit für die Menschen noch keine zentrale Bedeutung besaß. Die „heilige Gemeinschaft der Gläubigen" bewirkte viel eher das Gefühl eines Besitzes des wahren Lebens als der richtigen Anschauung von einer individuellen Unsterblichkeit. Die Kirche war Ersatz der antiken Polis. Erst die Reformationszeit, insbesondere der Calvinismus und Pietismus mit ihrer exklusiven Betonung des einzelnen vor Gott, bewirkte eine Akzentverlagerung in Richtung auf einen Glauben an die individuelle Unsterblichkeit. Ansatzpunkt für die Feuerbachsche Kritik sind die Pietisten, die nach ihm aus allzu prononciertem Unsterblichkeitsglauben das alltägliche Dasein als entleert und sinnlos erfahren. Sie glauben nicht an einen Fortschritt in der Geschichte.

Es ist in diesem Zusammenhang unwichtig, ob Feuerbach den Pietismus richtig sieht – ich möchte es bezweifeln, da gerade in dieser Bewegung erstaunliche gesellschaftliche Utopien entstehen (wohl aus dem Gefühl mangelnder gesellschaftlicher Kohärenz) –, wichtig ist die Anschauung, daß „ein Zusammenhang" gesehen ist „zwischen der Weltzugewandtheit und der gesellschaftlichen Verbundenheit der Menschen und ihrem Desinteresse an . . . der persönlichen Unsterblichkeit", „daß also dieser Glaube offenbar" als „ein Kompensationsprodukt eines Zeitalters" gesehen wird, „in dem die einzelnen ‚preisgegeben' und ganz auf sich gestellt sind".[2]

Diesen Glaubensartikel der persönlichen Unsterblichkeit, der nach Feuerbach die Menschen allzu leicht von der historischen Wirklichkeit ablenkt, möchte er bekämpfen.

Was an diesem Text besonders auffällt, ist Feuerbachs Tendenz, die eigene Anschauung von der Unsterblichkeit des Menschen gewissermaßen als das letzte Ergebnis der Geistesgeschichte auszugeben, gegenüber dem sich dann die früheren Gestaltungen des Unsterblichkeitsgedankens nur wie Schattenbilder ausnehmen. Deshalb siedelt er in der Moderne den Höhepunkt der Entwicklung des Unsterblichkeitsdenkens an und sagt:

Das Charakteristische des modernen Zeitalters überhaupt ist, daß in ihm der Mensch als Mensch, die Person als Person und damit das einzelne menschliche Individuum für sich selber in seiner Individualität für göttlich und unendlich erkannt wurde. Die erste Gestalt, in welcher der Charakter des modernen Zeitalters sich aussprach, war der Protestantismus. Oberstes Prinzip war jetzt nicht mehr die Kirche und das Sein in der Einheit der Kirche, sondern der Glaube, die individuelle Überzeugung, nicht mehr war die Kirche das Prinzip des Glaubens, sondern der Glaube die Grundlage und das Prinzip der Kirche, die daher nicht in der Autorität der Einheit und Allgemeinheit, sondern in der Glaubenskraft der Individuen die Kraft und den Grund ihres Bestehens hat. Der Mittelpunkt der protestantisch Gläubigen war Christus der Gottmensch oder das Wesen des Menschen in seiner Einheit mit dem Wesen Gottes in der Gestalt und Form Christi. Die Person war damit schon der Mittelpunkt des Protestantismus, aber noch nicht die Person als Person überhaupt, worunter sich jeder ohne Unterschied befassen kann, sondern nur als die einzige weltgeschichtliche Person Christi.[3]

Den eigentlichen „Schlußstein einer großen Periode in der Geschichte der Menschheit"[4] sieht Feuerbach jedoch in „unserer Gegenwart" (1830). Der „Geist der Weltgeschichte"[5] geht einen bestimmten Gang, für Feuerbach dahin, daß Unsterblichkeit ein entscheidendes Moment des irdischen Daseins selbst werde. Alles Unsterblichkeitsdenken tendiert auf seine Erfüllung im Gedanken, daß das Individuum sein eigener Gott, seine eigene Unsterblichkeit ist. „Die Individuen erkennen nur deswegen einen Gott über sich an, um an ihm einen unendlichen Raum zu besitzen, in dem sie ihre beschränkte, besondere erbärmliche Individualität ohne Störung, ohne gegenseitige Beeinträchtigung und Einschränkung, ohne Stoß und Druck, die im wirklichen Leben unvermeidlich sind, bis in alle Ewigkeit hin ausdehnen und breitschlagen können; ihr Gott ist nichts als die Atmosphäre, in der die Individuen gleich luftigen, aus der Erde aufsteigenden Gasarten ungehemmt in ihrer interessanten Verschiedenheit voneinander ausdünsten und sich ausbreiten können."[6] Einzig wichtig ist nur die Erkenntnis, daß der Tod endgültiges Ende für den Menschen bedeutet. „Nur wenn der Mensch wieder erkennt, daß es nicht bloß einen *Scheintod*, sondern einen wirklichen und wahrhaften Tod gibt, der vollständig das Leben des Individuums schließt, und einkehrt in das Bewußtsein seiner Endlichkeit, wird er den Mut fassen, ein neues Leben wieder zu beginnen, und das dringende Bedürfnis empfinden, absolut Wahrhaftes und Wesenhaftes, wirklich Unendliches zum Vorwurf und Inhalt seiner gesamten Geistestätigkeiten zu machen."[7]

Tatsächlich ist mit Feuerbachs Überlegungen, die ja dann für Gottfried Keller – „Gott strahlt vor Weltlichkeit"[8] – und andere literarisch fruchtbar wurden, etwas ganz Entscheidendes geschehen. Es ist dem Menschen die Möglichkeit gegeben, die Transzendenz, zunächst pantheistisch, dann auch materialistisch, schließlich bei Teilhard de Chardin[9] katholisch in die innerweltliche, innerzeitliche Geschichte des Individuums und der gesamten

Menschheit hineinzunehmen als eine Möglichkeit der selbsteigenen Perfektionierung von Individuum, Rasse, Gesellschaft, Menschheit (wie immer die Bezeichnungen im Lauf der Geschichte wechselnd heißen mögen). Es ist das Religion als Projektion entlarvende Denken, das bei Feuerbach einsetzt und die religiöse Auffassung des Todes, die Konzeption der Unsterblichkeit, als kaschiertes Sich-Klammern an die Individualität entdeckt; bei Marx wird dieselbe Konzeption des Todes und Jenseits als „Mittel sozialer Kontrolle, als Instrument der Herrschenden gegen die Beherrschten" [10] enthüllt. Dieses Interpretament ist heute zum alles beherrschenden Sesam-öffne-dich geworden, mittels dessen eine radikal säkularisierte Ideologie die Antithese von Himmel und Hölle weniger ausschaltet als neuerdings inthronisiert, inthronisiert nicht mehr im Jenseits, sondern im Diesseits, das sie als einzige Chance des Menschen versteht, da der Tod ein natürliches Ende bedeutet, jenseits dessen keine Erwartung mehr offensteht. Fraglich an dieser Ideologie scheint mir nicht die inbrünstige Entdeckerlust, mit der sie Herrschafts- und Klassenstruktur des Todesdenkens oder der Thanatopraxis oder den Einbruch des Warenfetischismus ins Bestattungswesen beispielsweise stigmatisieren, sondern viel eher der Anspruch, den Tod als einen natürlichen entlarvt zu haben, der keine Frage mehr gestattet. Die Möglichkeit, „daß jeder sein Leben ausleben kann", [11] mag tatsächlich eine akzeptable Forderung jeder Soziologie der Todesproblematik sein, sie verbürgt aber noch keine akzeptable Vorstellung von Glück und macht den Tod auch nicht zu einem natürlichen, weil sie keinen Grund für dessen Natürlichkeit anzugeben vermag, es sei denn einen biologischen. Dieser Sachverhalt spiegelt eine allgemeine Problematik und Schwierigkeit geisteswissenschaftlicher Themen: Die Darstellung eines solchen Themas verlangt ein gewisses Darüberstehen über dem Sachverhalt, das sich vom Bewußtsein zeitlichen Distanziertseins bis zu ideologiekritischem Besserwissen steigern kann. Dazwischen gibt es eine große Fülle möglicher Positionen. Sicher ist, daß sich die Haltung völliger Objektivität schließlich selber als eine mögliche Haltung unter andern definiert, selber also auch wieder ein Vorverständnis in die Interpretation einbringt, so daß diese schließlich den bloßen Schein von Objektivität vermittelt. Als größte Schwierigkeit beim Interpretieren erachte ich die Haltung, die wohl unvermeidbar ist, als ob das, was man erläuternd sagt, gewissermaßen die letzte Stufe menschlichen Erkennens darstellt. Das liegt nicht einmal immer am Hochmut dessen, der etwas erklärt, sondern wohl ebensosehr am Charakter der Sprache, die unter anderem neben konstatierenden Sätzen auch performative hat, die eine Wirklichkeit zu schaffen vermögen, die vorher so noch nicht da war. Diese Wirklichkeit ist zunächst jenseits von wahr und falsch, obwohl auch sie Lügen gestraft werden kann, wenn zum Beispiel der Satz: „Der Tod ist der Übergang zum jenseitigen Leben" dann, wenn ich tot bin, nicht verifiziert werden kann. Die Sprache des Glaubens schafft eine solche Wirklichkeit, deren Verifikation oder Falsifikation – das gehört zur Definition des Glaubens – diesseits nicht geschehen kann. Man muß also, um mit dem Glauben abrechnen zu können, Geduld haben, kann ihn mithin nur an dem Aspekt ideologiekritisch fassen, der sein Verhältnis zur Realität betrifft. Das ist für das Christentum nicht wenig, wenn man bedenkt, wie sehr hier alles auf ein Tun des Wortes hinausläuft. Man kann Glaubensaussagen daher sehr wohl an ihren eigenen Voraussetzungen messen. Aber die Sache dieser Aussagen hat ihr Daseinsrecht einzig in einem begründbaren, hoffenden Vorgriff auf die Möglichkeit, einmal schlechthin sagen zu können, „wie es ist",[12] d. h., wie es mit dem Heil steht. Alle Fragen des Todes münden in diese einzige: Wie steht es mit dem Glück des Menschen? Bricht es mit dem Tode, falls es je dagewesen ist, ab? Oder beginnt es mit dem Tode erst in seiner eigentlichen Form?

Als Literaten, die zwar ihre Glaubens- und Optionsvoraussetzungen in die Interpretation projizieren können und müssen, können wir uns aber doch die Todesproblematik in Texten von den für die Heilssehnsucht des Menschen entscheidenden Optionen zunächst gerade nicht befreit denken. Die Texte und deren Entscheidung müssen zur Kenntnis gebracht werden, bevor noch meine Zustimmung oder mein Ressentiment den Text verfälscht. Es ist dann keine *Objektivität*, sondern die *Subjektivität* des Textes, die so zum Austrag kommt und kommen muß.

2. Das Mißtrauen gegenüber dem Leben – Betrachtung der vier Letzten Dinge

Feuerbach hat in seinen Überlegungen zur Unsterblichkeit im Glauben des Mittelalters sicher etwas Richtiges gesehen: Die mittelalterliche Mentalität ist in einem viel stärkeren Maße, als wir uns das heute vorstellen können, gesellschafts- und gemeinschaftsgebunden im weltlichen *(familia)* und im kirchlichen Bereich. Der Tod in seiner brauchtümlichen Form beweist das: Sterben und Tod sind öffentlich und gesellschaftlich eingebunden. Ja, der Tote selbst bleibt intensiv gegenwärtig als ein Hiesiger. Nur geistig sehr avancierte Milieus – wie Klöster mit einem stark entwickelten Todesdenken – machen das individuelle Fortleben nach dem Tode zu einem gewichtigen Thema ihrer Spiritualität, aber auch sie konzipieren dieses Thema im Rahmen gemeinschaftlicher Bezüge: im Jenseits dauert die Kirchen- und Klostergemeinschaft unverwüstlich fort, so wie sie hienieden als unverwüstlich vital gilt.[13] Grund für diese Konsistenz der Sterbe- und Todesmuster ist die im Mittelalter gültige gesellschaftliche Ausprägung einer breiten Thanatologie. Man weiß, was Sterben und Tod ist; man hat bestimmte Raster dafür, die mit der Erklärung an sich unverständlicher Vorgänge auch gleich den notwendigen Schrecken liefern.

Der Raster und Zusammenhang, in den der Tod integriert ist, ist die Anschauung von den *vier Letzten Dingen*, nämlich Tod, Gericht, Hölle, Himmel. Es gibt einen vom Augustinerchorherrn Stephan von Lantzkrana (15. Jahrhundert) überlieferten Merkvers:

> Bis duo sunt, quae corde tenus sub pectore misi;
> Mors mea, Judicium, Baratri nox, Lux Paradisi.[14]

Die *quatuor novissima* gehen auf die Auslegung einer Ecclesiasticus-Stelle zurück, wo es heißt: *In omnibus operibus tuis memorare novissima tua, et in aeternum non peccabis.*[15]

Diese Letzten Dinge sind – faktisch – natürlich keine Dinge, auch keine reinen Zustände; „sie sind Vorgänge, Ereignisse, sowie durch die Ereignisse begründete Zustände. Sie geschehen am einzelnen Menschen, an der Menschheit, an der Schöpfung als einem Ganzen und setzen ein Ende, nicht in dem Sinne eines Schlußpunktes, sondern einer End- und Vollendungsgestalt. In christlicher Sicht handelt es sich bei ihnen um Tatsachen der Offenbarung, die nur im Glauben voll erfaßbar sind. Als solche sind sie Heils- und Unheilsereignisse und im besonderen heilsgeschichtliche Vorgänge."[16]

Zusammen mit der anderen Stelle aus Deut 32,29: *Utinam saperent et intelligerent, ac novissima providerent* (Wenn sie nur weise und einsichtig wären, so würden sie die Letzten Dinge wohl voraussehen) gibt die genannte Ecclesiasticus-Stelle den gewohnten Rahmen, in dem der Tod bedacht wird.[17] Unüberhörbar ist in diesen Mahnungen der Bezug auf die Bekehrung *(conversio)* und die Reinigung der Geistseele. Sie haben eine große Anzahl mehr oder weniger auf den Inhalt der Stelle bezogener Deutungen hervorgerufen; vor allem wurde die Bedeutung der Stelle, die sich auf das Schicksal des Volkes Israel und auf das kollektive Gericht bezog, im Mittelalter auf das individuelle Heilsgeschick des einzelnen Menschen bezogen. So wurde meistens die Erwartung des glorreichen Wiederkommens Christi verkürzt auf das unbestimmte Bangen auf die ungewisse Todesstunde.[18] Das ist nicht falsch, weil im individuellen Tod nach christlichem Verständnis ja auch schon das Gericht statthat, aber es bedeutet doch einen gewissen Verlust an Gehalt, weil so die soziale Kategorie des Endgerichts wegfällt.

Obwohl daher in der deutschen Dichtung die Kategorie des sozial für alle gültigen Gerichts weniger im Mittelpunkt steht, sondern vielmehr die individuelle Kategorie des Todes, ist doch die Vorstellung von den Letzten Dingen ein geistiger Besitz nicht nur der Theologen, sondern auch theologisch interessierter Laien, in dem unter Vorrang des *memento mori* in eigenartiger Amalgamierung auch Gericht, Himmel und Hölle gegenwärtig werden. Zu erinnern ist an das „Muspilli, das fünfte Buch von Otfrids Evangelienharmonie, an Todestänze, Antichrist- und Weltgerichtsspiele, Contemptus-mundi- und Ars-moriendi-Schriften, Exempelliteratur und Visionserzählungen. Kaum eine Darstellung der religiösen Heilswahrheiten gab es, in der nicht eines oder mehrere der Letzten Dinge behandelt bzw. als Gegenstand innerer Versenkung empfohlen wurden." [19]

Auf die Rolle des spätern Mittelalters in der Ausformung einer mehr oder weniger systematischen Reflexion über die vier Letzten Dinge hat Huizinga in farbiger und nachhaltiger Weise hingewiesen. [20] Seit J. A. Mulders und Marieluise Dusch auf den von Gerhard von Vliederhoven († vor 1402), Priesterbruder im Deutschordenshaus zu Utrecht, zwischen 1380–96 verfaßten lateinischen Traktat ›Cordiale de quatuor novissimis‹ und dessen zahlreiche volkssprachliche Übersetzungen im 15. Jahrhundert [21] hingewiesen haben, läßt sich dieser Traditionsstrom besser erfassen. Eine niederländische Übersetzung des ›Cordiale‹ gab die Grundlage für alle weiteren Versionen in deutsche Mundarten [22] ab, die sämtlich eine Vereinfachung gegenüber dem lateinischen Grundtext darstellen. Das mehr für Geistliche geschaffene Werk sollte so zu einem Volksbuch werden, das seine Hauptwirksamkeit im deutschniederländischen Sprachraum des 15. Jahrhunderts in Kreisen der ›Devotio moderna‹ entfaltete. [23] Eine mittelniederdeutsche (ostfälische) Version ›De veer utersten‹ ist 1975 von Marieluise Dusch herausgegeben worden: Auch sie gehört in den Einflußbereich der in Westfalen tätigen Windesheimer Kongregation. [24]

Das ›Cordiale‹ ist eine Kompilation aus Bernhard von Clairvaux (d. h. seinen echten und unechten Schriften), Gregor d. Gr., Augustinus, Chrysostomus, Hieronymus und Petrus von Blois; dazu treten Einzelbelege aus der profanen und geistlichen Literatur [25]; wichtigste Quelle aber ist der ›Liber de dono timoris‹ des Dominikaners Humbertus de Romans (†1277) [26], der seinerseits ›De septem donis spiritus sancti‹ des Dominikaners Stephan von Bourbon (†1261) benutzt hat. [27]

Die Betrachtung des ersten der vier letzten Dinge bezeichnet das Bedenken des Todes als die höchste Philosophie [28]; sie kumuliert in einem Sich-Verdemütigen und in einem Zerbrechen des Hochmuts. Warum? Weil die Beispiele aller Menschen – der gelehrten und ungelehrten – zeigen, daß dem Menschen – wie selbst Alexander – letztlich ein acht Fuß langes Grab beschieden ist. Gelehrte wie Cato und Sokrates, Könige und Fürsten vergehen wie ein Traum. Wo sind sie geblieben? [29] Erde gehört zur Erde, der Mensch ist daher immer im Tal (der Demut, der Erdhaftigkeit) angesiedelt. Deswegen soll er alle irdischen Dinge verschmähen, die Hoffart des Lebens und die Begierlichkeit und Eitelkeit des Lebens lassen. Denn im Tode wird offenbar, wie alles Eitelkeit aller Eitelkeit ist. Alles geht dahin; in Kürze vergeht die Wohnung des menschlichen Körpers. Nichts bleibt von mir und meinen Werken: *alsus vorwerden alle dingk alse eyn scheme* (18, 11 f.). Die Glorie der Welt hat keinen Bestand. So führt die *meditatio mortis*, wie sie in der ›Devotio moderna‹ sonderlich und systematisch gepflegt wurde, [30] zu *penitencien* (19, 2): Wehe mir,

wenn ich nicht meine Sünden beweine, in der Nacht mich erhebe, um Gott
anzubeten. Denn die Kürze meiner Tage ist schnell dahin. Ein Hinweis auf
Barlaam drängt sich auf: Das Leben des Mensch ist wie ein Baum, an dessen
Wurzeln zwei Mäuse sitzen, die eine weiß, die andere schwarz – Tag und
Nacht –, die die Wurzeln unseres Lebens annagen.[31] Selbst 100 Lebensjahre
sind eine kurze Lebenszeit, bedenkt man deren Unsicherheit. Nach Seneca
bedeutet leben täglich sterben, weil täglich ein Teil unseres Lebens von uns
abgetan wird. Ganz heideggerisch[32] tönt daher der Satz: Unser Leben ist *eyn
to ganck to deme dode* (22, 17). Da der Tod das Ende bringt, ist es jetzt Zeit,
gute Werke zu tun. An Beispielen mangelt es nicht: Die törichten Jungfrauen
aus dem Matthäusevangelium,[33] ein von der Hölle her sich äußernder Verdammter,[34] sie alle ermahnen uns zu guten Werken.

Mnemotechnische Aufzählungen prägen die Betrachtung des Gerichts, das
schier ausschließlich unter dem Gesichtspunkt seiner Furchtbarkeit gesehen
wird. Das letzte Gericht ist zu fürchten, weil eine ganze Anzahl von Instanzen den Menschen beschuldigen werden: das eigene Gewissen zuvorderst,
dann die bösen Geister, die Engel und heiligen Geister, alle Kreaturen insgesamt und im einzelnen, die Ohnmächtigen, die von andern Macht erleiden
mußten, meine eigene Sündenverfaßtheit, die Leiden Christi und Christus
selber. Gegenüber dieser Beschuldigungsszenerie steht die nicht weniger
furchtbare des Vorgangs des Gerichts selbst, an dem scharfe Rechenschaft
von vielerlei Verantwortlichen gefordert werden wird: von unserer Seele,
unserm Körper, von unserer Fähigkeit, wie wir *dussen esel* (den Körper) *heben
laten arbeiden in werken der penitencien vnde der dogede* (40, 2 f.), von den
uns unterstellten Menschen (insbesondere an die Adresse von Prälaten und
Fürsten), von unserem Reden und Tun, von versäumten Tugenden, von den
Gaben Gottes, die wir empfangen haben. In sich ist das Gericht furchtbar wegen der Unsicherheit des Entscheids, der über uns gefällt wird, wegen der
drohenden Schärfe und Endgültigkeit des Urteils, wegen des denkbaren
ewigen Scheidens von Gott.

Die Verdammung zu ewigem Leiden in der Hölle eröffnet für den Menschen eine ganze innere und äußere Dimension des Leidens. Die Hölle hat
vielerlei Namen und Orte höllischer Pein aufzuweisen. In ihr herrscht Feuer,
das sich durch seine Schärfe und Hitze, seine Unlöschbarkeit und seine Unfähigkeit, etwas zunichte zu machen, von irdischem Feuer unterscheidet. Es
herrscht aber auch Düsternis über alle Düsternis. Die höllische Gesellschaft
mit ihrem obersten Fürsten peinigt die Sünder auf vielfache Weise. Ebenso
vielfältig ist deren Pein, die sich in Schreien, Weinen und Todessehnsucht (die
nie erfüllt werden kann) ausdrückt.

Der Himmel dagegen[35] ist jenen vorbehalten, die sich vor Totschlag und
andern bösen Werken gehütet haben: Sie kommen in die ewige Freude, die
das Reich Gottes ist. Obwohl diese Freude keinesfalls in endlichen Worten

ausgesprochen werden kann, sind immerhin drei Merkmale zu nennen: die *clarheit vnde schonheit* (94,23) des mit köstlichen Steinen geschmückten himmlischen Jerusalems, die *ouerflodicheit aller gude* (96,19), die freudvoll im Land der Lebendigen herrscht, und schließlich die *vraude . . . sunder vorganck* (94,25 f.), der allzeitige Besitz der ewigen Freude. Unverständlich für den Verfasser, daß der Mensch trotz dieser verheißenen Glückseligkeit immer wieder durch seine Sünden den *doth siner zelen* (115,20) aufs Spiel setzt.

Der Hintergrund des Traktats ›De quatuor novissimis‹ ist – wie Tenenti gezeigt hat [36] – die ikonographische *Ars moriendi*, hier ergänzt durch den breiteren eschatologischen Sinnzusammenhang von Gericht, Hölle und Himmel. Vermutlich geht diese Kombination in ihrer Komplexität auf den erwähnten Dominikaner Stephan von Bourbon (†1261) zurück, der im ersten Buch seines ›Tractatus de diversis materiis praedicabilibus‹ (auch ›De septem donis spiritus sancti‹ genannt) – einer Exempelsammlung – im Kontext des *donum timoris* die vier Letzten Dinge abgehandelt hat. Es ist für die Ausgestaltung eines Traktats ›De novissimis‹ von großer Bedeutung, daß „der Traktat ›De septem donis‹ auch in den Novissimatraktat des ›Speculum morale‹ eingegangen (ist), das zwischen 1310 und 1320, wahrscheinlich von Dominikanern, als Fortsetzung des dreiteiligen ›Speculum maius‹ des Vinzenz von Beauvais verfaßt wurde" [37]. Dieser erheblich umfangreichere Novissimatraktat, der neben Stephans ›De septem donis‹ auch noch „einen um 1300 (nach 1291) entstandenen anonymen ›Tractatus de consideratione novissimorum‹, der später unter dem Titel ›Sermones de quatuor novissimis‹ als Inkunabel erschienen ist", [38] ausschreibt, hat mit dem ›Cordiale‹ „verwandte Züge", aber vermutlich sekundärer Art [39]. Wichtig ist jedoch die mit all diesen Werken gegebene Installierung eines literarischen Genres, das sich insonderheit für die Darstellung des Dogmas eignete: Die vier Letzten Dinge werden zum Raster der dogmatischen Darstellung der kirchlichen Deutung der Eschatologie. Sicherlich haben dabei spätere Darstellungen, insbesondere ›De quatuor hominis novissimis‹ von Dionysius Carthusianus (†1471) [40] oder des Augustiners Stephan von Lantzkranas ›Tractatus de quatuor novissimis‹ (1477) [41] nachhaltig zur Ausbreitung dieses Genres mitgeholfen. Geboren war damit – aus paränetischen Absichten – nichts Geringeres als ein dogmatischer Traktat ›De novissimis‹.

3. Dialektik von Tod und Leben

Der Tod bekommt in der Betrachtung der vier Letzten Dinge – bedrängt durch das drohende Gericht mit seiner Alternative von Himmel oder Hölle – den Charakter eines unmittelbar bevorstehenden Ereignisses. Der Mensch soll zeit seines Lebens wählen und tun, was er in seiner letzten Stunde wünschen möchte, gewählt und getan zu haben, so daß es ihn dann nicht auf ewig reuen muß, sich in seinem Leben falsch verhalten zu haben.[42] Das Gericht und dessen mögliche Folgen – im besten Fall der Himmel, im Normalfall das Fegefeuer oder gar die Hölle (die man sich durchaus bevölkert vorstellte![43]) – ist für ihn eine ständige Drohung, unter deren Anreiz er das Rechte zu tun und das Falsche zu lassen hat. Da die Letzten Dinge im Blick auf den unausweichlichen Tod als unmittelbar bevorstehend gedacht werden, gilt es, im Diktat des *Memento mori!* zu leben.[44] So ist das Leben eingebunden in eine Befindlichkeit, in der das Sterben vorherrschend ist. Innozenz III. hat es so definiert: *Morimur ergo semper dum vivimus, et tunc tantum desinimus mori cum desinimus vivere.*[45] Diese heute leicht als lebensfeindlich verurteilte Dialektik verbindet – ohne im Einzelfall die Lebensenergien zu lähmen: Innozenz war ein sehr geschäftiger Mann![46] – in schwer auflösbarer Verschränkung Leben und Tod: Das Leben ist ein Tod und der Tod ist Leben, eine Einsicht, deren kulturpessimistische Fassung heute im Werk E. M. Ciorans[47] im Anklang an antike und buddhistische Vorstellungen[48] unüberhörbar aufklingt. Wenn das Mittelalter die Verschränktheit von Leben und Tod im Leben artikuliert, dann stellt es immer auch seine Hilfsbedürftigkeit und Zerknirschung heraus, wie in einem anonymen ›De poenitentia cantio‹ aus dem 11. Jahrhundert:

> Media vita
> In morte sumus:
> Quem quaerimus adiutorem
> Nisi Te, Domine
> Qui pro peccatis nostris
> Iuste irasceris?
> Sancte Deus,
> Sancte fortis,
> Sancte et misericors Salvator:
> Amarae morti ne tradas nos.[49]

Diese Dialektik, die das Leben als ,tödliches Leben und lebendigen Tod' darzustellen beliebt, findet sich tatsächlich in ähnlich kräftiger Antithetik schon in der Antike. Heraklit in seinem 66. Fragment: „Unsterblich die Sterblichen, sterblich die Unsterblichen, denn das Leben dieser ist der Tod jener."[50] Platon gibt folgende Verse des Euripides wieder: „Wer weiß, ob leben nicht sterben ist und sterben leben?" Und er folgert: „Vielleicht sind wir in Wirklichkeit tatsächlich tot. Das ist, was ich von einem der Weisen habe behaupten hören: ,Derzeit sind wir', sagt er, ,tot; unser Körper ist unser Grab (soma-sema).'"[51] Im ›Traum des Scipio‹ findet man folgenden Satz: *Vestra vero quae dicitur vita mors est.*[52] Dieselben Ideen und bisweilen dieselben Formulierungen wurden von den christlichen Autoren übernommen, allerdings in andern und neuen Perspektiven. Augustinus zum Beispiel, der sich hier bei Seneca[53] inspiriert, meditiert über die zweideutige Situation des

Menschen, der lebt ohne zu leben, auf die folgende Weise: *Nunquam igitur in vita homo est, ex quo est in corpore isto moriente potius quam vivente, si et in vita et in morte simul non potest esse. An potius et in vita et in morte simul est.*[54] Zum Psalm 141, wo von der ‚Erde der Lebenden‘ die Rede ist, sagt er: *Proculdubio ergo est quaedam terra viventium, quia ista terra morientium est.*[55]

„Der menschliche Lebenslauf ist nicht nur ein Weg zum Tod (cursus ad mortem), sondern auch ein Weg der Sterblichkeit (cursus mortalitatis). Diesen Zwangs- und Eilmarsch kann man nicht verlangsamen oder gar einen Augenblick zum Stehen bringen. Man kann nicht vom Weg abbiegen oder zurückkehren. Es gibt nur e i n e Richtung, der Mensch ist eher ein Getriebener als jemand, der den Weg frei wählen und bestimmen könnte." Das Leben ist ein beschwerlicher Marsch auf den Tod hin. Surmund sagt dazu:

(Das Bild) verdeutlicht die Mühseligkeit des Unternehmens, es zeigt, welcher Art die Strecke ist, die von der Geburt bis zum Tod durchmessen werden muß. Es läßt auch zum Bewußtsein kommen, wie verwunderlich und unverständlich es ist, daß so viele Menschen sich danach drängen, diesem Zwang möglichst lange ausgesetzt zu sein. Soldaten, die lange marschieren müssen, sind nicht zu beneiden. Sie alle warten doch darauf, daß die Dienstzeit endlich zu Ende geht, damit dann, nach Entlassung aus der Abhängigkeit, das wirkliche, eigentliche, eben das eigene Leben beginnen kann.

Das zwangsläufige Zugehen-Müssen auf den Tod, das ist das gemeinsame Unglück, das aller Menschen Leben belastet. Die Lebenszeit hat, unabhängig von ihrer Länge und Kürze, ein unwiderstehliches, unaufhaltsames Gefälle zum Tod, das jeden mit gleicher Geschwindigkeit diesem Ziel zuführt. Der Langlebige wird, so lange er auch unterwegs sein mag, mit derselben unbestechlichen und unbeirrbaren Konsequenz von der Zeit dem Tod zugetragen wie der Kurzlebige. Der Tag als je und je zu durchlebendes Grundelement des Daseins ist für beide gleich lang. Für alle ohne Unterschied gilt: Lebenszeit ist kontinuierliche Abnahme des Lebens, Zustand des Dahinschwindens, Sterbezeit, Zeit im Tod.

Indem sich die Zeit entzieht, stirbt der Mensch; das Sterben gehört zu den Komponenten, die unablösbar mit der Zeit verbunden sind. Wenn jemand sich Zeit und Zeitliches wünscht, wünscht er sich den Tod; wenn er sich nach irdischen Gütern sehnt, sehnt er sich nach dem Sterben; den „temporalia" vertrauen heißt, sich dem Tod ausliefern.

Der Mensch wird nicht erst durch die letzte Stunde dem Tod übergeben. Alle Stunden des menschlichen Lebens, alle ohne Ausnahme, sind Sterbestunden.

Sobald ein Mensch das Licht der Welt erblickt, wird mit ihm auch der Tod geboren. Bereits am Anfang des Lebens ist die Diagnose auf Tod zu stellen: *Homo, quando nascitur, iam cum morte nascitur, quia de Adam peccatum trahit* (Tra Jo 49, 12 [426, 11 f.]). Auch diejenigen, die zu Christus gehören, bleiben dem Tod unterworfen. Das menschliche Leben beginnt mit Weinen und nicht mit Lachen: ein geradezu prophetisches Zeichen dafür, daß die Geburt der Eintritt in ein mühevolles Leben ist. Das Leben ist so sehr durchsetzt mit den Infekten der Sterblichkeit, daß man es eher Krankheit oder gar Tod nennen muß.

Anzeichen dieser Verseuchung des Lebens sind Endlichkeit, Hinfälligkeit und Verletzlichkeit, aller Mangel des Leibes, des Geistes und der Seele, der Zwang zur Bedürfnisbefriedigung, der auf die Bedürftigkeit (indigentia) verweist, die Mühe der Arbeit, schließlich alle Erbärmlichkeiten und Leiden (miseriae, mala). Ein solches Leben ist eine Art von Hölle (inferi), unterweltliches Schattendasein, die Sterblichkeit ist das hereinbrechende Dunkel, das die bevorstehende Todesnacht ankündigt. Wie Licht und Schatten zusammengehören, wie Wachen und Schlafen einander ablösen und sich gegenseitig bedingen, so sind auch Leben und Tod einander zugeordnet, miteinander verschränkt in einer untrennbaren Interdependenz.[56]

Und in einem pseudo-augustinischen Text lautet der Gedanke folgendermaßen: *Vita haec, vita misera, vita caduca, vita incerta, vita laboriosa, vita immunda, vita domina malorum, vita regina superborum, vita plena miseriis et erroribus, quae non est vita dicenda sed mors, in qua momentis singulis morimur ...*[57] Und über das rechte Leben heißt es: *O vita vitalis, vita sempiterna ... vita sine morte, perpetuitas sine corruptione, beatitudo sine calamitate.*[58] Gregor der Große, der für das ganze Mittelalter vorbildlich wurde in seinen Formulierungen, sagt: *Temporalis vita, aeternae vitae comparata, mors est potius dicenda quam vita. Ipse enim quotidianus defectus corruptionis, quid est alius quam quaedam prolixitas mortis?*[59] Und Rupert von Deutz: *Tantum illud, o homo, recte dixeris tuum quod intulisti in hunc mundum. Quid autem cum nascereris attulisti in hunc mundum nisi onera duarum mortium? Natus quippe ea morte animae jam mortuus et morte corporis cito moriturus.*[60] *Haec mors corporalis quam nos omnes subire oportet, imo a qua nemo mortalium liber existit, ob hanc causam a Deo inventa est, ut per hanc liberaremur a morte animae, quae actu quidem prior est, sed experimento secunda dicitur ... Per hanc mortem liberati sumus a morte animae, neque id ex nobis sed Christi intercedente passione.*[61]

Diese Dialektik von Tod und Leben ist am unerhörtesten schließlich in der mystischen Lyrik eines Juan de la Cruz ausgesprochen worden: Gesang der Seele in ihrer Sehnsuchtspein nach der Anschauung Gottes.

> Ohn' in mir zu leben, leb' ich,
> Und so hohes Leben hoff' ich,
> Daß ich sterb, weil ich nicht sterbe.
>
> 1. Nimmer leb ich in mir selbst und
>   Ohne Gott kann ich nicht leben;
>   Von mir selbst und ihm verlassen,
>   Welch ein Leben wird das sein?
>   Tausendfach leid' ich den Tod,
>   D'rum kann ich nur Leben hoffen,
>   Wenn ich sterb', weil ich nicht sterbe.
>
> 2. Nur Verlust des Lebens ist
>   Dieses Leben, das ich lebe,
>   Und so ist's ein stetes Sterben,

Bis ich endlich leb' bei dir.
Hör' mich, Gott, ich sag's im Ernste:
Ich verschmähe dieses Leben;
Denn ich sterb', weil ich nicht sterbe.

3. Wenn von dir getrennt ich bin,
Welch ein Leben kann ich leben?
Nichts ich fühl' als Todespeinen
Ärger, als ich je sie sah.
Mitleid hab ich mit mir selbst;
Denn so heftig ist mein Leiden,
Daß ich sterb', weil ich nicht sterbe.

4. Springt der Fisch auch aus der Flut,
Wird er doch Erquickung finden,
Da die Qual beim Todesringen
Ihm zuletzt der Tod benimmt.
Aber meinem Jammerleben,
Welcher Tod käm diesem gleich?
Denn ich sterb', weil ich nicht sterbe.

5. Kaum, daß mich der Trost erquicke,
Dich im Sakrament zu sehen,
Fühl ich es nur um so tiefer,
Daß mir dein Genuß noch fehlt.
D'rum vergrößert's meine Pein,
Daß ich dich nach Wunsch nicht schaue;
Und ich sterb', weil ich nicht sterbe.

6. Wenn, o Herr, ich mich erfreu'
Mit der Hoffnung, Dich zu schauen,
Schmerzt mich doppelt der Gedanke,
Daß ich Dich verlieren kann.
So lebe ich in steter Angst
Und in Hoffnung, wie ich hoffe
Daß ich sterb', weil ich nicht sterbe.

7. Nimm mich weg aus diesem Tod,
O mein Gott, und gib mir Leben,
Laß in diesen starken Banden
Mich nicht länger mehr verstrickt!
Sieh' ich sterbe, Dich zu schau'n;
Ganz zermürbt bin ich vom Schmerze,
Daß ich sterb', weil ich nicht sterbe.

8. Meinen Tod will ich beweinen,
Klagen führen um mein Leben
Stets, so lang durch meine Sünden
Es noch festgehalten wird.
Gott, wie lange steht's noch an,
Bis ich kann in Wahrheit sagen:
Nun ich leb', weil ich nicht sterbe.[62]

Noch in den ›Nachtwachen‹ des Bonaventura – ob sie nun August Klingemann oder Friedrich Gottlob Wetzel zugeschrieben werden – wird diese tiefe Paradoxie des Daseins, die offenbar nicht nach einer Seite hin entschieden werden darf, ausgesprochen: „Ja, wer entscheidet es zuletzt, . . . ob nicht vielleicht gar Irrtum Wahrheit, Narrheit Weisheit, Tod Leben ist."[63]

Aus der radikalen Konsequenz dieses Gedankens ergibt sich auch die von den Predigern im Mittelalter ständig wiederholte Versicherung der *mors melior vita* (der Tod ist besser als das Leben), weil der Tod eben zum wahren Leben führt.[64]

Die Wichtigkeit des Todesthemas im Mittelalter darf daher nie isoliert gesehen werden. Wenn die Mönche und Priester immer wieder beharrlich ihr *media in vita in morte sumus* (inmitten des Lebens sind wir im Tode) in Predigt und Unterweisung aussprechen, dann hat das nur den Sinn, auf das wahre Leben zu verweisen. Mit andern Worten: Das Schema von den vier Letzten Dingen, das seit dem 12. Jahrhundert, als es in den ›Sentenzen‹ des Petrus Lombardus († 1160) aufschien, als kanonisch gewordenes System der individuellen und allgemeinen Eschatologie Geltung erlangt hatte,[65] gab den allgemeinen Rahmen ab, in dem der Tod als ein – allerdings wesentlicher – Punkt fungieren sollte. Als Zeitpunkt der endgültigen Option für oder wider Gott und als Eingang ins Gericht ist der Tod ein Ereignis, das seine Schatten über das Leben wirft bis zur Frage hin, ob dieses Leben nicht eigentlicher und besser Tod heißen müßte, wenn doch das eigentliche Leben – ob in der Hölle als Verdammter oder im Himmel als Verklärter und Beseligter – erst in Tod und Gericht erreicht wird.

Es ist daher verständlich, daß die vier Letzten Dinge sowohl das individuelle wie das gesellschaftliche, auf den Tod fixierte Kultleben bestimmen konnten.

Im individuellen Bereich wird der Mensch durch den Gedanken an die vier Letzten Dinge zur inneren *Zerknirschung* geführt. Jean de Fécamp († 1078) hat so ein zwölfstrophiges Gedicht über die Letzten Dinge verfaßt, das keinen andern Zweck als den einer inneren Neuorganisation des Seelenlebens angesichts von Tod und Gericht hat:

> V   Heu homo, heu homo, heu te miser homo:
>   Cur ultinam non praemeditaris horam?
>   Mors festinat ut dormientes rapiat,
>   Et celeres nusquam remoratur equos.
>   Quam graviter, proh dolor, tunc dirimitur
>   Ista corporis et animae conpago.
>   Miserere Christe, miserere pie,
>   Tu miseris tuis semper miserere.
> VIII Heu homo, heu homo, heu te miser homo.
>   Cur extremum non formidas iudicium?

Dies illa, dies irae et furoris,
Dies confusionis et angustiae,
Dies calamitatis et miseriae.
Dies horribilis et amara valde.
Miserere Christe, miserere pie,
Tu miseris tuis semper miserere.[66]

4. Die Realutopie des himmlischen Jerusalem

Dieser stark emotionsgeladenen schreckhaften Vision der Letzten Dinge, die gegen Versuchung und Sünde wappnen soll, entspricht auf der andern, ihr komplementären Seite – als gewissermaßen positiver Pol – *eine überschwengliche Sehnsucht nach dem Himmel*, die insbesondere im monastischen Bereich von einer ganz entscheidenden Würde und Intensität ist. Die ganze psychische und intellektuelle Energie, die heute etwa utopischem Denken gilt, dürfte im Mittelalter bei den Intellektuellen, soweit sie Mönche waren, durch die aus der Zerknirschung erwachsenden eschatologischen Tendenzen zum himmlischen Paradies besetzt sein.[67]

Die oft in Literaturgeschichten und Gesamtüberblicken gehörte Klage, die mittelalterlichen Menschen hätten über dem Schrecken vor dem Jenseits die Realität und die Erfahrungsmöglichkeiten des Diesseits verpaßt, rechnet mit dem Gewinn an innerer Erfahrung, die ihnen die Meditation über die Sehnsucht nach dem Himmel bot, nicht. Tatsächlich ist die Betrachtung der schrecklichen vier Letzten Dinge (Hölle und Gericht) von wesentlich geringerem Belang als jene des himmlischen Paradieses.[68] Zu Anfang des 12. Jahrhunderts hat ein Mönch der Benediktinerabtei von Bèze eine lange Betrachtung über die Herrlichkeit Jerusalems, des himmlischen natürlich, angestellt. Unter anderem sagt er hier folgendes:

Was haben wir noch mit den vergänglichen Dingen gemein, wir, denen im Himmel so viel verheißen ist? Über was könnten wir uns auf Erden, in der Gesellschaft der Sünder noch freuen; wir sind ja dazu berufen, am Hofe der himmlischen Heerscharen zu dienen! Was bedeuten uns die Freuden des Fleisches, da wir doch das Abbild des Himmels in uns tragen sollen? Was haben wir noch mit der Begehrlichkeit der Augen zu schaffen, da wir zu sehen verlangen, was die Engel wonnevoll schauen? Was noch mit dem Ehrgeiz dieser Welt, da uns der Besitz des Himmels versprochen ist?

Da wir also wie all unsere Väter Gäste und Fremdlinge sind, da unsere Tage rastlos dahingehen wie der Schatten über die Erde und es kein Verweilen gibt, da die Würgeengel, die dunkle Wolke, Sturm und verschlingendes Feuer über die Welt ziehen, flüchten wir uns aus dem Schatten Ägyptens in den Schatten der Flügel Gottes, bleiben wir da, bis die Bosheit vergangen ist, bis der Tag heraufzieht und die Schatten sich neigen, um schließlich gewürdigt zu werden, in den Schoß Abrahams zu gelangen. Dort sind die wahren Reichtümer, die Schätze der Wahrheit, ewiges und glückliches Leben. Dort ist Kraft in Fülle, es gibt keine Schwäche mehr, und keinem fehlt es an Mut. Dort ist die volle Weisheit; Unwissenheit gibt es nicht mehr, und jeder besitzt die wahre Erkenntnis. Dort ist die volle Gesundheit, weil dort die volle Liebe ist, dort ist die volle Glückseligkeit, weil dort die volle Schau Gottes ist. Die Schau, so möchte ich sagen, kommt aus dem Erkennen, das Erkennen aus der Liebe, die Liebe geht mit dem Lob einher, das Lob mit der endgültigen Geborgenheit, die ohne Ende ist.

Wer gibt uns Flügel wie die der Taube, daß wir durch die Reiche dieser Welt fliegen und in das Innere des südlichen Himmels gelangen? Wer geleitet uns in die Stadt des großen Königs, damit wir das, was wir jetzt in Büchern lesen oder im Gleichnis und wie in einem Spiegel schauen, dann im Angesicht des gegenwärtigen Gottes schauen und jubeln?

Stadt Gottes! Wie herrliche Dinge hat man schon von dir erzählt! Du bist die Heimat derer, die sich freuen, in dir sind das Licht und das Leben für alle. Dein Grundstein ist ein einziger Stein, ein lebendiger Eckstein, einzigartig kostbar. Deine Tore glänzen von edlen Diamanten. Sie sind weit geöffnet. Deine Mauern sind aus kostbarem Gestein, deine Türme aus Perlen. Deine Plätze, Jerusalem, sind mit Edelsteinen und mit reinem Gold gepflastert, durchscheinendem Kristall gleich. In dir wird die Herrlichkeit geschaut, in dir das Lied der Freude gesungen, alle vernehmen den süßen Gesang des Himmels, seine Symphonie und seinen Chor, und alle sprechen ein einziges Wort: Alleluja![69]

Hier erweist sich im Munde dessen, der sich begeistert über den Ort himmlischer Glückseligkeit eröffnet, das Leben als eine Vorwegnahme des himmlischen Lebens. „Alle Dinge werden beurteilt im Hinblick auf die Vollendung der gesamten Wirklichkeit: das gegenwärtige Leben ist eine Übergangszeit."[70] Termini der lustvollen Erfahrung, ‚Vorauskosten', ‚nüchterne Trunkenheit', *otium, quies, vacatio, sabbatum,* bestimmen die Sprache, in der man sich über die Erfüllung der Sehnsucht im Jenseits äußert.[71] Der performative Charakter der Sprache feiert wahre Triumphe der innern Vergegenwärtigung des Paradieses.[72]

5. Die Etymologie mors – morsus

Caesarius von Heisterbach leitet das Wort *mors* von *morsus* (Biß) ab, durch welchen der Tod in die Welt gekommen sei.[73] Er hält sich dabei an eine Etymologie, die aus der aus der Mitte des 5. Jahrhunderts stammenden Schrift ›Hypomnesticon‹ stammt: Es sei zu der Bezeichnung für den Tod gekommen, weil die Schlange Adam zu dem todbringenden Apfelbiß verführt habe. Diese Etymologie wird im Mittelalter allgegenwärtig und ersetzt andere, die *mors* auf *amarus* oder *Mars* zurückführen möchten. Bei dieser neuen Etymologie konnte man sich glücklicherweise auf ein Bibelzitat aus Osee 13, 14 beziehen, wo es heißt: *ero mors tua, o mors; morsus tuus ero, inferne.* Damit wird der Tod in seiner dogmatischen Beziehung zur Erbsünde, mit der jeder Mensch behaftet ist, gesehen. Ist doch der Tod nach christlicher Auffassung als Strafe für den Fehltritt der Ureltern des Menschengeschlechtes anzusehen.[74]

Sogar typologische Beziehungen lassen sich in diese Etymologie *mors a morsu* integrieren. Die Schlange des Paradieses, die eine Verführerin zum Tode ist, und die eherne Schlange des Moses, die die Errettung vom Tod verspricht, und der gekreuzigte Christus, der Überwinder des Todes, stehen hier in einem inneren heilsgeschichtlichen Zusammenhang.[75] So kann der *morsus*, der Schlangenbiß zum Tode, über die Schlange des Moses und Christi Kreuzestod, die Befreiung vom Tode signalisieren.

6. Thanatologie der Predigt

In einem zivilisatorischen Lebenszusammenhang, in dem relativ wenig Kommunikationsmittel zur Verfügung stehen, kommt der Predigt unbedingt eine wichtige Funktion bei der Ausbildung von gesellschaftlich und religiös relevanten Leitbildern zu. Gerade was das Sünden- und Todesbewußtsein anbelangt, konnte gezeigt werden, daß die Predigt bis in die Neuzeit hinein eine entscheidende Rolle wahrzunehmen hatte.[76] Nach den Beobachtungen Jean Delumeaus wurde die Beeinflussungsmöglichkeit durch die Predigt von den Predigern dazu mißbraucht, dem christlichen Abendland auf verhängnisvolle Weise einen Schuldkomplex aufzuzwingen, dessen Nachwirkungen bis heute spürbar seien.[77] Wie immer es damit stehen mag, die kommunikative Kompetenz der Predigt im Mittelalter dürfte unbestritten sein. Alle Zeugnisse, die wir über die Wirksamkeit der mittelalterlichen Predigt besitzen, weisen in diese Richtung.

Mit andern Worten heißt das, daß die mittelalterliche Predigt zu den entscheidenden Fragen von Leben und Tod Stellung zu nehmen hatte, wollte sie ihre Mission nicht verraten. Schon früh entstanden denn auch Predigtsammlungen, die gewissermaßen Musterkollektionen von Predigten[78] dem nicht immer gleich versierten Prediger zur Verfügung stellten. Ein Blick auf diese Sammlungen zeigt auch gleich die Wichtigkeit auf, die den vier Letzten Dingen offensichtlich im Bewußtsein der Menschen damals zukam. Zu erwähnen ist beispielsweise eine Predigt über das Jüngste Gericht in der frühmittelhochdeutschen Predigtsammlung ›Speculum Ecclesiae‹ aus dem 12. Jahrhundert, wo folgendermaßen[79] über Tod, Gericht, Himmel und Hölle gehandelt wird:

Ait gloriosissimus prophetar*um* Daniel: Putrueru*n*t et corrupte sunt cicat*r*ices mee, a facie *i*nsipientie mee. allen den, mine uil lieben, die der lebent, wiben unde mannen, zimel ebenlich zu habenne rehten gelöben, uesten gedingen, durnahte minne, deumŏtigez herze, gote ulizzeclichen dienen, ware bĭhte ze tŏnne, rehte bŏzze ze leistenne, uon div daz der uil genadige Christ iemmer gar ist zenphahenne den suntare. Iedoch nesculen wir nit alanc ze sicher sin, daz wir durc sine barmherze unser sunde iht ze harte meren, unde nesculen niht sprechen, so uil manege tŏnt: 'Wir sculen unsern willen haben, unze wir iunc sîn; hie nach inn unserme altere so bŏzzen wirz. Got ist so genadec unde so gŏt, er uergît uns ez noch allez'; sone sculen wir niht reden, wan wir newizzen, wenne wir sterben. Nemo hominum nouit diem uel horam exitus sui. Daz sprichet div heilige scrift, daz nehein mennessce wizze den tac oder die wîse siner hineuerte. Nu uernemet, daz ich iv sage. Dri wile sint, die ein iegelich mennessce wol uurhten mac. Deist einiv, so div arme sele uon deme lichenamen sceidet, div ander, so si uur den obersten rihtare chumet, div dritte, so div urteile uber si getan wirt. Swenne div gŏte sele uon deme lichenamen sceidet, hat si wole unde rehte hie gelebet, so bringent si die heiligen engele zŏ deme waren scirmare Iesv Christo. Da hat si immer mêre uride unde genade. Da engegene wirt div sundige sele leider bitterlichen enphangen unde mŏz horen ein uil angstlich wort, da uns got uon bescirme: Discede a me pabulum mortis, in ignem eternum, qui preparatus est diabolo et angelis eius. Er sprichet: ‚Var uone mir, uerulŏhtiv, ein uŏter des todes, in daz ewige uiwer, daz deme tieuele bereitet ist unde sinen engelen.' Nu merchet, daz wir iv sagen. Driv dinc sint in dirre werlt uor alleme ubele. Deist einez des suntares sele, div dancwillen immer an deme ubelen hertet, div ist swerzer denne der rabe. Daz ander ist der tieuel unde sine engele, die der suntare sele enphahent. Daz dritte div ubele helle, da div suntige sele în geworfen wirt. Als div driu dinc sint uor alleme ubele, div wir iv nu geseit haben, als sint ŏch driv dine so gŏtiv, daz niht bezzers ist. Daz ist div heilige sele, div in den gŏten wercen lebet unde darane uunden wirt, div ist liehter denne der sunne. Daz ander sint die heiligen engele, die die gŏten sele enphahent. Daz dritte ist daz urone paradîs, da div sele mit urŏden in geuŏrt wirt. Den drîn sachen ist niht bezzers in dirre welt. Dannan sprach der gŏte Dauît: Beatus quem elegisti et adsumpsisti: habitabit in atriis tuis. Er sprach, wie falec der mennessce ware, den got ime selben erwelt hete; den name ŏch er zŏ ime unde wonte immer mere in siner heimode. Mine uil lieben, nu manet unseren herren siner genaden, daz er uns rŏche ze becherenne unde sine heimode ze gebenne unde sine sŏzze lere, daz wir unernemen mŏzzen an der urteile, da got mit uns allen dinget, div wort, diu er den gŏten zŏ sprichet: Venite, benedicti patris mei. ‚Chomet her zŏ mir, ir gesegnte mines uater, besizzet iwer herbe.' quod ipse.

Schon die Psalmstelle (37, 6): „Mir schwären, mir eitern die Wunden wegen meiner Torheit" verweist auf das zu insinuierende Schuldbewußtsein angesichts von Tod, Gericht und Urteil. Die Reaktion auf diesen Vorstellungskomplex, der so viele Unsicherheiten enthält, kann nur die Bemühung um Glaube, Hoffnung, Liebe, Demut, Dienst, Beicht und Buße sein – eine Reihe, in der die subtilsten christlichen Anforderungen mit ganz konkret zu erbringenden Leistungen kombiniert werden. Holzschnittartig werden sodann zwei mögliche Allianzen einander konfrontiert, aus deren Betrachtung die zu fällende Entscheidung leicht möglich ist. Es handelt sich um die unheilige Allianz der Seele eines Sünders mit dem Teufel und seinen Gehilfen und der Hölle. Dieser entgegen steht die Gruppe der heiligen Seele – in ihrem Glanz lichter als die Sonne –, der heiligen Engel und des heiligen Paradieses. Hier ist die richtige Heimat des Menschen, die er nach seinem Tode als eine Heimkunft zu seinem Vater erfahren darf.

Schreck- und Hoffnungsbild[80] werden einander konfrontiert, damit eine Option – es ist eigentlich nur die zum Guten möglich – gefällt werden kann. Wenn auch schlicht und in Schwarzweißmanier, handelt es sich bei dieser Entscheidungshilfe der Predigt doch um eine eigentliche rhetorische Strategie, die dem agonalen Sachverhalt durchaus entspricht. Denn der Zeitpunkt, da jemand stirbt, ist hier als ein Kampf zwischen Engeln und Dämonen[81] verstanden, ein Thema, das sich auch in der bildenden Kunst des Mittelalters nachweisen läßt. Der Tod – das erweist sich auch hier – ist dabei nie singuläres Thema, sondern immer eingebunden in die Frage nach einem universal denkbaren Heil, das sich für den einzelnen in einem die ganze Menschheit einbeziehenden Gericht entscheidet.

Der paränetische Rang eines *Memento mori* in der mittelalterlichen Predigt bemißt sich also an der Dringlichkeit einer umfassenden Betrachtung der vier Letzten Dinge. Sie sind für die Spiritualität und Mentalität des Mittelalters belangreicher als der isolierte Tod eines einzelnen. Wenigstens im frühen und weithin auch im hohen Mittelalter ist dieser Zusammenhang wichtiger als die vier Einzelheiten, die ihn konstituieren.[82] Immerhin aber gibt es in den Musterbüchern der Predigt auch die Antwort auf einen Todesfall als auf ein das Alltagsleben überschreitendes Ereignis. Die in der Barockzeit dann inflationäre Leichenrede[83] hat ihre Vorgänger im Mittelalter. Allerdings werden im deutschen Mittelalter nun nicht die schlichten *idiotae* – die Laien ohne überdurchschnittliches herrscherliches Charisma – mit Leichenreden bedacht, sondern ausschließlich hervorragende geistliche und weltliche Personen der adligen Oberschicht. Vor allem Bischöfe werden mit lateinischen und deutschen Leichpredigten zu Grabe geleitet (wie zum Beispiel Bischof Otto von Bamberg oder Ulrich von Augsburg). Honorius Augustodunensis hat für weltliche Standespersonen eine lateinische Musterpredigt hinterlassen, von der angenommen werden kann, daß sie bisweilen auch konkret benutzt wurde, da sie handschriftlich relativ reich überliefert ist.

Sie ist überschrieben: *Si potens defunctus est sepeliendus, taliter populus est admonendus.* Ihre Hauptgedanken sind von Cruel[84] folgendermaßen referiert worden:

Beati mortui, qui in domino moriuntur. Apoc. 14. Es giebt einen dreifachen Tod. Der erste ist der Tod der Heiligen, den wir alle suchen müssen, indem wir der Welt absterben und kreuzigen unser Fleisch samt Lüsten und Begierden und so ewig leben in Gott. Der zweite, den wir alle fliehen müssen, ist der Tod der Sünder, welche Gott verlassen und dadurch einen ewigen Tod der Seele sterben. Der dritte ist der leibliche Tod, den wir alle erdulden müssen wegen der Sünde Adam's, die uns das Joch der Arbeit und Mühsal auferlegt. Von diesem Joch der Sünde und der ewigen Verdammniß will uns Christus erlösen, wenn wir zu ihm uns bekehren durch Beichte und Buße. Aber dazu ist Eile nöthig, denn unser Leben fliegt dahin wie eine Wolke vom Sturme gejagt; und niemand weiß, wie nahe sein Ende, denn der Tod kommt plötzlich wie ein Dieb in der

Nacht. Und was ist dann alle Kraft und Schönheit des Leibes und aller Reichthum und Glanz der Welt. Der Mensch verwelkt wie eine Blume im Herbst, und all seine Herrlichkeit wird zu Staub und Würmern. Das können wir täglich sehen und sehen es auch heute an diesem Todten. Er war eine Blume der Welt, eine Ehre seines Landes, eine Zierde seines Geschlechts, wurde von Fürsten geschätzt, von seinen Standesgenossen geachtet, von seinen Untergebenen gefürchtet, von allen geehrt. Und nun, wenn wir das Leichentuch aufheben wollten, so würden selbst seine besten Freunde zurückschrecken. Und was wird er erst im Grabe sein! Darum betet und opfert heute für seine Seele, daß Gott alle seine Mängel hinwegnehme und ihn zu der Glorie der Heiligen empor heben möge. Denn dazu bringen wir die Todten in die Kirche, damit die Lebenden ihnen mit ihren Gebeten zu Hülfe kommen; und dazu feiern wir die Seelenmessen am ersten, siebenten, dreißigsten und am Jahrestage, um dadurch Vergebung ihrer Sünden zu erlangen. Ihr müßt aber auch fleißig für alle Todten beten. Für die zur Hölle Verdammten, d. h. für alle Heiden, Juden, Ketzer und gottlosen Christen nützt es freilich nichts und sollten wir auch nicht beten, denn das wäre Gotteslästerung, wie die Schrift sagt. Aber für die Todten, deren Seelen im Fegfeuer gereinigt werden, ist es unsre Pflicht, durch Messen, Gebete, Fasten, Wachen, Almosen ein Opfer zu bringen, das ihre Strafe abkürzt. Dann werden sie einst auferstehn, wie Christus auferstand, d. h. in seinem Alter und Körpermaß, sie seien Kinder oder Greise; und dann glänzen die Gerechten wie die Sonne in ihres Vaters Reich. Zum Beweise, wie sehr Almosen und Gebet den Seelen hilft, hört die folgende Geschichte u. s. w. Daher, Geliebte, laßt uns fleißig beten für die Todten, so wird man es auch für uns thun, wenn wir gestorben sind. Wenn wir aber fromm gelebt haben, bedürfen wir keines Gebetes, sondern werden mit Christo leben in der ewigen Herrlichkeit, welche kein Auge gesehen u. s. w. Amen. –

Für den allgemeinen Heilszusammenhang spricht hier die Tatsache, daß die Person der Toten kaum in ihrer Individualität zur Kenntnis genommen wird, sondern – kaum erwähnt – sofort Anlaß wird für ein allgemeines *Memento mori* mit einer bestimmten eingängigen Typologie des Todes[85] – Tod der Heiligen, Tod der Sünder, Tod des Leibes – und einer entsprechenden Soteriologie – der Tod als Folge der Sünde Adams, die Erlösung durch Christus! – und schließlich mit einer praktisch-ethischen Nutzanwendung im Aufruf zu Beichte und Buße. Die Topoi christlicher Memoratio des Todes fehlen nicht: der Hinweis auf die *mors repentina*, auf den „jähen" Tod, der den Menschen wie ein Dieb in der Nacht überkommt[86]; die Rückseite aller irdischen Schönheit und Tüchtigkeit – mit direktem Blick auf den Toten hier und jetzt –, die Vergänglichkeit ist[87]; die Aufforderung, für den Toten betend einzustehen; die Pflicht zum Totengedächtnis an bestimmten Tagen; der heute zynisch anmutende Hinweis auf die Sinnlosigkeit des Gebets für die Nichtchristen und die Verdammten; die Aufforderung, für die im Fegfeuer[88] Leidenden tatkräftig zu wirken; die Verheißung endlich, daß alle Erlösten dereinst – im Vollalter Christi[89] – auferstehen werden.

Daß dieses Predigtmuster oft gebraucht worden ist, ist nicht nur aus seiner Topik erschließbar, sondern auch aus der Tatsache, daß sich ähnliche Gedan-

ken in anderer Anordnung in andern Predigtmustern finden, z. B. in einer
Predigt der St. Pauler Sammlung des 13. Jahrhunderts und in zwei Predigten
des ›Speculum Ecclesiae‹ (Nr. 68 und 69) schon aus dem Anfang des 12. Jahrhunderts.[90] Sie seien noch angeführt:

68.

So der man uon dirre werlde sceidet, sone uolget ime niht sines gŏtes, weder eigen
noch lehen, scaz noch burge, noch neheiner slahte rîhtŏm. Allez, daz dirre gŏte man
in dirre werlt besezzen hete, daz hât er allez hie lazzen; swaz auer er îe gŏtes getet, daz
uŏret er mit ime. Von div, lieben lute, minnet disen ungewissen rîchtŏm niht ze harte.
Sŏchet den gewissen rîchtŏm, den er iv selbe geheizzen hat. Vns ist uore gescriben an
den bŏchen: Melius *est* ire ad domum luct*us* q*u*am ad domum conuiuii. In illa eni*m*
finis cuncto*rum* admonet*ur* hominu*m* *et* uiuens cogitat, q*u*id futuru*m* sit (Eccles 7, 3)
Daz quut, daz uns bezzer sî, daz wir gen, da wir toten sehen un*de* die amerliche chlage
un*de* div amerlichen dinc, div man beget, da man die toten handelet. Da werden wir
ermanet, wie churz dirre lîb sî un*de* wie ungewis er sî, wie amerlich des mennesscen
ende sî, des rîchen als wole so des armen. Daz ist bezzer, daz wir dar gen, da wir soge-
taniv dinc sehen, denne daz wir da hinne gen, da wir wirtsaft sehen un*de* werltliche
urŏde Ame*n*.

69.

Lieben lute, dizze cit ist uil churz, ez wert uil churze wile, ez zeuliuzzet als daz waz-
zer, einer stirbet nach dem anderen. Niemen darf sich ze siner iugende niht uersehen;
si sterbent alle geliche. Der ist salic, der in dirre werlt sich darzŏ hat gerehtet, daz er
des tages, so er uon dirre werlt sceidet, gŏte zŏuersiht habe. Wirne scolten nimmer
gerŏwen, naht noch tac, wirne waren da nach arbeitente, wie wir dise werlt mit gotes
hulde uerwandelen mohten. Er ist ein uil salec man, der daz uerdienen mac wider got
in disme churzen zite, daz er an simme ende zu den genaden geuŏret wirt, da er minen
trohtinen in siner herscefte immer mêre sihet. Div genade ist so groz, daz si niemen erzellen mac, als uns diu bŏch sagent: Qua*m* nec oculus uidit, nec auris audiuit, nec in
cor hominis ascendit, que p*re*parauit deus diligentib*us* se (1 Kor 2, 9). Div genade un*de*
div wunne, div da gar ist allen den, die minen trohtinen warlichen minnent, die gesach
nie ŏge, die gehorte nie ore, div nechom nie in mannes herze, die nemac niemen erden-
chen, die nemac niemen erzellen. Von div ist uns uor gescriben: Quia melior *est* dies
mortis die natiuitatis.[91]

Auffällig ist an diesen beiden Predigtmustern eine gewisse Armut der Gedanken: die Preisgabe irdischen Guts im Tod, die Gewißheit des Todes und
gleichzeitig die Ungewißheit über den Zeitpunkt und die daraus sich ablei-
tende Forderung, sich auf die göttliche Gnade hin zu bereiten, das sind die
Themen, die kurz und ohne Aufwand vorgestellt werden.

Mit dem Aufkommen der *Volkspredigt* im 13./14. Jahrhundert kommt dem
Memento mori der Predigt eine größere Relevanz zu. Der Tod bekommt in
der Ausmalung des Todes als der Sünde Sold eine nachhaltige Wirkung. Insbesondere der Sünder bekommt die Qual serviert, die ihm einst bevorstehen

wird: sie beginnt schon bei der Behandlung des Leichnams, dem die kirchliche Bestattung verweigert wird. So der Habsüchtige bei Berthold von Regensburg, der einer menschenwürdigen Behandlung nach dem Tode nicht
wert ist: *Den sult irn an daz velt ziehen, als ein schelmigez rint: wan er ist
uzsetzic unde schelmic unde sol in ouch dehein getouftin hant niemer mêr an
gerüern für daz diu sêle ûz dem lîbe kumt.*[92] Alle Sünder ratifizieren nach
Berthold den irdischen Status der Pilgerschaft nicht, indem sie meinen, sich
in der Welt schon für ewig einrichten zu können. Es gilt aber: *swenne daz
kint wirt geborn, so ist iz zuhant ein pilgerim unde tut alse tegeliches eine
tagevart zů dem tode.*[93] Der Tod ist also ganz im Sinne Augustins, der hier gewissermaßen zitiert wird, innerer Zubehör des Lebens. Der Tod muß ins
Menschenherz geschrieben sein als ein Abgestorbensein der Welt gegenüber.
Berthold unterscheidet vier verschiedene Formen des Todes, deren richtige
Zurkenntnisnahme für den Menschen lebenswichtig ist:

> Eia, were der tot wol gescriben in unser aller herzen! der tot ist vir hande: tot der
> nature, tot der schult, tot der genade, tot der helle. Prima mors animam nolentem pel-
> lit de corpore, secunda mors animam nolentem tenet in corpore. *der* tot der nature
> sunderet die sele von deme lichname, also sunderet die houbtsünde die sele von gote,
> der tot der nature machet den lichnamen stinkende, also tut die houbetsünde die sele
> vor den almechtigen gote. da von ist gescriben in der vetere bůch daz der heilige engel
> sprach zu eineme einsidele: ,wir gen in die wůstunge und begraben ein pilgerim.' der
> waz vor tage tot. do si dar chamen, do vorstopphete der einsidel sine nase vor dem
> růche des toten. under des daz si von dannen schieden, do begeinete in ritende ein
> werltlicher man wol geziret *mit* clingendem gesmide wol vergolt. do verhilt der engel
> sine nasen. do sprach der einsidel zu dem engele: ,herre, war umme tustu ditz?' do
> sprach der engel: ,dürch disen werltlichen man, und solt *du* wizzen daz er me stinket
> vor gote dan des pilgerimes lichnam vor diner nasen.' Hie bi machtu merken und wiz-
> zen daz die sele dikke stinkende ist in deme lebenden lichname, also wanderet vil toter
> lůte und stinkender lůte ober al, daz ist leider war. der tot der nature der tut ouch den
> lichnam crimmen und winnen von den wůrmen. swanne die wůrme daz vleisch danne
> geezzen, so sterben sie und werden wider zu aschen; dise bezeichenen unrechte
> gerunge und gedanken nach werltlicheme gute der der girige mensche vol ist. Der tot
> der nature vorkeret ouch al des mensche antluze also, daz die vunf sinnen vorliesen ir
> amecht: so mugen die ougen niht gesehen noch die oren gehoren noch die nasen gerie-
> chen noch der munt gesmekken noch die hende geruren noch daz herze gedenken ubel
> noch gůt. Ita mundani totum vultum et corpus defiguratum. Also ist den sündern al ir
> antluze und ir lip vorkart. Si keren ir ougen zu der unkuscheit; da sie gotes wort solden
> horen und ander gotes dinst, da gen si zu dem wraze und zume tranke und zu andern
> suntlichen dingen. so volget der tot der schult.[94]

Totsein ist nur mehr metaphorisch für den Zustand des in seine Sünde ver-
kehrten Sünders, für den *tot der schult*, ein Tod, der zur absoluten *missehoffe-
nunge* führt und – wie bei Judas – zum Selbstmord. Rettung aus dem Tod der
Schuld bietet einzig der Tod der Gnade:

der dritte tot ist tot der genaden. swanne dem menschen stirbt die werlte und der mensche der werlde, so enachtet der mensche niht waz man ime tuht und vorsmaet al dirre werlde ere, so mach er wol sprechen als sente Paulus spricht: Mihi mundus crucifixus est et ego mundo. er spricht: Mir ist die werlt gecrüciget, ir kein enkan den andern gereichen. Also enmochte die werlt niht haben von sente Paulo noch sente Paulus enwolde niht haben von der werlde.[95]

Insbesondere betrifft der dritte Tod die Geistlichen. Aber gerade sie achten oft zu sehr auf die Welt und bereichern sich auf schamlose Art und Weise. Bischöfe, Äbte, Prälaten und gar Klosterleute achten oft nur darauf, wie sie Schätze häufen können: *also enphahen sie selen zu prevende und versümet die und sten dar nach wie sie vil phenninge und grozzen schatz zusamen brengen und brechen okker der samenunge ab, so sie meiste mugen ...*[96]

Das richtige Verhalten der Welt gegenüber, das ein *mori mundo* ist, wird in Form eines Predigtmärleins, das aus den *Vitae patrum* entnommen ist, demonstriert: Ein Mönch wird vom Abt zu einer Ansammlung toter Gebeine geschickt mit dem Auftrag, ihnen das Schlimmste, dessen er fähig sei, zu sagen und dann zu schauen, was sie antworten. Er tut es: die Gebeine schweigen. Am andern Tag soll er im Auftrag des Abts nochmals hingehen und den Gebeinen diesmal das Schönste sagen, dessen er fähig ist. Er tut's, die Gebeine schweigen. Die Lehre des Abts lautet:

Brüder, ir sit nu kümen zu unser brüderschaft, von der werlde zu clostere, unde zu gelicher wis als üch der toten gebein niht antwürten weder zu dem bosen worten noch zu den guten, also sult ir tün. swer euch lobet, des weset an hohmüt; swer eüch schelde oder wulche, da enzurnet niht zu. zu allen disen dingen weset toub. tut ir daz, so sit ir tot der werlde und lebet gote. da von spricht sente Paulus: vivo ego, jam non ego, vivit vero in me Christus. der spricht: ich lebe, ich enbin es aber niht, sunder Christus der lebt in mir. alsus sol ein igelich gotes knecht toub sin. Heizet man in thore oder ypocrita oder swie smeliche man im zu spricht, daz sol er vertragen durch die libe unsers herren gotes.[97]

So gilt es, den vierten Tod, die ewige Verdammnis zu vermeiden. Denn:

der tot der helle daz ist ein tot der ewigen vortümenisse, und swelich sele dar in cümet die enmach nimmer mer ledich werden, quia in inferno nulla est redempcio, wanne da kein erlosunge ist in der helle. so sult ier biten unsern herren got daz er euch des gehelfe daz uwer keines sele nimmer dar in encüme.[98]

III. DAS MITTELALTERLICHE STERBEBRAUCHTUM

> Nos quoque, qui ab eo (sc. Adam) originem trahimus, ad curas sollicitudines, et tentationes, tum corporis, tum animi insuperabiles, ad ultimum denique terribilium mortem alligamur; naturae ab eo hanc conditionem sortiti, a quo propagationem generis incoepimus... In hac valle miseriarum, nec aliud inuenimus, quam naturae imbecillitatem, fortunae ludibrium, voluntatis mutationem, voluptatum inquinamenta, tentationum bellum assiduum.
>
> Vinzenz von Beauvais[1] (1184/94–ca. 1264)

> Quam sit uite mortalis misera et miseranda condicio, cum ex multis dum vel maxime elucet, quod non solum ea, que mundi sunt, nunquam in eo statu permanent, sed defluentia in deterius mortalia usque ad internitionem dilabuntur...
>
> Quidam sapiens in regulam beati Augustini[2]

Wenn den mittelalterlichen Historiographen „ein hohes Maß an Fertigkeit im geschichtsschreiberischen Umgang mit Abläufen, die als negativ empfunden werden", bescheinigt werden kann, dann muß der Grund dafür in der tatsächlichen *condition humaine* des Mittelalters gesehen werden, in welcher dem Menschen in der materiellen Bewältigung seiner Lebenswirklichkeit nichts geschenkt wurde. Leben war immer und überall und unmittelbar vom Tode bedroht. Umgekehrt war der Tod daher jederzeit ein Ereignis alltäglicher Wirklichkeit, mit dem die Menschen sich in mentaler, religiöser, gesellschaftlicher und hygienischer Weise abzugeben hatten.[3] Das Sterbe- und Todesbrauchtum – eingebettet in tiefreichende religiöse Denkformen, gleichzeitig aber auch von heidnischen Praktiken her vorgeformt – beanspruchte daher einen unübersehbaren Platz sowohl im Alltag und seiner Wirklichkeit als auch im Denken und Fühlen.

1. Die alternde Zeit

In Entsprechung zur Thanatopraxis formte sich im Mittelalter ein Bewußtsein davon aus, daß die Zeit des Menschen hinfällig, kontingent und in einem Alterungsprozeß begriffen sei, der sich nicht gerade mit dem Ideologem ‚Niedergang' beschreiben läßt,[4] dagegen sich als metaphysisch zu deutende Spätzeitlichkeit artikuliert. Die nicht unbedingt hochliterarischen Gattungen

– Chroniken, Anekdotensammlungen – geben davon Zeugnis. Es gibt daher im Mittelalter wirklich so etwas wie eine das gesamtgesellschaftliche Leben prägende Grundstimmung, in deren Zentrum der Tod und seine Bedrohung des Lebens stehen. Wenn wir in mittelalterlichen Texten immer wieder tausendfach den Satz wiederholt finden, daß wir „in einer alternden, rasch ihrem Ende entgegeneilenden Welt leben, so ist das kein literarischer Gemeinplatz, sondern Lebenserfahrung. Die durchschnittliche Lebenserwartung eines Neugeborenen lag – wie in Europa bis ins 19., anderswo bis ins 20. Jahrhundert – bei höchstens 35 Jahren; das Mittelalter erreichte diesen Höchststand wahrscheinlich nur im 13. Jahrhundert. Wer die Schwelle der hohen Kindersterblichkeit, die ersten zehn Jahre, überstanden hatte, konnte durchschnittlich vierzig bis fünfzig Lebensjahre erhoffen, und das wußte man ohne moderne Statistik. Innozenz III. korrigierte um 1195 die Angabe von Psalm 89, 10, daß der Mensch 70 bis 80 Jahre alt werde: ‚Wenige erreichen jetzt 60, ganz wenige 70 Jahre‘ – und starb mit 56. Ein Vierzigjähriger war alt. Wer krank wurde, war auf das baldige Ende gefaßt; daß es bei der Lepra lange auf sich warten ließ, bestärkte die Scheu vor Aussätzigen. Ansonsten erleichterte das enge Beieinanderleben von Gesunden und Kranken die Ansteckung bei Seuchen und Tuberkulose und senkte die Lebenserwartung weiter. Das war ein hoher Preis für soziales Verhalten, das die Todesangst minderte.“ [5]

Die Kindersterblichkeit enthob den Tod der Sphäre des Greisenalters, machte ihn zu einem alltäglich gegenwärtigen, zu einem ‚Jedermann‘. Auf der andern Seite konnte schon das kleine Kind den Tod seines Vaters und seiner Mutter miterleben. Der Friedhof war zudem kein entlegener Bezirk, sondern rund um die Pfarrkirche, wo die Gemeinde sich jeden Sonntag traf, angelegt. Die Toten waren der Gemeinde zugehörig, die sich als eine Gemeinde der Lebenden und Toten verstand. Das physische Elend des Mittelalters, insbesondere der untersten Schichten, ist natürlich der beste Nährboden für Seuchen und Epidemien aller Art. Eine konstante Unterernährung, herrührend von den schlimmen Hungersnöten, die immer mindestens ein paar Jahre andauerten, verschärfte die Situation. Nach Raoul Glaber hoben die Menschen während der großen Hungersnot von 1032–1033, „nachdem sie wilde Tiere und Vögel gegessen hatten, unter der Herrschaft eines verheerenden Hungers alles mögliche Aas und andere, kaum auszusprechende schreckliche Dinge auf, um sie zu essen. Einige nahmen, um dem Tod zu entgehen, ihre Zuflucht zum Wurzelwerk des Waldes und zum Grün der Blumen. Wütender Hunger ließ die Menschen selbst menschliches Fleisch verschlingen. Reisende wurden von den Stärkeren verschleppt, ihre Glieder abgeschnitten, gekocht und verzehrt. Manche Leute, die aufgebrochen waren, um dem Hunger zu entfliehen, und unterwegs Gastfreundschaft fanden, wurden des nachts ermordet und dienten jenen als Nahrung, die sie aufgenommen hatten. Viele zeigten Kindern eine Frucht oder ein Ei, lockten sie damit an abgelegene Orte, brachten sie um und verschlangen sie. Anderswo wurden Tote ausgegraben, um den Hunger zu stillen. In der Gegend von Mâcon entnahmen einige Leute dem Boden eine weiße, dem Ton ähnliche Erde, mischten sie mit dem, was sie noch hatten, Mehl oder Kleie, und machten aus dieser Mischung Brot, wodurch sie hofften, nicht an Hunger zu sterben; dieses Verfahren brachte aber nur trügerische Hoffnung und Erleichterung. Man sah nur bleiche und abgezehrte Gesichter. Viele zeigten eine durch Aufblähungen gedehnte Haut; die menschliche Stimme wurde spitz, den kurzen Schreien sterbender Vögel vergleichbar." [6]

Solche Litanei der Sterblichkeit und allgegenwärtiger Bedrohung durch einen so oder so gewaltsamen Tod durchzieht in mehr oder weniger deutlicher Intensität das ganze Mittelalter immer wieder. Der Tod war im Mittelalter in ganz grundsätzlicher Art und Weise eine Form des Miteinanderlebens. Eine Privatisierung, Tabuierung und Entrückung des Todes in die abgeschirmten Residenzen der Kliniken und Leichenhallen war unmöglich, weil alle Voraussetzungen fehlten. Der Tod damals hatte *das* Menschliche – jenseits aller unmenschlichen Bedingungen, die ihn nur allzu oft bewirkten –, daß er in aller Öffentlichkeit, in allerbreitester Mitmenschlichkeit als eine soziale Geste geschah.

Es ist ganz klar, daß eine solche Wirklichkeit keinen Raum für eine optimistische Schau der Geschichte ließ. Geschichte hat im Mittelalter – soweit sie immanent gesehen wird – einen negativen Sinn: Sie ist *mutabilitas*. [7] Das beweist die Metaphorik, die man auf den Geschichtsverlauf anwendet: Oft unterteilt man die Zeit und deren Verlauf in Anlehnung an den Wochenablauf. „Über den heiligen Augustin, Isidor von Sevilla und Beda geht diese alte jüdische Theorie ins Mittelalter ein, das sie auf den unterschiedlichsten geistigen Ebenen übernimmt, in der volkstümlichen Lehrdarstellung eines Honorius Augustodunensis ebenso wie in der hohen Theologie eines Thomas von Aquin. . . Parallel zu den sechs Wochentagen durchläuft der Makrokosmos (das Universum) wie der Mikrokosmos (der Mensch) sechs Phasen. Gewöhnlich werden aufgezählt: die Erschaffung Adams, das Gesetz Noahs, die Berufung Abrahams, das Königtum Davids, die babylonische Gefangenschaft, die Ankunft Christi. Und dementsprechend gibt es sechs Altersstufen des Menschen: Kindheit, Jugend, Jünglingsalter, reifes Alter, Alter, Greisenalter (Honorius setzt ihre Grenzen wie folgt fest: 7 Jahre, 14 Jahre, 21 Jahre, 50 Jahre, 70 Jahre, 100 Jahre oder der Tod). – Die Welt ist in den sechsten Zeitabschnitt, d. h. ins Greisenalter, eingetreten. Diese zutiefst pessimistische Vorstellung zieht sich durch das ganze mittelalterliche Denken und Empfinden. Die Welt ist ihrem Ende nahe, sie liegt im Sterben. ‚Mundus senescit‘ – die Welt ist alt und hinfällig. Diese Überzeugung, ein Vermächtnis frühchristlichen Denkens aus der Zeit der Verfolgungen der Spätantike und der großen Barbareneinfälle, ist im 12. Jahrhundert noch immer lebendig. Otto von

Freising schreibt in seiner Weltchronik: ‚Wir erleben, wie die Welt immer schwächer wird, und sozusagen im höchsten Greisenalter stehend, ihren letzten Atemzug aushaucht.'" [8]

Dieses Thema findet sich in Otto von Freisings Chronik [9] sehr häufig, allerdings in verschiedenen Brechungen. Zunächst ist das Bewußtsein, in einer Spätzeit zu leben, keineswegs negativ. Die Spätzeit erlaubt ein bei weitem größeres Wissen, als es den früher lebenden Menschen vergönnt war. Sobald Otto über diesen Tatbestand ohne theologische Seitenblicke nachdenkt, vermag er einen Fortschrittsgedanken zu formulieren, der bis heute bestimmend geblieben ist: „Im ersten Elementarunterricht und in den Anfangsgründen der Grammatik hören die Knaben gewöhnlich den Satz, man sei ‚desto erkenntnisreicher, je später geboren'. Das ist meiner Meinung nach ein vortreffliches Wort; wir werden durch die in den Schriften niedergelegten Erkenntnisse der Früheren, die vor uns ein Wissensgebiet bearbeitet haben, belehrt, und da wir in einem fortgeschritteneren Zeitalter der Erde leben und lernen, können wir auf Grund der im Laufe der Zeit erarbeiteten Erkenntnisse unter Zusammenfassung alles dessen, was vor uns gefunden worden ist, mit der gleichen geistigen Kraft wie die Früheren auch von uns aus um so eher Neues finden. Daß sich deshalb in der Spätzeit der Welt das Wissen vervielfältigen werde, hat schon der Prophet vorausgesehen: ‚Viele werden bis in die Endzeit kommen, und vielfältig wird das Wissen sein.' So kommt es, daß unseren Vorgängern, außerordentlich kenntnisreichen und hochbegabten Männern, doch viele Sinnzusammenhänge verborgen geblieben sind, die uns durch den Zeitverlauf und die Ereignisse klargeworden sind. Deshalb erkennt jetzt jeder, wohin es mit dem römischen Reich gekommen ist, das von den Heiden für ewig, von den Unseren dagegen beinahe für göttlich gehalten worden ist, weil es alle bisherigen weit überragte." [10] Mit Blick auf die Zeitsituation und die unmittelbare Vergangenheit – den Aufstand Heinrichs V. gegen seinen Vater und die damit gegebene Spaltung des Reiches – kann Otto jedoch ein sehr düsteres Bild der Endzeit, in der er zu leben hat, malen: „Sollte uns nicht ein so unerhörtes, so unmenschliches Beginnen der Welt allein schon zur Verachtung der Welt aufrufen? Täuscht nicht die Welt – oder besser mit Augustin die Umwelt – die sie Liebenden, indem sie sie durch trügerische Genüsse an sich lockt, verstrickt sie nicht die ihr anhängenden in derartige Händel und reißt sie sie nicht schließlich mit in ihren eigenen Untergang? Das sind nach Paulus die letzten und deshalb schlimmen Zeiten, da ‚die Menschen das Ihre suchen, nicht was Jesu Christi ist' und deshalb ‚voll Eigenliebe lasterhaft, lieblos, den Eltern ungehorsam' werden und, sich in allen Lastern ihrer Lüste suhlend, zu ruchlosen Unternehmungen und den verabscheuungswürdigsten Taten sich hinreißen lassen. Und beachte, daß in unserer Zeit, die ja als die letzte gilt, die dazu bestimmt ist, den früheren Verbrechen ein Ziel zu setzen, die durch die Scheußlichkeit der Laster das Ende der Welt

und durch das Gegenteil davon das Herannahen des Reiches Christi ankündigt, – daß in dieser Zeit also, wie gesagt, einerseits die schlimmsten Frevler
und lüsternsten Liebhaber der Welt leben, anderseits aber auch Menschen
voll des glühendsten Eifers für Gott und voll Sehnsucht nach dem Himmelreich; während nun der Geist der Verderbtheit, der ‚nur noch wenig Zeit hat‘
und desto hitziger entbrennt, jene immer hitziger zur Lasterhaftigkeit ent-
flammt, lockt diese die Wonne des Himmelreichs, die schon vor der Tür
steht, immer stärker zur Sehnsucht nach ihr. So ziehen in dieser Zeit, da das
römische Reich nicht nur durch Bürgerkrieg, sondern auch durch Zwist zwischen Vater und Sohn infolge der Herrschsucht gespalten ist, die einen nach
Jerusalem, das Ihre um Christi willen nicht achtend und überzeugt davon,
daß sie den Gürtel der Ritterschaft nicht zwecklos tragen, und führen dort,
eine neue Art von Ritterschaft begründend, die Waffen gegen die Feinde des
Kreuzes Christi so, daß sie immerfort das Zeichen des Kreuzestodes Christi
an ihrem Leibe tragen und in Lebensführung und Wandel nicht Ritter,
sondern Mönche zu sein scheinen. Auch begann seitdem im Mönchs- und
Klerikerstand die Strenge bis auf den heutigen Tag zuzunehmen, so daß nach
gerechtem Ratschluß Gottes, während die Bürger der Welt immer tiefer im
Schmutz versinken, seine Bürger durch seine Gnade immer höher zum Gipfel
der Tugenden aufsteigen.“ [11] Was in der Zeit ein Motiv der Rettung offeriert,
ist nicht tätige Arbeit an der Welt und ihren Bedürfnissen, sondern der eschatologisch ausgerichtete Mönchsstand, der, das Jenseits vorwegnehmend, in der
Zeit eine zeitenthobene *Vita angelica* zu leben versucht. [12] Das wird in Ottos
Chronik öfter angemerkt. So zum Beispiel folgendermaßen: „Solches Unheil
wuchert, wie wir sehen, in unsern Tagen in den Nachbarländern; was wir
aber täglich aus entfernten überseeischen Ländern hören, das wollen wir für
jetzt verschweigen, um nicht Ekel zu erregen. Denn es ist so ungeheuerlich,
daß wir fürchten müßten, die Welt ginge in Kürze völlig zugrunde, wenn sie
nicht durch das Verdienst und die Fürbitte der Mönche erhalten bliebe, deren
es ja jetzt durch Gottes Gnade eine große Menge gibt.“ [13] Oder einmal ab-
schließend: „Kurz, die Erinnerung an die überstandenen, der Ansturm der
gegenwärtigen und die Furcht vor den kommenden Schicksalsschlägen macht
uns so beklommen, daß wir ‚uns vorkommen, als hätten wir das Todesurteil
empfangen‘ und ‚des Lebens überdrüssig werden‘, zumal wir wegen der
Menge unserer Sünden und wegen der stinkenden Sündhaftigkeit dieser
höchst unruhevollen Zeit glauben, daß die Welt nicht mehr lange Bestand
haben kann, würde sie nicht durch die Verdienste der Mönche, der wahren
Bürger des Gottesstaates, erhalten, deren mannigfaltige, wohlgeordnete Brü-
derschaften in der ganzen Welt in großer Zahl in Blüte stehen.“ [14] Endzeit-
liches Gefühl und endzeitliche Haltung diagnostizieren also einerseits den
Niedergang des Verlaufs der Welt, anderseits geben sie Anlaß, die Zeichen
der Zeit zu deuten und die Chance, die geblieben ist, wahrzunehmen, d. h.

ein eschatologisches Dasein zu führen, das damals mit dem des Mönchtums identisch war.

Wenn das gesamte Mittelalter daher literarisch, philosophisch und theologisch zum beharrlichen *laudator temporis acti* wird, dann beruht das nicht auf einer unverbindlichen Tradition, sondern ist Ausdruck einer tief verankerten Geschichtsauffassung, die sich auch im Selbstbewußtsein der Menschen niederschlägt. Denn diese Menschen fühlen sich – ähnlich wie die alternde Welt sich verknöchert und zusammenzieht – kleiner und nicht größer als ihre Vorfahren. Die Welt (des Blutsadels) gleicht nach Dante nicht dem Menschen, der aus dem Mantel herauswächst, sondern dem Mantel, „der gar bald zu kurz wird", um den „die Zeit herumgeht mit der Schere".[15] Im ›Elucidarium‹ wird dem Schüler, der etwas Genaueres über das Ende der Zeiten wissen möchte, erklärt: „Die Menschen werden kleiner von Gestalt sein als wir, wie auch wir kleiner sind als die Alten."[16] Diese Ideologie eines unaufhaltsamen Schrumpfungsprozesses hat durchaus ihre Analogie zu Kafkas ›Verwandlung‹ oder zu Stücken Ionescos oder Becketts, wo die Protagonisten, unaufhaltsam schrumpfend, schließlich auf ihren existentiell kaum noch tragbaren Restbestand degradiert werden, bis dann das ‚Endspiel‘ konsequent mit allem Lebendigen aufräumt. Insofern wirken eschatologische Vorstellungen – ihres Rückhalts in der Vorstellung eines die Welt und ihren Lauf tragenden persönlichen Gottes entkleidet – wie frei verfügbare Versatzstücke einer ins Absurde tendierenden Eschatologie weiter. Dagegen korrespondiert im Mittelalter die altersbedingte Schrumpfung – von der *mutabilitas* der Welt bewirkt und befördert – einer *mutatio*, in der die Welt von der *mutabilitas* in die *quies* des ewigen Sabbats überführt wird. „So ist die *mutabilitas* der Welt, die die *miseriae* verursacht, eine notwendige Voraussetzung zur Erfüllung der Erwartung des ‚eigentlichen‘ Menschseins. Die *miseriae* bringen den Menschen also auch in eschatologischer Finalität näher zu seiner Vervollkommnung. Sie neutralisieren sich gewissermaßen auch hier zwischen irdischem Leid, das erfahren wird, und himmlischer Freude, die erwartet wird."[17]

Die Sterbe- und Bestattungspraxis hat ihren Ort mitten in diesem Bezugsnetz von Resignation und Hoffnung, Kontingenz und Vollkommenheit, Trauer und Freude.

2. Der Stil des Sterbens

Da im Mittelalter der Tod und das Sterben – als alltägliche und praktisch in jedem Menschenleben gegebene Möglichkeit – ausgesprochenen Öffentlichkeitscharakter hatten, hatte diese letzte Verhaltensweise des Menschen auch nicht den Zufälligkeitscharakter einer Gesellschaft, die den Tod aus ihrer Erfahrungsamplitude ausschaltet, sondern er hatte einen ganz bestimmten Stil mit einer ganz bestimmten Würde und Gestik. Ein Verhaltenskodex des

Sterbens konnte natürlich nur dort sich bilden, wo eine bestimmte Kontinuität vorhanden war. Die *mors repentina* war mithin gerade deshalb bedrohlich, weil sie – als nur zu häufige Erfahrung – in der Preisgabe der Würde dieses Sterbens auch eine tiefe Gefährdung des Schicksals der Seele nach dem Tod darstellte, die – ohne Wegzehrung von seiten der Gemeinschaft der Lebenden und der Kirche – notwendigerweise in die Irre geht.[18] Die beste der Künste ist daher die *Ars moriendi*, die Kunst, gut zu sterben.[19] Aus Darstellungen der bildenden Kunst wissen wir, daß die mittelalterliche Sterbeszene keine Angelegenheit privater Natur ist, sowohl im geistlichen wie im laikalen Rahmen. Im Mittelpunkt der Darstellung liegt der Sterbende auf seinem Schmerzenslager, der Zeitsitte gemäß unbekleidet, aber doch zugedeckt. Böse Engel plagen ihn, gute Engel nahen sich ihm stärkend vom Kopfende des Bettes her. Der Priester kommt mit dem Viatikum, der Kommunion. Familie, Freunde und Nachbarn treten im Gefolge des Priesters in die Sterbekammer. Oft ist auch ein Notar mit Schreibzeug zur Aufnahme des letzten Willens des Sterbenden dabei. Der Sterbende hält eine brennende Kerze in der Hand. Oft bekommt der Sterbende noch den Johanniswein zu trinken, ein Abschiedstrunk mit dem Wunsch, daß man sich im Jenseits wiedersehen möge. Ein Kruzifix war auf jeden Fall – zu Füßen oder am Kopfende des Bettes – immer da. Bisweilen ist der Todkranke zum Sterben auch in die Kirche verbracht worden: Dort legt man ihn auf eine Bußdecke aus Ziegenhaaren *(cilicium)* und bestreut ihn mit Asche, bis dann das Sterberitual beginnen kann. Nach andern Überlieferungen wird der Sterbende auf den nackten Boden gelegt – um ihn mit der Unterwelt in Berührung zu bringen, dahin der Tote ohne Verzug zu gehen hat – oder – als Ersatz – seine Brust mit Erde bestreut.[20] Eine Abschwächung des Vorganges ist möglich, wenn man den Sterbenden – zu seiner Erleichterung – auf ein Strohbündel legt oder auf eine Strohmatte. Die Umbettung ist jedenfalls bis ins Spätmittelalter gebräuchlich. Im Falle, daß ein Priester nicht aufzutreiben war, gab es die Möglichkeit, einem Laien seine Sünden zu beichten. Dieser Fall war natürlich oft gegeben: in der Schlacht vor allem.[21]

Das Sterberitual umfaßte eine ganze Reihe von Punkten[22], die nacheinander, aber nicht immer in gleicher Reihenfolge abliefen. Sicher gehörten dazu die drei Sakramente: Beichte, Krankensalbung und Kommunion *(Viaticum)*.

Zunächst die Beichte: Sie bestand im Geständnis der Sünden. Die Absolution wird, da bei Todkranken meist keine Zeit mehr bleibt, eine Buße zu tun, vor Ablauf der Bußfrist erteilt. Die Krankenölung, die mit der Zeit immer mehr an dem Rand des Lebens und erst in extremis vorgenommen wird und damit seit dem 12. Jahrhundert *extrema unctio* – letzte Ölung – genannt wird, besteht in einer Salbung von verschiedenen Körperstellen: Augen, Ohren, Lippen, Nase, Hände und Füße, in der Gegend der Leisten oder Lenden oder des Bauchnabels (wo der Sitz der *luxuria* angenommen wurde)[23]. Die Schwierigkeit bei der Krankenölung war die, daß sie nach einem weit verbreiteten Irrtum denjenigen, der wieder gesund wurde, so gereinigt hatte, daß er hinfort wie ein Geweihter auf Fleischgenuß und ehelichen Verkehr verzichten mußte, auch das ein Grund, sie möglichst weit hinauszuschieben.[24] Anstatt sieben Salbungen konnten es auch zwölf sein. Die Würde dieses Sakraments saß so tief im Bewußtsein, daß nach dem ›Manuale Curatorum‹ des Basler Priesters Surgant von 1506 junge Leute in schwerster Krankheit sich weigerten, es zu empfangen, im Glauben, daß der damit ‚Berichtete‘ nie mehr die Füße waschen und auch nicht mehr tanzen dürfe.[25] Die Wirkung der Krankenölung bestand in der Beseitigung der Hindernisse vor dem Eingang in die himmlische Glorie, also der Tilgung der läßlichen Sünden und der aus der Sünde stammenden *debilitas.*

Nachdem der Kranke das Herrengebet und das Glaubensbekenntnis gesprochen, seinen Geist in Gottes Hände befohlen, sich mit dem Kreuz bezeichnet und von den Lebenden Abschied genommen hatte, wurde ihm das *viaticum* gereicht, die Kommunion in beiderlei Gestalten.[26] Seit dem 14. Jahrhundert schloß sich daran noch eine *benedictio apostolica*, ein Segen, der einen vollkommenen Ablaß für die Anwesenden nach sich zog. Das vor der Kommunion zu sprechende Glaubensbekenntnis konnte auch in Form von bestimmten Fragen dem Sterbenden abgenommen werden. Es handelt sich dabei um die sog. *Admonitio moriendi* des hl. Anselm[27], die dann später in alle Sterbebüchlein eingegangen ist. Nach einer deutschen Übersetzung hört sich das so an: *Lieber mensche vreust du dich, daz du sterbest in christen gelouben? ia. vreust du dich, daz du stirbest in rechtem leben? ia. vergihst du des, daz du so wol niht gelebet hast als du soltest? ia, das vergihe ich. Ist iz din lait und riut dich? iz ist mir leit und riut mich. Hast du willen din leben ze bezzern, ob dir got dines lebens gan? Ja, ich han sin guten willen.* Hierauf richten sich die Fragen auf Gottes Barmherzigkeit und auf den Versöhnungstod Christi: *Geloubest du, daz unser herre iesus christus vor dich tode ist? Ja, daz geloube ich wol. Danchest du im sines todes? Ja, ich danck im sin. Geloubest du, daz du niht maht behalten werden denne mit sinem tode? Daz geloub ich wol.* Es geht also auch hier um ein Glaubensbekenntnis.

Das Sterberitual wurde in Klöstern noch wesentlich verstärkt durch die immerwährende Begleitung des Sterbenden durch die Kommunität und die Rolle des Sterbenden selbst.[28] Er war es, der sich der ganzen Kommunität zu stellen hatte, wenn er – wie es hieß – „der allgemeinen Vergänglichkeit Tribut zu zahlen" hatte, d. h., wenn er sich todkrank fühlte. Die Kommunität nahm Kenntnis von seiner Krankheit und schickte ihn mit ihrem Segen in die Krankenabteilung des Klosters, wo er nach bester Möglichkeit gepflegt wurde. Wenn der Kranke seinen Tod nahen fühlte, dann war er es selber, der im Infirmitorium seine Krankenwärter an ihre Pflicht mahnte: *Sternite mihi mattam et pulsate tabulam* (Breitet die härene Decke aus und schlagt die Tafel, um die Klostergemeinde zusammenzurufen)[29]. Bis der Tod eintrat, wurden eine große Anzahl von Gebeten und Psalmen gesungen. Oft streute sich der Sterbende noch eigenhändig Asche aufs Haupt. Ein Christ hatte in Sack und Asche zu sterben.

Beliebt war im Mittelalter, im Mönchskleid zu sterben und sich so begraben zu lassen.[30] Die klösterliche Sepultur war das allgemeine Ideal. Man trat auf dem Sterbebett ins *coenobium* ein. Die Vorrechte eines monastischen Verbands, der insbesondere im Jenseits viele Vorteile hatte, gingen auf den mit der Mönchskutte bekleideten Sterbenden über. Er heißt: *Monachus ad succurendum* – Mönch, damit ihm geholfen werde.[31] Gerhart Hauptmann, Hofmannsthal und andere Dichter haben das noch in der Neuzeit geübt. Sinn ist das neue Leben, das man mit dem Mönchsgewand anzieht.

Dieser hohe Grad von Bewußtheit, der sich in der Regie des Kranken und seiner Umgebung beim Sterben bezeugt, ist um so höher einzuschätzen, wenn man sich vergegenwärtigt, daß das Sterben im Mittelalter keine leichte, sondern eine schwere und schreckliche Sache war. Schmerzlindernde Mittel waren sozusagen unbekannt: Die *acerbitas mortis*[32] war eine fürchterliche Realität. Die ärztliche Kunst war, besonders im Westen, dilettantisch und beschleunigte oft nur den Tod, anstatt ihn zu hemmen. Die Wunden der Kranken und Sterbenden – insbesondere der in der Schlacht Verwundeten – waren oft derart, daß sie – zunächst nicht tödlich – verstümmelnd wirkten.[33] Die Rüstung hielt ja die größte Energie des Schlags ab. Die Leiden und Schmerzen der Krankheit wurden im Geiste der Buße ertragen und damit einigermaßen verständlich für den, der sie litt. Aber geringer wurden sie nicht.

Mit dem eigentlichen Eintritt des Todes war das Ritual noch keineswegs zu Ende, sondern es folgte das Begräbnis und das Gedächtnis des Toten.

Zuvor aber hat sich der Blick kurz auf den Sterbenden selber zu richten, bei dem sich nach mittelalterlicher philosophischer Ansicht das Sterben als eine schmerzhafte Trennung der Seele vom Leibe vollzog.[34] Die Seele fährt in Gestalt eines Kindes aus dem Mund des Sterbenden. Im anglonormannischen ›Dialogus inter corpus et animam‹ wird die Seele folgendermaßen geschildert: De petite figure / estoit la criature / estoit la chaitive / verte comme chive[35]. Caesarius von Heisterbach (um 1180–1240) berichtet in seinem ›Dialogus miraculorum‹[36] von diesen Sterbevorgängen recht anschaulich. Um die Seele erhob sich der schon einmal erwähnte Streit zwischen Engeln und Teufeln.[37] An die Stelle der Engel treten nun oft die Heiligen, denen der christliche Hermes Psychopompos und „Vorstand des irdischen Paradieses", der Erzengel Michael, als Anführer dient. Er ist es denn auch, der die Seele vor Gott führt.[38] Der Tod selber hat die Erscheinungsweise eines Gespenstes, „die Gestalt eines Weibes in schneeweißem Gewand und mit blassem Antlitz"[39] – ob die Erscheinung des Todes als weibliches Wesen eine antike Erinnerung ist? –, jedenfalls ist die Todesfrau hier ein Gespenst, das jenen, denen es erscheint, den Tod vorausdeutet. Das zwölfte Buch seiner ›Dialogi‹, das den Belohnungen und Strafen des jenseitigen Lebens gewidmet ist, leitet Caesarius folgendermaßen ein: „Wie sich der Tag um die 11. Stunde dem Untergang zuneigt, so endet derselbe mit der 12. Dem Menschen aber ist sein Leben wie ein Tag; dem einen kürzer, dem andern länger; dem einen lichter, dem andern dunkler. Denjenigen, welche ihn unter Krankheit und Kummer verbringen, ist er ein Wintertag, dagegen jenen, welche ihn in Ehre und Freude leben, ein Tag des Sommers. Wer noch im Flor der Jugend steht, für den ist er ein Frühlingstag; für solche dagegen, welche sich der Last des Alters nähern, ein Tag der Herbstzeit." [40]

Diese Metaphorik aus dem vegetativen Bereich für Kürze und Länge des menschlichen Lebens mag zeigen, wie sehr Tod und Leben unwidersprochen und fatalistisch als unabänderliches Geschick verstanden wurden und verstanden werden mußten. Es folgen nun Beschreibungen des irdischen Paradieses, des Fegefeuers und der Hölle. Das Paradies ist ein mit Blumen geschmückter, lieblicher Garten; schöne Jünglinge bewillkommnen die eintretenden Seligen,[41] welchen zu Füßen der heiligen Jungfrau ein goldener Sitz bereitet wird [42]; wer mit einem Makel behaftet ist, darf nicht eintreten. Enoch und Elias, die beiden einzigen Menschen, die vom Schicksal der allgemeinen Sterblichkeit ausgenommen sind, halten das in goldenen Buchstaben geschriebene Buch der Prädestination; wenn die letzte, noch weiße Seite gefüllt wird, so ist der Untergang der Welt gekommen.[43] Für Seelen, welche nicht eigentlich Strafe verdienen, aber doch noch nicht würdig sind, Gott anzuschauen, ist das irdische Paradies zugleich der Läuterungsort.[44] Caesarius kennt verschiedene Purgatorien, etwa das des hl. Patrick oder eines in der Nähe von Trier in einem rauhen Felsen [45], in dem – wie geschildert – die Teufel mit der Seele Ball spielen.[46]

3. Das Begräbnis

Über das mittelalterliche Brauchtum, das sich zur Zeit, da ein bedachter Tod – selbstverständlich neben dem immer drohenden ‚gähen' Tod – noch möglich war, auf das Geschehen nach dem Exitus des Sterbenden bezog, läßt sich einiges sagen. Das Brauchtum nach dem Eintritt des Todes geht sehr bald ins Beerdigungsbrauchtum über.[47] Unscharf sind die Grenzen zwischen dem Sterbe- und Beerdigungsbrauchtum in jedem Fall, da das eine langsam, aber unmittelbar ins andere übergeht.

Ist der Moribunde verstorben, so werden ihm zunächst die Augen und der Mund geschlossen. Als Grund dafür gilt heute die Pietät, die es verbietet, den Toten mit gebrochenen Augen und geöffnetem Mund – was man als entstellend empfindet – liegen zu lassen: Man möchte ihm den Anblick eines Toten, der von seinen Mühen ausruht, geben. Ursprünglich muß anderes hinter diesem Brauch gestanden haben, wohl die Vorstellung vom bösen Blick: „Hat der Tote seine Augen offen, so fürchtet man, daß er damit einen Lebenden durch den bösen Blick nachziehen könnte. Der Aberglaube geht sogar so weit, erkennen zu wollen, wen oder wie viele Lebende der Verstorbene nachziehen werde, und zwar je nachdem, ob er das linke oder das rechte Auge offen hat. Gegen diese Gefahr müssen die Augen unbedingt geschlossen werden."[48] Auch hier ist die Grundanschauung geprägt vom Lebenden Leichnam, eine Anschauung, die das ganze Sterbebrauchtum prägt. Das offene Auge würde auf unheimliche Art und Weise ein Weiterleben des Verstorbenen nach dem Tode andeuten.

Der ,Lebende Leichnam' oder ,Lebende Tote' begründet eine Auffassung vom Verstorbenen, nach der er in eine andere Lebensform übergegangen ist, aber keineswegs aufgehört hat zu existieren.[49] In den ersten Wochen nach dem Tode spricht man vom ,Lebenden Leichnam', danach vom ,Lebenden Toten', ,Nachzehrer'[50], ,Vampir'[51] oder ,Wiedergänger'[52]. Die Herkunft dieser Vorstellungen ist uralt; es ist unentschieden, ob sie animistischen oder präanimistischen Ursprungs sind.[53] Jedenfalls konnte über den christlichen Unsterblichkeitsglauben dieser Anschauungskomplex vom Lebenden Leichnam leichthin übernommen werden, auch wenn das Christentum immer wieder sich gegen eine allzu simplistische Deutung des Lebenden Leichnams verwahrte. Die Drohung, die vom Lebenden Leichnam ausging, bestand in den geheimnisvollen, unerklärlichen Mächten, mit denen ausgestattet der Tote den Lebenden zu schaden vermag. Der Tote muß daher beschwichtigt werden, sein Weggang von den Lebenden muß endgültig sein und vollständig. Daher schließt sich das Beerdigungsbrauchtum ohne Verzug an das Sterbebrauchtum. Gefahr ist aber immer gegeben, daß der Tote jemanden nachzieht. Dem Priester kommt beim Versuch, den Toten zu bannen, eine wichtige Funktion zu. Aber nicht nur das sog. Nachzehren droht von seiten des Toten, sondern allerlei anderes Unheil von Krankheit und Mißerfolg. Bisweilen – um diesen Gefahren des Umgehens des Toten zu begegnen – werden die Toten gefesselt.[54] Aus germanischer Zeit ist bis in die christliche hinein eine fürchterliche Form, wie sich der Nachzehrglaube dokumentierte, überliefert: die Leichenpfählung. Kinder, insbesondere ungetaufte, hielt man erst dann für tot, wenn man sie mit einem Pfahl durchbohrt hatte. Bußbücher fragen daher eigens den Sünder, insbesondere die Frauen, ob er sich je einer Leichenpfählung schuldig gemacht habe.[55] Wichtig ist festzuhalten, daß beim Vorstellungskomplex der Leichenpflege früh schon Sachverhalte zu nennen sind, die aus dem Gesichtspunkt der Leichenabwehr zu deuten sind. Abwehr und Pflege sind daher bis heute in der Leichenpflege festzustellen und waren schon immer im Sterbebrauchtum gegenwärtig.[56] Zu den genannten Vorstellungsgehalten des Lebenden Leichnams kämen auch die Ansicht von der Seelenreise des Verstorbenen, allenfalls verbunden mit einem Kampf gegen die Dämonen, und die Totenehre (Ehrung des Toten, als ob er noch leben würde).[57] Dieselben Motive, die beim Schließen der Augen wichtig sind, sind auch beim Schließen des Mundes wichtig. Es wird meist dadurch erreicht, daß man ein Gesangbuch oder die Bibel unterlegt oder den Kopf des Toten mit einem Tuch umbindet. Hinter allem steht die Auffassung, daß die Seele durch den Mund des Toten entweiche; sie könnte auch durch einen offenen Mund wieder zurückkehren. Da die zurückkehrende Seele den Toten zu einem gefährlichen Wiedergänger machen würde, muß diese Möglichkeit ausgeschlossen werden. Eine zweite Deutung bestünde darin, daß man sagt, der Tote könnte durch den offenen Mund Beziehungen zur Außenwelt aufnehmen und so einen Lebenden nachziehen. Man spricht sogar davon, daß der Tote schmatze.[58]

Nach dem Tod müssen im Haus verschiedene Veränderungen gemacht werden. Das Fenster ist zu öffnen (oder eine Türe, oder es wird ein Dachziegel abgehoben). Sinn davon ist, der Seele einen Ausgang zu schaffen.

Sodann muß der Tod bekanntgegeben werden, mündlich, schriftlich oder durch Glockenzeichen (auch hier Dämonenabwehr). Im Haus hat seit dem Abscheiden des Verstorbenen möglichste Stille zu herrschen. Man will dem Toten seine Ruhe nicht nehmen.

Danach muß der Tote gewaschen werden[59]: ein Vorgang, der als „Bad der Wiedergeburt" zu deuten ist. Wie ein Neophyt wird darauf der verstorbene Christ bekleidet mit einem weißen Gewand. Diese Herrichtung des Leichnams wurde oft in einem besondern Raum vorgenommen, den es nicht nur in Klöstern, sondern auch in Pfarreien gab.

Dieser Vorgang scheint Anlaß zu verschiedenen abergläubischen Praktiken gegeben zu haben.[60] Burchard von Worms († 1025) stellt in seinem ›Deutschen Bußbuch‹ die Beichtfrage an die Frau: „Hast du auch jenem abergläubischen Brauch zugestimmt oder ihn selbst geübt, den einfältige Frauen vornehmen, daß sie, wenn eine Leiche im Hause liegt, heimlich zum Brunnen gehen, Wasser schöpfen und es, wenn der Tote aufgebahrt ist, unter die Bahre gießen?"[61] Dieser Brauch muß als eine Art Totenbeschwörung gesehen werden. Sogar Bischöfe, Priester und Diakone betrieben ähnliche Totenbeschwörungen, wurden aber – dabei ertappt – aus den Ämtern gewiesen. Vor allem aber das gemeine Volk muß solche Totenbeschwörungen als sein altererbtes Vorrecht angesehen haben. Noch 1418 warnte das Salzburger Provinzialkonzil: „Meidet die teuflischen Zauberformeln, die das gemeine Volk über die Toten zu sprechen pflegt, und das Schreien, welches es unter Beschwörung des allmächtigen Gottes ausstößt."[62]

Über die Beisetzung und die Grabstätten des Mittelalters sind wir recht genau unterrichtet. Die Beisetzung erfolgte, wie schon einmal angedeutet, in der Erde oder in Grüften. Meist wurde der Leichnam in ein Leichentuch

gehüllt, das an Kopf- und Fußende zusammengeknotet war. Bisweilen – seit
dem 13. Jahrhundert – wurde der Leichnam auch in einem Sarg aus Holz,
Stein oder Blei beerdigt. So gibt es die folgende Bestimmung: *Wann . . .
ein chaufman oder ein pilgreim auf dem mere stirbet und dabei ein erdreich
nachen ist, der sol da selbes begraben werden in etleicher insel, die di nachste
ist. Sehent si aber daz erdreich nicht, so mache man im ein heuselein von
holczern, ob man (ez) gehaben mag, und werde in daz mere gewarffen.*[63]
    Der Autor, der so genaue Anweisungen über die Art der Bestattung zu ge-
ben vermag, ist Durandus von Mende bzw. Wilhelm Durandus der Ältere,[64]
der von 1230/31 bis 1296 lebte und als Rechtsprofessor in Bologna und Mo-
dena wirkte, dann in den Dienst der römischen Kurie trat und 1286 Bischof
von Mende wurde. Er hat sich als Kanonist und Liturgiker einen berühmten
Namen geschaffen. In seinem ›Rationale divinorum officiorum‹[65] schuf er
ein Kompendium der Liturgie mit allen nötigen Anweisungen. Darunter
spielt die Rubrik vom Friedhof und der Bestattungsart eine gewichtige Rolle.
Der Friedhof ist eine geistliche Stätte, in der entweder der ganze menschliche
Leichnam oder dann das Haupt begraben werden konnte, so daß niemand
zwei Begräbnisstätten haben mußte. Werden andere Glieder eines Toten
irgendwo begraben, dann kann man nicht von einer geistlichen Stätte sprechen. Zudem, nur eines Christen Leichnam macht eine geistliche Stätte aus:
der Leichnam eines Juden, Heiden oder eines ungetauften Kindes vermag das
nicht. Der Friedhof hat eine ganze Anzahl von Namen, die von Durandus
meist in volksetymologischer Weise ausgelegt werden.[66]
    Der mittelalterliche Friedhof ist nun aber keineswegs nur Begräbnisplatz,
sondern als Teil des heiligen Bezirks der Kirche ein Kultraum der christlichen
Gemeinschaft.[67] Bei jedem Kirchgang führte der Weg durch den Friedhof,
und der Gläubige mußte an den Gräbern seiner Vorfahren vorbei in die Kirche. Oft aber traten Kirche und Gemeinde unter die Toten hinaus, und nicht
nur dann, wenn man der Toten gedachte. Das Predigen auf den Friedhöfen
war nichts Seltenes; manche Kirchen hatten sogar eine Außenkanzel, von der
aus gepredigt werden konnte. Insbesondere die Angehörigen der Bettelorden
liebten es, auf Friedhöfen zu predigen; die auf den Friedhöfen errichteten
Ölberge hatten oft eine eigene Kanzel. Auf dem Friedhof erhielt der Pilger,
Wallfahrer und Büßer seinen Segen für die gefährliche Reise; der Kreuzfahrer
erhielt hier seine Weihe: Aber auch die Buße jener, die sich gegen die Gebote
der Kirche verfehlt hatten, wurde hier aufgegeben. „Im späteren Mittelalter
stand auch mancher Sünder vor der Kirchentür zur Strafe in der sogenannten
‚Prechen‘ oder mit anderen Bußwerkzeugen beladen."[68] Die Geißler geißel-
ten sich unter Absingen religiöser Lieder gerne auf den Kirchhöfen.[69] Oft
wurden auf den Kirchhöfen Tanzveranstaltungen abgehalten, insbesondere
zur Zeit der Tanzepidemien im Spätmittelalter (Veitstanz)[70]. Die Gräber – als
Gräber von Heiligen – sollten auch Heil für Kranke vermitteln.[71] Der Kirch-

hof wurde so oft zu einem Zentrum der Gesellschaft, an dem man allerlei Leute finden konnte: Kranke, Bresthafte, Bettler, Schwindler, Arme aller Art (vor allem anläßlich der Speisungen zu ihren Gunsten im Sinne des ‚Seelgeräts': Armenspeisungen, Almosenverteilungen etc.). Unerwünschte Kinder wurden vor der Kirchentür ausgesetzt: in Trier gab es zu diesem Zwecke eine eigens errichtete marmorne Muschel, in die man die Kinder hineinlegen konnte. Wöchnerinnen, festlich zur Aussegnung bekleidet, trafen sich hier mit Brautpaaren (die allerdings keineswegs zwangsläufig sich in der Kirche vermählten). Auch das Vieh wurde vor den Kirchhof zur Segnung (Blasiuswasserweihe) geführt, auch Früchte, Wasser und Feuer wurden hier gesegnet, der Wettersegen gesprochen. Der Kirchhof muß eine Stätte eines bunt bewegten Lebens gewesen sein, zumal auch – neben den Tanzveranstaltungen – andere weltliche Anlässe hier stattfanden: die Gemeindeversammlung (Ding- und Gerichtsversammlung), Tagungen der weltlichen Obrigkeiten, Bürgerversammlungen, Zunftversammlungen. Auf den Kirchhöfen wurden rechtliche Verträge angefertigt, Femeversammlungen fanden hier nächtlicherweile statt, Strafen wurden hier vollstreckt (Erhängen des Mörders über dem Grab des Ermordeten): Halseisenstrafe, Gottesgerichte (Bahrprobe) – diese Betätigungen wurden von der Kirche aber – allerdings oft vergeblich – verboten. Der Kirchhof war nämlich auch ein Ort des Asyls: Von hier konnte der Verfolgte in den sicheren Kirchenraum oder in geistliche Häuser entfliehen. Der Kirchhof war auch der eigentliche Verteidigungsplatz, weil er zusammen mit der Kirche der einzige feste Steinbau des Dorfes war. Oft war er festungsartig ausgebaut. In diesen Schutz des Kirchhofs bargen sich dann leicht andere Bauten: Pfarrhöfe, Chorherrenhäuser, Einsiedeleien, Büchereien, Häuser mit den Sondersiechen, den Aussätzigen, Zehntenscheune, der Stall für das Antoniusschwein, Vorrats- und Gildenhäuser. Man wusch hier Wäsche und bleichte sie; Korn, Heu, Holz und Mist wurden hier zwanglos um- und abgeladen. In der Zehntenscheune konnten die Bauern bei Gefahr ihre Güter einstellen. Oft auch stellten Kaufleute und Handwerker auf dem Kirchhof ihre Waren aus, auch Speisen wurden feilgeboten. Die Normalmaße an vielen Kirchen und Kirchentüren (z. B. am Fraumünster in Zürich) erinnern an die Handelsanliegen, die hier zum Austrag kamen. Feste wurden auf den Totengärten abgehalten, nur zu oft zwischen den Gräbern (Rest altheidnischer Praktiken). In Luzern haben wir aus mittelalterlicher Zeit ein Verbot, auf dem Friedhof zu kegeln, zu stechen, zu turnieren und Steine zu stoßen. Auch die geistlichen Spiele fanden im Kirchhof statt, die mancherlei Anlaß zu eher anzüglichen Szenen boten. Insbesondere die *festa fatuorum* mit der Erwählung des sog. Kinderbischofs boten Anlaß zu Ausgelassenheit zwischen den Gräbern.

Das ist die eine Seite. Die andere war, daß man vor der Stätte der Toten gleichzeitig eine große Scheu hatte. Der Kirchhof war der Ort des Geisterspuks [72]: Ganze gottesdienstliche Feiern von armen Seelen, Totenmessen, Geistermessen konnten hier oder in der leeren mitternächtlichen Kirche stattfinden. Magische Handlungen wurden daher hier praktiziert: der Versuch des Totenaufweckens durch Ergreifen des Ringes der Kirchentür, Aussprechen von Zauberformeln, Essen von Opfergaben auf den Gräbern. Von solchen Praktiken ist heute kaum mehr etwas übriggeblieben: der Friedhof ist nur mehr der Ort der stillen Ruhe der Toten.

Durandus [73] und das ganze Mittelalter messen dem Begräbnisplatz eine große Bedeutung zu. Wo Grundbesitz und Rang so eng miteinander verbunden waren wie im mittelalterlichen Feudalismus, war es nur natürlich, daß man sich auf seinem eigenen Grund und Boden begraben ließ und dort die Auferstehung allen Fleisches sehr getrost abzuwarten gedachte. Aber gerade dies schuf unerwartete Konflikte. Die Leichen großer Männer, die in der Ferne starben, wurden häufig zerstückelt, das Fleisch von den Knochen gelöst und diese in die heimatliche Erde zurückgebracht, während die anderen Überreste am Sterbeort begraben wurden. Manchmal wurde auch das Herz vom Körper gesondert begraben. Hier spielte insbesondere der Wunsch, eine Reliquie von einem großen Mann oder Wohltäter zu besitzen, eine gewisse Rolle.

Sicher haben die Teilbestattungen im Mittelalter ihren Grund in den Verkehrsverhältnissen: Viele Fürsten fielen fern der Heimat in den Kreuzzügen. Wenn man sie in ihr Erbbegräbnis verbringen wollte, so mußte man die leichtverweslichen Eingeweide an Ort und Stelle bestatten, während die Gebeine *more teutonico* durch Auskochen gereinigt und so in die Heimat verbracht wurden:

> Der bruder sin gebeine
> von dem fleische reine
> Er luteret un machte ez in
> in ein shones chofselin
> Er pulverte daz hertze sin. [74]

„Manchmal wurde der Leichnam nach Entfernung der Intestina auch durch Einbalsamieren, durch Füllen mit Salz und Asche konserviert und dann feierlich in die Heimat übergeführt, wie bei Ottokar von Böhmen nach der Schlacht am Marchfelde oder bei der Königin Anna von Habsburg, die anno 1281 in Wien starb und zu Basel bestattet wurde. . . Darum finden wir das Grab eines und desselben Toten nicht gar selten in verschiedenen Kirchen." [75] Interessant sind die Bemühungen, die man um den Leichnam des Kaisers Friedrich Barbarossa 1190 auf dem Kreuzzug unternahm. Am 10. Juni 1190 ertrank der Kaiser am Ufer des Flusses Kalykadnos; ob er vom strauchelnden Pferd ins Wasser geworfen oder bei einem Bad (durch die starke Strömung oder die Kälte des Wassers) getötet wurde, ist nicht mehr zu entscheiden. [76] Tatsache ist, daß der Herzog von Schwaben, der hierauf den

Oberbefehl über das Heer übernahm, den kaiserlichen Leichnam vor dem Abkochen zunächst mit Salz behandeln läßt. Das gesottene Fleisch mitsamt Eingeweiden und Gehirn wird dann in eine mit Essig gefüllte Tonne gesteckt, um es nach Möglichkeit zu konservieren. In schöner Sinnbildlichkeit zur Vergeblichkeit dieses Kreuzzugs verfielen nach wenigen Tagen die Leichenreste. „Der Essig war wirkungslos geblieben, und die verwesenden Überreste wurden eiligst in der Kathedrale von Antiochia bestattet. Aber einige Gebeine wurden dem Leichnam entnommen und zogen mit dem Heer weiter in der vergeblichen Hoffnung, daß wenigstens ein Teil Friedrich Barbarossas das Jüngste Gericht in Jerusalem werde erwarten können."[77]

Durandus, der solche Teilbestattungen mit einem gewissen Mißtrauen beobachtet, ist hierin nur der Wortträger der Theologen, die notwendigerweise in diesem Verfahren Schwierigkeiten für die kommende Auferstehung des Fleisches sehen mußten. „In einem Zeitalter, das so sehr daran gewöhnt war", in bildlichen Darstellungen intakt aus ihren Gräbern Auferstehende zu sehen, mußten solche Praktiken Probleme aufwerfen. Papst Bonifaz VIII. hielt das Ganze für einen so gewichtigen Mißstand, daß er dagegen Gesetze haben wollte. „Gewiß griff man" auch im Mittelalter „zum Mittel der Einbalsamierung"; doch fehlten oft die erfahrenen Praktiker für diese Arbeit, „und der lange Transport der Leiche konnte" leicht „zu abscheulichen Begleiterscheinungen führen. Als Heinrich I. von England in Lyons-le-Forêt in der Nähe von Rouen im Jahre 1135 starb, wurden seine Eingeweide, sein Gehirn und seine Augen in Rouen beerdigt, die Leiche jedoch" ausgeweidet, eingepökelt und „einbalsamiert, damit sie nach Reading gebracht werden konnte, der Abtei, die Heinrich ‚zur Erlösung seiner Seele' gegründet hatte. Als die Einbalsamierung ausgeführt wurde, war der Zustand der Leiche jedoch bereits derart, daß der Wundarzt an einer Infektion mit Leichengift starb", als er zur Entfernung des übelriechenden Hirns das Haupt spaltete; „‚der letzte von den vielen', sagt der Chronist, ‚die Heinrich zugrunde gerichtet hat'. Die Leiche wurde, in eine Ochsenhaut eingenäht, nach Caen verbracht und dort vor das Grabmal Wilhelms des Eroberers gelegt, wo ihr widerlicher Zustand, ungeachtet aller Vorkehrungen, sich nicht verbergen ließ. ‚Es war gut', so bemerkt Roger von Wendover, ‚daß sie schließlich vier Wochen später, bei winterlicher Kälte, in Reading ankam.' Auf dem Rand einer Handschrift ist vermerkt: ‚Beachte die Widerwärtigkeit des menschlichen Fleisches. Dies gibt Anlaß zur Demut.'"[78]

So ist schließlich die Feststellung des Durandus, warum die Leute nicht mehr in ihren eigenen Häusern begraben werden, verständlich: *Zw alten zeiten (heten) di lewtt gewanheit, daz si in irn aygen hewsern wurden begraben, aber durch der azze gestanckh geseczet ward, daz si auzzen (der) wend der stat begraben warden und auzczaigten darczw ain gemaine geweichtew stat.*[79]

Aber auch der geweihte Friedhof, der grundsätzlich für alle Christenmenschen berechnet war, implizierte Ausnahmen. Wer bei Ehebruch, Raub oder im Kampf mit Heiden starb – also in Todsünde –, der sollte nicht in geweihter Erde bestattet werden. Auch wer die Reue und die Beichte vor seinem Abscheiden verweigert hat, hat dort keinen Platz, ebenso der Selbstmörder. Dem ‚Beschirmer der Gerechtigkeit‘ und dem ‚Kämpfer in einer gerechten Sache‘, der so umkommt, ist der Platz nicht verwehrt. Nur sollen sie nicht in die Kirche verbracht werden, damit so nicht der Boden blutig wird. Wer aber aus dem *haus der gemainen frawen oder von ainer andern stat, da er uncheusch sei oder ist gewesen*, kommend auf dem Wege getötet wird und ohne Beichte stirbt, dem ist der Platz im Friedhof ebenfalls verwehrt. Eine bei der Geburt sterbende Frau darf zwar in geweihter Erde beerdigt werden, muß aber ebenfalls – *daz icht der chirchen estreich mit pluet gemailiget werde* [80] – außerhalb des Kirchenraumes gesegnet werden. Das ungeborene Kind soll, da ungetauft, außerhalb des Friedhofs begraben werden: *Doch di gepürt von irem pauche auzgeczogen tôd und nicht getauffet, auzzen dem freythof sol begraben werden. Ydoch sindt, di da sprechent daz di gepurt mit sampt der frawen in dem freythoff sol begraben werden, (davon) daz si gescheczet würt ein tail des frawen leibes.* [81] Die Gehängten, die in der Beichte Reue bekannt haben, dürfen beerdigt werden. [82]

Es war nicht immer so, daß der Friedhof im Zentrum der Stadt angelegt war. Das Bestimmungswort ‚Fried-‘ gehört zu ahd. *vrîten* ‚hegen‘, got. *freidjan* ‚schonen‘ und indiziert einen ‚eingehegten Raum‘, der durch die kirchliche Weihe zur Begräbnisstätte wurde und so erst an ‚Friede(n)‘ angelehnt wurde. [83] Ursprünglich, d. h. in römischer und frühchristlicher Zeit, war der Friedhof außerhalb der Bannmeile der Stadt anzusiedeln, da die Welt der Lebenden von der der Toten nach dem Zwölftafelgesetz der Stadt Rom geschieden werden sollte. Der theodosianische Kodex wiederholt dasselbe Gebot, um die *sanctitas* der Wohnstätten der Lebenden von der Wohnstätte der Toten abzuschirmen. „Das Wort *funus* bezeichnet den toten Körper, das Leichenbegängnis und den Mord in einem. *Funestus* meint die von einem Leichnam ausgehende Entwürdigung. Im Französischen hat sich dafür die Bedeutung ‚verderblich, unheilbringend‘ erhalten." [84] „Der Heilige Johannes Chrysostomus empfand dieselbe Abneigung wie seine heidnischen Vorfahren, als er in einer Homilie die Christen aufforderte, sich einem neuen und noch wenig verbreiteten Brauch entgegenzustellen: ‚Trage dafür Sorge, nie ein Grab in der Stadt anzulegen. Wenn man einen Leichnam da bettete, wo du schläfst und ißt, was würdest du tun? Und gleichwohl bettest du die Toten nicht da, wo du schläfst und ißt, sondern in den Gliedern Christi‘, d. h. in den Kirchen." [85] Trotz der Verbote des kanonischen Rechts verbreitete sich der Brauch, die Toten in den Städten zu beerdigen. Ursprung davon ist der Märtyrerkult afrikanischen Ursprungs. Die Märtyrer waren in außerstädtischen Nekropolen beerdigt. Sie übten eine starke Anziehungskraft auf andere

Grablegungen aus. Zudem wurden über den Märtyrergräbern Basiliken erbaut, in deren Nähe die Menschen – um *ad sanctos* nach ihrem Tode zu sein – sich beerdigen lassen wollten. „Es trat der Zeitpunkt ein, zu dem die Trennung zwischen den Vorstädten, wo man *ad sanctos* bestattete, weil man sich *extra urbem* befand, und dem für die Grablegungen noch immer unzugänglichen Stadtkern hinfällig wurde." [86]

Im 6., 7. Jahrhundert dürfte der Unterschied zwischen Friedhofsabtei und Kathedralkirche aufgehoben worden sein. Von da an datiert die Koexistenz von Lebenden und Toten für ein Jahrtausend (bis etwa ins 17. Jahrhundert). Zahlreich sind die kirchlichen Verbote, die versuchen, diese Koexistenz in eine säuberliche Trennung überzuführen. Vergeblich, wie die Entwicklung zeigt.

Kehren wir zurück zu den Begräbnisritualen. Nachdem jemand gestorben war und die genannten vorsorglichen Tätigkeiten – das Augen- und Mundschließen, die Leichenwaschung – einsetzten, hatte auch die Trauerbekundung ihren wichtigen Platz: „Die heftigsten Äußerungen von Schmerz . . . ließen sich unmittelbar nach dem Tode vernehmen. Die Umstehenden zerrissen ihre Kleider, zerrauften sich Haar und Bart, schlugen sich die Wangen, küßten leidenschaftlich den Leichnam, wurden ohnmächtig und sprachen in den Intervallen ihrer tranceartigen Verzückungszustände zum Lobe des Dahingegangenen – einer der Ursprünge der Leichenrede." [87] Nach der Bereitung des Leichnams fand das Totengeleite – d. h. die Überführung des Leichnams auf den Friedhof – statt, das einen bestimmten Weg und bestimmte Unterbrechungen und Stationen hatte. Meist waren es die jüngsten Männer der Nachbarschaft, die das Grab gruben und den Leichnam dahin trugen. [88] Der Tote wurde auf dem *rê*, dem Totenbrett (früher = der Tote selbst) angeschnallt, (zum Teil bis ins 18. Jahrhundert) auf den Friedhof getragen. Im Bayrischen Wald und in Tirol wird ,Sterben' daher euphemistisch als ,Brettlrutschen' bezeichnet. Die Totenbretter waren meist mit Inschriften versehen und bemalt. Die Leiche wurde dreimal auf dem Wege – zum Zeichen dafür, daß der Herr drei Tage im Grabe geruht hatte und um dem Toten für seine Gedanken, Worte und Werke Vergebung zu erwirken – abgestellt. Der Weg des Totengeleits war meist identisch mit dem Kirchweg des Verstorbenen. Es war noch nicht Brauch, daß der Priester oder ein Geistlicher dem Toten das Totengeleite gab. [89] Höchstens holte ein solcher die Leiche beim Dorfeingang oder an der Kirchentüre ab. [90] Die eigentliche Übergabe des Leichnams in die Erde erfolgte mit einer Antiphon und drei Schaufeln Erde; der Text der Antiphon lautet: *De terra plasmasti me et carne induisti me, Redemptor meus, Domine, ressuscita me in novissimo die.* [91] Zudem wird der Psalm 138 (139) gesungen. Alle Beteiligten schließen das Grab; es wird zudem aspergiert und inzensiert. Die eigentliche Beerdigung war also recht einfach und ohne viel Aufwand. Predigten wurden – wir haben es gesehen – nur bei Personen hohen Standes gehalten.

Das Grab, in das man den Toten legte, konnte an verschiedenen Orten sein: auf dem Friedhof selber, in oder an (der Außenmauer) der Kirche. Es gab Sonder-, Teil- und Gemeinschaftsgräber (etwa für die Armen). Das Grab selber war – wenn nicht ein Sarkophag vorhanden war – entweder ausgeebnet oder ein Hügelgrab. Die Ausebnung der Gräber ergab sich oft aus dem Zwang des Friedhofsbetriebs, wegen des Kults, wegen der Gräberbesuche und auch wegen des rein weltlichen Treibens. Hügelgräber waren oft mit Brettern eingerahmt oder hatten die Form eines Schiffes (Überfahrt der Seele des Verstorbenen – schon ein heidnischer Gedanke). Sarkophage wurden nach antiker Sitte im Freien, später in Krypten, in Kirchenschiffen, auf dem Boden oder auf Konsolen an der Kirchenwand oder in Nischen aufgestellt. Sarkophage waren meist für Personen höheren Standes reserviert.[92] Das Grab war schon sehr früh der Ort, auf dem man apotropäische (= Unheil abwehrende) Kräuter anpflanzte. Die Totenflora ist schon im Mittelalter bedeutend. Zu den Beschreikräutern zählen: Wermut, Bilsenkraut, Hauswurz, Ringelblumen, Rosmarin (von den Totenträgern als Schutz gebraucht) usf. Gräberblumen sind dann vor allem die Lilie (weil sie der Sitz der Seele des Verstorbenen ist; wenn sie aus dem Grab eines Gerichteten wächst, dann war er unschuldig!), vor allem aber die Rose, die eine Totenblume schon in vorchristlicher Zeit bis heute ist. Das Volkslied singt:

> sterb' ich denn, so bin ich todt,
> so gräbt man mich in die röslein roth,
> inne die rosen, inne den klee.[93]

Und Rilke:

> Rose, o reiner Widerspruch,
> Lust niemandes Schlaf zu sein unter soviel Lidern.[94]

In der christlichen Symbolik spielt die Rose eine große Rolle. Sie ist ein Sinnbild der sieben Schmerzen Mariens, der Caritas und des Blutes Christi (cf. die Rosenwunden!) und der Märtyrer.[95] Durch die Hinfälligkeit ihrer Blüte ist sie auch ein Gleichnis der Vergänglichkeit und des Todes.[96] Aus dem Grabe Tristans und Isoldes wächst ein Rosenstrauch.

Im Brauchtum der Grabgestaltung begegnet uns also eine Fülle verschiedenster Überlieferungen: antike, christliche und germanische. Festzuhalten ist, daß die Grabflora im großen ganzen nicht ästhetischen, sondern Nutzcharakter hatte und wegen ihrer Bedeutung, die ihr hinsichtlich ihrer christlichen Symbolik und als abergläubischem Zaubermittel innewohnte, eine nicht geringe Rolle spielte. Die Totennelken dagegen, schon 812 erwähnt, wurden zum eigentlichen Schmuck der Gräber gezogen. Ebenso waren die Schwertlilien, Mohn, Rainfarn, Frauenminze, Mutterkraut u.a.m. Blumen, die sowohl den Bauerngarten wie den Kirchhof schmückten.[97] Bald kam man dazu, das Grab mit einem zusätzlichen Zeichen zu versehen, mit einem Grabmal,[98] das sowohl den Charakter eines reinen Gedächtnismales wie religiösen Gehalt haben konnte. Das religiöse Grabmal erhielt bei fortschreitender Christianisierung immer größere Bedeutung. Schon auf den altalemannischen Reihengräberfriedhöfen der Völkerwanderungszeit sind die einzelnen Gräber durch Stangen gekennzeichnet: Als Leichenpfahl hat sich diese Sitte bis in unsere Zeit in gewissen Gegenden erhalten (Niedersachsen, Pfalz, Ostpreußen). Ob diese Stangen als Ruhesitz der irrenden Seele gegolten haben, ist unsicher, jedenfalls weist der Brauch der Marienkirche zu Pavia, wo auf den Stangen hölzerne Tauben aufgesetzt waren, auf eine solche Deutungsmöglichkeit. Neben den Stangen gab es Bretter, deren Aufschrift eine Aufforderung darstellte, für den Toten zu beten. Uralt ist die Sitte, die Gräber mit Kreuzen zu versehen. Im ›Parzival‹ ist der Brauch bezeugt:

> ein kriuze nâch der marter site,
> als uns Kristes tôt lôste,
> liez man stôzen im zu trôste,
> ze scherm der sêle, überz grap.[99]

Es handelt sich um das Grab Gahmurets, dessen jäher Tod in der Schlacht – wir werden es noch sehen – allen Raum für einen mittelalterlich gemächlichen Tod ließ. Das Kreuz für jeden einzelnen Verstorbenen wurde hin und wieder von der Kirche mit Hinweis auf das genügend große Friedhofskreuz verboten. Auf dem spätmittelalterlichen Friedhof aber dürfte sich das einheitlich niedrige, meist bedachte Holzkreuz [100] am Kopfende des Grabes durchgesetzt haben. Das Kreuz, abgesehen von seinem Gedächtnischarakter, der an den Tod Christi erinnerte, hatte auch apotropäischen Sinn: Es vertrieb die bösen Geister. Mit der Zeit, da sich die Erinnerung an die Toten immer mehr individualisieren ließ, wurde das Alter des Toten mit Kerben angegeben. Das Steinkreuz kam erst gegen Ende des Mittelalters auf; im Spätmittelalter tritt auch das Eisenkreuz auf. Neben dem Kreuz gab es andere Grabzeichen.[101] Die Grabplatten, die lange Zeit verwendet wurden, hatten eine praktische Funktion: den Schutz des Grabes im handfesten Sinn, aber auch aus Angst vor Wiedergängern und Nachzehrern. Grabzeichen aber beginnen, nachdem sie im 5. und 6. Jahrhundert verschwanden, erst im 12. Jahrhundert aufzutreten. Steinsarkophage aus der ersten Hälfte des Mittelalters sind – selbst wenn sie Skulpturen haben – immer anonym. Grabinschriften, die acht bis neun Jahrhunderte gefehlt hatten, kamen ab dem 12. Jahrhundert zunächst nur auf Gräbern sehr erlauchter Personen vor. Mit der Inschrift gab es nun – und immer mehr – auch Bildnisse. Seit dem 14. Jahrhundert, da die Totenmasken aufkommen, werden diese Bildnisse immer genauer, bis zu eigentlichen Reproduktionen. Bis ins 17. Jahrhundert wird die Grabkunst immer personalisierter, individueller. Neben den großen Monumentalgräbern gibt es seit dem 13. Jahrhundert kleine Grabtafeln von 20 bis 40 cm Seitenlänge, die in das Mauerwerk der Kirche oder in die Pfeiler eingelassen wurden. Die Inschriften sind schlicht, nennen Namen, Sterbedatum und Amt des Verstorbenen. Oft tragen diese Grabtafeln kleine Bilder. Tatsache ist, daß die Grabmonumente seit dem 12. Jahrhundert bis in die Neuzeit eine laufende Individualisierung durchmachen, die sich in vielfacher Hinsicht bezeugt.

In diesem Zusammenhang ist auf eine wichtige Veränderung in den Bestattungsbräuchen [102] hinzuweisen, die vom 12. Jahrhundert an sich bemerkbar macht. „Bis zum 12. Jahrhundert – und in mediterranen Ländern wie Italien und Südfrankreich noch lange danach – wurde der Tote direkt zum Steinsarkophag geleitet, dem er mit freiliegendem Gesicht anvertraut wurde, selbst wenn er, reich und mächtig, in kostbare Leinwand gehüllt war. Vom 13. Jahrhundert an wird das Antlitz des Verstorbenen jedoch den Blicken entzogen, sei es dadurch, daß der Leichnam vollständig ins Leichentuch gewickelt, sei es, daß er in einen Schrein aus Holz oder Blei gebettet wurde – einen Sarg." [103] Man weicht also um das 13. Jahrhundert dem Blick des Leichnams und seiner Zurschaustellung in der Kirche aus. Särge aber blieben bis in die Neuzeit Luxus. Gleichzeitig kommt der Brauch der Totenmaske auf, die es gestattet, den Toten abzubilden. Das heißt, die Bestattungsfeier brauchte immer weniger *praesente cadavere* durchgeführt zu werden, sondern – mittels Zeremonialbilder des Toten – *absente cadavere*. [104] Das begründet eine Kunst eigener Art, in der der Tote als ein Lebender – und nicht etwa als Schreckbild des Toten – dargestellt wird. Der Beerdigungsritus ist mit der *commentatio ad tumbam*, der sog. Besingnis, d. h. der Einsegnung am Grabe, nicht beendet. An den Vigilien an den Memorientagen, dem 3., 7. und 30. Tage nach dem Tode, wurde das Totenoffizium weitergeführt. [105] Allerdings war man zunächst über die Tage nicht einhellig einer Meinung. Die Orientalen plädierten für die Zahl drei, weil die Seele noch drei Tage mit dem Körper vereint sei. Dann beginnen die Gesichtszüge zu zerfallen. Am 9. Tage erhebe sich ein Kampf zwischen den Luftgeistern und den Engeln um die Seele, und am 40. Tage werde die Seele vor das Gericht Gottes gebracht. Dieser Tag konnte sich aber gegen den Dreißigsten nie durchsetzen. Dazu kommen die sog. Funeralien, kirchenfiskalische Forderungen in Form von Naturalien oder später Geldzuwendungen, und Oblationen, brauchtümliche Gaben. [106] Die Kirche beansprucht oft aus dem Nachlaß das beste Kleid des Toten; diese Forderungen werden dann durch feste Taxen ersetzt. Diese Kirchenabgaben wurden erhoben für die Opferfeier und die Grabbeigaben wie Kerze und Leich- oder Bahrtuch. Auch an Arme mußten Gaben entrichtet werden als Heilsverdienst für die Armen Seelen.

Das Totenmahl [107] fand immer wieder statt, obwohl die Kirche es mit ihrer Kritik verfolgte. So exkommuniziert das Trierer Provinzialkapitel 1310 jene, die bei Totenbegängnissen Gelage und Schmausereien abhalten. Die Wirklichkeit widersprach dieser Regelung immer wieder. Zahlreich sind die Anekdoten um angeheiterte Teilnehmer an Totenmahlen.

Die Exequienfeiern [108] des Mittelalters müssen – volkswirtschaftlich gesehen – insbesondere für die ärmeren Volksschichten eine schwere Plage gewesen sein. Aber auch für reiche Leute – nachdem die Klasseneinteilung der Beerdigung immer stärker aufkam – war die Beerdigung eines Anverwandten keine billige Sache. Der Kerzenaufwand ist ein Signal dafür: Er wurde gewissermaßen zum Statussymbol. So wurden für die Gemahlin Ferdinands I. († 24. 2. 1547) 1116 Kerzen verbraucht. Graf Felix von Werdenberg hätte 1511 eine geradezu ungeheuerliche Buße leisten müssen für einen Totschlag am Grafen Andreas von Sonnenberg: Er hätte in Riedlingen an der Donau für den von ihm Erschlagenen ein Seelgeräte abhalten lassen müssen, zu dessen Feier der Bischof, zwei gefürstete Prälaten, neun infulierte (= zum Tragen der Mitra berechtigte) Äbte und hundert Priester hätten beigezogen werden müssen. [109] Während der drei Seelenämter hätten die 100 Priester zelebrieren müssen. Tags zuvor hätten die Priester das Totenoffizium mit 9 Lektionen singen sollen. 1000 einpfündige Kerzen und vier je einen Zentner schwere Baumkerzen hätten dazu brennen sollen, auch jede der vier Bahrkerzen hätte einen Zentner schwer sein müssen. Der Büßer hätte in grauem wollenem Rock während der Vigil und der Ämter, über Stunden hinweg, vor der Tumba knien müssen. Den Verwandten des Erschlagenen hätte er zudem am Bußtag 5000 rheinische Gulden zahlen müssen. Die Buße wurde nie geleistet. Sie wird dadurch doch nicht als rein irreal fixiert. Tatsache ist, daß die Exequien von vornehmen Leuten aufwendig waren. Die Biberacher Chronik hält fest: „So ain Namhaftiges gestorben ist, so seind auch die priester ab dem land herein khommen, Mess zu haben und wer nit in die Vigil gehört hat, die zue singen, der hat ein Vigil gebetet. Mit schlechten (= einfachen) leuten ist es schlechter zugegangen.“ [110]

4. Mittelalterliche Thanatopraxis in kirchlicher Liturgie

Als eine höchst wichtige Komponente sozialen Lebens im Mittelalter hat die Liturgie dem Bereich von Sterben und Tod einen Sinnzusammenhang verliehen, den wir heute kaum mehr angemessen zur Kenntnis nehmen können. Einen wichtigen Platz nimmt das kirchliche Totengedächtnis ein, das sich in bestimmten Zeitabständen immer wiederholt und zum Teil – besonders für gesellschaftlich Hochstehende – zu einem eigentlichen System von Vergebung und entsprechendem Totenoffizium wird. Kirchliche Feste – Allerheiligen, Allerseelen – kommen dazu und schaffen ein gesamtkirchlich verbindliches Totengedächtnis. Das eigentliche Totenoffizium seinerseits gipfelt in der Sequenz des Dies irae, das einen klaren Bezugsrahmen schafft, in welchen der Tod einzugliedern ist: es ist die Eschatologie der vier Letzten Dinge.

Es ist klar, daß dieser eschatologische Zug des Mittelalters nicht denkbar ist ohne die Konzeption der Totalität der Menschheit, die hier als erlöste am ewigen Glück teilhat. Eine soziale Komponente bestimmt schon und immer wieder die individuellste Vorstellung von ewigem Genießen und ewigem Glück in der Anschauung Gottes. Denn es ist immer die Menschheit als ganze, die in ihrem Schuld- und Heilszusammenhang gesehen wird. Sie muß als ganze erlöst werden. Diese Ansicht schlägt auf die Wirklichkeit des kultischen Tuns des Menschen zurück. Die Toten haben hier als Angehörige der Christenheit ihren fest umrissenen Platz. Sie sind mit den Lebenden aufs innigste vergemeinschaftet. Das äußert sich natürlich sowohl in den Privatandachten wie in den offiziellen Gemeindegottesdiensten. Voraussetzung allen Betens für die Toten ist der Glaube, daß diese leben. Man betet für sie wie für Reisende. Sie sind in Fürbitten und Totenmessen auch den gewöhnlichen *idiotae*, den Laien des Mittelalters, immer präsent.[111] Seit dem 2. Jahrhundert nach Christus ist die Totenmesse bekannt, d. h., das in einer Messe getätigte Totengedächtnis am dritten Tage nach der Beerdigung. Auch das Jahresgedächtnis ist nicht jünger. Seit dem 4. Jahrhundert kennt man auch das Gedächtnis der Toten am siebenten und am dreißigsten (oder neunten und vierzigsten) Tage nach der Beerdigung. Das Refrigerium, das Totenmahl, das mit der Zeit wegen Mißbräuchen durch die Eucharistiefeier ersetzt wird, mag schon heidnischen Ursprungs sein. Seit dem 6. Jahrhundert lesen die Priester für einzelne Tote die Messe. Gegen Ende des 7. Jahrhunderts beginnt die Zeit der Gebetsverbrüderungen, in denen man sich von Kirche zu Kirche und von Kloster zu Kloster für den Todesfall gewisse Suffragien und darunter vor allem eine gewisse Anzahl von Totenmessen zusicherte. Um die Wende des 6. Jahrhunderts war es jedenfalls nichts Ungewöhnliches, daß der Priester an einer Reihe von Tagen hintereinander, sogar ohne daß jemand daran teilnahm, für einen Verstorbenen die Messe las.[112]

Der Totenkult und die Fürbitte für die Toten hatten also ihren fest umrissenen Platz im Leben eines mittelalterlichen Menschen. Die Sorge um einen einzelnen Angehörigen der Familie und dessen jenseitiges Schicksal ist aber nur die eine Seite des christlichen Totenkults. Die andere Seite ist durch die umfassende Erinnerung an *alle* Heiligen und an *alle* Toten gekennzeichnet.[113] Seit dem 9. Jahrhundert ist in der abendländischen Kirche der 1. November der Gedächtnistag aller Heiligen.[114] Initiator und Förderer dieses Festes war in besonderem Maße Alkuin, der Hoftheologe Karls des Großen. Doch schon viel früher gab es in der Kirche Bestrebungen, aller Heiligen, was anfangs mit Märtyrer gleichzusetzen ist, gemeinsam zu gedenken, zum Teil aus dem Grund, weil es zu aufwendig wurde, für jeden einzelnen Märtyrer ein separates Fest mit Vigil zu feiern. Vom 7. Jahrhundert an gab es Bestrebungen, die Nichtmärtyrer mitzufeiern, und unter dem Einfluß der Iren (Alkuins) kam es dann zur Festlegung des Festes auf den 1. November, nachdem man zuerst den ersten Sonntag nach Pfingsten, dann den 13. Mai (das Pantheon wird am 13. Mai des Jahres 610 auf den Titel ‚Maria zu den Märtyrern' geweiht) dafür vorgesehen hatte. Der Abt Odilo von Cluny (994–1048) bestimmte dann für alle seine Klöster, am Tage nach Allerheiligen aller verstorbenen Gläubigen durch Messen, Psalmgebet und Almosengeben zu gedenken. Schon anderswo gab es bereits schwache Ansätze für ein solches Gedächtnis am Tage nach Pfingsten. Unter dem machtvollen Einfluß Clunys breitete sich der Allerseelentag in der Folgezeit schnell aus. Die Gewohnheit der Priester, an diesem Tag drei Messen zu lesen, geht allerdings erst auf ein Privileg Benedikts XV. von 1915 zurück, das seinen Grund im Ersten Weltkrieg hat.

Weniger der Allerheiligentag als vielmehr der große Totengedenktag des folgenden Tages hat im Volksbrauchtum einen starken Ausdruck gefunden, zumal die Jahreszeit einen natürlichen Stimmungsraum für dieses Gedächtnis abgab. So gilt schließlich der ganze November als Allerseelenmonat.[115] Die verbreiteten Gebräuche schlossen sich zum Teil bruchlos an den heidnischen Totenkult an. Die Vorstellung von der Ruhelosigkeit und dem Umherirren mancher Seelengeister als Irrlichter, Hexen oder in der Gestalt von Fröschen und Kröten, weil sie entweder eine im Leben begangene Schuld noch nicht abgebüßt haben oder, da sie selbst im Leben betrogen oder geschädigt wurden, sich noch zu rächen suchen, hat eine Fülle von Opferbräuchen entwickelt. So sind bis heute Meßstiftungen für die Seelenruhe der Verstorbenen gebräuchlich. Aus ursprünglich verbreiteten Speiseopfern für die Toten, die anläßlich eines an der Begräbnisstätte stattfindenden Totenmahls dargebracht wurden, sind unter dem Einfluß christlicher Caritas, wie sie von den Klöstern gepflegt wurde, Abgaben von Speisen, Gebildbroten, Mehl und Milch an Arme oder Patenkinder geworden.

Einen markanten Akzent sowohl im Ritus der Totenmessen als auch in dem von Allerseelen setzt die Totensequenz *Dies irae*,[116] die in ihrer ersten Gestalt aus dem frühen 13. Jahrhundert stammt und ihre jetzige Fassung vielleicht um die Mitte des 13. Jahrhunderts bekommen hat. Die Sequenz wurde am Allerseelentag, bei Begräbnis-, Siebent-, Dreißigst- und Jahrtagsgottesdiensten gesungen. Verfasser ist mit bloßer Wahrscheinlichkeit Thomas von Celano (seit 1213 Franziskaner, † 1255). Vermutlich ist die Sequenz von allem Anfang an für die liturgische Totenfeier gedichtet. Schon früh – erstmals 1228 (?) – wird sie in einem Meßformular erwähnt, allerdings nur in Italien. In Deutschland dauert es eine geraume Weile, bis das *Dies irae* fester Bestandteil der Requiemmesse wurde, allgemein vorgeschrieben wurde die Sequenz erst 1570 im Missale Pius' V.

Das *Dies irae* hat seine Entstehung – ähnlich wie die geistlichen Spiele des Mittelalters – in der Liturgie, als tropisierende Erweiterung des entsprechenden Verses im Responsorium *Libera*. Zudem sind verschiedene Bestandteile dieses Hymnus aus älteren liturgischen Gesängen herübergenommen.

Sequentia

DIES irae, dies illa,
　Solvet saeclum in favílla:
　Teste David cum Sibýlla.

Quantus tremor est futúrus,
　Quando judex est ventúrus,
　Cuncta stricte discussúrus!

Tuba mirum spargens sonum
　Per sepúlcra regiónum,
　Coget omnes ante thronum.

Mors stupébit et natúra,
　Cum resúrget creatúra,
　Judicánti responsúra.

Liber scriptus proferétur,
　In quo totum continétur,
Unde mundus judicétur.

Judex ergo cum sedébit,
　Quidquid latet, apparébit:
　Nil inúltum remanébit.

Quid sum miser tunc dictúrus?
　Quem patrónum rogatúrus,
　Cum vix justus sit secúrus?

Rex treméndae majestátis,
　Qui salvándos salvas gratis,
　Salva me, fons pietátis.

Recordáre, Jesu pie,
Quod sum causa tuae viae:
　Ne me perdas illa die.

Quaerens me, sedísti lassus:
Redemísti Crucem passus:
　Tantus labor non sit cassus.

Juste judex ultiónis,
Donum fac remissiónis
Ante diem ratiónis.

Qui Maríam absolvísti,
Et latrónem exaudísti,
Mihi quoque spem dedísti.

Preces meae non sunt dignae:
　Sed tu bonus fac benígne,
　Ne perénni cremer igne.

Inter oves locum praesta,
Et ab haedis me sequéstra,
Státuens in parte dextra.

Confutátis maledictis,
Flammis ácribus addíctis,
Voca me cum benedíctis.

Oro supplex et acclínis:
Cor contrítum quasi cinis:
Gere curam mei finis.

Lacrimósa dies illa,
Qua resúrget ex favílla
Judicándus homo reus.

Huic ergo parce, Deus.
Pie Jesu Dómine,
Dona eis réquiem. Amen.[117]

Dieser Gesang mit eindrücklicher, dramatisch sich an den Höhepunkten steigernder Melodie rückt ins Zentrum des Totenoffiziums das Gericht, und zwar nicht das individuelle Gericht, sondern das endgültige am Ende der Zeiten.[118] In 19 trochäischen Reimstrophen zu je drei Zeilen werden höchst plastisch die Schrecken des Jüngsten Tages geschildert, der schon längst prophetisch durch David und die Sibylle vorausgesagt wurde. David ist hier wohl nur Repräsentant der alttestamentlichen Propheten (z. B. Psalm 17, 8 ff. [18, 8 ff.]): vgl. Joel 2, 1 ff., Zefania 1, 14 ff. Sie reden vom Tag des Herrn und seines Zornes, vom Weltenbrand (Str. 1). Die ganze Schöpfung wird erbeben und in Verwirrung geraten, wenn der Richter kommt (Str. 2). Die wundersam tönende Gerichtsposaune (1 Kor 15, 52) wird zum Entsetzen des Todes, der seine Beute verliert, und zum Erstaunen der Natur, deren Gesetze überboten werden, alle Toten aus den Gräbern vor den Richter rufen (Str. 3/4). Dieser wird auf seinem Thron sitzen (Mt 25, 31), das Buch, in welchem alle Werke der Menschen verzeichnet sind, wird aufgeschlagen, und alles wird offenbar werden, nichts Strafbares ungeahndet bleiben (Str. 5/6). Zitternd vor diesem allwissenden, gerechten Richter fragt der Sänger ängstlich, wie es wohl bei diesem Gericht, wo die Gerechten kaum sicher sind (1 Petr. 4, 18), ihm, dem armen Sünder ergehen wird, was *er* dem Richter antworten, wer sich als Anwalt *seiner* annehmen werde (Str. 7).

Nachdem die genannten Strophen die Schrecken des Jüngsten Gerichts, dessen Antizipation das individuelle Gericht über den einzelnen ist, so lebhaft vorgestellt haben, wendet sich der Sänger im zweiten Teil in dringlicher Bitte an den König von erschrecklicher Majestät, der gleichzeitiger milder Erlöser ist. Zu ihm, der der unversiegliche Quell milden Erbarmens *(pietas)* ist, der die Erlösungsgnade (Rechtfertigung) ganz ohne unser Verdienst, rein schenkungsweise *(gratis)* spendet, fleht er nun *Salva me*: rette mich jetzt schon, um mich dann beim Gericht retten zu können (Str. 8). Christus kam ja meinetwegen, hat mich bis zur Erschöpfung gesucht und mich am Kreuze leidend und sterbend erlöst. Noch vor dem Gerichtstag *(ante diem rationis,* Str. 11) soll der Herr also Gnade üben (Str. 8–11). Bereue ich alle meine Sünden, deren ich schuldig bin, so daß ich tief aufseufze und mir die Schamröte auf die Wangen tritt und ich kniefällig *(supplex)* vor Gott auf den Knien liege, dann muß sich Gott meiner erbarmen (deshalb der flehende Imperativ) (Str. 11). Um so gewisser kann ich hoffen, als Maria Magdalena und der gute Schächer begnadigt wurden (Str. 13). Wohl weiß ich, daß mein Flehen armselig und unvollkommen ist; einzig die *benignitas* Gottes kann mich retten und vor dem ewigen Feuer bewahren (Str. 14). Am Jüngsten Tag soll die Gnade Gottes mich auf die rechte Seite unter die Schafe – und nicht unter die Böcke – plazieren (Str. 15), nachdem die Verworfenen den Flammen überantwortet wurden (Str. 16). Nochmals wird die *lacrimosa dies illa* beschworen, da alle Menschen aus der Grabesasche erstehen (Str. 18): Der schuldige Mensch möge Gnade und Erbarmen finden (Str. 19). Dann schließlich der Bezug auf die Person(en), zu deren Gunsten die Totenfeier gehalten wird: Herr, gib ihnen die Ruhe (Str. 20).

Man kann sich fragen, was es für einen Sinn hat, für einen Verstorbenen, dessen individuelles Gericht über sein jenseitiges Schicksal schon entschieden hat, noch zu beten, daß mit ihm am Jüngsten Tag gnadenvoll umgegangen werde. Die Vorstellung ist die, daß das erinnernde Gedenken sich zurückversetzt in den Moment der Agonie, darin die Seele des Verstorbenen sich zur Reue zu bekehren hat, in der stillschweigenden Voraussetzung, daß Gott im voraus gewußt hat, daß dieses Gebet für den Betreffenden *quasi pro moribundo et ex mente ejus* verrichtet werde. Von Str. 8 an wird sogar *ex mente defuncti* geredet. In Str. 19 wird von der Ichrede wieder abgegangen, um die ganze Menschheit einzubeziehen in der einen Auffassung des *homo reus*.

Die Liturgie der Toten zeigt in aller Anschaulichkeit, wie sehr der physische Tod in den Bezügen der vier Letzten Dinge (Gericht, Himmel, Hölle) gesehen wird. Das Erklärungsmuster für den Tod ist das Gericht und die daran sich anschließende Alternative von Himmel oder Hölle.

5. Wiedergänger (Revenants) und ihre Jenseitserfahrungen

Es ist nicht einfach, die Fülle der Jenseitserfahrungen, die uns das Mittelalter seit Gregor dem Großen († 604) und seinen ›Dialogi‹ (593/94 verfaßt) hinterlassen hat,[119] in einem theoretischen Rahmen zu fassen, der ihrer Bedeutung angemessen ist.[120] In der Ausformung eines individuellen Heils oder Unheils, das sich in diesen Jenseitsgeschichten abzeichnet, läßt sich mit Recht einiges entnehmen, das über die Dichotomie von Zeit und Ewigkeit, in welcher der mittelalterliche Mensch seit dem 6. Jahrhundert zu leben hatte,[121] Auskünfte zu geben vermag, das aber auch – weil Zeiterfahrung im weitesten Sinne persönlichkeitsprägend ist – einen Gradmesser möglicher Individualität im Mittelalter abgibt,[122] weil diese sich nur im Spiegel persönlich erfahrbarer Heilsvorstellungen zu artikulieren vermag; in den Jenseitserfahrungen aber werden Zeit- und Ewigkeitsdimension zueinander in ein Bezugsverhältnis gesetzt, das über Heil und Unheil eines Individuums – und nicht der ganzen Menschheit – entscheidet. Allerdings werden die Informationen der Wiedergänger nicht als bloß individuell gültige von den begierigen Rezipienten solcher Jenseitsberichte aufgenommen, sondern weitgehend auch als solche, die etwas über die Art aussagen, wie die Menschen insgesamt an den Straf-, Reinigungs- und Heilsorten des Jenseits behandelt werden.[123] Es spiegelt sich in dieser doppelten Ausrichtung auf individuelle und kollektive Eschatologie die „Doppelpoligkeit" der christlichen Eschatologie, von deren Problematik die Rede war.[124]

Die Toten wurden bis ins 13. Jahrhundert ohne Sarg begraben. Der gewaschene Körper wurde wieder bekleidet oder mit einem Leichentuch umhüllt, auf die Bahre gelegt und in die Kirche oder zu Grabe getragen. Dieser Grablegung ging meist eine Nacht voraus, in der Verwandte und Freunde, und oft auch der Pfarrer und seine Scholaren, beim Toten Wache saßen und Psalmen sangen. Während dieser Totenwache geschah es dann öfter, daß der „Tote" wieder erwachte und furchtbare Geschichten von dem erzählte, was er im Jenseits erfahren zu haben glaubte. Im ›Dialogus miraculorum‹ des Caesarius von Heisterbach (1180–1240), einem Werk, in dem zwei Bücher den Sterbenden und dem Lohn der Toten gewidmet sind,[125] und das lauter absonderlichste Anekdoten und Wundergeschichten mit erbaulichem Zweck zuhanden eines bei den Zisterziensern eintretenden jungen Mannes enthält, wird die folgende Geschichte erzählt: Ein junger Kleriker, dem das Studieren sehr schwerfiel, hatte sich vom Teufel einen Stein geben lassen, der ihn aller Wissenschaften kundig und redegewandt hatte werden lassen. Als er bald darauf an einer schweren Krankheit starb, wurde er in die Kirche verbracht, und die Scholaren sangen dort nach christlicher Sitte Psalmen. Und da geschah mit der Seele des verstorbenen Klerikers das Folgende: „Da hoben Dämonen seine Seele hoch, trugen sie zu einem tiefen und schrecklichen Tal, in dem Schwefeldampf aufstieg, und stellten sich an beiden Seiten des Tales auf. Die auf der einen Seite standen, warfen die arme Seele wie beim Ballspiel, die auf der andern Seite fingen die durch die Luft fliegende Seele mit ihren Händen auf. Ihre Krallen aber waren so scharf, daß sie spitze Nadeln und alle Eisenspitzen an Schärfe unvergleichlich übertrafen. Von diesen wurde die Seele, wie er später sagte, während sie sie warfen oder auffingen, so gequält, daß keine andere Qual mit dieser verglichen werden konnte. Der Herr erbarmte sich seiner,

sandte eine himmlische Gestalt, einen Mann von großer Würde, der den
Dämonen folgendes überbrachte: ‚Hört zu, der Höchste befiehlt euch, die
von euch irregeleitete Seele freizugeben.' Darauf verneigten sich alle zugleich,
gaben die Seele frei und wagten nicht mehr, sie zu berühren. Sie kehrte zum
Körper zurück, belebte die leblosen Gliedmaßen wieder, richtete sich dann
wieder auf und jagte die ringsum sitzenden Scholaren in die Flucht. Er stieg
von der Bahre und sagte, daß er lebe. Was er gesehen und gehört hatte,
machte er mehr durch sein Handeln als durch seine Worte deutlich. Denn
sofort trat er in den Zisterzienserorden ein und war so streng gegen sich und
kasteite seinen Körper so hart, daß alle, die ihn sahen, deutlich erkennen
konnten, daß er die Strafen des Fegefeuers oder vielmehr die der Hölle ge-
spürt hatte." [126] Er wurde dann Abt von Morimund, einem der vier Haupt-
klöster. Man sah ihn nie lachen oder lächeln, wie es sich für jene, die vom
Tod ins Leben zurückkehren, gebührte. Eine Auskunft gibt er noch; er beschreibt, wie die Gestalt der Seele gewesen ist: „Er behauptete, seine Seele sei
gleichsam ein gläsernes und kugelförmiges Gefäß gewesen, hinten und vorn
mit Augen versehen, habe sehr viel gewußt und alles gesehen. Denn als die
Scholaren um seine Bahre herumsaßen, erzählte er alles, was sie getrieben
hatten. ‚Ihr habt Würfel gespielt', sagte er, ‚ihr habt euch gegenseitig an den
Haaren gezogen, ihr habt fleißig Psalmen gesungen.'" [127]   Diese Erzählung
gibt uns über eines ganz klar Auskunft: über die unstillbare Neugier, die den
Menschen im 13. Jahrhundert vis-à-vis des Jenseits und seiner Geheimnisse
fixierte. Es gibt andere Zeugnisse aus dem Mittelalter, die zeigen, daß noch
der Sterbende mit dieser Neugier gewissermaßen bis zur letzten Sekunde seines
irdischen Lebens behelligt und befragt wurde: Was siehst du, was machst du
jetzt usf. Klar, daß dieses Neugierverhalten eine Produktivkraft entwickelte,
die sich in mannigfachen Berichten aus dem Jenseits niederschlug. Hier
konnte sich die Imagination in einem eigentlichen literarischen Manierismus
entfalten; bis heute ist diese Tradition der Jenseitsschriftstellerei – auch in
hoher Literatur – spürbar.

Die Wiederkehr des Toten – entweder real oder in Traumgesichten – war
eine durchaus geläufige Sache im Mittelalter, die nicht auf den geistlichen
Rahmen beschränkt blieb. Thietmar berichtet [128], daß eine in einem alemannischen Dorf plötzlich verstorbene Frau sich von der Bahre aufrichtete, auf
der sie in der Kirche lag, ihrem Mann und den Angehörigen etwas Wichtiges
mitteilte und dann wieder tot zurücksank. Die Edda enthält Zaubersprüche,
mittels deren man Gehenkte vom Galgen herunterholen und wieder zum
Sprechen bringen kann. [129] Ebenfalls Thietmar berichtet von einem Mann,
der gegen seinen Willen aus dem himmlischen Totenreich auf die Erde zu-
rückkam und hier noch Bischof wurde. Personen und Gespräche werden von
ihm berichtet, die er im Jenseits hatte. Auch sein Eintritt im Himmel, wie
ihm die Engel einen Weg durch eine dichtgedrängte Menge bahnen mußten,

ist weiter Gegenstand seines Berichts. Gott, der ihm befahl, in die Welt zurückzukehren, konnte er allerdings von Angesicht nicht sehen.[130] Mit andern Worten: Je nach der Optik – eines Zisterziensers oder Laien – war das Jenseits ideologisch besetzt. Die jenseitige Ordnung spiegelte die diesseitige soweit, daß ein Vornehmer auch dort auf einem Herrscherstuhl sitzen sollte.[131] Sinn solcher Revenantgeschichten war also, das Jenseits nicht zu einem bedrohlichen, sondern zu einem vertrauten Bereich zu machen; bisweilen sollte durchaus auch ein wenig Politik im irdischen Sinne damit verbunden sein,[132] wenn auch auf der andern Seite eindeutig demokratisierende Tendenzen sich mit der Vorstellung des Jenseits verbanden.[133]

Die im Mittelalter blühende Jenseitsliteratur darf nicht darüber hinwegtäuschen, daß an sich das Wiederauftauchen Verstorbener unter den Lebenden für einen Christen, der seinen Glauben in der Bibel und bei den Vätern genährt hatte, eine befremdliche Sache war. Einzig Lazarus und die Geschichte seiner Auferweckung durch Christus (Joh 11, 1–46) bot einen Ansatzpunkt für die Überlegung, was denn ein Wiedergänger sein könnte.[134] Aber schon der heidnische Totenkult zwang das Christentum, über das Schicksal der Verstorbenen im Jenseits genauer Auskunft zu geben.[135] So ließ Tertullian in seinem gegen 210–211 verfaßten Traktat ›De anima‹[136] die Vorstellungen seiner Zeit über das Schicksal der Verstorbenen Revue passieren. Und Augustinus wurde gewissermaßen zum „Vater" der im christlichen Geiste verstandenen Wiedergänger, indem er eine theologische Psychologie der Erscheinungsweisen Verstorbener entwarf; alles aber, was mit den Toten und ihrem Erscheinen in der irdischen Wirklichkeit geschieht, hängt von Gott ab: In seiner Schrift über die ›Fürsorge für die Toten‹[137] heißt es: „Die göttliche Barmherzigkeit gibt den Lebenden durch die Vermittlung der Toten Instruktionen."[138] Ihrer Körperlichkeit beraubt, erscheinen die Toten als Bilder und Reflexe ihrer früheren Erscheinungsweise, die man dann Phantome nennt, Gespenster; diese handeln im Auftrag Gottes, wenn sie etwas über ihr Schicksal im Jenseits verlauten lassen. Gregor der Große brauchte diese augustinische Lehre nur noch narrativ in Form von einzelnen Geschichten anschaulich zu machen, damit das Genre der Wiedergängergeschichte literarisch brauch- und nutzbar wurde.

An der Wiedergängergeschichte vermochte sich dann vielerlei zu aktualisieren: Neugier und deren Befriedigung, Furcht und deren Bewältigung, Ungewißheit – beispielsweise über das jenseitige Schicksal naher Anverwandter – und deren Aufhebung. Vor allem aber vermochte in diesen Vorstellungen das Theologumenon: *Deus qui nullum peccatum dimittit*[139] gewissermaßen juridisch konsistent und widerspruchslos gemacht zu werden. Diese Geschichten nämlich boten die wesentliche Illustration für diesen durchs Evangelium nicht eben abgestützten Satz.

In jedem Fall war das vielseitige Interesse am schrecklichen Schicksal der

Verdammten in der Hölle oder der im Fegefeuer Leidenden von tiefer Bedeutung. Dantes Systematisierung des Jenseits ist daher nur die letzte (und beste) Ausformung einer Wiedergängergeschichte – Dante selber ist hier der Wiedergänger! –, gewissermaßen nur die Spitze eines Eisbergs von einer Fülle von Erzählungen und Berichten über solche Schicksale. Daß man davon so inständig erzählt hat, liegt sehr an der warnenden und gleichzeitig apotropäischen Sinnstruktur dieser Geschichten. So wird bei Caesarius berichtet, daß ein in der Schwarzen Kunst bewanderter Kleriker vom Dämon sich zum Läuterungsort des verstorbenen Landgrafen Ludwig von Thüringen führen läßt. Das hört sich folgendermaßen an: „Der Kleriker legte . . . seine Seele in die Hände des Dämons und stieg auf dessen Hals; kurze Zeit später setzte der Dämon ihn vor den Toren der Hölle ab. Der Kleriker warf einen Blick hinein und sah gar schaurige Orte, verschiedene Arten von Strafen und einen Dämon von schrecklichem Aussehen, der auf einem verdeckten Brunnen saß. Bei diesem Anblick zitterte der Kleriker am ganzen Leib. Der Dämon rief dem andern, der ihn trug, zu: ‚Wen trägst du denn da auf deinem Hals? Bring ihn her!‘ Der antwortete: ‚Es ist unser Freund, und ich habe ihm bei deiner großen Macht geschworen, ihm kein Leid anzutun, sondern ihm die Seele seines Herrn, des Landgrafen, zu zeigen, und ihn dann gesund wieder zurückzubringen, damit er allen von deiner unermeßlichen Stärke berichten kann.‘ Sogleich schob jener den feurigen Deckel, auf dem er gesessen hatte, weg, hielt eine eherne Trompete in den Brunnen hinab und blies so heftig, daß der Kleriker meinte, die ganze Welt ertöne. – Nach einer Stunde, die ihm recht lang vorkam, spie der Brunnen Schwefelflammen aus, und der Landgraf stieg mitten zwischen den emporsteigenden Funken herauf und zeigte sich dem Kleriker bis zum Hals. Er sagte zu ihm: ‚Siehe, da bin ich, der unglückliche Landgraf, der einst dein Herr war. Wenn ich doch nie geboren wäre!‘ Ihm sagte darauf der Kleriker: ‚Ich bin von Eurem Sohn gesandt und soll ihm über Eure Lage berichten. Wenn Euch irgendwie geholfen werden kann, müßt Ihr es mir sagen.‘ Darauf antwortete jener: ‚Du siehst meine Lage deutlich. Doch sollst du das wissen, wenn meine Söhne die und die Besitzungen den und den Kirchen – er nannte sie mit ihren Namen –, die ich mir unrechtmäßigerweise angeeignet und ihnen als Erbe hinterlassen habe, wieder zurückgeben, dann würden sie meiner Seele große Erleichterung schaffen.‘ Als ihm der Kleriker darauf sagte: ‚Herr, sie werden mir nicht glauben‘, sagte der Landgraf: ‚Ich werde dir ein Zeichen mitgeben, das niemand kennt außer mir und meinen Söhnen.‘ – Der Kleriker nahm das Zeichen, sah, wie der Landgraf dann wieder in den Brunnen versank, und wurde von dem Dämon wieder zurückgebracht. Sein Leben hat er zwar nicht verloren, er kehrte aber so blaß und matt zurück, daß er kaum wiederzuerkennen war." [140] Obwohl der Kleriker den Söhnen des Landgrafen vom Schicksal ihres Vaters erzählte, gaben sie das Land nicht zurück, einzig der jüngste Sohn bekehrte sich und trat in den

Zisterzienserorden ein.[141] – In einer andern Geschichte wird ein wucherischer Bauer, der meinte, er könne sich weit unter dem geforderten Preis vom Kreuzzug loskaufen, vom Teufel in die Hölle entführt, wo er seine Eltern und einen kürzlich verstorbenen Ritter leiden sehen muß. Der Burggraf von Horst, so heißt der Ritter, sitzt verkehrt auf einer wütenden Kuh, die ihm bei ihren Sprüngen ihre Hörner immer wieder in den Rücken schlägt. Befragt, weshalb, muß er bekennen, daß er diese Kuh einer armen Witwe geraubt hat und er deshalb so leiden müsse. Trotz dieser Warnexkursion in die Hölle stirbt der wucherische Bauer nach drei Tagen, und es wird ihm die Hölle nicht erspart.[142] Die Qualen der Hölle, die er erzählerisch immer wieder gewissermaßen touristisch besichtigt, hat Caesarius in einem Vers zusammengefaßt:

Píx, nix, nox, vérmis, flagrá, víncula, pús, pudor, hórror.[143]

Insgesamt liefert er zum Inventar der zur Hölle Verdammten einen wertvollen Beitrag, werden doch mehrere, auch aus der Geschichte bekannte Persönlichkeiten unter den Verdammten namhaft gemacht. Dieser blühende mittelalterliche Tourismus der Hölle muß unter verschiedenen Gesichtspunkten gelesen werde. Zunächst ist die Ausfahrt in die Hölle ein Vehikel monastischer Paränese zur *contritio cordis* und damit eingestandenermaßen auch der Reklame zum Eintritt in den Zisterzienserorden.[144] Daneben aber hat die lebhaft vorgestellte Exotik der Hölle durchaus apotropäischen Charakter: Die Hölle als Bedrohung wird so rationalisiert insbesondere durch das logische Strafsystem, das dort wirksam ist. Die Intensität des *ius talionis*, das den Sünder für ewig im Mechanismus seiner eigenen Sünde bestraft (Kuh!), suggeriert die Vorstellung einer gerechten, unabänderlich wirksamen Vergeltung durch eine dienstbare Schar von Dämonen und Teufeln, die nichts anderes als das Werk göttlicher Gerechtigkeit tun. Umgekehrt wirkt die Vorstellung ewigen Glücks als utopischer Gehalt, der die positive göttliche Gerechtigkeit am hienieden Armen und Geschundenen demonstrieren und beweisen soll. Der moderne Einwurf, das Jenseits habe eine reine Alibifunktion, in der der Unterdrückte auf Erden über sein Unglück hinweggetröstet werden und der Mächtige in seiner Willkür bestärkt werden soll, trifft kaum, da sowohl das Schreckbild der Hölle als auch das Trostbild des Himmels erwiesenermaßen, wenn es ernst genommen wurde, einen Austrag im Hier und Jetzt irdischer Realität hatte. Die phantastisch ausgeschmückte Vorstellung vom Jenseits reichte als bedrohliche Realität in die Zeit und in die rauhe Gegenwart hinein. Auf der andern Seite war eine harte und spröde Wirklichkeit, in der Krankheit und Tod und physischer Schmerz der Normalfall waren, anders nicht zu ertragen als in der Sicht utopischer Gerechtigkeit, in der letztlich die Verhältnisse wenigstens annähernd geordnet und auf Verläßlichkeit ausgerichtet waren.

Horkheimer/Adorno haben in ihrer ›Dialektik der Aufklärung‹ eine ‚Theorie

der Gespenster' in nuce entwickelt.[145] Abgewiesen wird Freuds Anschauung, „daß der Gespensterglaube aus den bösen Gedanken der Lebenden
gegen die Verstorbenen kommt, aus der Erinnerung an alte Todeswünsche".
Gegenüber diesem Schuldgefühl betonen die Autoren die Rolle der Eifersucht dessen, dem als dem Hinterbliebenen die Last des Lebens aufgegeben
ist, während der Tote in einem ‚bessern Zustand' weiterlebend die noch Lebenden verrät. Der Spuk, die Wiederkehr des Toten, wird dann zum Beleg dafür,
daß diese Eifersucht gerechtfertigt ist, und „der alte Glaube", wonach „der Tod
noch unmittelbar als Fortsetzung der Existenz erschien", findet eine Bekräftigung. Denn: „Dem Bewußtsein ist es unangemessen, den Tod als absolutes
Nichts zu denken, das absolute Nichts denkt sich nicht." Die Moderne, in
welcher der Spuk durch „das als Takt rationalisierte Vergessen" der Toten
ersetzt wird und bloß noch ein unsublimierter Spiritismus herrscht, betrügt
den Menschen um den Sinn seiner Lebensgeschichte, indem sie die Individuen „auf die bloße Abfolge punkthafter Gegenwarten, die keine Spur hinterlassen", reduziert. Die psychotherapeutische Wirkung des Spuks und des
darin anwesenden Revenants bestünde dann darin, daß der Tote dem Vergessen
entrissen und – in der Eifersucht des Lebenden auf dessen besseres Dasein –
als lebendiger gegenwärtig bleibt. In der Trauer sehen Horkheimer/Adorno
mit Recht noch das einzige Mittel gegen die moderne Tendenz, die Toten zu
vergessen und sie so um ihr Leben zu betrügen; sie allerdings ist dem Zeit-
trend ein widerspenstiges „Wundmal der Zivilisation", das beweist, daß die
Menschen noch nicht völlig „aufs Reich der Zwecke" vereidigt sind. Das
heißt natürlich nicht, daß die Autoren die Zeit der Revenants zurückrufen
möchten; so oder so fordern sie aber „ein rechtes Verhältnis zu den Toten":
„die Einheit mit ihnen, weil wir wie sie Opfer desselben Verhältnisses und
derselben enttäuschten Hoffnung sind."

6. Eine Jenseitsvision

Es gibt eine Gruppe von legendenhaften Texten – insbesondere aus der
Mitte des 12. Jahrhunderts stammend –, in denen eigentliche Jenseitsvisionen
ausgestaltet werden.[146] Sie sind nach dem Gesagten keineswegs als bloße Pro-
dukte märchenhaft gestaltender Phantasie anzusehen, sondern als ernsthafte
Auskünfte über ein unbekanntes Jenseits, dessen Rätsel man zu lösen erhoffte,
wenn man sich von Revenants erzählen ließ. Immer ist dabei eine erbauliche
Absicht leitend.

Prototypisch ist für alle diese Jenseitsvisionen die Erfahrung des Apostels
Paulus gewesen, er sei auf unaussprechliche Weise bis in den dritten Himmel
entrückt worden (nach 2 Kor 12) und habe im Paradies unaussprechliche
Worte vernommen. Eine Paulusapokalypse aus dem 4. Jahrhundert gestaltet

schon diesen Vorgang.[147] Diese lateinische ›Visio Sancti Pauli‹ wurde durch einen mitteldeutschen Dichter um die Jahrhundertmitte (1150) mehr oder weniger gut in Verse gebracht.[148] Es geht in diesen zwei Bruchstücken, die wir erhalten haben, um Zwischenorte des Jenseits. So trifft etwa Paulus auf seiner Jenseitswanderung auf unfruchtbaren Bäumen vor der ewigen Stadt Jerusalem sitzende Seelen an, die frierend sich hüten, vom Sturmwind in den Abgrund geschleudert zu werden; die Kraft dazu verleiht ihnen der Anblick der fernen Himmelsburg. Anderswo wird der Empfang der Seele geschildert, den sie – als böse – in der Hölle zu gewärtigen hat, wogegen die Aufnahme der guten Seele im Himmel als Einholung der Braut ins Haus des Bräutigams dargestellt wird.

Die irischen Wandermönche liebten es, solche Jenseitsschilderungen aufs Festland mitzubringen, wo sie dann in lateinische und deutsche Sprache umgesetzt wurden. So geschah es mit der Legende des irischen Nationalheiligen Patrick, der Tote erweckt, die dann von ihren Jenseitsfahrten berichten.[149] Die um 1160 entstandene alemannische ›Patriciuslegende‹ – bloß in einem stark zertrümmerten Bruchstück erhalten – berichtet von der Erweckung des toten Königs Echu, der von den Seligkeiten des Himmels und der Entsetzlichkeit der Hölle erzählt. Die ›Seefahrt des heiligen Brandan‹, eine Verslegende mit gleichfalls irischer Vorgeschichte, ist in deutschen Varianten heute nur noch in Fassungen des späten Hochmittelalters vorhanden, obwohl es – nach dem Verfasser des ›Wartburgkrieges‹ (13. Jh.) – eine frühe deutsche Übersetzung gegeben haben muß. International ist die Brandanlegende im Mittelalter überall gegenwärtig gewesen. Brandan sucht (nach der lat. Fassung) die *terra repromissionis sanctorum*, die er dann auch findet und mit ihr seine eigene Seligkeit. In der Zwischenzeit aber besucht er Länder mit Wundertieren und Wundermenschen, Orte mit Fegefeuer und Höllenstrafen und auch das Paradies, eine Art Schlaraffenland.[150]

Etwas ausführlicher möchte ich auf die Jenseitsfahrt des Tundalus eingehen. Die ›Visio Tnugdali‹ ist lateinisch vom irischen Mönch Marcus um 1150–60 im Schottenkloster zu Regensburg für eine Äbtissin Gisela von St. Paul in Prosa verfaßt worden. Sie wurde in viele Sprachen übersetzt und ist in vielen Handschriften überliefert. Deutschsprachig haben wir eine rheinisch-mittelfränkische Übersetzung um 1180–90 und eine bayrische des Priesters Alber, kurz nach der fränkischen, erhalten. An diese zweitgenannte werde ich mich im folgenden – da sie die vollständigste ist – halten.[151]

Ein irischer Ritter Tundalus besucht im Jahre 1149 einen Bekannten, von dem er eine Schuld einfordern möchte. Beim Essen fällt er wie tot vom Tisch, nachdem er noch sagen konnte:

> wî daz ich ie wart geborn!
> über mich gêt der gotes zorn,
> ich muoz verwandeln den lîp. (72–74)

Der da so tragisch vom Tische fällt, war ein lebensfroher Ritter, der zwar alle höfischen Tugenden – Freigebigkeit, Mut, Liebenswürdigkeit – in sich vereinigt, aber sich vom Standpunkt des geistlichen Verfassers aus doch allzusehr der weltlichen Liebe zugewandt hatte, aller Art *üppekeit* (199). Er war zudem hartherzig gegenüber den Armen, ging nie in die Kirche, trieb sich dagegen gerne mit Spielleuten herum.

Nun liegt er wie tot vom Mittwoch bis zum Samstag, wo man ihn zu Grabe tragen will. Immerhin war *ein lützel wirme* (277) in ihm, die bewirkte, daß man ihn nicht gleich in die Grube legte. Am Samstag, da man ihn beerdigen will, richtet er sich wieder auf, bittet um die Kommunion in beiden Gestalten, empfängt sie in Demut und beginnt dann mit einer Art öffentlicher Gebetsbeichte zu Gott (299 ff.); danach verteilt er alle seine Habe an die Armen, zieht ein *geistlîch gewant* an (331), bezeugt so seine *wandelunge* (333) und beginnt dann erst zu erzählen, was ihm im Jenseits geschehen ist (343 ff.).

Da die lateinische Fassung in der Differenzierung der Straf- und Seligkeitsorte präziser ist als die deutsche, halte ich mich – um die Systematik der Straf- und Seligkeitsorte nicht zu verwischen – im folgenden an die lateinische Fassung. Die Seele des Ritters Tundalus findet sich im Jenseits verzweifelt allein inmitten unreiner Geister, die der abgeschiedenen Seele den *mortis canticum* (10, 6) – einen eigentlichen Höllengesang – zu singen anheben, in dem die Untaten des Ritters nach Strich und Faden aufs deutlichste erwähnt werden. Der Seele aber wird ein Engel geschickt, der sie vor allzu aufsässigen „unreinen Geistern" beschützt und sie auf eine Reise durch die Jenseitswelt mitnimmt. Es ist zunächst eine Reihe von Straforten, die noch nicht durch Endgültigkeit gekennzeichnet sind: 1. die Strafe der Mörder, die – auf einem Roste erhitzt – flüssig werden und in die glühenden Kohlen abtropfen, wo sie erneut leiden; 2. die Strafe der Hinterlistigen und Treulosen, die ein Wechselbad von stinkender Schwefelglut und eisigem Schnee – ein Topos der Höllenbeschreibungen – zu erdulden haben; 3. die Strafe der Hochmütigen, die in einem von Gestank und Finsternis erfüllten Tal – über das nur eine fußbreite Brücke [152] führt – schmachten; Tundalus wird vom Engel ungefährdet über die Brücke geführt; 4. die Strafe der Habgierigen, die in einem Tier namens Acheron – dessen Maul wird von zwei Riesen, Fergusius und Conallus, offengehalten – unsägliche Qualen erdulden, die auch Tundalus nicht erspart bleiben; 5. die Strafe der Diebe und Mörder, die in einem sturmbewegten See – über den ein bloß handbreiter Steg führt – schmachten; Tundalus muß über den Steg eine Kuh, die er einem Bauern gestohlen hat, führen – zu allem Unglück kommt ihm ein Priester mit einem Bündel Korngarben auf dem Rücken entgegen –, wunderbar gerettet übersteht er auch dieses Abenteuer; 6. die Strafe der Schlemmer und Hurer, die im Gasthaus des Phristinus insbesondere an ihren Schamteilen – ein Beispiel für das mittelalterliche *ius talionis* – aufs heftigste gemartert und ins Feuer geworfen werden; hier aber wird ausdrücklich ver-

sichert, daß die hier schmachtenden Seelen gerettet werden; 7. die Strafe der
Hurer und Unmäßigen im Stande der Räte, die von einem phantastischen Tier
mit langem Hals und stählernem Schnabel gefressen, dann wiederum in den
zu Eis erstarrten Sumpf geboren wurden, wo sie selber, auf unheimliche Weise
fruchtbar, Schlangen gebären; 8. die Strafe derjenigen, die Sünde auf Sünde
häufen: Sie werden von Vulkanus in eine feurige Esse geschleudert und flüssig
gemacht, hierauf über einem Amboß zu Klumpen von gegen 100 Seelen zu-
sammengeschmiedet. Auch hier wird der Seele vom Engel noch tröstlich versichert: *Confortare, quia dominus est deducens ad inferos et reducens!* (32, 7f.).
Erst das *infernum inferius* (33, 14), an dessen Pforten der Weg nun führt,
ist endgültig Hölle, aus der man nicht mehr hinausgelangt. Von bösen Geistern hier zum Bleiben aufgefordert, wird sie wiederum vom begleitenden
Engel vor dem Absinken im Höllenbrunnen gerettet. Satan, der Fürst der
Finsternis, begegnet ihr: Schwarz wie ein Rabe, menschengestaltig, aber mit
tausend Händen, an denen er je 20 Finger hat, lagert gebunden über einem
Rost und schnaubend jagt er alle hier leidenden Seelen in der ganzen Hölle
umher, um sie – einatmend – wieder in seinen Schlund zu saugen. Ungebunden
würde dieses Scheusal – auch Luzifer genannt – Himmel und Erde durch-
einanderbringen. Die untere Hölle wird ausdrücklich als ein Brunnen bezeichnet. – Weiter gehend gelangen der Engel und Tundalus zu harmloseren
Gefilden, zunächst zum Strafort der „mäßig Bösen": einer Mauer, an der
Männer und Frauen Wind und Regen, Hunger und Durst zu leiden haben –
allerdings nur für einige Jahre. Sodann gelangen sie zu den „mäßig Guten" –
ein schönes Gefilde, das ganz der Vorstellung eines mittelalterlichen *locus
amoenus* entspricht (selbst eine Quelle wird genannt). Es begegnen ihnen die
Könige Donachus und Conchobar, die zeit ihres Lebens untereinander gnadenlos verfeindet waren, nun aber – weil sie ihre Feindschaft vor dem Tode noch
bereuten – als Gerettete gezeigt werden. Wenn Le Goff recht hat, darf man
darin einen „Appell an die irischen Clans" zum gegenseitigen Zusammenhalten
sehen. Die ausführliche Schilderung der jenseitigen Sonderbehandlung des
Königs Cormachus – wegen Verletzung des Sakraments der Ehe muß er täglich
drei Stunden bis zum Nabel im flammenden Feuer stehen – belegt nochmals
in seiner Betulichkeit eine Art irischen Nationalismus des Verfassers. Die
Jenseitsreisenden gelangen schließlich an eine silberne und dann an eine gol-
dene Mauer: hinter der ersten lagern sich die guten Eheleute, an der zweiten
die Märtyrer und Enthaltsamen, während die Mönche und Nonnen gleich
daneben in schönen Zelten und unter Baldachinen wohnen. Ein Sonderort ist
den Beschützern und Gründern von Kirchen unter einem mächtigen Baum
– Sinnbild der heiligen Kirche – zugewiesen. Zuletzt gelangen sie an eine aus
den köstlichsten Edelsteinen erbaute Mauer – man darf darin das klassische
himmlische Jerusalem sehen –, innerhalb der die Jungfrauen, die neun Engel-
chöre, Tundalus' Schutzpatron Ruadanus, der heilige Patrick und vier irische

Bischöfe sich befinden. Nach dieser Schau, in der Tundalus zu verweilen gedenkt, wird er wieder in seine irdisch-lebendige Wirklichkeit zurückbefördert, in der er von den erfahrenen Gnaden zum Heil aller berichtet und selber fortan ein frommes Leben führt und das heilige Kreuz nimmt.

Wichtig ist an dieser Jenseitsvision – der noch viele andere an die Seite zu stellen wären – die Tendenz, das Jenseits zu einem überschaubaren Bereich mit bestimmter geographischer, moralischer und religiöser Gliederung auszugestalten. Dabei unterscheidet er Höhen- und Tiefenlagen, führt eine eigentliche Sündentypologie ein und unterscheidet ganz Gute, ganz Schlechte, nicht ganz Gute und nicht ganz Schlechte. Für die Orte, die als „Fegefeuer" anzusprechen sind, fehlt die eigentliche Reinigungsidee, wie Le Goff mit Recht beobachtet hat. Immerhin aber ist die Vorstellung einer in der oberen Hölle möglichen Bekehrung des Sünders für den Verfasser eine reale Wirklichkeit, da nach ihm die endgültige göttliche Entscheidung über die mäßig Guten und mäßig Bösen noch nicht gefallen ist. Allenfalls darf man im Ausbleiben der Reinigungsvorstellung in deren Ersetzung durch den *conversio*-Gedanken einen monastischen Einfluß erblicken.

Für unseren Zusammenhang aber ist entscheidend der in diesen und andern erzählerischen Versuchen sich ausdrückende ordnende, wägende und organisierende, insgesamt also rationalisierende Zugriff auf ein Jenseits, das im Maße seiner Bekanntheit auch kontrollierbarer wird und etwas von seinem Schrecken verliert. Was man im Todesdenken des Mittelalters immer wieder feststellen kann, ist auch hier mit Händen zu greifen: Die Reflexion und die imaginative Ausgestaltung des Jenseits dient dessen Domestizierung und Zivilisierung.

IV. DIE DICHTERISCHE GESTALTUNG DES TODES IM FRÜHEN MITTELALTER

Die Dominanz theologischer, kirchlicher, kurz religiöser Begründungen des Todes im Mittelalter bezeugt sich in der mittelalterlichen Dichtung nachhaltiger als etwa die Spiegelung konkreter, brauchtümlicher Thanatopraxis oder Sterbensvorgänge. Mindestens im frühen Mittelalter. Mit dem Aufkommen eigentlich fiktionaler Literatur – Erzähldichtung im umfassendsten Sinn, genauer: Heldendichtung und höfischem Roman! – dagegen werden mindestens die zeitgenössisch allbekannten Möglichkeiten des Sterbens und des Todes als Momente des Erzählten relevant, d. h. vor allem der heldische (in der Aristie der Heldendichtung gefeierte) oder der scheinbar zufällige, dann als schicksalhaft gedeutete Tod im Kontext von Krieg und Waffenhandwerk oder der exemplarische im Zusammenhang mit der das Normalmaß übersteigenden Liebe (religiös oder profan). Daß das Thema des Todes als ein Problem der religiösen Selbstfindung in der deutschen Literatur zunächst eine Hauptrolle spielt, muß im großen Bezugsrahmen einer allgemeinen, religiös sensibilisierten und gläubig informationshungrigen Situation im frühen Mittelalter gesehen werden. Mit dem Eintritt der Germanen in den Bannbereich der lateinisch-christlichen Kulturwelt wird ein geistiger Raum betreten, der – ungleich der alten mythischen Göttergesellschaft – durch die neuartige Begründung des menschlichen Lebens aus der Sicht eines in die Geschichte konkret historisch eingetretenen Gottes attraktiv wirkte. Zentral in diesem so erfolgreich auf die Germanen eindringenden religiösen Systemzusammenhang ist natürlich die sinnvolle Legitimation des Todes als eines End- und Haltepunktes des Lebens, jenseits dessen die klare und unwiderrufliche Vergeltung für das diesseits Geleistete widerspruchslos eintritt. Insbesondere ist eine „Sklavenhaltergesellschaft", wie sie die Menschen im Frühmittelalter in ihrer Sozialstruktur lebten, auf eine Kompensation des Diesseits und seiner sozialen Unvollkommenheiten im Jenseits, das als den menschlichen Bestechungen und Unredlichkeiten enthobene Sphäre gedeutet wird, nachhaltigst angewiesen. Johann Baptist Metz, ein moderner, gewiß nicht als rechtslastig verdächtiger, sondern als „Theologe der Revolution" bekannter Gottesgelehrter, hat kürzlich wieder auf die „verdrängte und geächtete Wahrheit" der christlichen Vorstellung vom letzten Gericht verwiesen, die nicht leichthändig durch eine allzu versöhnliche Apokatástasis pánton (Origenes) [1] verwischt werden sollte. Er schreibt: „Die viel geschmähte und kaum verstandene apokalyptische Rede vom letzten Gericht und gar vom ewigen Verderben, von der Hölle, ist folgenreich genug. Sie zwingt uns, gerade als Hoffende – christlich Hoffende – mit dem Verdacht zu leben, daß nicht alles, was durch uns geschieht, erlösbar ist bzw. erlöst wird. Gerade dieser Verdacht aber, der unsere Hoffnung um unserer eigenen Transzendenz willen durchstimmt, bringt einen letzten großen Ernst in unsere geschichtliche Verantwortung! Er entläßt unser gegenwärtiges Handeln nicht in die Indifferenz, in die Neutralität oder in die Unschuld." [2]

Es gehört zu den geschichtlichen Verdiensten des Christentums, die freche Naivität der Gewalttätigkeit und der repressiven Unterdrückungsmechanismen wenigstens als grundsätzliches Fehlverhalten diagnostiziert zu haben, auch wenn es sich historisch durch aktive Teilnahme an Gewalt und ungerechtfertigter Unterdrückung noch so sehr engagierte. Es fiel so unter sein eigenes Verdikt. Eines der vier Letzten Dinge, die Vorstellung vom Gericht, entzog sich immer allen falschen kirchlichen und gesellschaftlichen Verwertungszusammenhängen, weil es – als „apokalyptisches Axiom" (Metz) – auch real gesellschaftlich eine Gerechtigkeit bezeugt, die stärker als der Tod ist.

1. Muspilli

Nicht von ungefähr also, sondern diesen geschilderten Vorstellungen einstmaliger, völliger Gerechtigkeit korrespondierend, steht am Anfang der eigentlichen eschatologischen Dichtung ein Werk, das – archaisch und in vielerlei Hinsicht befremdlich – dieses Gericht – des Individuums und der Menschheit als ganzer – zum Vorwurf hat. [3] Das Gedicht entspricht so umgekehrt der kosmogonischen Dichtung des Wessobrunner Gebets über den Weltanfang (vor 814); ebenfalls stabreimend wie dieses, berichtet es – betitelt nach dem rätselhaften Wort *muspilli* aus Vers 57 (= Weltuntergang) – von den letzten Dingen. Die beiden Gedichte sind die einzigen Zeugnisse einer hochdeutschen, christlichen Stabreimdichtung. Das ›Muspilli‹, wie wir es kurz nennen wollen, obwohl man es klüger überschriebe ›Vom Nachleben nach dem Tode‹ [4], stammt aus den leeren Anfangs- und Schlußseiten einer Handschrift, die als Geschenk des Bischofs Adalram von Salzburg (821–836) König Ludwig dem Deutschen gehörte; die Eintragung des Gedichts dürfte allerdings erst in der zweiten Hälfte des 9. Jahrhunderts vorgenommen worden sein.

Thema des Gedichts ist das Gericht, und zwar in seiner Doppelung als *individuelles* und *allgemeines* Gericht. Trotz aller Gründe, die für eine kompositionelle Uneinheitlichkeit des Gedichts sprechen mögen – viele haben sich durch die erwiesene theologische Inkompetenz der Interpreten wieder ausschalten lassen –, ist es in zwei Teile geteilt, in denen eine rohe Gliederung ohne weiteres erkennbar ist. So handeln Zeile 1–30 vom Einzelschicksal nach dem Tode, vom individuellen Gericht, während die Zeilen 31–103 das Schicksal der Welt und das Jüngste, die gesamte Menschheit betreffende Gericht behandeln.

Der Gedankengang für *Teil I* ist der folgende: Wenn die Seele sich vom Leib gelöst hat, wird von Engeln und Teufeln ein Rechtsstreit um die Seele geführt (1–5). Die beiden Möglichkeiten eines ewigen Schicksals, Hölle oder Himmel, werden geschildert (6–10, 11–17), so daß sich für alle Menschen die Mahnung ergibt, Gottes Willen zu tun; eine nachdrückliche Warnung vor der Hölle verstärkt diese Argumentation (18–30).

In *Teil II* wendet sich der Dichter dem Thema des Jüngsten Gerichts und dem Weltschicksal zu. Ein Gerichtsgebot wird am Jüngsten Tage erlassen, dem sich kein Menschenkind entziehen kann: Jedermann hat dem Herrscher Rechenschaft abzulegen (31–62). Hier referiert der Verfasser allerdings zwei verschiedene Versionen des Kampfausgangs:
1. Nach Meinung der *weroltrehtwison* siegt Elias im Kampf gegen den Antichrist, der stellvertretend für Satan auftritt;
2. nach Meinung vieler *gotman* dagegen verläuft das Kampfgeschehen umgekehrt: Elias wird verwundet (getötet?); sein Blut tröpfelt auf die Erde und entzündet diese, so daß der Weltbrand entsteht (48–62).

> Doh uuânit des vilo . . . gotmanno,
> daz Elias in demo uuîge   aruuartit uuerde.
> sô daz Eliases pluot   in erda kitriufit,
> so inbrinnant die perga,   poum ni kistentit
> ênîhc in erdu,   ahâ artruknent,
> muor varsuuilhit sih,   suilizôt lougiu der himil,
> mâno vallit,   prinnit mittilagart.
> stên ni kistentit,   verit denne stûatago in lant,
> verit mit diu vuiru   viriho uuîsôn,
> Dar ni mac denne mâk andremo   helfan vora demo mûspille (48–57).

Doch glauben viele Diener Gottes, daß in diesem Kampf Elias verletzt wird. Wenn sein Blut auf die Erde tropft, beginnen die Berge zu brennen, kein einziger Baum auf der Erde wird stehen bleiben, die Gewässer werden austrocknen, das Moor wird sich (selbst) verschlingen, der Himmel in der Flamme vergehen, der Mond herabstürzen: der Erdkreis wird brennen. Wenn diese Zeichen auf Erden erscheinen, dann wird der Tag des Gerichts ins Land ziehen, er kommt mit dem Feuer, um die Menschen heimzusuchen. Vor dem *muspilli* kann kein Verwandter dem andern (mehr) helfen . . .[5]

Wichtig: Das Land, um das man sich mit Hilfe seiner Verwandten immer wieder gestritten hat, ist nun verbrannt; wer darüber trauert, fährt zur Hölle.

Daher auch die Mahnung, immer gerecht zu urteilen, und die Warnung vor bestechlichen Richtern: alle, die hierin fehlen, werden vor Gericht vom Teufel angeklagt (63–72).

In den letzten Versen wird das Jüngste Gericht selber beschworen: Mit dem Erschallen des himmlischen Horns kommt der Herr der Welt mit dem himmlischen Heer zur Gerichtsstätte. Engel laden die Völker vor Gericht. Lebende und Tote ohne Ausnahme, die letzteren werden eigens vom Tode auferweckt, müssen über ihre Taten, nach denen sie gerichtet werden, Zeugnis ablegen. Ein eigenartiger Mechanismus juridischer Zeichensprache, wonach jedes Glied von der Untat, die es begangen hat, selbsttätig Zeugnis ablegt, kommt dabei ins Spiel.

> sô dâr manno nohhein   uuiht pimîdan ni mak,
> dâr scal denne hant sprehhan,   houpit sagên,
> allero lido uuelîhc   unzi in den luzîgun vinger,
> uuaz er untar desem mankunie   mordes kifrumita.
> Dâr ni ist eo sô listîc man,   der dâr iouuiht arliugan megi,
> daz er kitarnan megi   tâto dehheina,
> niz al fora demo khuninge   kichundit uuerde,
> ûzzan er iz mit alamusanu furimegi
> enti mit fastûn   dio virinâ kipuazti.
> Denne der paldêt,   der gipuazzit hapêt,
> denner ze deru suonu quimit.
> uuirdit denne furi kitragan   daz frôno chrûci,
> dâr der hêligo Christ   ana arhangan uuard.
> denne augit er dio mâsûn,   dio er in deru menniskî anfênc,
> dio er duruh desse mancunnes   minna fardolêta . . . (90–103)

Dort kann niemand etwas verbergen, die Hand wird sonst sprechen, der Kopf es bekennen, jedes der Glieder bis hin zum kleinen Finger, was der Mensch unter den andern an Mordtaten verbrochen hat. Vor diesem Gericht nutzt niemandem auch nicht die beste List, um dort (auch nur) etwas zu leugnen, (auch nur) irgendeine Tat verheimlichen zu können: sie wird vor dem König doch offenbar, es sei denn, der Mensch kann mit (gegebenen) Almosen (seine Schuld) ausgleichen und hat die Verbrechen mit Fasten gebüßt. Dann kann er getrost sein, der (schon) gebüßt hat, wenn er zu diesem Gericht erscheint. Es wird da auch das hehre Kreuz vorangetragen, an das der heilige Christus geschlagen worden war. Dann wird er die Wundmale betrachten (zeigen), die er als Mensch empfangen, die er für seine Liebe zum Menschengeschlecht erhalten hat. . .[6]

In der Diskussion um die Uneinheitlichkeit des Gedichts hat vor allem Baesecke[7] daran festgehalten, daß es sich dabei um drei verschiedene Meinungen über die letzten Dinge handle,
1. um die endgültige Entscheidung nach dem Tode (1–30, 31–36 moralisierender Einschub),
2. um die Darstellung des Eliaskampfes, dem eigentlichen ›Muspilli‹ (37–62), und
3. um die Schilderung des Jüngsten Gerichts (63–103).
  Gerade diese Meinung aber läßt sich durch den Hinweis auf die eschatologische Thematik, wie sie allgemein gängig war, entkräften.[8] Die Trennung der Gerichtsvorstellung in ein *individuelles* und *allgemeines* Gericht hat christ-

lich keineswegs etwas Stoßendes, sondern entspricht auf der ganzen Linie zum Teil schon der patristischen und sicher der mittelalterlichen Dogmatik. Die Schwierigkeit, wie sich diese beiden Gerichte zueinander verhalten, wurde allerdings im Lauf der Geschichte verschieden gelöst. Aber allgemeine Lehre war es, daß im Tode *zunächst* die Entscheidung über das Schicksal des einzelnen im Jenseits gefällt wird. Anhaltspunkte für diese Ansicht waren verschiedene Bibelstellen.[9] Im Gleichnis vom guten und schlechten Verwalter (Lk 16, 1–8) zeigt Christus, daß der Gute sogleich seinen Lohn und der Schlechte sogleich seine Strafe nach dem Tode bekommt. Gleicherweise wird der reiche Prasser sogleich in die Hölle, der arme Lazarus dagegen stracks ins Paradies verbracht (Lk 16, 19–31). Auch bei Paulus lassen sich ähnliche Auffassungen feststellen. Schließlich ist an Christi Gnadenwort an den guten Schächer zu denken (Lk 23, 43), das ,noch heute' seinen Eintritt ins Paradies verhieß. In der Väterzeit herrschte lange Zeit allerdings Unsicherheit und Unklarheit über das Schicksal, das unmittelbar dem Tode folgte. Auf der andern Seite ist die Auferweckung der Toten und das daran anschließende letzte Gericht über die ganze Menschheit schon durch Christi Auferstehung und durch viele Worte Christi verbürgt.

Zunächst hat Christus selbst während seines irdischen Lebens mannigfach auf sein kommendes Schlußwort über die irdische Geschichte in seiner Wiederkunft am Ende der Zeiten hingewiesen (Mt 16, 27; Lk 22, 30; Joh 5, 22). Vor allem nachhaltig ist die Stelle Mt 7, 21–33, wo Christus die zu Verdammenden auf ihre Versäumnisse hinweist (auch Mt 25, 31–46). Die Weissagung vom Endgericht bildet einen grundlegenden Bestandteil der apostolischen Verkündigung, wie sich aus vielen Stellen der Apostelbriefe erhärten läßt. Vor allem deutlich geht die Johannesapokalypse auf dieses Endgericht ein (Offb 14, 14–20).

Es entspricht dem damaligen Reflexionsniveau, wenn im ›Muspilli‹ die Doppelung von besonderem und allgemeinem Gericht ganz unverbunden und in sich unvermittelt, parataktisch, nebeneinandergestellt erscheint.[10] Die Reflexion darauf, was denn im Zwischenbereich zwischen besonderem Gericht gleich nach dem Tod und dem allgemeinen am Ende der Zeiten mit der Seele des Verstorbenen passiert, ist in der Väterzeit und im Mittelalter immer wieder aufgebrochen.[11]

Die Frage war immer, wie dieser ,Wartestand', in dem die Gerechten auf die Wiederkunft Christi harrten, zu deuten sei. Denn tatsächlich ist diese ,Zeit' eine Art Wartezustand: Es wird gewartet auf das allgemeine Gericht über die Welt und die ganze Menschheit, welches sich mit der zweiten Wiederkunft Christi vollziehen wird. Das Reich Gottes wird erst dann vollendet sein. Insbesondere harren die Verstorbenen auf die Auferweckung ihrer Leiber. Können – bei solcher Voraussetzung – die Verstorbenen wahrhaft in die Seligkeit eingehen, wenn solche Seligkeit doch erst vollends möglich ist, wenn der Leib mit der Seele wieder verbunden ist? Was geschieht mit der Seele in diesem Zwischenzustand?

Eine Möglichkeit der Lösung bestand im sogenannten Millenarismus oder Chiliasmus,[12] in einer Lehre über das Tausendjährige Reich des Friedens. In der Offenbarung des Johannes steht die folgende Passage: „Dann sah ich: Ein Engel stieg aus dem Himmel herab; er hatte die Schlüssel zum Abgrund und eine große Kette in seiner Hand. Er überwältigte den Drachen, die alte Schlange – das ist der Teufel und der Satan –, und er fesselte ihn für tausend Jahre. Er warf ihn in den Abgrund, verschloß und versiegelte ihn, damit er die Völker nicht mehr verführe, bis die tausend Jahre vollendet sind. Danach muß er für kurze Zeit freigelassen werden. Dann sah ich Throne; darauf setzten sich jene, denen das Gericht übertragen wurde. Ich sah die Seelen von allen, die enthauptet worden waren, weil sie an dem Zeugnis Jesu und an seinem Wort festhielten. Sie hatten das Tier und sein Bild nicht angebetet, und sie hatten den Stempel nicht auf ihre Stirn und ihre Hand genommen. Sie kamen zum Leben und zur Herrschaft mit Christus auf tausend Jahre. Die übrigen Toten kamen nicht zum Leben, bis die tausend Jahre vollendet waren. Dies ist die erste Auferstehung. Selig und heilig, wer teilhat an der ersten Auferstehung! Über sie hat der zweite Tod keine Gewalt. Sie werden Priester Gottes und des Christus sein und tausend Jahre mit ihm herrschen" (Offb 20, 1–6). Es ist klar, daß diese tausend Jahre von den Millenaristen aller Zeiten – und es gibt sie immer wieder – zum Anlaß genommen wurden, daraus ein innerzeitliches Reich des Friedens im Sinn einer konkret gewordenen Utopie abzuleiten. Gerade das Symbolische an diesem Text wurde der Anreiz, Konkretes damit zu verbinden. Das war eine Möglichkeit, daß man – unter Aufnahme von heidnischen Utopien von einem goldenen Zeitalter und spätjüdischen apokalyptischen Vorstellungen von einem paradiesischen Zustand auf Erden – tausend Jahre vor der endgültigen Auferstehung eine erste Auferstehung der Heiligen annahm, die zum 1000jährigen Reich führte. Solcher Chiliasmus (von chilioi = 1000) verband sich mit zum Teil skurrilen Vorstellungen, etwa der, daß dem, der jetzt auf eine Frau verzichtet, im 1000jährigen Reich deren 100 konzediert würden usw. Der Chiliasmus oder Millenarismus ist in unendlich vielen Sekten und Vereinigungen im Laufe der Jahrhunderte immer wieder als eine utopische Vorstellung heiler Welt wirksam geworden, obwohl Augustinus schon sehr früh ihn zu widerlegen versuchte. Er wies auf den Fehler einer wörtlichen Auslegung hin und deutete die Fesselung Satans als dessen grundsätzliche Überwindung durch das Heilswerk Christi. Der ganze Vorgang wurde so als ein innerlicher gedeutet: Die 1000 Jahre bedeuten nach Augustinus die durch Christus eingeleitete, grundsätzlich vom Teufel befreite, vollkommene Zeit. Sie reicht von der Himmelfahrt bis zur Wiederkunft Christi. Vor der Wiederkunft Christi wird der Teufel noch einmal für kurze Zeit freigelassen und darf alles aufbieten, um die Christusgläubigen zu versuchen. Unter der ersten Auferstehung versteht Augustinus den Übergang vom todverfallenen sündigen zum sündenfreien, gottverbundenen Leben. Genützt hat diese innerliche Deutung wenig: Bis in die Neuzeit haben Apokalyptiker, Apostoliker, Flagellanten, Taboriten, böhmische Brüder, Wiedertäufer, Pietisten, Adventisten, Mormonen, ernste Bibelforscher eine Art Chiliasmus vertreten; Utopien im Sinn eines solchen Friedensreiches der Kinder Gottes sind tatsächlich ja auch eine Versuchung, der man nur schwer widerstehen kann, solange man sie mit konkreten Glücksvorstellungen zu verbinden vermag.

Die Kirchenväter – oft einem milden Chiliasmus anhangend – waren im allgemeinen etwas realistischer, wenn sie sich den Wartezustand der Seele vor der Wiederkunft Christi ausmalten. Nach Justin, Irenäus und Tertullian gelangen die Gerechten vorerst ins „Paradies" und erst dereinst nach der Auferstehung zur vollen himmlischen Anschauung Gottes. (Die Märtyrer stellen wiederum ein besonderes Problem dar: Sie gehen *sogleich* nach ihrem Tod in die ewige Glorie ein. Die Auferstehung ist dann für sie nur noch eine Episode, deren zeitlicher Charakter – da sie ja in der Ewigkeit sind – schwierig zu deuten ist.) Die Väter schwankten in ihrer Meinung immer wieder und kamen zu keinem für alle einsichtigen Schluß, wie es denn mit diesem Wartezustand sich verhalte. Weder im Osten noch im Westen kam die Frage völlig zur Ruhe, obwohl auch die Scholastik im 13. Jahrhundert sich ausführlich damit beschäftigte.[13] Thomas von Aquin zum Beispiel selber widersprach sich in seinem Sentenzenkommentar und in seiner Summe über die Frage, ob die Seligkeit der Seele nach der Wiedervereinigung mit dem Leibe bloß extensiv oder intensiv vollkommener werde. Zunächst plädiert er für die Intensivität, danach für die Extensivität.[14] Auch das Spätmittelalter schien zu keinem Schluß über die Deutung dieses Wartezustandes der Seele zu kommen.

Großartigstes Zeugnis ist die darüber aufbrechende Streitdiskussion zwischen zwei Päpsten im beginnenden 14. Jahrhundert.[15] Sie steckt die Alternativen klar ab und mag darum schnell erwähnt werden. Papst Johannes XXII. (1316–34), chauvinistischer Franzose, Sohn einer wohlhabenden Bürgersfamilie, Jurist vom Studium her, lange im Dienst der Könige von Neapel, schon über siebzigjährig bei seiner Wahl, förderte die Verlegung des Amtssitzes der Päpste nach Avignon, war aber neben seiner Geschäftstüchtigkeit – er begründete das kuriale Finanzwesen und zentralisierte es – ein spitzfindiger Herr, der sich in mehreren, höchst anstößigen Predigten auch Gedanken über die beseligende Schau nach dem Tode machte. Schwierigkeiten machte ihm vornehmlich der Zwischenzustand der Seele nach dem Tode, d. h. zwischen dem besonderen und dem allgemeinen Gericht. Obwohl nach Thomas von Aquin und Bonaventura völlig klar ist, daß die Seele des Menschen nach dem Tode sogleich des Lebens der Seligkeit oder der Verdammnis teilhaftig ist, verkündete Papst Johannes XXII. in zwei Predigten (1331 und 1332) mit

Nachdruck, daß die einzelnen Menschen erst beim Weltgericht zur Seligkeit gelangten, daß sie bis dahin in einem schlafähnlichen Zustand lebten. Er wurde so zu einem Vertreter des häretischen sogenannten Thnetopsychitismus aus durchaus ehrenwerten – später von den protestantischen Theologen mit Nachdruck wiederaufgenommenen – Gründen. Diese schon – nach einem Ausweis des Eusebius – in den Zeiten des Origenes in Arabien vertretene Häresie – „daß die menschliche Seele für eine Weile in der gegenwärtigen Zeit mit dem Körper in der Todesstunde sterben und verwesen werde, bei der Auferstehung aber mit dem Leibe wieder zum Leben erwachen werde"[16] – nahm der Papst wieder auf und verkündete sie, wenn auch als Privatmeinung, so doch mit allem Aplomb seines Amtes. Sie hat denn auch größtes Aufsehen in der damaligen Christenheit bewirkt. Sogleich erhob sich größter Widerspruch, insbesondere von seiten der Dominikaner, besonders in Frankreich, und der Franziskaner, vor allem unter den papstfeindlichen Anhängern Ludwigs des Bayern in Deutschland. Diesen nicht nur theologischen, sondern auch von mancherlei politischen Gegnerschaften belasteten Widerspruch ließ sich der Papst nach anfänglichem Widerstreben zu Herzen gehen – sogar Robert von Anjou, König von Jerusalem und Sizilien, hatte neben mindestens 40 anderen Autoren sich gegen des Papstes Ansichten erhoben – und stellte einen feierlichen Widerruf sowie eine lehramtliche Verkündigung des herkömmlichen kirchlichen Glaubens in Aussicht, starb aber, bevor es dazu kommen konnte, wenigstens mit dem notariell versicherten Eingeständnis seines Irrens auf den Lippen. Das hinderte nicht, daß er von einem katalanischen Dominikaner, einem schrecklichen Menschen und üblen Inquisitor, 1393 als *haeresis ... principalis defensor* verschrien wurde (Nikolaus Eymerich). Erst Johannes' XXII. Nachfolger, Papst Benedikt XII.,[17] hat in der Konstitution ›Benedictus Deus‹ vom Jahre 1336 das Versprechen eingelöst und folgenden Text verfaßt[18]: „Mit apostolischer Vollmacht bestimmen Wir in diesem für immer geltenden Lehrentscheid: Nach allgemeiner Anordnung Gottes waren, sind und werden sein im Himmel, im Himmelreich und im himmlischen Paradies mit Christus, in Gemeinschaft mit den Heiligen: die Seelen aller Heiligen, die aus dieser Welt vor dem Leiden unseres Herrn Jesus Christus hinweggegangen sind, und die Seelen der heiligen Apostel, Märtyrer, Bekenner, Jungfrauen und der anderen Gläubigen, die nach Empfang der heiligen Taufe Jesu Christi gestorben sind und in denen beim Tode nichts zu reinigen war oder nichts zu reinigen sein wird oder die nach dem Tode gereinigt worden sind, wenn etwas in ihnen damals zu reinigen war oder in Zukunft sein wird, und die Seelen der Kinder, die durch dieselbe Taufe Christi schon wiedergeboren sind oder die jemals getauft werden, wenn sie nach der Taufe vor dem Gebrauch des freien Willens sterben, diese also waren, sind und werden sein im Himmel sofort nach ihrem Tode oder nach der Reinigung – wie oben gesagt – bei jenen, die einer solchen Reinigung bedurften, und zwar auch vor der

Wiedervereinigung mit ihrem Leib und vor dem allgemeinen Gericht nach Auffahrt unseres Heilands Jesus Christus, unseres Herrn, in den Himmel, und nach dem Leiden und dem Tod unseres Herrn Jesus Christus schauten und schauen sie die göttliche Wesenheit in unmittelbarer Schau und auch von Angesicht zu Angesicht ohne Vermittlung eines Geschöpfes, das dabei irgendwie Gegenstand der Schau wäre. Ohne Vermittlung zeigt sich ihnen vielmehr die göttliche Wesenheit unverhüllt, klar und offen. In dieser Schau sind sie erfüllt von dem Genuß der göttlichen Wesenheit. Und durch diese Schau und durch diesen Genuß sind die Seelen der schon Verstorbenen wahrhaft glücklich im Besitze des Lebens und der ewigen Ruhe. Auch die Seelen der in Zukunft Sterbenden werden vor dem allgemeinen Gericht dieselbe göttliche Wesenheit schauen und genießen. Eine solche Schau der göttlichen Wesenheit und ihr Genuß lassen in ihnen die Akte des Glaubens und der Hoffnung schwinden, insofern Glaube und Hoffnung eigentliche theologische Tugenden sind. Hat aber einmal diese unmittelbare Schau von Angesicht zu Angesicht und dieser Genuß in ihnen begonnen oder werden sie beginnen, so besteht diese Schau und dieser Genuß fort ohne Unterbrechung oder Minderung dieses Schauens und Genießens und wird fortdauern bis zum Endgericht und von da an bis in Ewigkeit."[19] Wiederholt wurden später diese Festlegungen implizit in andern päpstlichen Bestimmungen erhärtet. Der papale Eskapismus in den häretischen Thnetopsychitismus wurde so repariert, das Problem aber, was denn mit der Seele in der Zwischenzeit zwischen individuellem Gericht und endzeitlichem geschieht, blieb ungelöst, bis man heute darauf hinweisen konnte, daß für die Seele des Verstorbenen die Kategorie der Zeit wohl ausfallen muß, mithin man gar nicht mehr von einem Zwischenzustand sprechen kann. Der Tote ist gewissermaßen gleich gegenwärtig dem persönlichen wie dem allgemeinen Gericht, auch wenn die beiden Dinge kategorial etwas Verschiedenes beinhalten müssen.

Das Muspilli-Gedicht, um darauf zurückzukommen, indiziert jedenfalls einen Zustand der theologischen Reflexion, in dem beide Gerichte unverbunden nebeneinander bestehen bleiben können, ohne daß ein Problembewußtsein für das genannte Zwischen sich dokumentieren müßte. Es genügt die Tatsache, die dogmatisch zu verbürgen ist, daß ein besonderes und ein allgemeines Gericht – das eine vorläufig, das andere definitiv – über das jenseitige Schicksal des Menschen befinden wird. Eine moderne Theologie – das sei hier nicht verschwiegen – hat gegenüber dieser statischen Form eschatologischer Abrechnung Gottes mit dem Menschen einiges einzuwenden; unter anderem dies, daß der Eindruck der Hinterhältigkeit, den ein bis zum eschatologischen Zeitpunkt des Todes oder des Gerichts geheimgehaltener Wille Gottes über das Schicksal des Menschen erweckt, nicht dem Anspruch Jesu entspricht, der im Gegenteil eine eschatologische Dringlichkeit des menschlichen Handelns je-jetzt im Leben verlangt.[20]

Die Person des Elias[21] nun hat schon immer im Rahmen christlichen Todesdenkens eine eigenartige Ausnahmestellung eingenommen, zusammen
mit dem andern Propheten Henoch. Die allgemeine Geltung des physischen
Todes für alle Menschen scheint mit dem Schicksal dieser beiden Altväter
durchbrochen zu sein: Von Henoch erzählt die Bibel, daß er „hinweggeführt
ward, auf daß er den Tod nicht sähe" (Hebr 11,5; vgl. Gen 5,24; Sir 44,16;
49,16). Und von Elias wird gesagt, daß er „in feurigem Wagen im Wirbel gen
Himmel fuhr" (4 Kön 2,11). Es ist also kein Zweifel möglich darüber, daß
beide Männer lebendigen Leibes von Gott hinweggenommen wurden. Augustinus sagt daher: *Vivunt Henoch et Elias; translati sunt; ubicunque sunt,
vivunt.*[22] Aus der Tatsache freilich, daß sie nicht starben, darf man nicht folgern,
daß sie überhaupt nicht sterben werden. Man hat daher die Stelle Offb 11,
3–13, wo von den „zwei Zeugen" berichtet wird, sie würden vom Antichrist
getötet am Ende der Zeiten, immer schon auf Henoch und Elias bezogen: die
beiden erscheinen als Bußprediger wieder und werden als letzte Märtyrer
vom Antichrist getötet; nach drei Tagen allerdings werden sie wieder erweckt
und fahren in einer Wolke in den Himmel hinauf.

Unser Dichter nun berichtet, daß es zwischen den *weroltrehtwîson* und
den *gotman* einen Zwiespalt in der Darstellung dieses Kampfes des Elias
– von Henoch ist hier nicht die Rede – mit dem Antichrist gebe. Die *gotman*
sagen, daß Elias durch den Antichrist getötet werde. Diese Ansicht ist tatsächlich die des gesamten Mittelalters und der Patristik. Der Offenbarungs-
bericht über die zwei Zeugen hatte hierin vorgearbeitet. Anderseits weiß auch
das Mittelalter um zusätzliche andere Deutungen des Schicksals der beiden
Zeugen. Eine Überlieferung beispielsweise besagt, daß gar kein Kampf
stattfinden, sondern Elias bloß am Ende der Zeiten auftreten werde und „das
Herz der Gläubigen zu den Vätern bekehre" (Mal 3,24). Wichtig für uns ist
aber die Frage, ob die Ansicht der *weroltrehtwîson*, der Gelehrten des weltlichen Rechts, eine Vorlage hat, die die Ansicht, Elias sei es, der den Antichrist
töte und nicht umgekehrt, stützen könnte. Tatsächlich hat man eine solche
Anschauung gefunden in der sogenannten ›Apokalypse des Elias‹, einer in
der Zeit von 100 vor bis 100 nach Christus in Ägypten entstandenen jüdischen
Schrift, die dann stark christlich überarbeitet wurde und heute in zwei kopti-
schen Bearbeitungen vorliegt. Hier wird ein Elias geschildert, der das Ungeheuer erledigt. Dieser Text kann natürlich nicht als direkte Quelle unseres
Textes fungieren. Sicher aber ist er im Westen bekannt gewesen, das beweisen
eine ganze Anzahl von Erwähnungen bei westlichen Kirchenvätern. Auf
diese Weise mag diese Vorstellung auch in die Klöster des Westens gedrungen
sein. Es heißt hier:

(163) Wenn dann Elias und Henoch hören, daß der Unverschämte sich an dem heiligen Orte gezeigt hat, so kommen sie herab und kämpfen mit ihm, indem sie sprechen:
schämst du dich nicht, dich an die Heiligen zu drängen, da du (doch ihnen) fremd bist

allzeit; . . . schämst du dich nicht, dich an Gott heranzudrängen, obwohl du ein Teufel bist? Der Unverschämte wird es hören und zornig werden und mit ihnen auf dem Markte der großen Stadt kämpfen und sieben Tage lang mit ihnen kämpfen, und sie werden drei und einen halben Tag tot auf dem Markte liegen, indem das ganze Volk sie sieht. Am vierten Tage aber werden sie auferstehen und ihn schelten mit den Worten: O Unverschämter, schämst du dich nicht, das Volk unseres Gottes zu verführen . . . wir werden das Fleisch des Körpers ablegen und dich töten, ohne daß es dir möglich ist, zu reden an jenem Tage; . . . der Unverschämte wird es hören, indem er zornig ist und wird sie bekämpfen, die ganze Stadt wird um sie herumstehen. An jenem Tage werden sie jauchzen gen Himmel, indem sie leuchten, und das ganze Volk und die ganze Welt sie sieht, und der Sohn der Gesetzlosigkeit wird sie nicht überwältigen.

(167) An jenem Tage nun wird die Erde erbeben, die Sonne wird sich verfinstern . . ., die Bäume werden entwurzelt werden und hinfallen, die wilden Tiere und die Zugtiere werden in Bestürzung sterben; die Vögel werden tot auf die Erde fallen, die Erde wird austrocknen und die Gewässer des Meeres werden aufhören, die Sünder werden seufzen auf der Erde. . .

(168) Dann wird er (der Antichrist) seine feurigen Flügel nehmen und hinter den Heiligen herfliegen. Er wird mit ihnen wiederum kämpfen. Die Engel werden das hören und werden herabkommen und mit ihm kämpfen, indem sie mit vielen Schwertern kämpfen. An jenem Tage wird es geschehen, daß der Herr es hören und in großem Zorne dem Himmel und der Erde befehlen wird: sie werden Feuer sprühen und die Flamme wird auf Erden zweiundsiebzig Ellen fassen und die Sünder und die Teufel verzehren wie einen Halm.

(169) An jenem Tage wird der Herr den Himmel und die Erde richten, er wird richten die, welche sich im Himmel und auf der Erde vergangen haben . . . darauf kommen Elias und Henoch herab, sie legen ab das Fleisch dieser Welt und nehmen ihr geistiges Fleisch an; sie verfolgen den Sohn der Gesetzlosigkeit und töten ihn, ohne daß er reden kann. An jenem Tage wird er sich vor ihnen auflösen, wie durch Feuer aufgelöstes Eis, er wird vernichtet werden wie ein Drache, in dem kein Atem ist, man wird ihm sagen: deine Zeit ist vorübergegangen, jetzt nun wirst du vernichtet werden mit denen, die an dich glaubten, sie werden in die Tiefe des Abgrunds geworfen werden und sie wird über ihnen zugeschüttet werden.[23]

Wenn etwas mit dieser „Quelle" bewiesen ist, dann das, daß es sich bei beiden Lösungen des Endkampfes zwischen Elias und dem Antichrist um christlich vorgeprägte handelt. Man wird daher – nach Schneiders Abhandlung – die Meinung der *weroltrehtwîson* nicht mehr einem germanischen Substrat zuweisen dürfen, als ob sich hier ein Kampf zwischen zwei germanischen Göttern im christlich geprägten Personal abzeichnen würde. Inhaltlich ist die Eschatologie des ›Muspilli‹ sicherlich völlig christlich geprägt. Aber es ist immer noch nicht erklärt, warum der Dichter die zweite Lösung – den Sieg des Elias über den Antichrist – den Gelehrten des weltlichen Rechts zuweist. Kolb[24] hat dafür eine denkbare Erklärung geliefert, die darin besteht, daß es für einen Kenner des weltlichen Rechts, der die Institution des gerichtlichen

Zweikampfs als Mittel der Wahrheitsfindung ohne weiteres kannte, keinen Zweifel geben konnte, daß Elias, als Anwalt des Guten, ja Gottes selbst, Sieger im Kampfe bleiben mußte. Aus den Voraussetzungen ihres Rechtsdenkens heraus, das im Gottesurteil des Zweikampfes das verbreitetste und vornehmste, nur den Freien vorbehaltene Vehikel der Rechtsfindung anerkannte, mußte dem Anwalt des Guten der Sieg zufallen. Der Hinweis auf diese Meinung der *weroltrehtwîson* hat nicht den Sinn, eine denkbare Möglichkeit des eschatologischen Kampfes zu signalisieren, sondern die Funktion eines Beispiels, das zum Zweck der Zurückweisung hingestellt wird – ein Mittel, das in der Predigt oft gehandhabt wird. Denn theologisch würde ein Sieg des Elias schwierig zu interpretieren sein: Wenn Elias siegt, dann wird das Jüngste Gericht entwertet, weil Elias ja alle Menschen von den Anschuldigungen freigesprochen hätte. In der Vorstellungsweise und in den Denkgewohnheiten der Zuhörer schlummert die folgende Überlegung: „Wenn Elias stellvertretend für uns einen rechtlichen Zweikampf gegen den Streiter der gegnerischen Partei austrägt und in diesem Zweikampf siegt, dann brauchen wir das Jüngste Gericht nicht zu fürchten – der Sieg des Elias spricht uns von allen Anschuldigungen frei, das Urteil ist damit schon gesprochen, wir selbst brauchen uns persönlich nicht mehr zu verantworten. Wozu dann überhaupt das Jüngste Gericht?"[25]

Das ›Muspilli‹ verwahrt sich also geradezu gegen diese Art germanischen Denkens, indem es die Meinung der *weroltrehtwîson* zitiert. „Die Rechtsform des Gottesurteils gilt nicht im Jenseits. Sie gilt dort so wenig, wie – das Gedicht sagt es bald danach – der Verwandteneid als Mittel zur Freisprechung des Angeklagten. Die Vorstellung des Gottesurteils durch den Ausgang eines gerichtlichen Zweikampfes ist für das Jenseits unangemessen. Obwohl Elias die Gesamtheit der Angeschuldigten in einer Sache auf Leben und Tod rechtlich vertritt, obwohl er für die Gerechten streitet und obwohl er den Beistand Gottes hat, unterliegt er. Sein Zweikampf ist kein Gottesurteil. Das wahre Gottesurteil im Jenseits wird erst beim Jüngsten Gericht gesprochen."[26] Damit – wenn Kolbs Hypothese stimmt, und ich meine, sie ist höchst wahrscheinlich – ist hier eine Abstraktionsstufe auf einem Gebiet erreicht, das uns heute nicht mehr ohne weiteres zugänglich ist. Der gerichtliche Zweikampf als Ordal ist uns nicht geläufig. Für die damaligen Hörer aber mußte er die erste Regung gewesen sein, als sie von einem Kampf zwischen Elias und dem Antichrist hörten. Anstatt germanische Denk- und Lebensformen durchschimmern zu lassen, weist sie das Gedicht also im Gegenteil ab. Die Menschen werden so empfindlich gemacht für das Spezifische der christlichen Endzeitvorstellungen, in denen dem Menschen der agierende Part genommen wird: er wird zu einem Angeklagten vor dem Gericht. Von daher schlägt die Emphase des Gedichts natürlich zurück auf die Lebenspraxis: Endzeit hat die Funktion einer Regulation des Verhaltens im Diesseits. Sie ist der letzte

Punkt des geschichtlichen Verlaufs der Zeit, in dem die Direktive für die Jetzt-zeit gegeben wird. Das heißt für eine feudalistische Gesellschaft: schmerz-liche Einschränkung im Grundbesitz, Verzicht auf die Hilfe der mächtigen Familia, der Verwandten, keine Richterbestechung, keine Mordtat usw. Alles was am Letzten Gerichtstag, ja schon im Moment des Todes abfallen muß – die egoistische Selbstbestätigung in Macht und Besitz –, wird für das Dies-seits relativiert. Wenn all das keinen Ertrag mehr fürs Jenseits haben kann – wie noch für den mächtigen Germanen, der Stellung und Besitz gewisser-maßen hinübernehmen konnte –, dann wirkt die Anschauung vom Jüngsten Gericht wertvermindernd für den Besitz im Diesseits.

Wir sehen, daß die Auseinandersetzung des christlichen Frühmittelalters mit dem Germanentum sich nicht auf schlichte Motivübernahmen beschränkte, sondern sich im Rahmen subtiler Neudeutungen altüberlieferter Gehalte, oft eben juridischer Art, vollzog.

Das Wort, das dem Gedicht den Namen gegeben hat und wenigstens für einen Teil des ganzen eschatologischen Geschehens stehen kann, *Muspilli*, ge-hört – für manche wohl als einziges, eindeutiges Moment – in diesen Kontext der Übernahme germanischer Letztzeitgehalte in die christliche Vorstellung vom Ende der Zeiten. Es ist ein heidnisches, altgermanisches Wort, obwohl auch hier wiederum gelehrter Widerspruch angemeldet worden ist. Seine Ety-mologie wie seine Semantik sind nicht gedeutet.[27] Es wird meist als ein Kom-positum gedeutet, dessen zweiter Teil zu an. *spell* n. ‚Bruch, Schaden‘, sw. V. an. *spilla*, ags. *spildan, spillan* ‚zerstören, verderben‘ gehört. Schwierigkeiten macht der erste Teil des Kompositums: *mu*. Es wird als altheidnisches Wort für ‚Feuer‘ oder ‚Materie‘ interpretiert. Wahrscheinlichste Lösung aber ist: Das Wort *mûspilli* wird als ‚Erdzerstörer‘ gedeutet zu ahd. **mu* = Erde (in *mû-werf* ‚Maulwurf‘) oder als ‚Rasenzerstörer‘ (aus *mud, mott* ‚Rasen‘). Möglich ist auch die Semantik: ‚Erdspaltung‘, poetisch für ‚Feuer‘ oder ‚Erd-vernichtung‘ oder ‚Feuchtigkeitszerstörer‘ oder ‚Weltende durch Feuer‘ usf. Es fehlt auch nicht an Versuchen, das Wort als ein christliches zu deuten, z. B. *mundus* lat. – *spell* ahd. ‚Rede‘ = was vom *mundus*, dem Weltende, verkündigt ist. Mindestens fünf weitere Versuche in diesem Sinne ließen sich anfügen.[28]

Die Meinung, es handle sich um ein germanisches Wort, ist jedoch die ge-läufigere.

Nachdem man auch den Zug, daß das Blut des Elias, das auf die Erde tropft und diese zum Weltbrand entzündet, hat durch östliche, d. h. russische und türkische, Parallelen als ein christliches Motiv deuten können[29], erweist sich das Gedicht als ein Beleg für christlich geprägtes Denken über Tod und Gericht, in dessen Tiefenstruktur ideologische Relikte des germanischen Hei-dentums eine gewisse (negative) Rolle spielen. Es zeigt, daß die Einübung in das christliche Verständnis der Eschatologie gar nicht so einfach vonstatten ging, wie man das erwarten würde. Im Gegenteil, gerade die lebenswichtigen, vitalen Grundgegebenheiten des menschlichen Daseins – Besitz, Ansehen durch Kampf usf. –, die den Germanen selbstverständlich waren, sind angesichts des letzten Gerichts über die Menschen sogar ganz aufzugeben. Von der durch die Zeitsituationen diktierten Notwendigkeit polemisch formulierter Gegenpositionen lebt im Grunde das ›Muspilli‹. Die oft fragwürdig oder ungeschickt anmutende harte Komposition überkommener „Komplexe apokalyptischer Literatur"[30] hat ihren Sinn in der Anprangerung der fühlbaren Not der Gegenwart. Das heißt mit Worten Haugs: „Die christliche Endzeitschilderung, die unter anderen Bedingungen in universalhistorischer Perspektive in den umfassenden göttlichen Heilsplan integriert erscheinen kann, wurde hier von ihrem persönlich-existentiellen Aspekt her gefaßt und zeitgeschichtlich bezogen: Die Darstellung des Jüngsten Gerichts dient der Invektive gegen die Korruption im Gerichtswesen, wird zu einer aufrüttelnden Mahnung an die Großen, Gerechtigkeit zu üben. Darin erfährt diese Dichtung ihre neue Funktion und ihre neue Rechtfertigung."[31] Gerade aber, was wir für solcherlei Dichtung als konstitutiv ansehen: die Neugier über das Schicksal des Menschen nach dem Tod, darf wohl für diese frühe Dichtung noch nicht als Voraussetzung gelten, da hier die moralisch-paränetische Voraussetzung dominiert. Der Fingerzeig auf das Jüngste Gericht ist daher eher die Forderung, gut und recht zu leben, als Information über das Schicksal des Menschen im Jenseits. Das macht vollends deutlich die szenische Einkleidung des Ganzen in die Form eines Prozesses mit rechtlichen Voraussetzungen. Der Unrechtscharakter von im Diesseits begangenen Taten soll im Jenseits als aufweisbar und ahnbar in einem gezeigt werden. Dabei ergeben sich natürlicherweise Übertragungen der irdischen Gerichtsbarkeit auf die jenseitige (mit der Ausnahme, daß Christus ins Beweisverfahren nicht einzutreten braucht!), aber doch wohl immer mit dem Akzent, daß die jenseitige die diesseitige stützt und letztlich rechtfertigt.

Das Muspilli-Gedicht steht in der deutschen Literatur nicht völlig vereinzelt da,[32] sondern hat in den folgenden Jahrhunderten eine relativ reiche Nachfolge gefunden. Das liegt sicher an dem predigthaften, auf Information bedachten Stil dieser Gedichte: Es ging darum, die Tatsache des Todes und des darauf folgenden Gerichts in den christlichen Sinnzusammenhang einzuordnen. Die Darstellung des eschatologischen Heils- und Unheilsgeschehens im Spiegel des Weltgerichts und des individuellen Gerichts – das allerdings immer leichter preisgegeben wird – hat eine paränetische Funktion: die Menschen sollen zu Frömmigkeit und Buße ermahnt und gleichzeitig über die Möglichkeit göttlicher Vergeltung menschlichen Tuns und Lassens informiert werden. Damit das Weltgericht auch richtig erkannt und diagnostiziert werden kann, wenn es kommt, rücken – etwa in Frau Avas Gedicht vom Jüngsten Gericht[33] – die 15 Zeichen, die das Gericht signalisieren[34], immer stärker in den Vordergrund: die den ganzen Kosmos überkommende Beunruhigung – die

Wasser stauen sich oder fließen in die Gründe, das Getier beginnt zu klagen, die Gestirne verändern sich, Unwetter kommen auf, Erde und Gestein brechen auseinander usw. –, von Tag zu Tag sich steigernd, zeigt das kommende Gericht mit großer Sicherheit an. Als stärker auf das Jüngste Gericht bezogen erweist sich das sog. Hamburger Jüngste Gericht (rheinfränk. 1140–50),[35] das wohl als Aufmunterung zu Beichte und Buße – ähnlich wie die romanischen Gerichtsdarstellungen der Kirchenportale – im Zuhörer Entsetzen schaffen will: *diz kint in der mudir, het ez wizze, ez mohte des dages entsizzin* (1,2). Im sog. ›Linzer Antichrist‹[36], einem beinahe 600 Verse umfassenden Gedicht (um 1170), wird die Gestalt des Antichrist in den Vordergrund geschoben; eher nebensächliche Probleme – wird der Antichrist durch einen Donnerschlag oder durch das Erzengelschwert Michaels erschlagen?, liegen die Leichen des Henoch und Elias dreieinhalb Jahre, wie die Herrschaft des Antichrist währt, auf der Straße unbestattet, oder bloß symbolische dreieinhalb Tage? – bezeugen ein scholastisch geprägtes Neugierdeverhalten gegenüber den vier Letzten Dingen, dem die rabulistische Deutung des Vorgangs mindestens so angelegen ist wie dessen paränetische Anwendung auf die Seelen der Gläubigen.

Die Art, wie in diesen Darstellungen das Jüngste Gericht vergegenwärtigt wird, ist in vielfacher Hinsicht stereotyp. Es hat daher keinen Sinn, näher auf die Schattierungen geläufiger Topoi einzugehen; die Arbeit von Kettler kann darüber einen guten Überblick geben, wenn auch die Interpretationen im einzelnen nicht immer stichhaltig sind. Tatsache aber ist, daß ein Inventar von Topoi und Motiven über Richter, Gerichtsversammlungen und Rechtsvorstellungen relativ beständig und konstant durchgehalten wird.[37]

2. Exkurs: Mittelalterliche Apokalyptik

Zu den heute grundsätzlichsten „Schreck-Feststellungen" von Günther Anders gehört als deren maßgeblichste die folgende:

Wenn es im Bewußtsein des heutigen Menschen etwas gibt, was als absolut oder als unendlich gilt, so nicht mehr Gottes Macht, auch nicht die Macht der Natur, von den angeblichen Mächten der Moral oder der Kultur ganz zu schweigen. Sondern *unsere* Macht. An die Stelle der, omnipotenzbezeugenden, *creatio ex nihilo* ist deren Gegenmacht getreten: die *potestas annihilationis*, die *reductio ad nihil* – und zwar eben als Macht, die in unserer eigenen Hand liegt. Die prometheisch seit langem ersehnte Omnipotenz ist, wenn auch anders als erhofft, wirklich unsere geworden. Da wir die Macht besitzen, einander das Ende zu bereiten, sind wir die *Herren der Apokalypse*. Das Unendliche sind wir. – Das sagt sich leicht. Ist aber so ungeheuerlich, daß alle Wechselfälle der bisherigen Geschichte daneben beiläufig werden. . .[38]

Zu den schwerwiegenden Ingredienzien dieser Feststellung gehört die behauptete Beiläufigkeit aller Geschichte und der sich um ihren Ablauf kümmernden Gliederungsversuche, in denen so etwas wie ein Sinn oder eine heilsgeschichtlich ausgerichtete Erstreckung der Zeit unterstellt wurde. Noch schärfer aber wird hier – in Form eines heroischen Nihilismus – die These vertreten, daß, wenn sich die Menschheit als ganze selber zerstört, sie auch als ganze nie existiert habe, da mitsamt der Erinnerungsfähigkeit der Menschen auch deren einstige Existenz erloschen wäre.

Gegenüber solcher wahrhaft „eschatologischen Wissenschaft",[39] der die marxistische mit ihrem Geschichtsoptimismus konträr entspricht, hat die in der Frühzeit des Christentums und des Mittelalters entwickelte Geschichtsschau immer schon auf der Sinnhaftigkeit der geschichtlichen Abläufe und einem bloß *relativen* Ende der Zeiten bestanden. Absolute Apokalyptik als endgültige (Selbst-)Zerstörung der Menschheit ist in der christlichen Tradition undenkbar, weil nur Gott die Verfügungsgewalt über Sein und Nichts zukommen kann; was nicht heißen soll, daß das innerzeitliche Ende der Geschichte nicht als durch die Menschen selbst herbeigeführt gedacht werden könnte; dieses aber hätte seine Legitimation einzig in dem von Gott bewirkten außerzeitlichen Ende der Zeit.

Tatsache ist, daß moderne apokalyptische Vorstellungen – nicht nur in Anders' extremer Variante, sondern auch in harmloseren und optimistischeren Fassungen – grundsätzlich dem Menschen die Möglichkeit der Selbst*zerstörung* einräumen, während mittelalterliche die Endkatastrophe – wie grauenhaft immer sie sein mag – im Überzeitlichen, d. h. in Gottes Ratschluß, legitimiert und damit *relativ* sein lassen. Christlicher Glaube, sofern er Apokalyptisches überhaupt noch wahrzunehmen vermag, müßte auch heute auf dieser Ansicht bestehen, daß das Formprinzip der christlichen Eschatologie in einem zugleich historischen und übernatürlichen Geschehen zum Austrag kommt, d. h. weder ein bloß anthropologisches noch bloß kosmologisches Ereignis darstellt. Die positiven Merkpunkte dieses geschichtstheologisch zu deutenden Vorgangs des Zu-Ende-Gehens aller Geschichte sind: ursprünglicher Gnadenstand des Erschaffenen, Erlösung und Vollendung. Von seiten des Menschen dagegen antwortet dem göttlichen Tun zwischen Schöpfung und Erlösung der Sündenfall, zwischen Erlösung und Vollendung aber die Kirche, die sich als „Leib" an den Gottmenschen als an ihr „Haupt" anzugestalten versucht. Wie die Gnadenschöpfung und die Inkarnation ein freies göttliches Tun waren, so wird auch die Vollendung der Zeiten eine freie Verfügung Gottes darstellen, die weder zeitlich berechenbar noch zum voraus diagnostizierbar sein wird.

Der Vollendungspunkt wird im Mittelalter gerne als Komplex der vier Letzten Dinge – Tod, Gericht, Himmel, Hölle – in den Blick gerückt.[40] Faktisch heißt das, daß individuelle und allgemeine Eschatologie (Tod – Gericht) sich immer mehr ausgliedern (und oft auch auseinandertreten): der Tod als Selbstgericht und unerbittliches Gerichtetwerden – das allgemeine Gericht als

Gesamtgericht über die Einheit der Menschheit. Über einen Zwischenzustand zwischen individuellem und allgemeinem Gericht wird dann gerätselt. Weiterhin gehört zum Vollendungsvorgang – neben dem individuellen und allgemeinen Gericht – als drittes die kosmologische Konstitution eines „neuen Himmels und einer neuen Erde" (Apk 21,1), auch dies eingebunden in den unerforschlichen historischen Vorgang.

Individuelles und allgemeines Gericht und Vollendung der Natur – das sind drei Aspekte einer und derselben Sache, die sich psychologisch und mental während des Mittelalters in einer doppelten Dimension zeigte: zum einen – im Motiv der Gewißheit des Endes der Zeiten – als eine innere Sicherheit und Ruhe, die alle Sehnsucht durchstimmt; zum andern – im Bewußtsein der Unberechenbarkeit und Unerforschlichkeit des senkrecht einbrechenden Absolutpunktes der Geschichte – als je neu aufbrechende Sehnsucht und Unruhe, als Beängstigung durch die ungewisse „Zeit und Stunde" des Endes. Von diesen Voraussetzungen her gab es zweifellos Zeiten und Zeiträume, in denen eine endzeitliche Stimmung sich stark und massiv dokumentierte, während zu anderen der apokalyptische Pegel tiefer fiel.

Viel ist geschrieben worden über die endzeitlichen Schrecken, welche den Menschen um das Jahr 1000, noch schärfer um das Passionsjahr 1033 nicht erspart geblieben sein sollen.[41] Insbesondere die romantische Geschichtsschreibung konnte sich nicht genugtun in Schilderungen der sich zu diesem Zeitpunkt breitmachenden apokalyptischen Stimmung. Tatsache ist, daß die Quellen, die darüber berichten, wenig zahlreich und von zweifelhaftem Wert sind. Als die Menschen das Jahr 1000 – an einem Sonntag – begannen, dürfte es kaum einer gemerkt haben, da der Jahresanfang je nach Gegend zu ganz verschiedenen Daten angesetzt wurde, kaum jedoch am 1. Januar.

Ein paar spärliche Hinweise auf einen bei einzelnen Personen sich äußernden Endzeitglauben dürfen nicht überbewertet werden. Abt Odo von Cluny (927–942) fordert im Glauben auf die nahe Ankunft des Antichristen Treue im Glauben, Dado von Verdun (881–923) sieht in den einfallenden Ungarn die endzeitlichen Völker Gog und Magog, und Abbo von Fleury berichtet eine Jugenderinnerung, nach der ein Prediger in der Pariser Kathedrale behauptet habe, daß nach dem Jahr 1000 gleich der Antichrist erscheinen werde und wenig später das allgemeine Gericht. Auf der Synode zu Reims 991 identifiziert Bischof Arnulf von Orléans Papst Johannes XV. mit dem Antichristen: „Was glaubt ihr, verehrte Väter, ist jener für einer, der auf dem erhabenen (Papst-) Thron sitzt? ... Es ist der Antichrist, der im Tempel Gottes sitzt und sich präsentiert, als wäre er Gott." Der Geschichtsschreiber Rudolf Glaber, der ums Jahr 1040 seine Chronik verfaßt, sucht dann seinerseits nach geschichtstheologisch deutbaren Zeichen zunächst des Jahres 1000, dann vor allem des Jahrtausends der Passion Christi im Jahre 1033. Aus diesen und anderen, zumeist später verfaßten spärlichen Stellen eine Endzeitstimmung zu konstruieren besteht kein Anlaß.

Im Gegenteil, der Mönch Adso von Montier-en-Der, der in seinem berühmten Brief ›De ortu et tempore Antichristi‹ an die Königin Gerberga, Schwester Ottos I., um 950 das damalige exegetische Wissen der Endzeit zusammenfaßt und daraus eine packende ›Vita Antichristi‹ komponiert[42], erspart sich jede chronologische Spekulation und versetzt die letzten Tage in eine unbestimmbare Zukunft – mit dem Bescheid, solange dem Römischen Reich fränkische Könige vorstehen, sei das Ende nicht abzusehen. Sowohl Ludwig IV. – Gerbergas Mann – wie auch die Ottonen verstanden sich als fränkische Könige. Adsos gelehrtes und keineswegs einer vagen Zeitstimmung entstammendes Werk entpuppt sich bei näherem Zusehen als eine aus (innen-) politischen Absichten geleitete Auftragsarbeit. Immerhin war damit für die mittelalterliche Welt exemplarisch eine Dramaturgie der Endzeit mit all ihren Schrecken und ihrer Hauptfigur, dem Antichristen, vorgestellt, die so leicht nicht mehr zu vergessen war.

Eigentliche Endzeitstimmung und millenaristische Tendenzen lassen sich im Mittelalter erst seit der zweiten Hälfte des 11. Jahrhunderts im Zusammenhang mit den neuen *Armutsbewegungen* und den *Kreuzzügen* fassen. Die Frage stellt sich also, wieso eigentlich eschatologische Stimmungen sich nicht schon viel früher feststellen lassen.

Mit der Erhebung des Christentums zur Staats- und Weltreligion zu Beginn des dritten Jahrhunderts durch Kaiser Konstantin ergab sich nicht nur eine lehrmäßige Neubegründung des christlichen Glaubens, sondern auch eine Situation, in der die millenaristischen Sehnsüchte gewissermaßen durch die politischen Ereignisse überholt wurden. Waren die ersten Jahrhunderte des Christentums und auch dessen Frühzeit – selbst Jesus lebte in der Stimmung der „Naherwartung" des kommenden Reiches Gottes – durch vielfältige Syndrome eschatologischer Aufgebrochenheit geprägt, so mußte nun, da das Erscheinen des Herrn auf Wolken ausblieb (die Theologen nennen das „Parusie-Verzögerung") und das Christentum zur politisch herrschenden Macht wurde, eine neue Lösung für die enttäuschte Erwartung der Endzeit gesucht werden. „Der eschatologische Dampf" war nach Adolf von Harnacks burschikoser Wendung in den ersten nachchristlichen Jahrhunderten so sehr abgelassen, daß man sich nach vernunftgeleiteten Lösungen umsah.

Eine solche rückte Augustinus von Hippo[43] in den Blick, indem er die altüberlieferte Gliederung der Weltzeit in sieben Weltzeitalter zu je 1000 Jahren – entsprechend den Schöpfungstagen – zwar nicht aufgab, aber doch bemerkenswert umdeutete. Nach ihm (und nach dem Donatisten Tichonius) brauchen die letzten 1000 Jahre, in denen nach der Apokalypse (Kap. 20) Satan in den Abgrund geworfen und gefesselt wird, bis dann der Endkampf zwischen den bösen und den guten Mächten in der Endzeit anbricht und das Gericht kommt, nicht in einer fernen Zukunft gesucht zu werden, denn „die Kirche ist schon jetzt das Reich Christi!" (Gottesstaat XX, 9); das Tausendjährige Reich – das sechste Weltzeitalter – hat mit der Kirche Christi schon begonnen. Damit ist aber etwas Entscheidendes mit den eschatologischen Erwartungen geschehen: Sie sind hineingenommen ins Leben des einzelnen. Nach Augustinus sind daher die Worte des Neuen Testaments, die vom Jüngsten Gericht handeln, häufig Worte, die in Wirklichkeit von der „Ankunft des Herrn in seinen Gliedern, einer Ankunft, die sich *im einzelnen* und nach und nach abspielte" (Gottesstaat XX, 5), handeln. Die *individuelle* Eschatologie mit ihrer Einschränkung des Horizonts auf den Tod des einzelnen bekam damit zweifellos einen Vorrang vor der gesamtmenschheitlich in ungewisser Zukunft lokalisierten Gerichtszeit.

Obschon Augustins Einschränkung der eschatologischen Optik für das mittelalterliche Denken von entscheidender Tragweite werden mußte und sicherlich viele millenaristische Träume zu verhindern vermochte, wurden eschatologische Energien im Mittelalter – vorab im Zusammenhang mit Zeitläuften, die eine äußere und innere Gefährdung und Beängstigung der Massen mit sich brachten – immer wieder virulent; meistens aber ließen sie sich als häretisch einschränken und domestizieren. Norman Cohn[44] und Bernhard Töpfer[45] haben dieses immer wieder aufbrechende „Ringen um das Tausendjährige Reich" und dessen visionär geschaute Führerschaft in Friedenskaiser und Engelspapst magistral nachgezeichnet. Walter Nigg hat seinerseits die jahrhundertelangen Bemühungen um „das ewige Reich" als „Geschichte einer Hoffnung", die allzu häufig von der offiziellen Kirche enttäuscht wurde, gedeutet.[46]

Kirche und Reich erlaubten im Mittelalter keinen allzu großen Spielraum im prophetisch-begeisterten Umgang mit der Zukunft der Welt und ihrem Ende. Eigentlich eschatologische Funktionen waren ideologisch gebunden an die Kirche, in der die Letzten Dinge bewahrt und verwaltet wurden, und ans Heilige Römische Reich, das deren Vollstreckung garantierte. Nachdem mit Augustinus die Kirche selber eschatologisch geworden war, d. h. offen für die noch unbekannten Eschata, konnte sie sich als deren Hüterin und Verwalterin vor Welt und Gesellschaft institutionell ausgestalten und formen. Endzeitliche Erwartungen, die sich außerhalb ihrer Herrschaftsbereiche bemerkbar machten, mußten als konkurrierende Auflehnung gegen die genannte Prärogative kontrolliert und unter Häresieverdacht gestellt werden. Die Gefahr war im Mittelalter immer die, daß „die Figuren der Johannes-Apokalypse auf konkrete Ereignisse oder Instanzen appliziert" wurden, denn dann „wirkt sich die Eschatologie desintegrierend aus".[47] Die Kirche, die die Parusieerwartung, die Erwartung der Wiederkunft Christi, selber verkörpert, kann solche innergeschichtliche Konkretisierungen deshalb nicht erlauben, weil

sie von der Unbestimmbarkeit des Zeitpunkts des Erscheinens des Welten-
richters Christus selber lebt.

Joachim von Fiore (1135–1202)[48], ein zeitlebens kaum sonderlich bekannter
Zisterzienserabt, der später einen eigenen Orden von kurzer Lebensdauer
gründete, war es dann, der gewissermaßen im Schlagschatten seiner Bibelbe-
trachtung, d. h. in „Vervollkommnung der exegetischen Methode", die „an sich
selber ein System bedeutet"[49], den Ablauf der Zeiten systematisierte. Die
Heilige Schrift stößt den an einem Pfingstmorgen mit der Betrachtung der
Apokalypse beschäftigten Abt von Fiore auf das Geheimnis der Typologie, der
inneren Bezogenheit zwischen Altem und Neuem Testament: „Als ich um die
Matutin aus dem Schlaf erwachte, da nahm ich zur Meditation dieses Buch in
die Hand . . . Da durchfuhr plötzlich . . . zur Stunde, in der unser Löwe vom
Stamme Juda auferstanden ist . . ., eine Helligkeit der Erkenntnis die Augen
meines Geistes, und es enthüllte sich mir die Erfüllung dieses Buches und die
symmetrische innere Bezogenheit des Alten und des Neuen Testamentes."[50]

Dieses Ineinanderspiegeln der beiden Testamente ist schon immer die als
selbstverständlich empfundene Auslegung der Schrift gewesen. In der mor-
gendlichen Schau jedoch wird eine Geschichtsschau als verbindliches *evangelium aeternum* erklärt, das der Augustinischen Konzeption der christlichen
Weltzeit doppelt – sowohl der Zweigliederung wie deren offenem eschatologischem Horizont im Schoß der Kirche – *widerspricht*. Die Weltzeit ist drei-
teilig, und ihr Horizont schließt sich *innergeschichtlich* als eine Erfüllung der
Heilszeit in sich selber: Die Eschata sind geschichtlich zu erwarten:

> Auf drei Weltordnungen weisen uns die Geheimnisse der Heiligen Schrift; auf die
> erste, in der wir unter dem Gesetz waren, auf die zweite, in der wir unter der Gnade
> sind, auf die dritte, welche wir schon aus der Nähe erwarten, in der wir unter einer
> reicheren Gnade sein werden, weil Gott, wie Johannes sagt, uns Gnade für Gnade gab,
> nämlich den Glauben für die Liebe und beide gleicherweise. Der erste status also steht
> in der Wissenschaft, der zweite in der teilweise vollendeten Weisheit, der dritte in der
> Fülle der Erkenntnis. Der erste in der Knechtschaft der Sklaven, der zweite in der
> Knechtschaft der Söhne, der dritte in der Freiheit. Der erste in der Furcht, der zweite
> im Glauben, der dritte in der Liebe. Der erste ist der status der Knechte, der zweite
> der Freien, der dritte der Freunde. Der erste der Knaben, der zweite der Männer, der
> dritte der Alten. Der erste steht im Lichte der Gestirne, der zweite im Lichte der Mor-
> genröte, der dritte in der Helle des Tages. Der erste steht im Winter, der zweite im
> Frühlingsanfang, der dritte im Sommer. Der erste bringt Primeln, der zweite Rosen,
> der dritte Lilien. Der erste bringt Gras, der zweite Halme, der dritte Ähren. Der erste
> bringt Wasser, der zweite Wein, der dritte Öl. Der erste status bezieht sich auf den
> Vater . . ., der zweite auf den Sohn . . ., der dritte auf den Heiligen Geist.[51]

Was ist hier geschehen, daß plötzlich die allen christlichen Zeitgliederungen zugrundeliegende Zweiteilung (Weltanfang – Christus – Weltende) in eine
Dreiteilung übergeführt werden kann? Im Blick auf patristische und früh-

mittelalterliche Zeitgliederungen macht Joachim folgendes: Er übernimmt die ersten fünf Weltzeitalter von Adam bis Christus gesamthaft als ersten Status des Vaters und das sechste Weltzeitalter von Christus bis zu seiner Gegenwart als Status des Sohnes, konstitutiert aber *das siebte Zeitalter,* das für Augustin und alle ihm folgenden Theologen eine jenseitig-überirdische Größe – der ewige Sabbat – ist, als ein in der *irdischen Zeit* erwartbares Zeitalter des Heiligen Geistes. Die ewige Dauer der himmlischen Ruhe und der Herrlichkeit dimensioniert er als ein achtes Zeitalter, das – weil ewig – eigentlich keines mehr ist. Exegetisch hat Joachim folgende Manipulation vorgenommen: Er hat die geistlich-geistige Sinndimension im kontemplativen Vorgang des Ineinanderspiegelns beider Testamente so nachhaltig als eine Größe sui generis erfahren, daß er sie – im Rückgriff auf die Dreifaltigkeit Gottes – dem alten und dem neuen Äon als drittes Zeitalter hinzufügte. So unterscheidet er im konkreten Geschichtsgang – innergeschichtlich – ein Zeitalter des Vaters, des Sohnes und des Heiligen Geistes. Dabei klammert er – hierin gegen die exegetische Tradition handelnd – die Geistdimension des Zeitalters des Sohnes aus und hypostasiert diese als ein eigenes Zeitalter. „Indem das zweite Zeitalter des Sohnes nicht in seiner substantiellen Geistigkeit gesehen wird, muß notwendig das Geist-Zeitalter als ein drittes dem zweiten in der Zeitenfolge angefügt werden."[52]

Mit andern Worten: Christus ist nicht mehr wie in der älteren Exegese die Achse des Weltlaufs, sondern – in der Naherwartung auf das Geistzeitalter – ein übergehbares Ereignis von sekundärem Rang. Neutestamentlich ist die Gabe des Geistes *nachösterliches* Siegel eines neuen Seins in Gott, das den Jüngern nach Jesu Tod verliehen wird. Joachim trägt dem kaum Rechnung, wenn er für das Kommen des Geistes ein eigenes Zeitalter hypostasiert. Seine Vision aber war von zwingender Logik – wie alle geschichtstheologischen und -philosophischen Konstruktionen – und erfolgte zu einem Zeitpunkt, da die neuen Mendikantenorden sich machtvoll artikulierten und das ihnen von Joachims zeitlichem Fortschrittsschema gewährte Identifikationsangebot begierig aufgriffen. Es ist daher evident, daß der dritte *status* seinen Träger in einem geistbewegten Mönchsstand hat (nach dem Ehestand des ersten und dem Klerusstand des zweiten Reiches).

Daß Franziskanerspiritualen des 13. Jahrhunderts sich in diesem Ordensstand geschichtstheologisch identifizieren, lag nahe und führte zu schmerzhaften und peinvollen Verfolgungen durch die offizielle Kirche.[53] Der Begründer der Lehre von den drei *status,* der sich bei drei Päpsten rückversichert hatte und sich keinesfalls häretisch exponieren wollte, wurde 1215 und dann vor allem 1260 – da das dritte Weltalter hätte einsetzen sollen – kirchlich verurteilt. Die Energien einer geradezu ungeheuerlichen Faszination dieses Geschichtsschemas waren aber frei und nicht mehr zu binden. Alle revolutionär Gesinnten bis hin zu Thomas Müntzer werden sich auf den Abt von Fiore berufen können, wenn sie ihre Zukunftshoffnungen zu konkretisieren versuchen. Es ist hier nicht der Ort, diese intrikate Nachgeschichte aufzuzeigen.[54] Es ist wohl wahr: Im Mittelalter bekämpfen sich ein eschatologischer Pessimismus augustinischer Prägung und ein millenaristischer Optimismus, der vielfach und in mühseligen Kämpfen von der Kirche häretisch marginalisiert wird. Mit geheimen Fäden partizipiert die heutige Konstellation an den mittelalterlichen Divergenzen zwischen geschichtlichem Optimismus und Pessimismus, hoffnungsvoller Freiheitsidee und Einbindung in Institutionen. Daß ein freier „Fortschritt" seine eigene Dynamik und seine eigenen Zwänge schafft, das ist Anders' apokalyptischer Aussage, die einleitend zitiert wurde, implizit zu entnehmen. Man wird sich fragen müssen, ob der augustinische Geschichtspessimismus – unter gewandelten Vorzeichen – letztlich nicht eine bessere Chance der Geschichtsdeutung in christlichem Geiste darstellt.

3. Psalm 138

,*U*ellet ir ghoren   Dauiden den guoton,
   den sinen touginon sin?   er gruo*z*te sinen trohtin:
,Ja gichuri du mih, trohtin,   inte irchennist, u*n*er ih pin
   fone demo anegin*n*e   uncin an daz enti.
5 Ne megih in gidanchum   fore dir giu*n*anchon:
   du irchennist allo stiga,   se u*n*arot so ih ginigo.
So uuare sose ih cherte minen *zoum*, so rado nami dus goum.
   den u*n*ech furiu*n*orhtostu mir,   daz ih mih cherte *after dir.*
Du hapest mir de zungun   so fasto pidu*nn*ngen,
10 daz ih ane din gipot   ne *s*pricho nohein u*n*ort.
U*n*ie michiliu ist de din giu*n*izida, C*h*rist,
   fone mir ce dir gita*n*!   u*n*ie mahtih dir intrinnen!
Far ih uf ze himile,   dar pistu mit herie,
   ist ze hello min fart,   dar pistu gegin*nn*art:
15 ne megih in nohhein lant,   nupe mih hapet din hant.–
Nu u*n*illih mansleccun   alle fone mir git*n*on,
   alle die mir rieton   den unrehton rihtuom.
Alle di mir rietun   den unrehton rihtuom,
   die sint fienta din: mit den u*n*illih gifeh sin.
20 De u*n*ider dir uuellent tuon,   de u*n*ilih fasto nidon,
   alle durh dinen ruom   mir ze fiente tuon.
Du got mit dinero giu*n*alt   scirmi iogiu*n*edre*h*alp,
mit dinero c*h*refti   pinim du mo daz sce*f*ti,
   ne la du mos de muozze,   daz er mih se aneskiozze! –
25 De sela u*n*orhtostu mir,   die pisazi du mir.
   du u*n*urti sar min giu*n*ar,   so mih de muoter gipar.
Noh trof ih des ne lougino,   des du tati tougino,
   nupe ih fone gipurti   ze erdun *auer uuurti.*

Far ih in de finster,   dar hapest du mih sar:
30 ih uueiz, daz din nacht mach   sin so lioht also tach.
So uuillih danne file fruo   stellen mino federa:
Peginno ih danne fliogen,   sose er ne tete *nioman.*
Peginno ih danne fliogen,   sose er ne tete nioman,
so fliugih ze enti ienes meres: ih uueiz, daz du mih dar irferist,
35 ne megih in nohhein lant,   nupe mih hapet din hant.
Nu chius dir fasto ze mir,   upe ih mih chere after dir!
du ginadigo got,   cheri mih framort,
mit dinen ginadun   gihalt mih dir in euuun!' –

Wollt ihr hören, (was) David der Gerechte (gesungen hat), (hören), welche Einsicht (in seinem Gesang) verborgen liegt? Er grüßte seinen Herrn auf diese Weise: „Wahrlich, du hast mich erkannt, Herr, und du weißt, wer ich bin, von meinem Anfang bis an mein Ende.

(5) Ich könnte auch nicht in Gedanken deinem Blick ausweichen: du kennst alle Wege, wohin auch immer ich mich wende. Wohin auch immer ich mein Pferd gelenkt habe, du hast es sofort bemerkt. Du hast mir den Weg versperrt, damit ich mich dir zuwenden möchte. Du hast mir die Zunge so sehr gebunden,

(10) daß ich ohne deine Erlaubnis kein einziges Wort spreche. Wie groß ist dein Wissen von mir, (heiliger) Christ! Wie könnte ich dir entrinnen! Steige ich auf zum Himmel, so bist du dort mit (deinem himmlischen) Heer, geht meine Fahrt in die Hölle, so bist du auch dort:

(15) Ich könnte in kein (anderes) Land, wenn deine Hand mich nicht führt. – Ich will nun alle Mörder von mir weisen, alle, die mir zu ungerechter Herrschaft geraten haben. Alle, die mir zu ungerechter Herrschaft geraten haben, sind deine Feinde: sie sollen auch meine Feinde sein.

(20) Die gegen dich handeln wollen, will ich aus tiefem Herzen hassen, (will) sie mir alle um deiner Ehre willen zum Feind machen. Du, mein Gott, beschütze mich überall mit deiner Kraft, nimm meinem Feind mit deiner Macht den Pfeil (aus der Hand), gib ihm keine Gelegenheit, daß er auf mich schieße! –

(25) Du hast mir die Seele geschaffen, du hast sie für mich in deine Obhut genommen. Du hast mir deine Aufmerksamkeit schon in dem Augenblick zugewandt, als mich meine Mutter gebar. Auch will ich nicht im mindesten leugnen, was du im Verborgenen getan hast, so daß ich nicht, wie es meiner Geburt entspräche, (nur) zu Erde wieder werden könnte. Gehe ich in die Finsternis, so hütest du (auch) dort mich sogleich:

(30) ich weiß, daß die Nacht bei dir hell wie der Tag sein kann. So will ich dann schon sehr früh meine Federn aufstellen: ich werde dann fliegen wie keiner zuvor. Werde ich dann fliegen wie keiner zuvor, so fliege ich ans andere Ufer dieses Meeres: ich weiß, daß du mich auch dort erreichst.

(35) Ich könnte mich in kein (anderes) Land begeben, wenn deine Hand mich nicht führt. Nun wende mir deine Aufmerksamkeit zu, ob (auch) ich mich nach dir richte! Du, gnädiger Gott, lenke mich auch weiterhin, in deiner Gnade halte mich bei dir in Ewigkeit!" –

Die dichterische Bearbeitung des 138. Psalms gehört in den Anfang des 10. Jahrhunderts und wegen orthographischer und syntaktischer Zusammenhänge mit der Otfrid-Handschrift F wohl nach Freising. Inhalt ist Gottes Allwissenheit, Allgegenwart und Allwirksamkeit, aber unter ganz bestimmten Voraussetzungen. Der in bairischer Mundart verfaßte Text gibt Psalm 138 recht frei wieder, an einer Stelle (V. 22–24) hält er sich sogar an Psalm 139 (5). Dieser Psalm ist in seiner Isoliertheit bisher als erratischer Block betrachtet worden, ohne daß man hätte sagen können, warum er überhaupt überliefert und übersetzt worden ist. Ich glaube nun angeben zu können, welches sein Sitz im Leben war. Zunächst aber ein paar Hinweise zur Struktur. Die freie Übersetzung des Psalms folgt dem Vulgatatext nur bis Vers 13. Von da an ist die Reihenfolge des lateinischen Originals geändert. Wollte man die Reihenfolge des lateinischen Originals als verbindlich ansetzen, müßte man die folgende Anordnung machen: 1–14 (15 ist Wiederholung von 35); 31–35; 29–30; 25–28; 16–21 (diese Verse sind vom Übersetzer neben den Versen 6, 10, 12, 15 frei hinzugesetzt); 36–38. Wie immer es sich mit der richtigen Reihenfolge verhält,[55] wir wollen nur am Rand auf dieses Problem eingehen, der ganze Psalm spielt in der Bestattungsliturgie an vielen Orten eine sehr wichtige Rolle. Er wird gesungen entweder beim Aufbahren des Leichnams oder während dessen Überführung in die Kirche oder vor allem nach der Beisetzung des Leichnams im Grab.[56] Es ist durchaus sinnvoll anzunehmen, daß an diesem Punkt des ganzen Beisetzungsgeschehens, wo vermutlich auch bei verstorbenen Mönchen Laien teilnahmen, ein Psalm in der Volkssprache vorgetragen wurde. David spricht hier stellvertretend für den Verstorbenen, der Gott in keiner Weise mehr ausweichen kann: Gott hat den Menschen immer schon erkannt, weiß auch, was der Mensch zu tun beabsichtigt. Was immer der Mensch spricht, es geschieht auf göttliches Gebot. Gott kann man nicht entrinnen. Er begegnet mir im Himmel, aber auch – in Form der Verurteilung – in der Hölle. Die Verse 16–21 sind vom Übersetzer bezeichnenderweise hinzugefügt. Sie gehören auch typisch in den Bereich des Jüngsten Gerichts, das der Verstorbene zu erwarten hat: Mord und Totschlag, unrechte Herrschaft, also Gewaltherrschaft, das sind – wie wir gesehen haben – die authentischen Vorwürfe, die im frühen Mittelalter dem Sünder gemacht werden konnten. Deshalb dann die nahezu apotropäische Abweisung all dieser Möglichkeiten des Sich-Vergehens gegen Gott. Auch die Bitte nach göttlichem Schutz (22 ff.) nach allen Seiten läßt sich leicht auf die Jenseitsfahrt des Verstorbenen beziehen. Die Unausweichlichkeit, mit der Gott dem Verstorbenen überall – selbst wenn er an die Enden des Meeres fliegen würde – immer wieder begegnet, ist gleichzeitig Ausdruck eines Fatums und einer ewigen Sicherheit. Die Bitte um Prüfung (36) verweist aufs Gericht, die Bitte um Gnade ebenso. Die ganze Thematik – auch in der Art, wie sie gegenüber der lateinischen Vorlage verändert worden ist – gehört spezifisch in den Spekulationsbereich, der sich auf die Existenzweise des Verstorbenen bezieht.

4. Trost- und Schreckbilder
des frühmittelalterlichen Memento mori

Im 11. und 12. Jahrhundert gibt es neben der genannten Weiterführung der Endzeitgerichtsdarstellungen vor allem zwei Thematisierungen des Todes und der vier Letzten Dinge. Da ist einmal eine ganze Reihe von Jenseitsvisionen zu nennen, die sich an die schon einmal erwähnten monastischen Vorstellungskomplexe um das himmlische Jerusalem in lateinischer Sprache anschließen. In diesen Dichtungen drückt sich ein christlich-optimistisches, kreatives Element aus.[57]

Das himmlische Jerusalem, obwohl es ein geistlicher Topos ist, der sehr weit verbreitet war, ist doch mehr: Die Vorstellung der Gottesstadt ist darüber hinaus ein Konglomerat von Bildern und Vorstellungen, das sich von der Konkretheit des Gottesvolks, des Gottesreichs, der Kirche auf Erden semantisch bis zur Vision des jenseitigen Himmels erstreckt. Der Himmel ist kein abstraktes Phänomen, sondern wird als Ort auch entsprechend materiell vorgestellt und in hohen, ja hymnischen Tönen besungen. In einem frühen Werk, betitelt ›Himmel und Hölle‹,[58] wohl nach der Mitte des 11. Jahrhunderts, findet diese Ewigkeitsperspektive der damaligen Menschen einen starken Austrag. Es gibt hier nur die Alternative von unausdenkbarer Himmelsseligkeit oder ebenso unausdenkbarer Höllenqual.

Diu himilisge gotes burg
diu ne bedarf des sunnen
noh des mânskîmen
dâ ze liehtenne.
in ire ist der gotes skîmo
der sie al derliuhtet
in gemeinemo nuzze.
daz ist in eben allen
al, daz sie wellen.
dâ ist daz gotes zorstel,
der unendige tag,
der burge tiure liehtsaz.
Diu burg ist gestiftet
mit aller tiuride meist
ediler geistgimmôn,
der himelmeregriezzôn.
der burge fundamenta,
die portae joh die mûre,
daz sint die tiuren steina

der gotes fursthelido
und daz eingehellist
aller heiligône here,
die der tugentlîcho
in heiligemo lebenne
demo burgkuninge
ze vurston gezâmen.
Siu stât in quâderwerke:
daz ist ir êwig stift,
unde sint ouch dâr ane
errekket alle gotes trût friunt
die der hânt ervullet
diu vier evangelia
in stâter tugent regula,
in gelîchimo einmuote.
Siu ist in iro strâzzon
daz rôtlohezônte golt.
daz meinet daz dâ vurstesôt
diu tiure minna uber al,

der goteliche wistuom
mit allemo wolewillen.
Siu ist in goldes scôni
samo daz durhliehte glas
alliu durhscouwig
joh durhlûter.
Dâ wizzen al ein anderen
unvertougenlîcho
die himilisgen erben
die die burg bûent
in durhskônen tugindan,
ân aller missetâte pflega.
Dâ richisôt diu minna
mit aller miltfrowida
und aller tugidône zala
mit stâten vrasmunde.
dâ verselet diu wârheit
daz alte gedinge.
dâ nimet diu golouba
ende aller ir geheizze.
Dâ ne habet restî
der engilo vrôsank,
daz suozze gotes wunnelob,
diu geistliche mendi,
der wundertiuro bimentstank
aller gotes wolôno.
dâ ist daz zieriste here
allez in ein hel.
daz dienest êwent sie
mit senftemo vlizze.
Dâ ist des frides stâti,
aller gnâdône bû.
Dâ ist offen vernunst
allero dingo.
al gotes tougen
daz ist in allez offen.
sie kunnen alle liste
in selber wârheite;
derne habent sie âgez:
der huge in ne wenket.
in ist ein alterbe,
eines riches ebenteil.
Da ist alles guotes ubergenuht
mit sichermo habenne,
der durnohteste trôst,
diu meiste sigêra.

dâ nist forehtône nieht,
nichein missehebeda.
dâ ist einmuoti,
aller mamminde meist,
der stilliste lust,
diu sichere râwa.
da ist der gotes friundo
sundergebiuwe.
dâ nist sundône stat,
sorgône wizzede.
dâ nist ungesundes nieht.
heile meist ist dâr.
der untriuwôn âkust
der ne taret dâr nicht.
Dâ ist diu veste wineskaft,
aller sâlidôno meist,
diu miltiste drûtscaft,
die kuninglîchen êra,
daz unerrahlîche lôn,
daz gotes ebenerbe,
sin wunniglîch mitewist,
diu lussamiste anesiht,
der siner minnône
gebe tiuriste.
Daz ist daz hêreste guot
daz der vore gegariwet ist
gotes trûtfriunden
mit imo ze niezzenne
iemêr in êwa.
Sô ist taz himelrîche
einis teilis getân.
    In dero hello
dâ ist dôt âne tôt,
karôt unde jâmer,
al unfrouwida,
mandunge bresto,
beches gerouche,
der sterkiste svevelstank,
verwâzzenlich genibile,
des tôdes scategruoba,
alles truobisales waga,
der verswelehente loug,
die wallenten stredema
viurîner dunste,
egelîch vinster,
diu iemêr êwente brunst,

diu vreissamen dôtbant,
diu betwungeniste phragina,
claga, wuoft âne trôst,
wê âne wolun,
wizze âne resti,
aller wênigheite nôt,
diu hertiste râcha,
der handegôste ursuoch,
daz sêrige elelentduom,
aller bittere meist,
kâla âne vriste,
ungenâdône vlîz,
uppigiu riuwa,
karelîch gedôzze,
weinleiches ahhizôt,
alles unlustes
zâlsam gesturme,
forhtône biba,
zano klaffunga,
aller wêskreio meist,
diu iemêr werente angest,
aller skandigelîch,
daz scamilicheste offen
aller tougenheite,
leides unende
und aller wêwigelîch,
marter unerrahlîch
mit allem unheile,
diu wêwiglîche haranskara,
verdamnunga swereden

âne alle erbarmida,
iteniuwiu sêr
âne guot gedinge,
unverwandellîch ubel,
alles guotes âteil,
diu grimmigiste heriscaft,
diu vîantliche sigenunft,
griulîch gesemine,
der vûlida unsûbrigheit
mit allem unscône,
diu tiuvallîche anesiht,
aller egisigilîch,
alles bales unmez,
diu leitlîche heima,
der helle karkâre,
daz richiste trisehûs
alles unwunnes,
der hizze abgrunde,
unbigebenlich flor,
der tiuvalo tobeheit,
der ursinnigliche zorn
und aller ubelwillo,
der ist dâ verlâzen
in aller âhtunga vliz
und in alla tarahafti
dero hella erbon,
ânc zites ende,
iemêr in êwa.
Sô ist taz helleriche
einis teilis getân.

Ziel dieser erregten, variationsreichen Sprache ist die Vergegenwärtigung des Unausdenkbaren: Ein Christ nimmt hier die Verheißungen und Drohungen seines Glaubens ernst und scheut sich nicht, diesem Ernst in aller Schärfe Ausdruck zu geben.

Daß dieses und andere mit dem Himmel sich abgebende Werke historisch in monastischem Kontext anzusiedeln sind, ist keine Frage. Die neuen Zentren der Frömmigkeit im 10., 11. und 12. Jahrhundert, Cluny, Gorze oder Hirsau, Benediktinerklöster, die einen neuen, stark liturgisch geprägten, aufs Opus Dei gerichteten und daher recht intensiven Typ von Frömmigkeit verbreiteten, mögen einen gewissen Anteil an dieser neuen, auch in der Volkssprache sich dokumentierenden Spiritualität haben. Tatsächlich aber hat die ältere Forschung unrecht, die meinte, in dieser Art Dichtung spreche sich der mönchische *contemptus mundi* und eine weltfeindliche Askese aus. Rupp, der in seinem Buch ›Deutsche religiöse Dichtungen des 11. und 12. Jahrhunderts‹

aufgrund zahlreicher Einzelanalysen diese alte Theorie abgewiesen hat, schreibt dazu: „Diese deutschsprachige Dichtung ist christlich, streng christlich, aber von *radikaler* Weltverneinung ist in ihr nichts zu finden. Nicht Aufruf zur radikalen Weltverneinung ist das Ziel der Dichter – radikale Weltverneiner *dichten* nicht –, ihr Ziel ist Aufruf zur richtigen Lebensführung, zur rechten Weltgestaltung; sie wollen mit ihren Dichtungen die richtige Ordnung der Werte lehren; die Dichtung soll, um es mit *einem* Wort zu sagen, ,aedificatio' sein, verstanden im Sinne eines Gregors des Großen oder einer Hildegard von Bingen. Verstand und Wille sollen stark werden, damit der Mensch die richtige Einsicht gewinnt, um das Rechte zu tun und den Affekten widerstehen zu können." [59] Es hieße also den Aktualitätsbezug dieser jenseitsbezogenen Literatur mißachten, wenn man sie nur als reine, spekulative Utopie gelten lassen möchte; es geht um weit mehr, es geht um Schreck- und Trostbilder, die aktuell, hier und jetzt, den Menschen in seinem Welt- und Gottesverhältnis treffen sollen. So heißt es ganz deutlich, indem hier der eschatologische Gehalt mit dem zeitlichen Leben zusammengehalten wird, in dem Gedicht ›Vom Rechte‹:

> Nieman ist so here
> so daz reht zware.
> wan got ist ze ware
> ein rehtir rihtaere.
> von diu hiez er den sinen chneht
> vil starche minnen daz reht,
> daz er nach im vienge
> unde sin reht begienge.
> wan mit im nemach nieman gestan,
> er newelle daz reht han.
> wan er scheidet die unrehten
> von sin selbes chnehten. [60]
>
> (1–12)

Und am Schluß der ›Beschreibung des himmlischen Paradieses‹ – ein Gedicht, das in allegorisierender Art und Weise die Bausteine der himmlischen Stadt schildert – heißt es: Der Törichte heißt den Sänger zu singen

> von werltlichen dingen
> unt von der degenhaite. [61]
> (450f.)

Der recht Denkende schlägt den schmalen Weg ein, der in das Himmelreich führt, und dann merkt er:

> der sorge unt al des iu hi ze laide gescah,
> son darf iuch daz ungemach
> nimer geriuwen,

daz ir hie habet en triuwen
erliten durch di gotes e.[62]
(461–65)

Auch hiermit ist der Bezug auf die irdische Zeit und deren Beschwernis gewahrt. Das Trostbild des himmlischen Reiches ist Garantie für diese Menschen, daß ihre Anstrengungen in der Welt nicht zuschanden und vergeblich sind.[63]

Sowohl Trost- wie Schreckbild brauchen – in der Selbstverständlichkeit, in der sie vorgestellt werden – kaum eine Erwähnung des konkreten, letzten Ereignisses im Menschenleben, des Todes, zu machen. Seltsamer-, aber doch verständlicherweise bleibt die spontane Äußerung über den Tod dem fahrenden Kleriker und Dichter in lateinischer Sprache, dem sog. Archipoeta, vorbehalten, der, umhergetrieben und an Schwindsucht leidend, im Gefolge seines großen Gönners Rainald von Dassel auf seinem Zug nach Italien zwischen 1160 und 1167 seine Vitalität gerade in der realistischen Deutlichkeit, mit der er seinen Tod voraussah, bezeugte. Er schreibt:

Asperitás brumáe necat hórriferúmque gelú me.
Cóntinuám tussím patiór, tamquám phthisicús sim.
Séntio pér pulsúm, quod nón a mórte procúl sum.

Winterstrenge und Eis, sie bringen mich um auf die Länge.
Dazu der Husten – man meint, ich müsse die Lunge auspusten,
Dazu der Puls, der so schwache, der zeigt, daß ich's nimmer lang mache.[64]

Oder in seiner Lebensbeichte, nachdem er seine venerischen Abenteuer und seine Spielleidenschaft beschworen hat:

Tertio capituo
memoro tabernam;
illam nullo tempore
sprevi neque spernam,
donec sanctos angelos
venientes cernam
cantantes pro mortuis
‚Requiem aeternam‘.

Drittens gilt's die Schenke nun
aufs Tapet zu bringen:
dorthin mußt' und muß man mich
nie und nimmer zwingen,
bis mir einst die Engelschar
unter Palmenschwingen
naht, um mir den Sterbepsalm
„Ruhe sanft" zu singen.

Meum est propositum
in taberna mori,
ut sint vina proxima
morientis ori;
tunc cantabunt laetius
angelorum chori:
‚Sit deus propitius
huic potatori.‘

In der Schenke soll mir einst
schlagen meine Stunde,
daß im Sterben noch der Wein
nahe sei dem Munde.
Froher jubiliert es dann
in der Engel Runde:
„Möge Gott ihm gnädig sein,
diesem Freund vom Spunde!"[65]

Diese Mischung von souveräner Grandezza und verfallender Körperlichkeit ist einzig dem Fahrenden, der gleichzeitig ein Aufgeklärter und Intellek-

tueller ist, möglich. Fürs „Volk" wird im 11. und 12. Jahrhundert die Allgegenwart und die Unausweichlichkeit des Todes mit anderer Eindringlichkeit
beschworen. *Memento mori* – Denk daran, daß du sterben mußt!, lautet die
erschütternde Devise; so etwa im berühmtesten Stück dieser Machart, dem
›Memento mori‹ (um 1070) eines gewissen Noker (von Zwiefalten?) [66]. Es
handelt sich hier um eine wahrhafte Reimpredigt:

Nû denchent, wib unde man,
war ir sulint werdan.
ir minnont tisa brôdemi
unde wânint iemer hie sin:
si nedunchet iuh nie sô minnesam,
eina churza wîla sund ir si hân;
ir nelebint nie sô manegiu zit,
ir muozent verwandelon disen lîb.

Paradŷs daz ist vero hinnan.
tar chom vil selten dehein man
taz er her widerwunde
unde er uns taz mâre brunge
ald er iu daz gesageti
weles lîbes si dort lebetin.
sulnd ir iemer dâ genesen,
ir muozint iu selbe die boten wesen.

Tâ hina ist ein michel menegî.
sie wândon iemer hie sîn,
sie minnoton tisa wêncheit:
iz ist in hiuto vil leit.
si nedûhta sie nie sô minnesam,
sie habent si iedoh verlâzan.
ich neweiz war sie sint gevarn:
got muozze se alle bewarn!

Tisiu werlt ist alsô getân:
swer zuo ir beginnet vân,
si machot iz imo alse wunderlieb,
von ir chomen nemag er niet.
so begrîffet er ro gnuoge:
er habeti ir gerno mêre.
taz tuot er unz an sin ende:
so nehabit er ienoh tenne.

Sie hugeton hie ze lebinne,
sie gedâhton hin ze varne
ze der êwigin mendî
dâ sie iemer solton sin.
wie luzel sie des gedâhton
war sie ze jungest solton!
nû habint sie iz bevunden:
sie warin gerno erwunden.

Ir wânint iemer hie lebin:
ir muozint ze jungest reda ergeben.
ir sulent all ersterben:
ir nemugent is uber werden.
ter man einer stuntwîlo zergât
alsô skiero sô diu brâwa geslât.
tes wil ih mih vermezzen,
sô wirt sin skiero vergezzen.

Das Schlagwort ‚Weltabkehr' hat in diesem Gedicht seine stärkste Berech-
tigung: Die Welt ist nicht in ihrer Fülle und in ihrem göttlichen Schöpfungs-
gedanken gesehen, sondern in ihrem Charakter der Fragilität und Vergeblichkeit: *vanitas vanitatum vanitas et omnia vanitas!* Welt ist beschränkte Zeit,
die man nur zum Unheil für Ewigkeit halten darf; das Paradies ist sehr ferne:
wer dahin gekommen ist, hat den Weg nicht zurückgefunden. Wer sich mit
der Welt einläßt, der hat letztlich nichts. Das Nichts eines Lidschlags ist die
Weile eines Menschenlebens: gleich ist es auch vergessen.

Got gescuof iuh alle.
ir chomint von éinim manne.
to gebôt er iu zemo lebinne
mit minnon hie zue wesinne,

taz ir wârint als éin man.
taz hânt ir ubergangan.
habetint ir anders niewit getân,
ir muosint is iemer scaden hân.

Toh ir chomint alle von einim man,
ir bint iedoh geskeidan
mit manicvalten listen,
mit michelen unchusten.
ter eino ist wise unde vruot
...

tes wirt er verdamnot.
tes rehten bedarf ter armo man.
tes mag er leidor niewit hân,
er nechouf iz alsô tiuro.
tes varnt se al ze hello.

Gedâhtin sie denne
wie iz vert an dem ende!

sô vert er hina dur nôt,
sô ist er iemer furder tôt.
wanda er daz reht verchoufta,
sô vert er in die hella,
dâ muoz er iemer inne wesen:
got selben hât er hin gegeben.

Ube ir einis rehtin lebitint,
sô wurdint ir alle geladet in
ze der êwigun mendîn
dâ ir iemer soltint sîn.
taz eina hânt ir iu selben:
von diu so nemugent ir gên drîn;
daz ander gebent ir dien armen:
ir muozint iemer dervor stên.

Daß die Menschheit *ein* Mensch zu sein hätte, das ist durch die Ursünde der Menschen, die Entzweiung und Zerstreuung verunmöglicht. Der Weise wird wegen seiner Künste verdammt, der Reiche, weil er dem Armen sein Recht nicht gibt; und befremdlichste Äußerung: Ihr könnt nicht in einer einheitlichen Ordnung leben; weil ihr einen Teil des Guts für euch selber behaltet und bloß den andern den Armen gebt, seid ihr zur ewigen Freude nicht zugelassen. Ein individuelles Glück ist nicht gestattet wie auch kein individueller Besitz. Das ist Sprache des Mönchs, der entsprechende Gelübde geleistet hat.

Gesah in got taz er ie wart
ter gedenchet an die langun vart,
der sih tar gewarnot,
sô got selbo gebôt,
taz er gar wâre
swa er sinen boten sâhe!
taz sag ih in triuwon:
er chumit ienoh wennon.

Nechein man ter ist sô wise
ter sîna vart wizze.
ter tòt ter bezeichint ten tieb,
iwer nelât er hie niet.
er ist ein ebenâre.
nechein man ist sô hêre,
er nemuoze ersterbin.
taz nemag imo der skaz wenden.

Habit er sinin richtuom sô geleit
daz er vert ân arbeit,
ze den scônen herbergon

vindit er den suozzin lôn.
des er in dirro werlte niet lebita,
sô luzil riuwit iz in dâ:
in dunchit dâ bezzir ein tac
tenne hier tûsinc, teist wâr.

Swes er hie verleibet,
taz wirt imo ubilo geteilit.
habit er iet hina gegebin,
tes muoz er iemer furdir leben.
er tuo iz unz er wol mac:
ienoh chumit der tac,
habit er is tenne niwit getân,
so nemag er iz nie gebuozan.

Ter man ter ist niwit wise
ter ist an einer verte:
einin boum vindit er scônen,
tar undir gât er rûin:
sô truchit in der slâf tâ,
so vergizzit er dar er scolta.

alser denne ûfspringit,
wie sêr iz in denne riuwit!

Ir bezeichint alle den man,
ir muozint tur nôt hinnan.
ter boum bezêchint tisa werlt,
ir bint etewaz hie vertvelit
ir hugetent hie ze lebine,
ir nedâhtent hin ze varne.
diu vart diu dunchit iuh sorcsam.
ir chomint dannoh obinan:
tar muozint ir bewinden,
taz sund ir wo bevindin.
ir tlint alle wol getuon.
ir nedurfint sorgen umbe den lôn.
sô wol imo der dâ wol getuot,
is wirt imo wola gelônot.

Jâ dû vil ubeler mundus,
wie betriugist tu uns sus!
dû habist uns gerichin,
des sin wir alle besvichin.
wir neverlâzen dih endelîche in zit,
wir verliesen sêle unde lîb.
alsô lango sô wir hie lebin,
got habit uns selbwala gegebin.

Trohtîn, chunic hêre,
nobis miserere!
tû muozist uns gebin ten sin,
tie churzun wîla wir hie sîn
Jaz wir die sêla bewarin,
wanda wir dur nôt hina sulen varn.
fro so mŏzint ir wesin iemer!
daz machot allein noker.

Man wird sich fragen müssen, was die Relevanz ist und worin die Tragweite dieser einerseits auf das Paradies bezogenen und andererseits den Tod herbeizitierenden Dichtung besteht. Im ersten Fall zeigt sich der hier sprechende Christ als Mitarbeiter am verheißenen Reich des Friedens und universaler Gerechtigkeit: Er erbaut, indem die Qualitäten und Schönheiten des jenseitigen Jerusalem einzeln und nachhaltigst beschworen werden, gewissermaßen selber die heilige Stadt. Es handelt sich um eine präsentische Eschatologie, in der alle Leidenschaft für die Zukunft umgesetzt wird in eine inständige, hymnisch geprägte Vergegenwärtigung der Ewigkeit. Der meditative Akzent dieser Eschatologie erweist sie als eine Form monastischen Innewerdens der in die Zeit hineinreichenden Ewigkeit. Der zweite Fall, die Memento-mori-Dichtung, gibt die Kehrseite des ersten ab. Die beiden auf die letzten Dinge abzielenden Dichtungsformen des 11. und 12. Jahrhunderts stehen zueinander als Reflex zweier in den Augen eines mittelalterlichen Menschen radikal geschiedener Zeiterstreckungen. Es handelt sich um das biblisch nicht unbekannte Denkmodell von den zwei Äonen, das in der Memento-mori-Pädagogik – am schärfsten und gleichzeitig am trivialsten – zu *hie* und *tenne* (hier und dort) radikalisiert sich vorfindet. Das ‚Hier‘, ‚*diese* Welt‘, „ist nicht ein gleichwertiger und gleichgewichtiger Opponent Gottes, sondern der von dämonischen Mächten durchwaltete Lebensraum, in dem der Mensch sich zu bewähren hat für ‚jene Welt‘, das ‚ewige Leben‘. Der Dualismus der beiden Welten ist somit nichts anderes als die existentielle Spannung, in die der Mensch nach dem Sündenfall hineingestellt ist." [67]

Gewiß handelt es sich dabei nicht um einen *ontologischen* Dualismus – die Welt bleibt Schöpfung Gottes und hat als solche Zeichenwert, weil sie in ihrer Qualität als Gottes Kunstwerk heil ist –, sondern um einen ‚ethischen‘, noch besser um einen ästhetischen, d. h. erfahrungsmäßigen. Wo Kunst – bildende

und literarische – noch eingebettet ist in asketisch-religiöse Zusammenhänge wie hier, ist keine Möglichkeit gegeben, mittels der Kunst einen Ausweg in schönen Schein zu gewinnen. Das zeigt sich vor allem deutlich in
einem etwa 100 Jahre später als das alemannische ›Memento mori‹ entstandenen Gedicht des Laienbruders Heinrich von Melk ›Von des Todes gehugde‹[68]
(zwischen 1150 und 1160 entstanden). Dieses Werk, das in einem ersten Teil
›Von dem gemeinem lebene‹ auf die soziale Wirklichkeit eingeht und im zweiten die herrschenden Stände Adel und Geistlichkeit, die des Dichters eigene
gewesen sein dürften, einer äußerst bitteren Kritik unterwirft, läßt gegenüber
der grundsätzlichen Todesbetrachtung des al. ›Memento mori‹ erstmals in
polemischer Absicht Todesdrastik aufkommen. Die Art, wie Heinrich die
schöne Rittersfrau vor den schon aufgeblähten Leib ihres Gatten (19) oder
den Sohn vor das wiedergeöffnete Grab seines Vaters führt (20), bringt mit
der Subjektivität der Situation einen Zynismus ins Spiel, darin sich der aufge-
staute Ekel des unerbittlichen Eremiten an der Simonie, Habsucht und Un-
keuschheit der Priester einerseits und an der Gewaltherrschaft der Fürsten
und an dem in Hurerei und Totschlag sich manifestierenden Hochmut der
Ritter andererseits schon sehr früh sozialkritisch äußert.

Nu giene dar, wip wolgetan,
unt scowe dinen lieben man
unt nim vil vlizichlichen war
wie sin antluzze si gevar,
wie sin sceitel si gerihtet,
wie sin har si geslihtet,
scowe vil ernstliche,
ob er gebar iht vrœlichen,
als er offenlichen unt tougen
gegen dir spilte mit den ougen.
nu sich, wa sint siniu muozige wart,
da mit er der frowen hohvart
lobet unt seite?
nu sich, in wie getaner heite
diu zunge lige in sinem munde,
da mit er diu trutliet chunde
behagenlichen singen!
nu nemac si niht fur bringen
weder wort noch die stimme.
nu sich, wa ist daz chinne
mit dem niwen barthare?
nu sich, wie reht undare
ligen die arme mit den henden,
da mit er dich in allen enden
trut unt umbevie!
wa sint die fuoze, da mit er gie

höfslichen mit den frowen?
dem muose du diche nach scowen,
wie die hosen stunden an dem beine;
die brouchent sich nu leider chleine.
er ist dir nu vil fremde,
dem du e die siden in daz hemde
muose in manigen enden witen.
nu scowe in an allen mitten,
da ist er geblæt als ein segel.
der bœse smach unt der nebel
der vert uz dem uberdonen
unt læt in unlange wonen
mit samt dir uf der erde.
owe, dirre chlegliche sterbe
unt der wirsist aller tode
der mant dich, mensc, diner brœde.

Nuo sich enzit umbe,
e dich din jungiste stundo
begriffe, diu dir ie ze furhten was.
repentina calamitas,
daz sprichet: ,sorge ze so getanem tode‘
unt sprich mit dem herren Jobe:
,churzlichen vervarent miniu jar.
ich gen einen stic, daz ist war,
an dem ich niht chum widere.‘

e dich din jungistez geligere
begriff an dem bette,
chere din scef ze stette,
daz dich enmitten uf dem mer
die sundern winde hin unt her
denne iht ane bozzen
unt du ez niht ze stade maht gestozzen.
so dich begriffet der siechtuom,
so mahtu der sunde niht mer getuon,
so lazzent dich die sunde unt niht du siu.
nu sage, armer mensc, umbe wiu
wil du den phaffen denne gesprechen?
waz wil du dines dinges zechen,
ao du gebuozzen niene maht?
du hast dich ze unzit bedaht.
richer unt edeler jungelinc,
merche engestlichiu dinc
unt gienc zuo dines vater grabe,
nim den obristen stein dar abe
unt scowe sin gebeine,
siuffte unt weine.
du maht wol sprechen, ob du wil –
ez nimt dir diner hersceft niht vil –
‚lieber vater unt herre,
nu sage mir, waz dir werre!
ich sihe din gebein rozzen,
daz hat diu erde gar vernozzen,
ez chriuchet bœser wurme vol.
diz stinchunde hol
erzeiget minem sinne
einen eislichen waz dar inne.

ouch ist mir inrechlichen swære,
so scœne, so du wære,
daz du so scier bist erworden.
daz ist ein jæmerlicher orden:
daz e bluot sam diu lilie,
daz wirt als daz gewant, daz diu milwe
beneget unt frizzet.
er ist unsælic, der des vergizzet.

Du möchtest ouch lihte han geredet,
ob dich der jamer hete beweget
veterlicher minne.
nu gedenche an die sinne,
wie er dir antwurten solde,
ob ez der nature ⟨re⟩hte verdolde,
oder ob sin got wolde verhengen.
ich wil die rede niht lengen,
ich spriche fur in unt mit im,
mit rehter andaht du daz vernim:
„ich wil dir, min trut sun,
des du mich hast gefraget, chunt tuon.
miniu dinc stent mir ungereite,
von der wizze grimmecheite
mag ich mich nicht entriden,
die ich teglich muoz liden.
ich han fiwer unt vinster
ze der zeswen unt ze der winster,
oben unt nidene.
funde min not iemen gescribene,
der het iemmer da von ze sagene.
daz han ich, trut sun, dir ze chlagene.'

In solcher Drastik droht das im theologischen Bereich des 12. Jahrhunderts sich bezeugende große Aufgeschlagensein der Augen zur göttlichen Schöpfungswirklichkeit und deren Zeichenhaftigkeit zu Gott hin – ein unerhörter Erwerb der Romanik – in jener *stuntwila* eines *hieslac* zu zergehen, die sowohl Frau Ava wie der Dichter des ›Memento mori‹ zitieren. Der Tod macht die Schöpfungswirklichkeit zu einer höchst zerbrechlichen. Frühes Sinnbild gleichzeitig für die Inständigkeit ihres Verweischarakters als auch für ihre Fragilität ist in der lateinischen Dichtung der Zeit beim Zisterzienser Alanus ab Insulis (um 1120–1202) die Rose:

Omnis mundi creatura
Quasi liber et pictura
   Nobis est in speculum
Nostrae vitae, nostrae sortis,

Die Geschöpfe dieser Erde
sind ein Buch und ein Gemälde
und ein Spiegel unsres Seins.
Unserm Leben, unserm Sterben,

Nostri status, nostrae mortis
Fidele signaculum.

    Nostrum statum pingit rosa,
Nostri status decens glosa,
    Nostrae vitae lectio,
Quae dum primo mane floret,
Defloratus flos effloret
    Vespertino senio.

    Ergo spirans flos exspirat,
In pallorem dum delirat
    Oriendo moriens,
Simul vetus et novella,
Simul senex et puella,
    Rosa marcet oriens.

    Sic aetatis ver humanae
Iuventutis primo mane
    Reflorescit paululum;
Mane tamen hoc excludit
Vitae vesper, dum concludit
    Senii crepusculum.

    Cuius decor dum perorat,
Eius decus mox deflorat
    Aetas, in qua defluit,
Fit flos foenum, gemma lutum,
Homo cinis, dum tributum
    Huic morti tribuit.

    Cuius vita, cuius esse
Poena, labor et necesse
    Vitam morte claudere;
Sic mors vitam, risum luctus,
Umbra diem, pontem fluctus,
    Mane claudit vespere.

    In nos primum dat insultum
Poena mortis gerens vultum,
    Labor, mortis histrio;
Nos proponit in laborem,
Nos assumit in dolorem,
    Mortis est conclusio.

    Ergo clausum sub hac lege
Statum tuum, homo, lege,
    Tuum esse respice,

---

unsrer Lage, unserm Lose
können sie ein Zeichen sein.

Unsern Zustand zeigt die Rose,
klar beschreibt sie unsre Lage,
unser Leben stellt sie dar.
Die am frühen Morgen blühet,
kaum erblüht verblüht die Blüte,
wenn am Abend alles welkt.

Taufrisch siecht dahin die Blüte,
wenn sie blaß in Fieberschauern
im Erblühen schon vergeht.
Alt und jung zur gleichen Stunde,
Greis und Kind in gleichem Maße,
welkt die Rose im Erblühn.

Auch des Menschen Lebensfrühling
und der Jugend erster Morgen
blüht für eine kurze Zeit.
Doch im Lebensabend endet
dieser Morgen, und bald naht sich
jedes Lebens Dämmerung.

Noch eh' aller Glanz entfaltet
ist die Schönheit schon vorüber,
und die Zeit fließt drüber hin.
Blume wird zu Heu, zu Kote
wird die Perle, und als Asche
zahlt der Mensch dem Tod Tribut.

Unabwendbar ist sein Leben
und sein Sein nur Qual und Mühe,
und das Leben schließt im Tod.
Auf den Morgen folgt der Abend,
auf das Lachen folgt die Trauer,
auf das Leben folgt der Tod.

Unsres Daseins erste Qualen
tragen schon des Todes Züge,
und die Mühe kündet Tod.
Uns den Mühen auszusetzen
und den Schmerzen hinzugeben
ist des Todes Forderung.

Unter dies Gesetz gezwungen,
Mensch erkenne deine Lage
und bedenke, was du bist,

Quid fuisti nasciturus,	Was du warest neugeboren,
Quid sis praesens, quid futurus,	was du bist, und was du sein wirst,
Diligenter inspice.	oh, beachte es genau.
Luge poenam, culpam plange,	Weine über Schuld und Strafe,
Motus frena, fastum frange,	halte still, nichts übereile,
Pone supercilia;	lege jeden Hochmut ab.
Mentis rector et auriga,	Lenker, Steuermann des Geistes,
mentem rege, fluxus riga,	lenke unsern Sinn und sorge,
Ne fluant in devia.	daß sein Weg nicht irre geht.[69]

Zunächst ist bemerkenswert, daß hier die „metaphorische Umschreibung der Vergänglichkeit unter der Hand zu einer hymnischen Klage auf die Vergänglichkeit der Metaphern wird"[70]. Mit andern Worten: das Vertrauen in die Tragfähigkeit der Zeichen und dann der sie verbürgenden Worte gestattet keine Überwindung des Todes. Letztlich – wenn auch auf anderer Stufe des poetischen Bewußtseins – steht Alanus den deutschen Vergänglichkeitsdichtern des 11. und 12. Jahrhunderts recht nahe. Sodann aber zeigt uns dieses Gedicht im Vergleich zu den schon erwähnten, daß die lateinische Dichtung der Zeit eine ganz andere poetologische Autonomie verwirklicht als die volkssprachliche: Hier fehlt jeder Hinweis auf Ständisches; die Penetranz der Zwei-Äonen-Vorstellung wie die Todesdrastik sind nicht spürbar. Dafür eine schon stark in sich schwingende Wehmut und Melancholie in der Beschränkung auf eine Allegorie des Vergänglichen, auf die Rose, die wirklich noch allegorisch gelesen werden kann, aber insgeheim schon auf die breite Potentialität und Bezüglichkeit des Symbols hin tendiert. Die Imperative, die bei den volkssprachlichen Dichtern fordernd, hart, zynisch lauten, sind hier von maßvoller Weisheit ohne konkreten Bezug. Das Paradox ergibt sich, daß der Mönch im Kontext seiner geistlichen Bildung und der Sprache, die sie ausdrückt, im Latein, das *Memento mori* in Form weltentrückter Kunsthaltigkeit spricht, sobald er aber sich mit der Welt befaßt, er diese Kunst als eine oppositionelle, aggressive und subversive Form der Distanznahme zu ihr versteht. Das zeigt sich zum Beispiel deutlich im ‚Vielheitsstil aufgereihter Einzelheiten', der auf „Einzelwirkung des Ekels und Abscheus, der Abkehr von Sünde und Weltlust berechnet"[71] ist. Die Gegensätzlichkeit der beiden Äonen von Zeitlichkeit und Ewigkeit wird dadurch nicht nur gesteigert, sondern überhaupt erst – in dieser Absolutheit – begründet.

V. DER TOD CHRISTLICHER UND HEIDNISCHER HELDEN

Ein ganz umfänglicher Komplex epischer Dichtung im 12. Jahrhundert exponiert den Tod des christlichen Helden, der heldisch nur sein kann im prägnanten Gegensatz zu einem Sterben, das sich paradigmatisch gegen jede christliche Vorstellung vollzieht. Am einfachsten und eindrücklichsten bietet sich ein zum christlichen alternatives, letztlich aber natürlich verderbliches Sterben dar im Tod des Heiden, d. h. im Sterben des im Kreuzzug gefallenen Muslims. Die Bewegung der Kreuzzüge – 1095 durch Papst Urban II. auf dem Konzil von Clermont eröffnet – ist es, die das 12. Jahrhundert in einem tiefen Sinne prägen wird. In diesem Jahrhundert finden drei große und entscheidende Kreuzzüge statt, entsteht der älteste Kreuzfahrerstaat im Heiligen Lande und geht wieder zugrunde. Zuvor aber schon war das Problem einer christlichen Bekämpfung der Heiden virulent gewesen, deren wirklicher Anfang in der sog. Reconquista Spaniens um die Mitte des 11. Jahrhunderts anzusetzen ist (die eigentlichen ‚Kreuzzüge‘ der französischen Ritter begannen sogar erst 1164). Obwohl in diesen Kriegen sehr oft die Glaubensdifferenzen eine geringe, die realpolitischen Machtunterschiede eine große Rolle spielten, erschienen sie dreißig, vierzig Jahre später schon im glorifizierenden Licht einer fundamentalen Auseinandersetzung um die Wahrheit des Glaubens.

Da Dichtung noch weniger als Chroniken Wirklichkeit platt reproduziert, ist es klar, daß die Epen sich weitgehend an die Ideologie halten, die sich an die Sinnbestimmung dieser Kriege als Religionskriege anschließt und sich davon nährt. Zwei grundsätzliche Formen des Tötens und Sterbens rücken damit in den Blick: Einerseits die erlaubte und geförderte, auf den Tod des maurischen Feindes abgezweckte Tötung, die für diesen einen schimpflichen Charakter trägt. Andererseits die feige, hinterlistig-bösartige, an sich unerlaubte Tötung des christlichen Kämpfers, der so einen heldenhaften, durch die ins Diesseits und das irdische Leben reichende Sanktion eines glückhaften und heilen Jenseits beruhigten Tod stirbt. Beiden Tötungsarten und Formen des Sterbens begegnen wir sowohl in der sog. vorhöfischen Epik – Kaiserchronik und im Rolandslied – wie auch in den Spielmannsepen.

1. Das Alexanderlied

Eine seltsame Zwischenstellung nimmt in diesem Komplex von Dichtungen das vor 1150 entstandene ›Alexanderlied‹ des Pfaffen Lamprecht ein. Gründend auf dem Geschichtswerk des Curtius Rufus und dem spätgrie-

chisch-alexandrinischen Alexanderroman – nach der Bibel das weitestver-
breitete Werk der Weltliteratur – und unter Einbeziehung der biblischen Darstellung Alexanders rückt der Verfasser, ohne die Widersprüche zwischen
heidnischer und christlicher Sinngebung allzusehr zu glätten, die Taten Alexanders in heilsgeschichtliche Zusammenhänge und begreift Alexander als
„Gotteswerkzeug, als Begründer des vorletzten Weltreichs" [1].

Das salomonische *Vanitas vanitatum* [2] gibt schon im Prolog das Motto ab
und demonstriert die Nichtigkeit der Welt, die gerade auch Alexander, das
große Beispiel menschlicher Unersättlichkeit, zum Exempel der Vergänglichkeit irdischer Größe werden läßt. Das Thema der menschlich-irdischen Eitelkeit durchzieht das ganze Werk in mehr oder weniger deutlicher Ausgestaltung. [3] Da Kampf und Krieg im ganzen Werk eine große Rolle spielen, sind
die Darstellungen mit Totschlägen nicht gar selten. Vor allem Alexanders
Wutausbrüche sind für seine Partner in Friedenszeiten oft lebensgefährlich:
So bedient er den Ritter Lysias, der Alexanders Vater eingegeben hatte, eine
andere Frau zu nehmen, zur Strafe folgendermaßen:

> des (über die schnöden Antworten des Ritters) gwan daz kint grôzen zorn;
> einen guldînen naph grôz unde svâr,
> dar ane stunden blachmâl,
> hête Alexander an die hande.
> du slûch er Lysiam vor die zande
> daz si ime in die kelen resen
> unde sprah: ‚lâ dîne bôse rede wesen.‘
>
> (492 ff.)

Es wird dem Zuhörer überlassen, darüber nachzudenken, ob Lysias diese
Situation lebend überstand. Von einer andern Stelle her ist anzunehmen, daß
die Aktion zu einem recht raschen Tod geführt haben muß:

> Einen Perser
> den slûch er vor di zande,
> daz er sich verwânde,
> daz er ê solde sterben,
> ê er quême zô der erde.
>
> (3013 ff.)

Aber nicht diese Szenen kämpferischer Brutalität, wie sie sich in der Helden-
epik immer wieder finden, sind für die Grundstimmung des Werks wesentlich. Es gibt Situationen, in denen die Frage nach Leben und Tod gestellt
wird. So etwa, wenn Alexander mit seinen Truppen ins Land Occidrates
gelangt, das von nackten, bloß mit Ziegenbeinen bewaffneten Menschen be-
wohnt wird. Diese beugen sich Alexander und bitten ihn, keine Gewalt aus-
zuüben. Darauf entspinnt sich ein Gespräch: 4666–4736.

Interssant ist, daß Alexander in diesem Gespräch mit den wilden Menschen, die von ihm Unsterblichkeit erhoffen, von seiner reinen, diesseitigen,

heroischen Todesbejahung abgeht und aus Einsicht in die Natürlichkeit des Todes ein ganz bestimmtes *Carpe diem* fordert. Seine Argumente sind die folgenden:

1. Der Tod ist kein Einzelschicksal, er ist allen Menschen auf Erden gemeinsam.
2. Der Tod ist *von des uberisten gewalt* (4723).
3. Der Tod ist eine Naturgewalt (Meer, Winde).
4. Der Tod und das Bewußtsein davon erhöhen den Reiz des Lebens (4729 ff.).[4]

Das Jenseits hat hier keinen Ort; der Tod schließt einfach ein Leben, das durch diesen unabwendlich drohenden Schlußpunkt nur gesteigert erfahren wird, ab. Er wird mit einem gewissen trotzigen *Carpe diem* quittiert. Der Trost über den Tod ist irdisch, aber versagt sich dem Fatalismus der Wilden.

Im Wunderland, in das Alexander später mit seinem Heer gelangt, klingen dann kontrastiv zur Wunderseligkeit dieses Landes bei dessen Verwelken wieder düstere Töne auf. Eine neue Stufe der Todeserfahrung wird erreicht. Das Land besteht aus Wald, in dem wundersame Blumen – rund wie Bälle – aufblühen: eine Art soldatisches Schlaraffenland. Im Innern der Blüten, die aufspringen, stehen – o Wunder – überaus schöne, ungefähr zwölfjährige Mädchen (5119 ff.), die zum Vergnügen der Ritter lachen und singen. Bedingung für die Mädchen und ihr Gedeihen ist Schatten, deshalb sind sie ja auch im Wald. Das Ganze ist ein Paradiesgarten, der allerdings unter dem Gesetz der Vergänglichkeit steht. Das Heer erbaut – betört von dem Gesang dieser Mädchen und hingerissen von ihrer sich den Männern freundlich anbietenden Schönheit – mitten im Walde das Lager und verbleibt im Minneglück drei Monate und zwölf Tage. Plötzlich jedoch nimmt alles ohne Grund ein Ende: 5190–5205.

Die höchst denkbare Schönheit selber ist dem Gesetz der Vergänglichkeit unterworfen; die Schönheit der Natur und die Schönheit menschlicher Gestalt gehören wie alles Irdische der Vergänglichkeit an: sie verwelken endgültig. Alexander bricht in eine kurze Todesklage aus und zieht mit seinen Leuten weiter.

Eine noch höhere Stufe der Todeserfahrung, die er diesmal an sich selber und nicht an andern erfährt, steht dem kühnen Alexander bevor, da er sich in die edle Königin Kandacis verliebt, deren einem Sohn er den Schwiegervater getötet, deren anderem er das Leben gerettet hat (5685 ff.). Er gibt sich vor der Königin – weil der eine ihrer Söhne ihm begreiflicherweise gram ist – als ein Abgesandter Alexanders aus. Die Königin – eine außerordentliche Innenarchitektin, die ihren Palast wie das himmlische Jerusalem ausstattete, von einem Künstler ein goldenes Horntier erbauen ließ, das mittels 24 Blasebälgen die auf seinen Hörnern sitzenden Vögel pfeifen, die Begleithunde bellen und seinen Reiter mit dem Horn blasen läßt (5859 ff.), und die die Kemenate, in

der sie schließlich Alexander zum Beilager bittet, mit vier Rädern versehen
hat, so daß 36 Elefanten das Liebesnest zu transportieren vermögen (5941 ff.)
– die Königin also nennt Alexander beim Namen, nachdem er allzu unver-
froren seinen Wunsch geäußert hat, er möchte diese fahrbare Kemenate seiner
Mutter nach Hause bringen (5980 ff.). Der Grund für diese Alexander gefährliche Identifikation: Die Königin besitzt von Alexander ein Bild, eine Art
Photo. Mit dieser Identifikation hat sie den großen Alexander völlig in ihrer
Gewalt (6005 ff.), so daß sie – *ein wîb* (6022) – ihm ohne Kampf hat obsiegen
können. Das Struggle-for-life-Prinzip, dem sich Alexander zeit seiner Per-
sien- und Indienzüge verschrieben hat, gerät nun ins Wanken, da die Verhältnisse sich zu seinen Ungunsten verkehrt haben. Ganz im barocken Sinne beschwört Kandacis dem Wehrlosen gegenüber das wetterwendische Glück, das
es liebt, den Reichen niederzuwerfen, um dem Armen eine Chance zu geben
(6028 ff.). Der zornbebende Alexander spricht den Wunsch nach einem
Schwert aus, um die listenreiche Kandacis zu töten (6047 ff.), und malt sich
aus, wie er hinfort geschmäht werden wird, weil eine schwache Frau ihn über-
listet habe (6054). Überlegen antwortet ihm Kandacis, beschwört seinen
manlîchen muot (6059) und bittet ihn, vor allem die Frauen mit seinem Zorn
zu verschonen: *du ne salt den frouwen / Neheinewîs drouwen / noch slân noh
schelden. / ih ne wil dih niwit melden. / gehabe dih wol unde wis frô*
(6066 ff.). Ein Beispiel, wie frauliche Schlauheit und Verzicht auf Aggression
einen hart scheinenden Mann zur Raison bringen! Nicht genug mit dieser
Milde der Frau; nach dieser Auseinandersetzung bittet sie ihn in die transpor-
table Kemenate, wo ein Umhang einen betörenden Wohlgeruch verströmt
und das Bett einen unüberwindlichen Reiz ausübt: *dô minnetih si stille,* nachdem die Königin ihren Willen dazu kundgetan hatte (6094 f.). Zum Trost der
Minne gesellen sich die überaus liebevollen Worte der Königin, die ihm zärt-
lich die Angst zu nehmen versucht.

Wieder vor den Leuten am Hof versucht Karakter, der zweite Sohn der
Kandacis, Alexander mit dem Schwert das Leben zu nehmen, um so den ver-
meintlichen Boten des großen Herrschers, der ihm den Schwiegervater getötet hat, stellvertretend zu strafen. Nachdem die listenreiche Klugheit der Frau
die notvolle Existenzangst Alexanders zum Vorteil beider besänftigt hatte,
trifft nun nackte Gewalt auf einen, der sie immer schon ausgeübt hatte, aber
im Moment wehrlos ist. Alexander muß – tiefste Demütigung – um sein Leben bitten: 6172 ff. Kandacis besänftigt nach dieser Selbstdemütigung Alexanders schließlich noch ihren Sohn und *daz vil listige wîb / ne sagete niemanne
daz, / daz ih Alexander was* (6209 ff.).

Auch das letzte Ereignis dieser wichtigen Szenenkette hat den Tod im Zentrum. Kandacis, nachdem sie Alexander reich beschenkt hatte, führt ihn zu
einem geheimen Ort (6244 ff.), wo er Zutritt zur Tafel der Götter hat. Alexander kann eine große Anzahl der Götter sehen und stellt etwas naseweis und

selbstbezogen die Frage, wie lange er noch zu leben hätte (6259 ff.). Der Gott gibt ihm kund, daß er in Alexandria sein Grab finden werde. Diese Szene ist Beleg für die Alexander immer begleitende Todesahnung und -furcht, die sukzessive – trotz aller Erfolge – nicht gemildert – es sei denn vorübergehend in der trostreichen Atmosphäre der Kandacis –, sondern gesteigert wird.

Alexanders Griff zur Aneignung des Paradieses stellt eine nochmalige Steigerung der ganz unmetaphysischen Mahnung zur Demut dar: Alexander erscheint an der Pforte des Paradieses in seiner menschlichsten Gestalt: Nachdem das Heer, dem Tode über Tage hin trotzend, den Paradiesesstrom Eufrat überquert hatte, gelangt es zum Paradiesestor, wo man wütend anklopft. Die Reaktion der Einwohner: *die selen darinne / unde die engelische scare, / di ne nâmen des neheine ware* (6717 ff.). Der Torhüter, der schließlich auftaucht, mahnt Alexander zur eiligen Rückkehr, wenn er sein Leben behalten wolle (6755 ff.). Er solle sich der Demut befleißen. Zur Bekräftigung gibt er ihm einen Stein mit, der ihn zur Demut führen möge (6782 ff.). Alexander kehrt mit seinem Heer hierauf raschmöglichst zurück und läßt sich danach von einem alten, weisen Juden (6927 ff.) den Stein als Stein der Wahrheit und der Jugend deuten, der zur Demut mahnt und zur Abkehr vom Hochmut. Der weise Jude endet mit einem bewegten *Memento mori*.[5]

Dieses *Memento mori* wird am Schluß des ganzen Werks, der sich hier anbietet, nochmals von seiten des Dichters im Sinn einer Moral angefügt.[6]

In solchen Stellen kommt natürlich viel Predigthaft-Erbauliches zum Zug: Die Eigengesetzlichkeit der heidnischen Mentalität Alexanders wird gebrochen durch eine fundamentale und in ihrer Intensität wachsend gesteigerte Todeserfahrung und -initiation. Der Vanitas-Gedanke vom Anfang wird so durch persönliches Eintreten des Protagonisten auf die damit verbundene Todesproblematik ratifiziert. Wichtig ist bei dieser Erfahrung, daß das Jenseits ein verschlossener Bereich bleibt und für die kämpferische Vitalität Alexanders unerreichbar ist. Die erlösende Jenseitsvorstellung steht völlig aus. Der Tod mit seiner sichtbaren Seite im Symbol des Grabes – es ist ja auffällig, wie oft vom Grab und Begrabenwerden gesprochen wird! – dominiert. Todesgedanke ist hier Grabesgedanke,[7] Gedanke an den sieben Fuß langen Platz Erde, darin jeder ununterscheidbar seinen letzten Ort findet.

2. Kaiserchronik

Die Kaiserchronik stellt eine Mischdichtung dar: Wie der Name sagt, handelt es sich um ein Geschichtswerk, in dem die Geschichte des Römischen Reiches und dessen deutscher Erben bis zum Jahre 1147 – also Geschichte des Weltreiches Rom und des deutschen Kaiserreiches – dargestellt ist. Wenn das Werk wohl auch nach dem Alexanderroman fertiggestellt wurde, so muß es doch vor dem Jahre 1147, bis zu dem die Chronik reicht, geplant und entworfen worden sein. Grundlage der Bewertung der einzelnen Herrscher ist die Haltung zum Christentum und zur Kirche, das heißt praktisch, daß der *historia terrena* als Gradmesser ihres Wertes die *historia divina* – öfters repräsentiert durch die zeitgenössischen Heiligen und Märtyrer – korrespondiert. Einzelne wichtige Legenden sind in den umfänglichen Text eingefügt, deren Todesauffassung eigens zu besprechen wäre.

Wir konzentrieren uns hier auf das Ende der Kaiser, deren Berichte oft nicht nur ihren Tod betreffen, sondern auch ihr Schicksal im Jenseits, das sich im Tode entscheidet. Die Todesart ist eng verbunden mit einer persönlichen Charakteristik der einzelnen Kaiser. „Die Todesarten der Kaiser gehören wie die Regierungszeiten zum festen Inhalt der Schlußformeln. Von den 36 römischen Kaisern sterben 22 eines unnatürlichen Todes durch Selbstmord, Gift, Blitz, Wasser, Mord und Teufel. Nur einer von ihnen, Philippus, der erste christliche Kaiser, stirbt in der Rolle eines Märtyrers. Nur 14 Kaiser sterben eines natürlichen Todes an Blutschlag, Wassersucht und Podagra oder unbestimmt gelassenen Krankheiten. Auch hier zeigt die Kaiserchronik manche Eigenwilligkeiten gegenüber den mehrfach von anderen Todesarten berichtenden Chronisten. Denn nicht um des historischen Sachverhalts willen, sondern allein wegen der paradigmatischen Bedeutsamkeit des Todes als Bestandteil einer typischen Herrscherrolle findet diese Todesart in dieser Dichtung Erwähnung. Nero, der ärgste Verfolger der Christen, findet den sündhaftesten und schlimmsten Tod." [8] Nachdem er Paulus und Petrus hatte töten lassen, wurde Nero krank, bekam die Podagra, danach die *vergihte* (Zuckungen, Krämpfe, Gicht), sodann die *miselsuht* (Aussatz), dann wird er tobsüchtig: Er läßt sich 13 Senatoren ins Schlafzimmer kommen und ihnen die Köpfe abschlagen; das noch blutige Schwert läßt er sich reichen und stößt es sich in den Leib. [9] Das Sterben des Kaisers Nero geht also in vier Stufen vor sich: 1. Anzeichen des Todes in den verschiedenen Krankheiten, 2. die Gewißheit des Todes, sich äußernd in der Tobsucht, 3. Selbstmord und 4. Höllenfahrt. Anderswo bezeugt sich die Todesgewißheit in den Äußerungen von Todesfurcht, in Gebeten oder Bußleistungen, hier dagegen in einem dämonischen Willen, andere Menschen in den Tod mithineinzureißen. „Da der Tyrann sich gegen den Tod nicht zu erheben vermag, so erhebt er sich mit dem Tode gegen alles Lebendige (4280–86); das vanitas- und ebenaere-Motiv, das bisher allein Begleiter der Gestalt des Todes war, wird hier auf die Gestalt Neros übertragen (4285): der vom Tode Gezeichnete wird gleichsam zur Verkörperung des Todes selbst, der die Gleichmachung alles Lebendigen in grausamer Vernichtung bedeutet." [10]

Vorbildliche Herrscher wie Constantin, Theodosius, Dietrich (Gatte der Crescentia) und Heinrich II. dagegen finden ein sehr sanftes Ende: *die engele von himile ladeten sîne sêle* (10510). Ordentliches Begräbnis und Totenklage sind zusammen mit dem nicht gewaltsamen Ende eine Auszeichnung, die den Tyrannen nicht zugesprochen werden kann. Überhaupt muß man die Behandlung des Herrschertodes in der Kaiserchronik als einen direkten Ausfluß der herrschenden Auffassung über den Tyrannentod ansehen. Ohly hat in seinem Buch ›Sage und Legende in der Kaiserchronik‹ ausführlich darauf hingewiesen:

Die Behandlung des Herrschertodes gilt es zu verstehen im Zusammenhang der mittelalterlichen Anschauung vom Tyrannenmord. Johannes von Salisbury hat um die Mitte des 12. Jh. in dem Regentenspiegel seines Polycraticus auch dem Problem des Herrschertodes besondere Erörterungen gewidmet. In der verschiedenen Einstellung zu Recht und Gesetzlichkeit liegt der Wesensunterschied zwischen dem tyrannus und dem princeps. Dieser ist im Dienste des Rechtes Verwalter göttlicher Macht. Im Namen der Kirche, aus deren Händen er es empfing, trägt er das Schwert des Gerichtes, um das schuldige Vergießen von Blut zu verhindern (MPL 199, 516a). Sein Recht ist göttlich und kann nicht ungestraft aufgelöst werden. Frevel gegen den princeps bedeutet ein *crimen gravissimum et proximum sacrilegio, quia sicut illud Deum attentat, ita et istud principem, quem constat esse in terris quamdam imaginem Deitatis* (626d). Der tyrannus sagt dagegen allem Rechte ab als *hostis publicus*. Das Verbrechen seiner Willkür wird am Leibe der Gerechtigkeit selbst begangen. Wer aus Vermessenheit zum Schwerte greift, muß durch das Schwert umkommen. Deshalb ist es nicht nur erlaubt, sondern Recht und Pflicht, den Tyrannen zu ermorden. Wer ihn nicht verfolgt, vergeht sich an sich selbst und dem ganzen irdischen Staate, weil der Tyrann wie ein verurteilter Feind anzusehen ist (792c und 512b). In dem Kampfe zwischen principatus und tyrannis vollzieht sich auf der irdischen Ebene die ewige Auseinandersetzung zwischen Gott und dem Teufel. Denn wie der princeps eine *imago quaedam Deitatis* ist, so ist der Tyrann die *adversariae fortitudinis et Luciferianae pravitatis imago* (778a, 779c). Im Gesamtplane der göttlichen Vorsehung erscheint seine zeitliche Macht jedoch nicht als sinnlos, weil erst Sünde des Volks und Versagen der Kirche seine Herrschaft herbeirufen und Gott in seiner Erscheinung nur Gutes wirkt, indem er die Gegenkräfte auf den Plan ruft. *Ergo et tyranni potestas bona quidem est, tyrannide tamen nihil est pejus* (786a). In einem eigenen Kapitel ›De morte Julii Caesaris et aliorum gentilium tyrannorum‹ (VIII, 19) setzt Johannes von Salisbury die Todesart der römischen Kaiser von Caesar bis Severus ausdrücklich in Bezug zu der Art ihres Herrschertums, um sie im positiven oder im negativen Sinne zu erklären und zu rechtfertigen, indem er die Ermordung der Tyrannen als für die Mörder „ehrenvoll" und „ruhmreich" (788d, 793b), die wenigen Fälle eines natürlichen Todes aber als Belohnung für vorbildliche Herrschertugenden auch heidnischer Kaiser hinstellt. Der Dichter der Kaiserchronik befindet sich in der Art, wie er den Herrschertod behandelt, in völligem Einklang mit diesen Anschauungen. Man muß also die zeichenhafte Kürze seiner Formelangaben aufzulösen wissen, den Blitzschlag als typischen Tyrannentod, den Tod an der Wassersucht etwa als Auszeichnung eines vorbildlichen Herrschers verstehen, um aus solchen Zeichen sogleich den typischen Habitus einer Kaisergeschichte erschließen zu können.[11]

Der Dichter der Kaiserchronik ist öfter um die Seele des verstorbenen Kaisers bemüht; sein Jenseitsschicksal, das wie eine Vorausnahme des Jüngsten

Gerichts zu werten ist, wird daher manchmal durch Fürbitte und stellvertre-
tende Buße eines Heiligen zu beeinflussen versucht. Mit Erfolg, wie die Errettung Trajans aus der Hölle durch den Heiligen Gregorius (6031–6082) zeigt.
Nachdem Gregorius für sein eigenes Seelenheil gebetet hat, macht ihn ein
Engel darauf aufmerksam, daß er auch für die Heiden beten solle, denn diese
seien von den Christen getrennt. Hierauf wird ihm vom Engel Macht darüber
gegeben, die Seele des Kaisers aus der Hölle zu sich zu nehmen und sie bis
zum Jüngsten Gericht bei sich zu bewahren. Das Grab öffnet sich, die Seele
steigt nochmals in den Leib Trajans und wird dann von den Engeln aufgenommen. Der Teufel rast weheschreiend von dannen: Das Licht verlöscht,
die Häuser bersten auseinander, wenn der Teufel *in gotes haz* (6073) sich da-
vonmacht. Elemente des Jüngsten Gerichts ragen hier in das puppenspielhaft
geschilderte Erlösungsgeschehen um den Kaiser Trajan herein.

In ähnlicher Weise wird der Kaiser Julian durch die Jungfrau Maria erlöst.
Wichtig ist die Form der Darstellung dieser Jenseitsschicksale. Alles ist auf
eine höchst realistische Konkretisierung abgezweckt.[12] Dadurch ergeben sich
nicht eben selten humoristische Nebenwirkungen, da transzendentale Vorgänge an sich gegen solche Konkretisierungen sich verweigern. Aber Tod und
Jenseitsschicksal haben hier eine aus der romanischen Kunst bekannte holz-
schnittartige Insistenz, wirken (für uns heute) komisch, dann, wenn das Stati-
sche in Bewegung überführt wird, wenn der Engel, anstatt stumme Gegenwart zu sein, zu sprechen und zu agieren beginnt, wenn der Teufel, anstatt zu
starren, umherrennt und schreit usw. Mindestens sind wir an eine in Bewegung überführte romanische Kunst nicht gewöhnt, so daß sie uns seltsam
anmutet.

3. Rolandslied

Friedrich Ohly hat einmal angemerkt, daß es „zum schwer Begreiflichen
der Dichtungsgeschichte" gehört, „daß in der Epoche eines guten halben
Jahrhunderts vor und nach 1200 in einer auf sittliche Steigerung der Person,
auf Durchgang auch durch Schuld zur Freude und auf Heiligung des Lebens
durch Gottes Erwählte gerichteten dichterischen Umwelt in Minnesang, Artusroman und Legende einige der großartigsten epischen Werke deutscher
Sprache für sich, jeweils in ihrer Art allein, mit einer Schrecklichkeit des Geschehens stehen, daß einen das Schaudern ankäme, wenn nicht das Furchtbare der Abläufe durch die mit Form und Gattung, mit dem Geheimnis der
Verwandlung durch die Kunst ihm eingeprägten Sinn zur staunenden Bewun-
derung ertragbar würde".[13]

„Dem Rolandslied, dem Nibelungenlied, dem ›Willehalm‹ Wolframs von
Eschenbach und dem großartigen Prosa-Lancelot ist bei allem Unterscheidenden gemein, daß ungezählte Menschen, Hekatomben Unschuldiger – im

Rolandslied und ›Willehalm‹ Menschen der ganzen Erdenwelt – geopfert in den Tod unter Waffen gehen, weil das über sie gebietende Geschick es will."[14] Die Faszination des homerischen Geschehens, daß aus Anlaß eines privaten Schicksals – der Entführung Helenas – die Welt in einen gewaltigen Krieg gestürzt wird, ist im Mittelalter in mindestens zwei voneinander grundsätzlich verschiedenen Versionen neu aufgebrochen. Da ist zunächst die christliche Version des Heldenepos, auf der französischen Chanson de geste sich abstützend und geprägt durch den Kampf um den richtigen Glauben. Im ›Willehalm‹ (um 1215–18) und im Rolandslied des Pfaffen Konrad (um 1170) geht es beide Male um die konkret geschichtliche Gestaltung des Gottesreiches im Kampf gegen das heidnische Mohammedanertum. Eine Konfrontation von Orient und Okzident, deren kämpferisch ausgetragener Grund die beidseitige Verweigerung der Bekehrung ist. „Die blutigen Vollstreckungen der Glaubenden an den anders Glaubenden geschehen mit der Unerbittlichkeit des Alten Testamentes, die für Erbarmen keinen Raum weiß."[15] Einzig der metaphysisch begründete Aufwand eines schrankenlosen Opfers mit der Aussicht auf ein absolutes Heil für die Menschheit und ihre Geschichte lassen die Art, wie hier ein unbegreifliches Wissen um das eigene Recht und das fremde Unrecht verherrlicht werden,[16] halbwegs verständlich werden, insbesondere dann, wenn man nicht die Botschaft des Neuen Testaments, sondern die kämpferische Gottesvorstellung des Alten Testaments als Modell nimmt.

Das Rolandslied ist ein Muster konsequenter, unerbittlicher Schwarzweißmalerei und spiegelt aufs härteste eine Kreuzzugsgesinnung, deren konkreten Bezugspunkt sowohl für den Heiden wie den Christen in je verschiedener Weise der Tod und die Letzten Dinge darstellen. Alles, was geschieht, hat eine Zielrichtung auf den Tod und auf das Jenseitsschicksal des Menschen. Um 1170 (oder gar schon um 1130 oder 1150) durch den nicht näher bekannten Pfaffen Konrad in archaischen Versen aus dem Französischen übersetzt, gehört das Rolandslied von seinem bairischen Dialekt und engen sprachlichen und stilistischen Übereinstimmungen mit der ›Kaiserchronik‹ her zum welfischen Herzogshof in Regensburg. Gegenüber der französischen Vorlage, die um 1100 – vor oder nach dem ersten Kreuzzug – entstanden ist, hat die deutsche Fassung – um die Hälfte breiter als die französische – eine sehr viel stärkere Betonung des religiösen Moments aufzuweisen. Obwohl sich der Gehalt des Ganzen auf einen Spanienfeldzug Karls des Großen im Jahre 778 bezieht, da die Nachhut des fränkischen Heeres in einem Engpaß bei Roncesvalles von den nachrückenden Basken überfallen und aufgerieben wird, findet das hier gestaltende epische Bewußtsein keine Schwierigkeit, das historische Ereignis in „außerzeitlichen mythologischen Szenen"[17] zu gestalten. Wichtig ist einzig die Konfrontation zweier geistig-religiöser Systeme, das der vorbildlichen Christen und das der davon negativ abfallenden Sarazenen.

Das *Memento mori* tritt hierin als gestaltendes Motiv wesentlich zurück, obwohl es als Anlaß einer wesentlicheren Kategorie der Todeserfahrung wenigstens als Motiv noch gegenwärtig ist.[18]

Daß die christlichen Streiter dieser Forderung Genüge tun, ist selbstverständlich und erweist sich triumphal in der agonalen Situation, da ein Ausweg ins Leben keinerlei Möglichkeit mehr darstellt. Die Gesamtheit des christlichen Heeres faßt das Sterben im Kampf gegen die Sarazenen in die religiöse Bestimmung des Martyriums, das himmlischen Lohn verheißt und bis zu einem gewissen Grade auch schon hienieden durch direkte Einwirkungen eines nicht allzu transzendenten Gottes in seinem Heilscharakter erfahrbar ist. Die Vorbereitung der Christen zur Schlacht geschieht im Gebet, das ein ganzes Programm asketischen Lebens ratifiziert: 3393–3463. Solche Form der *militia Christi* entspricht bis auf Einzelheiten der Schilderung des Templerordens, den Bernhard von Clairvaux in seiner 1132/36 entstandenen Schrift ›De laude novae militiae ad milites Templi‹ programmatisch entworfen hat, wo vor allem festgehalten ist, daß, „wenn er (der Templer) . . . für Christus den Tod bringt oder in den Tod geht, *nihil habeat criminis, et plurimum gloriae mereatur*, so ist er frei von Schuld, ja er verdient mehr: die Herrlichkeit".[19]

Der Gedanke vom verdienstlichen Martyrium im Kampf gegen die Heiden hält sich durchs ganze Werk bis in die Schilderung realen Sterbens hinein durch. So versichert Roland, wenn er erklärt, wieso er das Horn nicht zu blasen gedenke, gleichzeitig todesmutig und todeslüstern seine Abneigung gegen eine solche Hilfsaktion: 3870–3898. Dieser Glaube macht die Christen zu Siegern selbst im Untergang (6407 f.). Auffällig ist, daß die Heiden immer wieder versichern, daß Roland und seine Gefährten den Tod *suchen*, weil sie eben auf das höchste Ziel hinstreben, während die Heiden für ein Phantom kämpfen und sterben.[20] Die Aktionen der Christen sind derart, daß sie in ihrer Kampfeswut (5948 ff.) den Jüngsten Tag herbeischwören. Ihr Kampf ist eschatologisch und geht um nichts weniger als um das Reich Gottes, das – mit dem biblischen Hinweis – als nahe erkannt wird (3905 ff. die Worte des Bischofs Turpin). Die Christen als einzige haben auch Anrecht auf einen menschenwürdigen Tod, während die Heiden als deren Widerpart keinerlei Möglichkeit eines solchen, geschweige denn eines Begräbnisses haben. Das Grab und die Bestattung als eine dem Menschen aufgegebene Pflicht ist im übrigen im Lager der Christen besonders stark ausgeprägt. Roland hat zunächst, nachdem die Kämpfe vorüber sind und er als einziger überlebt hat, nichts anderes im Sinn als die Bestattung seiner Kampfgefährten.

Todesfurcht hat in dieser Konstellation keinen Platz. Einzig der Verräter Genelun (1539 ff.) erweist sich vorübergehend so charakterschwach, Angst um sein Leben zu äußern.

Bei dieser Ausgangslage – Kampf der sieggewohnten Christen gegen die a priori dem Satan verfallenen Heiden – liegt die Emphase zunächst auf dem schmählichen Tod der Heiden. Sie werden buchstäblich von den Christen des Rolandslieds in Stücke gehauen. Zahlreich sind die Stellen, an denen Roland und andere christliche Streiter ihre Feinde unter giftigen Reizreden von der Schulter an mitten durchschlagen und so den Feind mitsamt seinem Pferd in zwei Hälften teilen. Oder: *daz houbet uiel ain halp uf den stain, / der potih uiel ander halp ze tal* (4912 f.). Das Sterben der Heiden ist verächtlich:

> di haiden we sungen.
> si grinen sam die hunde.
> si uielen alle stunde
> mit blute berunnen.
> (4836 f.)

Man schlägt sie wie die Hunde (5156 f.) oder wie das Vieh (8310) nieder. So wie die Christen durch den Tod den Himmel erlangen, so bleibt den Heiden die Hölle. So stirbt ein Heide:

> Do geuie Durndart
> aine egesliche durchuart
> uon deme helme unze an die erde.
> er sprach: ‚hiute ware du ain herre.
> nu bistu ze ase worden.
> der tiuel hat dine sele erworuen.‘
> (5016 ff.)

Die Heiden sind *des tiuveles geswarme* (3380); sie sind *Haiden di uerworchten* (3465), die sich bei Leib und Leben in die Gewalt des Teufels begeben; ihr Wehgeschrei, wenn sie bedrängt werden, hört man über drei Meilen hin; sie sind *des tiueles higen* (dem Teufel zugesprochen, 4440). Während den Christen mitten im Kampf aus göttlicher Barmherzigkeit ein erfrischender Tauregen oder ein kühlender Wind (4454 ff., 5626 ff.) zur Regeneration gereichen, sind die Heiden kämpferisch töricht bis zur Selbstvernichtung: Sie erdrücken sich selbst im Getümmel (4449), ihre Leichen türmen sich berghoch (4164 f.), ihr vergossenes Blut wird zum reißenden Strom, darin ihre Götterbilder mitsamt den Toten hinweggespült werden, oft aber auch die lebenden Streiter elendiglich ersaufen (4335–4370; 4472). Auf rätselhafteste Weise sind die Christen weder durch die Berge von Leichen noch durch die reißenden Ströme von Blut behindert. Während die Heiden zu Tausenden und Zehntausenden fallen, fallen die Christen als Individuen und werden in umfänglichen Aristien in ihrem Untergang geschildert. Sie fallen mit dem Segen des Himmels; ihr Tod ist schon Seligkeit, Hochzeit: 4635–4658; 4940–4948; 4578–4588. Die Heiden sind durch *superbia*, die Ursünde des Stolzes, gekennzeichnet (4604 ff.); sie kämpfen bloß um irdische Herrschaft und nicht um das ewige Heil wie die Christen (4719 f.); daher sind sie *veige*, zum Tode bestimmt (4691 ff.). Sie heulen wie die Hunde (4836 ff.); sie schmelzen wie

Schnee an der Sonne (5172); sie sind dem Vieh vergleichbar (5420 f.); anders als die Christen, die den Tod aus idealen Motiven suchen, bieten sich die Heiden aus Erschöpfung und Unfähigkeit dem Todesschlag an (5549 f.); sie verwesen sogleich, wenn sie totgeschlagen sind (6236); sie sind *uil ellente*, Fremde, Barbaren (6369); auf den Ratschlag des Teufels ertränken sie sich flüchtend in einem Fluß (7060 ff.); sie sind von Gott selber Geschlagene, die in der Hölle brennen müssen (7674 ff.). Die Verächtlichkeit von Menschen ließe sich schärfer kaum mehr ausdrücken, als es in diesen monotonen, immer wieder in exemplarischen Zweikämpfen sich äußernden, agonalen Situationen geschieht. Die Parteilichkeit der Schilderung ruht auf der grundsätzlichen Verschiedenheit zweier Todesformen, deren eine paradigmatisch heil, deren andere verderblich ist.[21]

Die Christen sterben menschlich; sie sterben ganz nach mittelalterlichem Verständnis langsam, rituell. Sie haben Zeit, selbst wenn sie mit lebensgefährlichen Wunden gezeichnet sind. Eine Dreiteilung ist in diesen Szenen deutlich zu erkennen: 1. das Gebet im Augenblick des Todesbewußtseins, 2. der Augenblick des Sterbens und 3. die Verklärung. Das Diesseits wird vorbildlich verlassen, langsam, aber stetig, so daß nichts an Vorbildlichkeit verlorengeht. Die drei Helden Roland, Oliver und Bischof Turpin werden ausführlich bei ihrem Sterben geschildert. Das Sterben Rolands mag noch kurz betrachtet werden. Nachdem er Olivers Tod beklagt und mittendrin die Hornklänge von Karls Hilfstruppen vernommen hat, sagt er: *nune mac ich leben mere* (6750). Er fällt in Ohnmacht; Turpin, der noch todwund lebt, möchte ihm helfen, stirbt aber unterdessen. Roland setzt sich unter einen Baum, nach Spanien gewandt, und möchte hier sterben. Ein bösartiger Heide versucht, weil er ihn tot glaubt, ihm das Schwert und das Horn Olifant zu rauben. Mit dem Horn schlägt der sterbende Roland den Heiden tot. Die erste Aktion Rolands danach ist zunächst noch ganz irdisch: Er möchte sein Schwert Durndart auf den Steinen zerschlagen, damit die Heiden es nicht gegen Christen gebrauchen können. Das Schwert widersteht allen Versuchen, es zu zerstören. Für Roland aber ist Anlaß gegeben, über viele Verse hin im Zwiegespräch mit seinem Schwert alle seine Taten (6825–6888) zu beschwören. Die in dem Schwert eingefaßten Reliquien erinnern ihn daran, daß er sterben muß. Er erhebt seinen Handschuh zu Gott; ein Engel nimmt ihn entgegen; danach *uiel er in crucestal* (6895) und betet eine eigentliche *commendatio mortis*: Gott möge ihm seinen Engel schicken und ihm gnädig sein, damit kein Dämon die Himmelsreise störe. Er bittet weiterhin für den Kaiser, für die frommen Franzosen: Sie mögen alle in Abrahams Schoß wieder zusammenkommen. Danach legt er sich auf die rechte Seite, neigt sein Haupt, faltet die Hände, befiehlt dem Allmächtigen seine Seele. Die Engel Michael, Gabriel und Raphael sind seine Gefährten in der Seligkeit. Die Reaktionen Gottes auf den vorbildlichen Tod Rolands lassen nicht auf sich warten:

Do Rŏlant uon der werlt verschît,
uon himil wart ein michel liecht.
sa nach der wile
chom ain michel ertpibe,
doner unt himilzaichen
in den zwain richen,
ze Karlingen und ze Yspania.
die winte huben sich da.
si zeualten die urmaren stalboume (fällten riesige Bäume).
daz liut ernerte sich chume.
si sahen uil diche
di uorchlichen himilblicke.
der liechte sunne der relasc.
den haiden gebrast.
diu scheph in uersunchen.
in dem wazer si ertruncken.
der uil liechte tac
wart uinster sam diu nacht.
di turne zeuielen.
diu scone palas zegiengen.
di sternen offenten sich.
daz weter wart mislich.
si wolten alle wane (sie glaubten alle),
daz di wile (die Stunde) ware,
daz diu werlt uerenden solte,
unt got sin gerichte haben wolte.

(6924–6949)

Der Bezug dieser Schilderung auf die im Neuen Testament geschilderte Reaktion auf den Tod Christi und auf das Jüngste Gericht ist offensichtlich. Die
individuelle Eschatologie ist eingebunden in die allgemeine; und wenn ein
vorbildlicher Mensch stirbt, dann ist das nur im Rückbezug auf die Vorbildlichkeit des einstigen und wiederkommenden Christus möglich. Die Licht-
phänomene, die nach dem Tode sowohl Olivers wie Rolands eintreten, sind
bekannt aus der Heiligenlegende.

Das sind aber noch bloße Andeutungen. Beim Tode des Bischofs Turpin
kann der Dichter deutlicher werden: „An ihm als einzigem wird der Weg der
Seele ins Jenseits sichtbar gezeigt." [22]

Die Engel scheiden die Seele vom Leichnam, sie bringen ihren Schützling
in den Chor der Märtyrer, zum obersten Thron. Der Herr empfängt ihn mit
einem Psalmzitat: „Zeuch einher der Wahrheit zu gut" (Ps. 44, 5).

Der Christ Turpin dagegen stirbt in der folgenden Weise:

diu ougen im uergiengen,
uz im uielen,
al daz in im was.

uůr toter gesaz er an daz gras.
done machtes langer rat sin,
tot uiel der biscop Turpin.
di engel di sele hin schieden,
si forten den lieben
zu der marterere chore,
zu dem oberisten trone.
unser herre enphinc in wol da.
er sprach: ‚procede et regna.‘
(6759 ff.)

Was wichtig ist: Die Christen fallen nicht wie die Heiden den Vögeln zum
Fraß (6051 f.). Sie sterben im tröstlichen Bewußtsein, daß ihre Leichname in
geweihter Erde bestattet werden: *si nement unseren lichenamen, / si furent si
zeware / in gesegente chirichhouse* (6045 ff.). Die Totenbestattung wird vom
Kaiser Karl denn auch anbefohlen und als kultische Handlung aufgefaßt.
Denn nicht nur von den Seelen der Verstorbenen geht der Segen aus, sondern
auch von ihrem *hailigen gebeine* (8641 ff.). Vor allem: 7579–7622.
    Trotz aller Vorbehalte, die man gegen die Feindbildideologie des Rolands-
lieds vorbringen muß, ist auf der andern Seite der konsequente, bisweilen
hart scheinende Zugriff positiv hervorzuheben, mit dem hier Diesseits
und Jenseits, Leben und Tod zusammengezwungen werden. Am Todesgedanken konkretisiert sich hier eine politische Theologie oder theologische
Politik von unerhörter Wucht, die gerade das Unterschiedlichste – Waffenhandwerk und Jenseitsbestimmung – in e i n e Linearität des Geschehens
einspannt.
    Einiges wäre noch zu den Totenklagen zu sagen, welche die zurückbleiben-
den Gattinnen – die schon bekehrte Heidin Berchmunda und Alda, die Frau
Rolands – überwältigen, aber schon die kämpfenden Christen und dann wieder Karl übermächtigen. Hier brechen Verzweiflung und Gedanken an Rache
auf, aber auch der Gedanke an Nachfolge im Tode, bis dann die Urgewalt
solcher Klage gebändigt wird durch den Gedanken an die Fürbitte, die die
Verstorbenen für die Lebenden bei Gott vorbringen können.
    Die Stellen im ›Willehalm‹ Wolframs von Eschenbach, an denen sterbende
Helden geschildert werden, sind ähnlich wie jene des Rolandslieds. Nur ist
– zum Beispiel beim Tode des jungen Christen Vivianz – der Tod des christlichen Helden in die Sphäre des christlichen Heiligen entrückt. Der Anfang
des Sterbens Vivianz' ist ganz realistisch geschildert:

dô heschte und ranste
der wunde lîp in sîner [des Oheims] schôz:
dez herze tet vil manegen stôz,
wan er mit dem tôde ranc.
                                   (64,2 ff.)

Nach der Unterredung mit dem Oheim, der ihm das Abendmahl reicht, ist man plötzlich gewahr, dem Sterben eines Heiligen beizuwohnen:

> ‚diu sêl wil hinnen gâhen:
> nu lâz mich balde enphâhen
> ob du'r ze helfe iht wellest geben.‘
> dô erz enpfienc, sîn jungez lebn
> erstarp: sîn bîhte ergienc doch ê.
> reht als lign alôê
> al die boum mit fiwer waern entzunt,
> selch wart der smac an der stunt,
> dâ sich lîp und sêle schiet.
> sîn hinvart alsus geriet.
> (69,7ff.)

Bei Wolfram kommt natürlich auch bei der Schilderung des Todes seiner Helden seine gewohnte Meisterschaft im Umgang mit der exquisiten Metapher zustatten. So heißt es:

> dâ spürte man diu swert
> sô, daz manec heiden wert
> dâ der orse teppech wart.
> (20,19)

Die ungehemmte Verachtung der Heiden ist bei Wolfram zudem gemildert zu einer maßvollen Vorstellung vom ‚Edlen Heiden‘, der – ähnlich wie die Christen – schließlich doch *gotes handgetat*, Gottes Schöpfung, ist. Der Konflikt wird durch diese Mäßigung durch einen theologisch begründeten Toleranzgedanken nicht etwa harmloser, sondern im Gegenteil tragischer.

4. Nibelungenlied

Völlig hoffnungslos wird das umfangreiche Sterben wertvollster Helden dann, wenn die metaphysische Beglaubigung des Kampfes entfällt und der Grund des Konflikts bare irdische Leidenschaft, Zorn, Haß, Neid, Rache, in jedem Fall private Erregung der Leidenschaft ist. Die Aufsuche von Sinn ist hier besonders schwierig. Und doch lebt die ganze Gattung des germanisch bestimmten Heldenepos von diesem Dunkel eines fraglosen, dunklen, tödlichen Geschicks, das aus kleinstem Anlaß ganze Völker in Tod und Verderben schickt. Am 16. November 1808 notiert Goethe, nachdem er im Nibelungenlied gelesen hat, das folgende: „Betrachtungen über den Reflex von oben oder von außen gegen das Untere und Innere der Dichtkunst, z. E. die Götter im Homer nur ein Reflex der Helden; so in den Religionen die anthropomorphistischen Reflexe auf unzählige Weise. Doppelte Welt, die daraus entsteht, die allein Lieblichkeit hat, wie denn auch die Liebe einen solchen Reflex bildet; und die Helden wie eherne Wesen nur durch und für sich existieren."[23]

Diese Reflexlosigkeit des Nibelungenlieds beruht in der Art, wie hier Sterben und Tod keinen andern Sinn hat als den eines das Heldenleben beschließenden Fait accompli. Gewissermaßen noch bevor das Leben sich hat ereignen können, ist es fatalistisch ein abgeschlossenes. Hagen, der düsterste Held dieses Lieds, ist sich von Anfang an durchaus im klaren, daß er mit der Ermordung Siegfrieds und dem Zug der Burgunden zu Etzel ein Geschick für alle verderblichster Art ins Spiel setzt: Sein einziges Bestreben ist ein möglichst heldischer Tod für alle. Sind im höfischen Roman erzählerisch erstmals die Möglichkeiten einer „transzendentalen Obdachlosigkeit" (Lukács) als die Chance kultureller und menschlicher Freiheit und Abenteuerlichkeit eröffnet, so ist im gleichzeitig sich repristinierenden Heldenlied fatale Transzendenzlosigkeit, Geschlossenheit und Düsternis gegeben.[24]

Da Sterben hier die höchste Selbstverständlichkeit darstellt, ist es auch nicht sonderlich erwähnenswert. Einzig was zum Tode führt, der Kampf als die den Helden verherrlichende Aristie ist breit ausgeführt. Eine gewisse verwegene Fröhlichkeit bezeugt sich etwa in Interjektionen wie: *hey was guote degene vor in veige gelac!*[25] Das Bestimmtsein zum Tode, das das Heldenleben durchwaltet, ist als agonale Situation verwirklicht. Das Sterben selbst ist gnadenlos, ohne Aussicht auf ein Jenseits, obwohl Siegfried als Christ stirbt, stirbt er keinen christlichen Tod.[26]

Denn die Gedanken des sterbenden Helden gelten nicht Gott und der Vergeltung im Jenseits, sondern seinen Mördern und seiner schutzlosen Gattin, die er Gunther empfiehlt. Und schließlich auch der Tod der Burgunden und der Hunnen, „sterben einen gnadenlosen Tod, der heraufgerufen wird durch die Rache einer Frau, Kriemhilds, die sich für das ihr angetane *herzeleit*, für Siegfrieds Ermordung rächt"[27]. Tatsächlich entsteht aber ein Problem dort, wo ein christliches Motiv in einem entscheidenden Sinn einbricht, nämlich in der Gestalt Rüedegers, der als Gastfreund der Burgunden und Schwiegervater Giselhers Gunther und seinen Gefolgsleuten verpflichtet ist; aber als Lehensmann Etzels und wegen seiner Eide hat er Kriemhild zu gehorchen. Von ihr aufgefordert, gegen seine Gastfreunde zu kämpfen, ruft er aus:

> ‚Daz ist âne lougen,   ich swuor iu, edel wîp,
> daz ich durch iuch wâgte   êre und ouch den lîp:
> daz ich die sêle vliese,   des enhân ich niht gesworn.
> zuo dirre hôhgezîte   brâht' ich die fürsten wol geborn.'
>   (2150)

Hier wird die *êre* mit der *sêle* konfrontiert, und damit wird auch das große Problem des Heldentods genannt. Die Konsequenz aber aus diesem Gedanken, nämlich die Seele zu retten und nicht gegen die Freunde zu kämpfen, zieht Rüedeger nicht: Er setzt die Seele aufs Spiel, um *triuwe* und *êre* zu bewahren.

Und auch in der Endphase des Lieds, als alle Burgunden tot und nur noch Gunther und Hagen übrig sind, geht es letztlich um nichts anderes als um stures Beharren und um die Gier nach Gold. Die beiden werden von Dietrich von Bern im Kampf, dann auch im Ringkampf überwunden und vor Kriemhild gebracht. Sie läßt zunächst ihrem Bruder Gunther das Haupt abschlagen: Das Haupt an den Haaren in den Händen tragend, kommt sie vor Hagen und fordert Auskunft über den Ort des Nibelungenschatzes. Höhnisch antwortet Hagen:

> ,du hâst iz nâch dînem willen   z'einem ende brâht,
> und ist ouch rehte ergangen   als ich mir hête gedâht.
>
> Nu ist von Burgonden   der edel künec tôt,
> Gîselher der junge,   und ouch her Gêrnôt,
> den schaz den weiz nu niemen   wan got unde mîn:
> der sol dich, vâlandinne,   immer wol verholn sîn.'
>
> (2370, 3 ff.)

Darauf erschlägt Kriemhild mit Siegfrieds Schwert, das an der Seite des gefangenen Hagen hängt, diesen eigenhändig. Hildebrand, der Waffengefährte Dietrichs, mußte das mitansehen, daß ein Held von den Händen eines Weibes erschlagen wird.

> Hildebrant mit zorne   zuo Kriemhilde spranc.
> er sluoc der küneginne   einen swaeren swertes swanc.
> jâ tet ir diu sorge   von Hildebrande wê.
> waz mohte si gehelfen   daz si sô groezlîchen schrê?
>
> Dô was gelegen aller   dâ der veigen lîp.
> ze stücken was gehouwen   dô daz edele wîp.
> Dietrich und Etzel   weinen dô began,
> si klagten inneclîche   beide mâge unde man.
>
> (2376 f.)

Auch *diu vil michel êre / was dâ gelegen tôt* (2378, 1); das Worumwillen des Ganzen ist letztlich doch auch nur bare Vergeblichkeit. Weinen und Klagen ist das Ende der Geschichte von der *Nibelunge nôt*.

Resultat all dieser Kämpfe, denen jeder Ausblick in eine andere Welt und damit jede tiefere Begründung fehlt, ist in einem buchstäblichen Sinn Leere. Wo vorher Helden waren, bleibt nun die Nichtigkeit des leeren Raums zurück, den sie ausfüllten, solange sie lebendig waren. Wesentlich ist die Handlung, die vom Leben zum Tode führt; sie schafft gewissermaßen einen Handlungsraum, dessen Räumlichkeit nicht dreidimensional in einem abstrakten modernen Sinn aufgefaßt wird, sondern eine Räumlichkeit, die sich definiert einzig durch die Leiblichkeit und Körperlichkeit der Kämpfenden. Diese allgegenwärtige, an die Leiblichkeit der Kämpfenden gebundene Räumlichkeit erlischt radikal, wenn die Körperlichkeit der Kämpfenden im Tode niedersinkt. Das heißt, daß dieses Dasein für die Helden selbst kaum erträglich ist, weil es so komplett in die Leiblichkeit und deren kämpferische Gegenwärtigkeit eingebunden ist. Der Raum, den sich der Held selber als eine Form sich bewahrender und agonaler Leiblichkeit schafft, ist eng. Am deutlichsten ist das bei Rüedeger spürbar, der das Dasein naturgemäß als besonders beengend erfährt:

> Swelhez ich nu lâze   unt daz ander begân,
> sô hân ich boeslîche   und vil übele getân.
> lâze aber ich si beide,   mich schiltet elliu diet.
> (2154, 1 ff.)

Sein Dasein ist so schwer, daß er bedauert, je es auf sich genommen zu haben: *Owê mir, sprach der recke,   daz ich ie den lîp gewan* (2136). Das Verstricktsein in diese totale und gänzlich auf sich selber gestellte Körperlichkeit drängt zum Tod als deren Aufhebung. Die Lebenden sind *veige* zum Tode bestimmt. Setzt das agonale Sterben einmal ein, dann ergibt sich ein Sog, dem keiner, der leiblich gegenwärtig ist, entrinnen kann und will. Die zunächst überleben bedauern, vor Leid im Moment noch nicht sterben zu können:

> Owê daz vor leide   niemen sterben enmac!
> (2323, 4)

Allerdings ist beizufügen, daß zunächst in der Person Siegfrieds sich das heldische Dasein als Mächtigkeit, als „Triumph der freien Ausdehnung und gewinnenden Weitung"[28] darstellt. Bedrängtheit und Gefahr der Beschränkung des Lebensraumes aber verschärfen sich allgemach in seinem Dasein. Ist Siegfried ermordet, dann ist kein Halten mehr für den auf ein Nichts hin das Leben einschränkenden Tod, der ohne Hoffnung auf ein Jenseits die Körperlichkeit der Handelnden bis zur Aufhebung des Raums überhaupt vereinnahmt. So ist denn heldische Dichtung tatsächlich Dichtung ohne Reflex, ohne Transzendenz und insofern notwendig letal in ihrem Ausgang.

VI. DER HÖFISCHE ROMAN

Es entbehrt nicht einer schlichten Verständlichkeit, wenn man für die fiktionale Erzählliteratur des Mittelalters die Rolle des Todes gegenüber der Unmittelbarkeit, wie wir sie aus der imperativischen Didaktik des Todes in der frühmittelhochdeutschen Literatur kennengelernt haben, wesentlich sekundärer ansetzen muß. Schließlich handelt es sich sowohl in der Heldendichtung wie im höfischen Roman um die erzählerische Exponierung eines Helden, der zunächst einmal leben will. Sein *Leben* soll auch vornehmlich dargestellt werden. So wird schon die Tatsache, daß ein Held stirbt, wenn er überhaupt stirbt, an sich bedeutungsvoll.[1]

In der erzählerischen Wertung des Todesfalls des Helden oder sogar von dessen dem Tode geweihten Geschick fällt dann allerdings sofort auf, daß der Romanheld *nicht* dem Tode verfallen ist, der Held des Epos jedoch grundsätzlich – d. h. selbst wenn er über die Konsequenz seines Handelns, die im Tode gipfelt, informiert ist – vorbehaltlos in den Tod und in den Untergang läuft, nicht ohne seine Gefolgsleute möglichst heldisch in sein Schicksal einzubeziehen. Mit kurzen Worten: Im Heldenepos ist der Tod als erzählerische Eschatologie von grundsätzlicher Bedeutung, während sich der Tod im Roman eher als Betriebsunfall (eines Turniers und dann einer Nebenperson!) darstellt, der im Gang des Erzählten sehr wohl einen Niederschlag, aber kaum eine wesentliche Funktion findet.[2]

Offenbar sind – in der Aussparung (höfischer Roman) oder in der Verherrlichung des Todes des Helden (Heldenepos) – verschiedene erzählerische Entelechien wirksam. Die Zielvorstellungen des Erzählers – des singenden Heldenepikers und des sprechenden Romanerzählers – müssen grundsätzlich und nicht nur oberflächlich andere sein. Gerade in der Haltung zum Tod drückt sich diese Unterschiedenheit am stärksten aus.

Was aber alle fiktionale Dichtung im Gegensatz zur reinen Zweckdichtung asketischer oder heilsgeschichtlicher Manier in der Haltung zum Tode in einem allgemeinen Sinne auszeichnet, ist die Beziehung des Todes auf *einzelne* Menschen – im Heldenepos kann am Ende der Tod die Endbestimmung für ganze Völker werden –, während die imperative Paränese den Tod allgemein aus der Heilsgeschichte heraus deutet und seine Sinnhaftigkeit darin aufzeigt. Diese eher lehrhafte Stellungnahme zum Tod bleibt in der Dichtung noch des 13. und 14. Jahrhunderts durchaus präsent, wenn sie auch nicht mehr die vorherrschende ist (zum Beispiel in der 'Erlösung' um 1300).[3] Sobald die Dichtung erzählerisch ein Menschenleben ausschreitet, dann muß rein von dieser

Vorausgabe her schon aller Tod, der in dieser Erzählung begegnet, in irgend-
einem funktionalen Bezug zur tragenden Gestalt des Helden stehen. (Tatsächlich kann dieser Bezug oft sehr lose sein, nichtsdestoweniger bleibt es ein
Bezug von Personen zu Personen.)

Das Eigenartige ist nun, daß – wie schon einmal bemerkt – die höfische
Dichtung im Gegensatz zum Heldenepos keinerlei sonderliches Gewicht auf
den Tod als das telos des Helden legt. Im Gegenteil, die Biographie des Protagonisten endet meist im Ungefähren, in einer Art Märchenschluß, nach dem
anzunehmen ist, daß das endlich errungene Glück zeit- und geschichtslos in
direkte Analogie zu himmlischer, hier utopischer Endlosigkeit tritt, so daß
die Romanerzählung aufhören kann mit dem vagen Hinweis, daß die Helden
fürderhin ein unproblematisch schönes Leben führen dürfen. So etwa im
›Iwein‹:

> ez was guot leben waenlich hie,
> ichn weiz aber waz ode wie
> in sît geschaehe beiden.
> ezn wart mir niht bescheiden
> von dem ich die rede habe.
> durch daz enkan ouch ich dar abe
> iu niht gesagen mêre,
> wan got gebe uns saelde und êre.[4]
> (8159 ff.)

Billiger kann es sich ein Erzähler nicht mehr machen. Die Verlegenheit vor
dem biographischen Ende des Protagonisten, die den Erzähler Hartmann er-
greift, bedeutet aber nur, daß der höfische Roman keine Dichtung mit eschatologischer Endzeithaltung ist. Seine Sinnhaftigkeit liegt viel weniger darin,
den menschlichen Tod in einen Systemzusammenhang zu stellen, als vielmehr darin, das *Leben* eines Ritters in das für es konstitutive, komplexe ritterliche Deutungssystem einzugliedern. Insofern entsprechen die meisten höfischen Romane einem Muster, das nicht durch die psychisch-lebendige Entwicklung des Protagonisten geprägt ist, sondern „das Ergebnis eines Vollzugs
mehr gedanklicher Art" ist, „der dem weithin bloß supponierten kausal-seeli-
schen Ablauf [der Heldenvita] ,aufgesetzt' ist".[5] Meist entspricht die Abfolge
einer solchen Vita – übrigens ähnlich wie in der Legende und im Märchen,
mit denen der höfische Roman verwandt ist[6] – einem doppelten Kursus:

1. Der Held erwirbt sich in einem ersten Erzählgang mit relativ unproble-
matischem Kampfeinsatz ein Gut – zumeist eine Ehefrau (Iwein, Erec, Parzival) –, das zu halten es des vollen Einsatzes seiner Kräfte bedarf.

2. In einem zweiten erzählerischen Zug gilt es, das erworbene Gut unter
Aufwand aller ideellen und agonischen Kräfte zu bewahren und neu zu erwerben. Immer ist damit verbunden die ,Reintegration und Wesenssuche'[7] des
protagonistischen Ichs selber. „Dieses Erfüllen eines Musters, dieses dialekti-

sche Heraustreten und Wesentlichwerden eines Vorgegebenen hat verschiedene bildmäßige und ideelle Aspekte: Etwa die Restabilisierung der Gesellschaftsordnung, die im Rahmen des Artusreichs vorgegeben ist und nun auflebt und aktuell wird; oder das sukzessive Heraustreten der Gralsbestimmung und Sippenordnung im ›Parzival‹; und schließlich, in enger Beziehung zur Gesellschaftsproblematik, immer wieder der Weg vom Ich zum Selbst, präludiert und begleitet von mancherlei Symbolmotivik, aber auch hinaufgeführt zu den ausdrücklicheren Haltungen der Treue, der seelischen Erschlossenheit, des Glaubens."[8]

Es ist mit andern Worten Dichtung, die mit dem Anspruch auf Sinn- und Lebensdeutung auftritt und damit den Tod als ein menschlich zentrales Geschehen aussparen kann. Das heißt natürlich nicht, daß er als funktionales Motiv nicht seine Rolle im komplexen Romanzusammenhang zu spielen hat. Zunächst ganz allgemein als Begründung ritterlicher Ehre. Man denke an die Szene im ›Iwein‹, wo der Ritter Kalogreant dem Waldschrat gegenüber den konstitutiven Sinn der ritterlichen *âventiure* trivial, aber verständlich folgendermaßen erklärt:

> nû sich wie ich gewâfent bin:
> ich heize ein rîter und hân den sin
> daz ich suochende rîte
> einen man der mit mir strîte,
> der gewâfent sî als ich.
> daz prîset in ersleht er mich;
> gesige aber ich im an,
> sô hât man mich vür einen man
> und wirde werder danne ich sî.
> (529–537)

Diese leicht humoristisch getönte Antwort auf die Frage nach dem Existenzsinn des Ritters hat ihre ernste Kehrseite darin, daß der Ritter in Zweikampf oder Turnier immer wieder in die Gefahr kommt, seinen Gegner zu töten. So wird Parzival dereinst der Totschlag am Roten Ritter Ither als Brudermord ausgelegt werden können, weil dieser ein Verwandter von ihm war. Trevrizent muß dem Verzagten am Karfreitag vorwerfen:

> du hâst dîn eigen verch erslagen.
> (475, 21)

Schuldig ist er auch am Tod seiner Mutter, die stirbt, als der junge, törichte Parzival verwegen ausreitet und sein Glück in der Welt sucht.

> dîner muoter daz ir triwe erwarp,
> dô du von ir schiet, zehant si starp.
> du waer daz tier daz si dâ souc,
> unt der trache der von ir dâ flouc.
> (476, 25–28)

Und zusammenfassend kann Trevrizent dem Verzagten vorrechnen:

> dû treist zwuo grôze sünde:
> Ithêren du hâst erslagen,
> du solt ouch dîne muoter klagen.
>
> (499, 20–22)

In der Gestalt seiner Base Sigune begegnet Parzival der Tod in recht eindrücklicher Weise; viermal trifft er sie an: das erste Mal sitzend vor einem Felsen mit dem toten Geliebten Schionatulander in den Armen (138,11 ff.), das
zweite Mal wie eine Pietà in einer Linde sitzend:

> vor im ûf einer linden saz
> ein magt, der fuogte ir triwe nôt.
> ein gebalsemt ritter tôt
> lent ir zwischen armen.
>
> (249, 14 ff.)

Zum dritten Mal erblickt er sie durch das Fenster einer Klause in der für einen
Einsiedler typischen Gebetshaltung der Prostration (438 ff.). Der Geliebte ist
begraben, sie lebt in der Haltung der Reue und Buße über seinem Grabe, weil
sie, von ihm unmöglichen Minnedienst verlangend, ihn in den Tod getrieben
hat. Schließlich findet Parzival sie am Schluß des Romans, verstorben in dieser Gebetshaltung, in ihrer Klause wieder (804 ff.). Was Wolfram mit diesem
Bild des Jammers zeigen will, ist die das Grab und den Tod überdauernde
Minne: Sigune ist eine Minneheilige, die im Attribut ihres toten Geliebten in
den Armen solche Minne bezeugt, ein Geschehen, das dann im Tristanroman
verinnerlicht sich wiederfindet: der Tod als die innerste Form und der tiefste
Gehalt der Minne!

Neben der Minne, die im Tode sich selber vollendet, meint dieser Tod
Sigunes aber auch die Buße für eine, die sich gegen die Liebe vergangen hat.
Sigune hatte nämlich von Schionatulander – wie Wolfram in seinem Alters-
werk, im fragmentarischen Titurelepos, schildert – unter Berufung auf die
Minne Unmögliches begehrt. Im Dienst für sie mußte dann Schionatulander,
ohne daß die Minne ihre Erfüllung gefunden hätte, sterben. Sein Tod ist ein
klarer Liebestod, an dem und an Sigunes schmerzlichem Treueverhalten sich
ablesen läßt, daß Liebe nicht nur Lebens-, sondern wesentlich auch Todesge-
meinschaft ist. Verschärft wird dieser Gedanke durch die Tatsache, daß die
beiden Liebenden beide noch Kinder sind. Sigune sagt einmal, auf die Beharr-
lichkeit ihrer Sehnsucht nach dem Geliebten anspielend: *man mac mich vür
die alten   senden wol zeln, niht für die jungen* (118, 4). Die Thematik der
Liebe im Moment ihrer erfüllenden und abschließenden Tödlichkeit erhärtet
sich an Kindern, die dem Tod an sich noch fernestehen, besonders stark. In
Sigunes Warten auf den Tod und in ihrem schließlichen Sterben auf den Geliebten zu zeigt sich wachsendes Einswerden mit dem Geliebten, im Maße,

als sie im Absterben von der toten Welt und eigener todbringender Unzuläng-
lichkeit aus allem außer aus der Liebe gelöst wird und so ihrem toten und
darin vollendeten Geliebten näher und näher kommt. Ihre Abgeschiedenheit
und ihr Klausnerinnendasein geschieht nur zugunsten ihrer Liebesverbun-
denheit mit Schionatulander. In dieser Dialektik von lebenspendendem, ver-
einendem Tod und todverfallenem, sich dem Ende zuneigendem Leben ist
schon die Dialektik der Tristanliebe faßbar, in der eine ähnliche spannungs-
geladene Einheit von Freude und Leid, Leben und Tod auszuhalten ist. Daß
diese Art der Liebe eine Analogiebildung zur christlichen Konzeption der
Liebe darstellt, erhellt schon aus dem christlichen Ambiente, in dessen
Schutz sich die Sigunenliebe abspielt: Pietà, Klausnerinnendasein, Gebet,
Prostration usw. Die Selbstartikulation weltlicher Minne war nur möglich als
ein antithetischer Analogiefall der mystischen christlichen Liebe, der im
Leben der Tod und im Tode das zu erwartende wahre Leben ein Trost war.[9]

Gewissermaßen einer materialistischen Probe aufs Exempel unterzieht
Konrad von Würzburg im 13. Jahrhundert den Liebestod, indem er in seiner
Minnenovelle ›Daz Herzmaere‹[10] zeigt, wie eine Dame, der von ihrem Gatten das kulinarisch bestens zubereitete Herz ihres verstorbenen Geliebten
vorgesetzt worden ist, nur noch danach verlangt, dem Geliebten nachzuster-
ben. In der manieristischen Überspitzung in Richtung Menschenfresserei
und Suizid zeigt sich, daß das Thema des Liebestodes von seiner analogischen
Begründung in der christlichen Liebe schon weit abgekommen ist, daß der
Liebestod nicht mehr in seiner idealen Inständigkeit, sondern in seiner erzäh-
lerisch-motivlichen Auswertbarkeit im Rahmen der Kurzerzählung, gewissermaßen als Pointe, gesehen wird.

Auf der andern Seite vermag auch ein Mädchen wie das Meierstöchterlein
im ›Armen Heinrich‹ Hartmanns von Aue,[11] das bereit ist, sein jungfräu-
liches Blut und Leben für seinen Herrn und seine Heilung vom Aussatz preis-
zugeben, dem hohen Anspruch des klaren Liebestods nicht zu genügen, weil
es insgeheim hofft, auf diese Weise rasch und sicher *der saelden krone*, das ewige
Heil, unter Umgehung des Weltlebens, zu erhalten. Nach Meinung Hartmanns muß deshalb dem Mädchen das Opfer verweigert werden: der reine
Liebestod dürfte keinen andern Zweck als sich selber haben; schon bloßes
Mitleid ist gleichzeitig zuwenig und zuviel.

Schon am Rande der höfischen Welt und in der Thematik nur noch im
Schema der Kontrafaktur an sie gebunden steht dann die Geschichte von
›Helmbrecht‹,[12] dem Bauernjüngling, der als Parvenü hofft, in eine schon
völlig korrupte, ins Strauchrittertum degenerierte höfische Welt einzutreten.
Seine Überschreitung der Standesgrenzen wird erzählerisch durch die Strafe
eines Kriminellentods gerächt: Geblendet und verstümmelt, von seinem
Vater verflucht, wird Helmbrecht schließlich als ein Vogelfreier von seinen
einstigen gepeinigten Opfern, fünf Bauern, eingefangen und an einen Baum

gehängt, nachdem er zuvor noch seine Beichte sprechen und mit einer Erdkrume notkommunizieren durfte. Dieser Tod ist reiner Straftod, der als ein
Exempel für jeden gelten sollte, der seine Standesgrenzen überschreiten
wollte.

Im höfischen Roman sind, so dürfen wir zusammenfassend sagen, der Tod
und das Sterben keiner erzählerischen Eschatologie unterworfen, sondern
Tod und Sterben sind Stationen menschlichen Lebens, die unter verschiedener
Deutung dem Protagonisten vor Augen gebracht werden, mal als Resultat
ritterlichen Kampfes – der Zufallstod im Turnier oder der Totschlag durch
einen Ritter *âne zuht* (Parzival, Iwein) –, mal als Buß- und Sühnetod, mal – in
der höchsten Form – als Liebestod. Diese Todesschilderungen sind funktio-
nal in dem Sinne, daß sie den Helden mittels der Symbolik, die sie in die Ro-
manhandlung einbringen, auf ganz bestimmte Sachverhalte hinweisen sollen. Sobald der Roman übergeht in die kürzere novellistische Erzählung
– ›Herzmaere‹ und ›Helmbrecht‹ waren unsere Beispiele –, kann der Tod wieder
das Ende der Erzählung markieren: Die Novelle braucht den Horroreffekt
des Todes als eines schrecklichen Höhepunktes. Das geht dann so weit, daß
ein realistisch geschilderter Tod das makabre Ende einer erzählerisch insze-
nierten Überlegung über die Konsequenzen der Minne in falschem sozialem
Milieu sein kann, wie in des Strickers Novelle vom begrabenen Ehemann[13]:
Eine Frau verlangt von ihrem Manne, einem Bauern, absolute Treue und An-
hänglichkeit, damit sie sich um so ungehemmter und ungestörter ihrem Pfaffen hingeben kann. Ihrem Manne suggeriert sie nacheinander Krankheit und
Tod und schließlich ein Begräbnis bei lebendigem Leib; derart wird sie frei
für ihre Liaison mit dem Pfaffen. Die nihilistische Pointe dieses Exempels,
das ungerührt den lebendigen Ehemann unter den Erdschollen verschwinden
läßt, nimmt in paradoxester, vielleicht kritischer Wendung den Liebestod
noch einmal zum Thema: Von dessen Idealität aber bleibt nichts mehr zu spüren; im Gegenteil, schreiender Hohn ergießt sich auf die Praxis von Treue aus
idealen Motiven. So wird die beste Möglichkeit des höfischen Romans, die
emphatische Verherrlichung des Todes als die Insistenz einer Liebe über das
Grab hinaus, als hohle Falschheit und Leere entlarvt. Klar, daß dabei Misogy-
nie im Spiele ist: Man rächt sich an der Frau, die als *vrouwe* (Herrin) so viel
an Treue verlangt, daß deren rechter Name Blindheit ist. In der Aufdeckung
dieser Gleichung zeigt Stricker, daß nun andere Wertungen des Todes als in
den wohltätigen Sichtweisen der Liebe sich aufdrängen.

Es würde sich verlohnen, auf die in den Maeren mit einer gewissen Vorliebe
praktizierte Thanatopraxis einzugehen: Sie ist charakterisiert durch ein
Durchspielen der verschiedenen Möglichkeiten des Liebestods (›Frauen-
treue‹, ›Hero und Leander‹, ›Pyramus und Thisbe‹, ›Der Schüler zu Paris‹
A B C), der Funktionalisierung des Todes als Strafe[14] (mit häufig makabrem
Einschlag: ›Die böse Adelheid‹, Egenolf von Staufenberg: ›Peter von Staufen-

berg‹, Hans Schneider: ›Dieb und Henker‹, ›Der Herr mit den vier Frauen‹, Heinrich Kaufringer: ›Die unschuldige Mörderin‹, ›Der Dieb von Brügge‹, Niemand: ›Die drei Mönche zu Kolmar‹, Hans Rosenplüt: ›Der fünfmal getötete Pfarrer‹, Schondoch: ›Die Königin von Frankreich‹) oder der Situationskomik, die sich aus eingebildetem oder eingeredetem Tod ergibt (Hans Folz: ›Drei listige Frauen‹, ders.: ›Die drei Studenten‹, Der Freudenleere: ›Wiener Meerfahrt‹). Hier bricht in der Tat die Volkskultur mit ihrem Sinn fürs Lachen und dessen Heilkraft in die Literatur ein.

VII. MYSTIK ODER EROTIK?
DIALEKTIK VON TOD UND LEBEN IN GOTTFRIEDS ›TRISTAN‹ [1]

Es gehört zu den in der Forschung eifrig umworbenen Geheimnissen des Gottfriedschen Tristanromans, daß die sexuell-erotische Komponente in der Beziehung zwischen Tristan und Isolde eine nahezu mystische Prägung aufweist, ja nachweisbar in ihrer sprachlichen Fassung vom mystischen Diskurs geformt wurde.[2] Im intensiven Hinweis auf die von Augustinus,[3] Hugo und Richard von St. Viktor[4] und Mechthild von Magdeburg repräsentierte Überlieferung christlicher Mystik, vor allem aber – seit Schwieterings frühem Versuch von 1943[5] – im Blick auf das Predigt- und Traktatwerk Bernhards von Clairvaux wurde Gottfrieds ›Tristan‹ komparatistisch auf Einigungsformeln und deren mehr oder weniger relevante Herleitung aus mystischem Gedanken- und Formelgut getestet.[6] Man fand mannigfache Entsprechungen in der sprachlichen Gestaltung der erotischen und mystischen Liebe, deren Evidenz selbst eindeutige Quellenzuweisungen zu gestatten schien, auch wenn man andererseits zugab, daß Gottfried nicht „eine Bibliothek der Patrologia" vor sich hatte, als er den ›Tristan‹ schrieb.[7] Der Optimismus ging aber doch so weit, bei Gottfried den „Einfluß eines konkreten Werks"[8] – etwa Bernhards von Clairvaux oder Richards von St. Viktor – zu vermuten.

Nun zeigt in der Tat jeder Strukturvergleich zwischen geistlicher und weltlicher Liebe, daß die Fülle der Analogien zwischen beiden groß und die Ähnlichkeit der Aussageformen über sie verwirrend stark ist.[9] Die Frage ist dabei immer nur die, ob diese Gleichheiten und Ähnlichkeiten strukturell betrachteter Redeformeln auch in einer ideellen Analogie hinter- und unterfangen sind. Mit andern Worten: Es geht um die Frage, die immer schon in der Tristanforschung dominant war, ob die hier faßbare Form einer erotischen Liebe in ihrer mystischen Komponente derart bestimmt sei, daß sie hierin auch ihre Transzendenz[10] erfährt, oder ob im Gegenteil der mystische Aussagegehalt der erotischen Formeln die in der exklusiv erotischen Liebe zwischen Tristan und Isolde angelegte Immanenz zusätzlich verabsolutiere.[11]

Ich werde, um dieser Fragestellung entsprechen zu können, folgendermaßen vorgehen. In einem ersten Schritt versuche ich, die Gottfriedsche Tod-Leben-Problematik im Tristanroman gewissermaßen in sich selber zu fassen. Danach konfrontiere ich diesen Befund mit der *Mors-mystica*-Thematik, wie sie in geistlichen Texten des 12. Jahrhunderts erkennbar ist. Und schließlich müßte im Blick darauf eigentlich erkennbar werden, wie die erotische Tod-Leben-Thematik im Tristanroman zu bewerten ist.

I

Im Grunde sind im Tristanroman zwei Ebenen der Darstellungsweise zu unterscheiden, eine theoretisch-ideologische und eine eindeutig narrative. Auf beiden Ebenen kommt die Tod-Leben-Thematik zum Tragen. Im Prolog umschreibt Gottfried seine Option für die *werlt* jener Menschen, die gleichzeitig Gegenstand und Empfänger seiner Botschaft sein sollen, in der folgenden Weise:

> ein ander werlt, die meine ich,
> diu samet in eime herzen treit
> ir süeze sûr, ir liebez leit,
> ir herzeliep, ir senede nôt,
> ir liebez leben, ir leiden tôt,
> ir lieben tôt, ir leidez leben.
> dem lebene sî mîn leben ergeben,
> der werlt wil ich gewerldet wesen,
> mit ir verderben oder genesen.
>
> (58–66)

Wichtig an dieser Aussage ist die Forderung nach der Gleichzeitigkeit der einander gegensätzlichen Erfahrungsaspekte von Süßigkeit und Bitterkeit, Freude und Leid, Leben und Tod im Herzen jener, die dieser *werlt* zugehören. Auch jener, der sich – wie Gottfried – der Welt der edlen Herzen anzuschließen gewillt ist, muß im Ansatz schon seine Einwilligung dazu auf Gedeih und Verderb aussprechen *(mit ir verderben oder genesen!)*. Das Apriori, das hier ausgesprochen wird, ist nur scheinbar ein bloß ästhetisches; es ist im selben Maß ethisch, wenn man das Gewicht, das an den Worten *verderben/genesen* hängt, angemessen zur Kenntnis nimmt. Es ist hier Heil und Unheil in absolutem Sinne ausgesprochen, genauso wie ein paar Verse höher Leben und Tod in aller Kompromißlosigkeit absolut gemeint sind. Für einen Menschen des 13. Jahrhunderts mußte eine solche Aussage sich über den wirklichen Tod hinaus auch auf die *secunda mors* (Apk 20, 14) zwanglos beziehen lassen. Das wird klar, wenn man an die Reaktion Tristans denkt, nachdem er von Brangaene über das unbewußte Trinken des Liebestranks aufgeklärt worden ist:

> ,Nu walte es got!' sprach Tristan
> 'ez waere tôt oder leben:
> ez hât mir sanfte vergeben.
> ine weiz, wie jener werden sol;
> dirre tôt der tuot mir wol.
> solte diu wunneclîche Îsôt
> iemer alsus sî mîn tôt,
> sô wolte ich gerne werben
> umbe ein êweclîchez sterben.
>
> (12495–12502)

Auch hier ist der Schritt von „jenem Tod" – wohl dem wirklichen – zum *êweclîchen sterben* im Sinne der *secunda mors* eingeschlossen,[12] während „dieser Tod" der Liebe zu Isolde beide einschließt. Damit ist eine Analogie zu christlichem Denken eindeutig belegt: die Tristanliebe nimmt das Risiko nicht nur des leiblichen Todes in Kauf, sondern auch das des „ewigen" Todes, der Verdammnis. Allerdings ist zunächst diese Formel sicherlich nicht überzubewerten. Die Konterkarierung des doppelten christlichen Sündentods (als eines leiblichen und ewigen Tods) durch den Liebestod – der in seiner Eigenschaft noch unerschlossen ist – ist eine willkommene Möglichkeit, den Rang des Liebestods rhetorisch sichtbar zu machen. Aber einmal eingeführt, entwickelt diese Kontrastierung ihre eigene Dynamik, deren Bedeutung weiter reicht. Immerhin darf festgehalten werden, daß die Analogie des hier angezielten „ewigen Sterbens" zur *secunda mors* der Verdammnis zweifellos bewußt hergestellt ist, selbst wenn in diesem Satz bloß ausgesprochen ist, daß Tristan, wenn Isolde nach Brangaenes Behauptung (2489) tatsächlich sein Tod sein soll, *gerne* dieses Sterben als ein ewig dauerndes wählen würde. Daß aber gerade Augustinus den zweiten Tod als ein *mori sine fine* definiert, scheint nur die semantische Betrachtung des *êweclîchen sterbens* mit dem Bedeutungsgehalt des zweiten Todes wahrscheinlich zu machen.

Ein neues Moment tritt hinzu, wenn der Erzähler vom Tod der zwei Liebenden als von einem Ereignis spricht, das lange zurückliegt. Der konkrete leibliche Tod war also sicherlich das, womit die Liebenden in ihrer Option für ihre Liebe zu rechnen hatten. Liebestod im Tristanroman ist – in alter Tradition – ein Tod aus Liebe und um der Liebe willen, wenn möglich sogar ein gemeinsamer Tod. Für Gottfried ist dieser Liebestod von Tristan und Isolde aus dem durchschnittlichen menschlichen Geschehen herausgehoben durch eine sonderliche Qualität ihrer Liebe, die in der höfischen Minnekonzeption vorbereitet und zum Teil – wenigstens für den Mann – nach Auskunft der Lieder eine unbezweifelbare Gegebenheit war. *liep âne leit mac niht sîn*[13] – das ist mehr als eine belanglose Devise, sondern gewissermaßen ein Dogma, das den Tod als letztes Leid einschließt. So behauptet schon Meinloh von Sevelingen:

> sturbe ich nâch ir minne
> und wurde ich danne lebende, sô wurbe ich aber umbe daz wîp.[14]

Ironisch, aber gleichwohl ernst spottet Steinmar, *daz ein armez minnerlîn ist rehte ein marteraere.*[15] Liebe geht an den Lebensnerv, *in den vil toetlîchen grunt,*[16] bewirkt Krankheit und maßloses Leiden, ja den Tod, so daß schließlich Morungen seine *vrouwe* als *Vil süeziu senftiu toeterinne* anspricht und sie fragt: *war umbe welt ir toeten mir den lîp*[17] und ihr verheißt, daß er, wenn sie ihn abweisen sollte, ihr schließlich auch im Jenseits dienen wollte.[18] So grenzt sich Minne im Minnesang aus vom Leben in den Tod ins jenseitige Leben (wie

bei Morungen) oder vom Tod ins Leben (wie bei Meinloh). Minne in ihrer
unauflösbaren Kombination von Freude und Leid ist damit in ihrer Höchstform auf ein Ineinander von Leben und Tod hin angelegt.

Der Fall Tristan und Isolde ist deswegen exemplarisch, weil an ihm die Untrennbarkeit von *liep unde leit* bis in den Tod hinein ablesbar ist; *êre unde lop*
(209) der beiden stehen in genauester Korrelation zu ihrem Vermögen, *durch
liebe leit, / durch herzewunne senedez clagen / in einem herzen* (212–214) zu
tragen. Im Aufwand dieser existentiellen Paradoxie der *minne*, die sich nach
Gottfried offenbar im Tod Tristans und Isoldes besiegelt hat, sieht nicht nur
das *senemaere* (211), sondern sehen auch dessen Adressaten, die Gemeinschaft der *edelen herzen* (216), das eigentlich Lebenspendende und Befruchtende:

> ir liep, ir leit, ir wunne, ir nôt;
> al eine und sîn si lange tôt,
> ir süezer name der lebet iedoch
> und sol ir tôt der werlde noch
> ze guote lange und iemer leben,
> den triuwe gernden triuwe geben,
> den êre gernden êre:
> ir tôt muoz iemer mêre
> uns lebenden leben und niuwe wesen;
> wan swâ man noch hoeret lesen
> ir triuwe, ir triuwen reinekeit,
> ir herzeliep, ir herzeleit,
> Deist aller edelen herzen brôt.
> hie mite sô lebet ir beider tôt.
> wir lesen ir leben, wir lesen ir tôt
> und ist uns daz süeze alse brôt.
> (221–236)

Man kann an diesen Zeilen die Nähe zu geistlichen Unterweisungstexten,
etwa zu einer Kommunionspredigt, mit Händen greifen.[19] Aber nicht dieses
Säkularisierungsproblem soll uns zunächst interessieren, sondern die Tatsache, daß die zum Oxymoron gesteigerte Paradoxie von *liep* und *leit*, von *tôt*
und *leben* als solche zum entscheidenden Vehikel der Rezeption wird, und
zwar nicht in einem beliebigen, sondern in einem heilsgeschichtlich aufgehöhten Sinn, wie die Identifikation von *lesen* mit Brot-Essen anzudeuten
scheint. Zwar ist die Metapher „Gedicht als Speise" aus der Poetik der Zeit
bekannt; sie wird aber hier spezifischer angewandt, d. h. im Blick auf die Unterscheidung zwischen Milch und fester Speise, wie sie sich beim hl. Paulus als
eine Notwendigkeit für unmündige und mündige Christen aufdrängt (1 Kor
3, 1–2; Hebr 5, 12–14).[20] Es kommt hinzu die Inständigkeit, die dem Begriff
des Brotes als einem für das Leben entscheidenden Grundnahrungsmittel
eignet, das zudem durch dessen christliche Umwandlung in das ‚Brot des

Lebens' unüberholbar geadelt ist. Der paradoxen Verbindung und Gleichzeitigkeit von Tod und Leben im Schicksal der beiden Liebenden kommt mithin der paradigmatische Charakter einer eigentlich lebensnotwendigen Speise für die davon Hörenden zu. In der Rezeption steigert und vervielfältigt sich daher die Wirkung dieses Liebesparadigmas ins Unermeßliche derart, daß gerade die Tod-Leben-Paradoxie deren Dynamik abgibt:

> Ir leben, ir tôt sint unser brôt.
> sus lebet ir leben, sus lebet ir tôt.
> sus lebent si noch und sint doch tôt
> und ist ir tôt der lebenden brôt.
> (237–240)

Gottfried hat damit ganz zu Anfang seines Werks gleich eine Leseanweisung gegeben, die nicht ganz unproblematisch ist. Denn wenn man bedenkt, daß in diesem Prolog vom ganzen nachfolgenden Geschehen wie von einem schon geschehenen die Rede ist – die beiden Liebenden also schon durch ihr unabänderliches Schicksal im Tode eingeborgen sind –, dann ist es so leicht nicht, deren Schicksal im Postulat einsamer Vorbildlichkeit hochzuhalten. Alles Gewicht der Darstellung wird hinfort auf die unnachvollziehbare Intensität dieser Liebe gelegt werden müssen; zudem muß ihr Tod als einer geschildert werden, der die Konsequenz dieser Liebe eindeutig zieht und keinerlei Möglichkeit offenläßt, daß man ihn anders deutet.

Der erste Punkt dieser Forderung – der paradigmatische und gleichzeitig einzigartige Charakter dieser Liebe – ist zweifellos erfüllt, wogegen der zweite – der Tod der Liebenden – bei Gottfried nicht mehr berichtet wird: Gottfrieds ›Tristan‹ ist unvollendet geblieben. Immerhin sind die Vorausdeutungen, in denen von einem Tod der Liebenden die Rede ist, unüberhörbar. Aber schon das im Tode kumulierende Liebesgeschehen zwischen den Eltern Riwalin und Blanscheflur verweist typologisch unübersehbar auf ein ähnliches Schicksal Tristans und Isoldes. Nach dem Tod Riwalins sagt Blanscheflur: *mich toetet dirre tôte man, / von Parmenîe Riwalîn* (1230f.); sie weiß allerdings noch nicht exakt wie, aber in der Empfängnis des Kindes Tristan empfängt sie tatsächlich auch den Tod: *den tôt sî mit dem kinde enpfie* (1340). Zuvor aber – vor dem Einsatz Riwalins gegen Morholt – gelten alle Energien dem *gemeinen leben* (1363) der Liebe, und es war ihnen so *sanfte, daz sî enhaeten niht ir leben / umb kein ander himelrîche gegeben* (1370ff.). Beim Wegzug Riwalins bleibt Blanscheflur nur *tôtlîch herzesêre* (1416). Sie ratifiziert diesen Zustand in drei Punkten, die *toedic unde unwendic sint* (1465): erstens in ihrer Schwangerschaft, zweitens in der schamvollen Reaktion ihres Bruders Marke darauf, drittens in der drohenden Enterbung durch Marke als Gipfel der Schmach. Die politischen Folgen ihrer Liebe zu Riwalin – Cornwall und England werden durch die uneheliche Geburt Tristans in Schande gebracht – lassen Blanscheflur *mit lebendem lîbe sterben* (1506). Nach dem Tode Riwalins in der Schlacht gegen Morholt ist auch der Lebensnerv Blanscheflurs getroffen:

> dâ was ir herze ersteinet.
> da enwas niht lebenes inne
> niwan diu lebende minne
> und daz vil lebelîche leit,
> daz lebende ûf ir leben streit.
> (1730 ff.)

Die seelische Qual verdeutlicht sich in der körperlichen der Geburt – *biz sî gebar / ein sünelîn mit maneger nôt. / seht, daz genas und lac sî tôt* (1748 ff.). Man kann es nicht anders verstehen: die Vorgeschichte hat die Funktion, das tödliche Telos der Liebe, die sich gegen die gesellschaftliche Konvention richtet, aufzuzeigen, nicht belehrend, sondern im Verweis auf eine nicht sonderlich hinterfragbare Fatalität, es sei denn – nun im Blick auf den Gehalt dieser Liebe – mit dem Nebenton, daß sich diese, den gesellschaftlichen Komment durchbrechende Liebe gerade im Charakter der darin bezeugten Absolutheit vielleicht lohne – als Erfahrung eines Glücks, das mit dem christlichen *himelrîch* durchaus zu konkurrieren vermag.

Tristan und Isolde werden sich ohne Hinblick auf allfällige Nachkommen lieben dürfen. Allerdings ist die Ausblendung dieses Motivs bei ihnen zugunsten einer noch kompromißloseren Ausformung der erotischen Gehalte zu verstehen. Wo so ausschließlich geliebt wird, sind Kinder als Frucht dieser Liebe unvorstellbar. Die Vermutung, die gesellschaftliche Ungehörigkeit dieser Liebe sei damit gemildert, trifft wohl nicht zu. Die Provokation dieser völlig auf sich selber konzentrierten Liebe *wächst* im Ausfall der Möglichkeit, Kinder zu haben, und der Todesaspekt wird im Verzicht auf alle Nachkommenschaftsprobleme – wo doch Marke Isolde nur um eines Nachkommen willen heiraten will – nochmals bedrohlicher, weil ungemildert durch den Ausblick auf ein physisches Weitergehen des Lebens in den Kindern. Das Liebesereignis zwischen Tristan und Isolde vollzieht sich in der spürbaren Interferenz zwischen dem Todesgeschehen, das der Schlachtentod Riwalins und der Muttertod Blanscheflurs abstecken, und der Verinnerlichung des Todes, wie sie negativ im teilweisen Wegfall äußerlicher Gefährdung und positiv in der Steigerung aller Kräfte des Todes in der erotischen Vereinigung zum Ausdruck kommt.

Zwar ist Tristan in einer Vielzahl von Abenteuern der Tod nahegekommen: im Kampf gegen Morold wird er tödlich verwundet, so daß er als *ein marteraere / und tôt mit lebendem lîbe* (7736 f.), ja als *ein sterbender man* (7747) Isoldens Mutter Isold (in der Maske des Spielmanns Tantris) um ärztliche Hilfe angehen muß. Der noch vor kurzem von sich selber sagen mußte: *ich bin mit lebendem lîbe tôt* (7784), spielt und singt für Isold, *daz wâre insigel der minne* (7812), allerdings *niht alse ein lebelôser man, / er vieng ez lebelî- chen an* (7825 f.). – Auch am Hofe Markes, wohin er nach seiner Heilung zu- rückgekehrt war, wird Tristan durch den Neid der Hofleute bedrängt, so daß *er ervorhte den mort* (8374) und nie wußte, wann ihm dieser Haß den Tod und das Ende bringen konnte (8384 f.). Er kommt den Anfeindungen zuvor, indem er – *ze vrech und ze gemuot* (8667) – den Vorschlag einer Fahrt nach Irland, um für Marke Isolde zu werben, macht und so durch Tollkühnheit die Angst vor den Hofleuten überspielt. Dieses Unternehmen ist sowohl für Tri- stan wie seine Gefährten wegen der alten Feindschaft zwischen Irland und Cornwall ein äußerst gefahrvolles. Tristans Drachenkampf, noch massiver seine Entdeckung als Moroldmörder durch die junge Isold bewirken eine Lebensgefährdung Tristans so sehr, daß er nur unter Aufgebot all seiner Ver- standesfähigkeiten sich retten kann. Seine Gefährten begrüßen ihn danach als einen, der *tôt ist gewesen / und von dem tôde ist wider genesen* (10 785 f.).

Man darf diesen – äußeren – Gefährdungen Tristans sicherlich den symbo- lischen Bezug einer Kontrastwirkung zur inneren, erotisch bedingten Lebens- gefahr, die noch viel fundamentaler sein wird, zugestehen, auch wenn die äußeren Gefahren dadurch nicht ausgemerzt werden. Wenn sie aber auftreten, dann sind sie hinfort ideologisch gewissermaßen auf die innere Lebensgefähr- dung hin zentriert, nehmen von ihr her ihren Ausgang, sind daher kausal mit ihr verknüpft. Wie vorher die äußeren Gefährdungen teleologisch im Liebes- ereignis kumulieren, so sind jetzt die äußeren Gefahren kausal an es zurück- zubinden.

Den Umbruch, den der Liebestrank für die Liebenden im Sinn einer Verab- solutierung und Vereinigung ihrer Lebenskräfte auf e i n e n Tod hin bewirkt, habe ich schon kurz besprochen. Das *eine* Leben, das in seiner rätselhaften Kombination von Trauer und Glück, Leid und Freude die Liebe trägt und verbürgt, läßt auch nur *einen* Tod zu:

> in was ein tôt unde ein leben,
> ein triure, ein vröude samet gegeben.
> (11 443 f.)

Brangaenes Darreichung des Minnetranks und Tristans freiwillige Zustim- mung zum Trank und dessen komplex tödliche Folgen sind zwei Ereignisse, in denen die rätselhafte Verschränkung von Freiheit und Zwang in menschlichen Handlungen sich spiegelt. In sich widersprüchliches Medium ist die hier arrangierte Minne, paradoxe Verbindung von Kräften des Lebens und des Todes in einem (11 882 ff.). Seit der Antike her so bekannt, muß das süß-saure, lieb-leide, naß-feurige Oxymoron Minne[21] hier in einem sowohl christlich geprägten wie höfischen Kontext auf seine Durchschlagskraft hin manifest gemacht werden. Es liegt an dieser Anlage, die die Liebenden kompromißlos ins Zentrum des Geschehens rückt, daß im Spiegel von Leben und Tod hier nur ein individuelles Modell der *êre*[22] über den Tod hinaus entwickelt werden kann, nicht aber ein gesellschaftlich breit abgestütztes Utopie-Modell wie im ›Parzival‹ Wolframs von Eschenbach[23]. Das wird deutlich dort, wo selbst Brangaene ihre gesellschaftliche Wächterrolle auf dem Schiff aufgibt und den beiden Liebenden ohne Rücksicht volle Verfügungsgewalt über sich selber läßt:

> iuwer leben und iuwer tôt
> diu sîn iuwer pflege ergeben.
> leitet tôt unde leben,
> als iu ze muote gestê . . .
> swaz iu gevalle, daz tuot ir.
> (12 150–12 156)

Dilige et quod vis, fac![24] Dieser Satz Augustins, der hier schier wörtlich zitiert wird, ist in diesem Zusammenhang der Punkt, an dem Individualität gegen die Gesellschaft als maßgeblicher Institution eingetauscht wird. Daß dies die Liebenden das Leben kosten kann, liegt auf der Hand.

In der Zeit, da sich die beiden Liebenden einander fernhalten müssen, um nicht entdeckt zu werden, weisen sie Zeichen der Liebeskrankheit auf, weil von ihnen gilt:

> ir beider tôt, ir beider leben
> diu wâren alse in ein geweben.
> (14 331 f.)

Die Notwendigkeit, sich zu sehen, ist eine auf Leben und Tod (*daz wir behalten unser leben* 14 397). Demgegenüber zeigt die Minnegrottenszene, daß ‚Leben‘ für die beiden in gegenseitiger Anschauung besteht; *lîpnar* (16 818) ist ihnen *der wuocher, den daz ouge bar* (16 817), also die Unmittelbarkeit beseligender Kontemplation des Geliebten. Beachtenswert auch, daß die ovidischen Liebesgeschichten, die sich die beiden erzählen, durchweg *senemaeren* mit tragischem Ausgang darstellen, weil die Frau darin ihren Tod findet. *von sene verdorben* (17 186) – diese Konstante des mitten im *wunschleben* (15 043, 16 846, 16 872) sich meldenden gegenläufigen Prinzips, das des beschädigten Lebens, wird hinfort auch in den seligsten Augenblicken nicht ausgemerzt werden können. Das Leben wird im Tod beschlossen und damit auch die Liebe. Allerdings nach der Rückkehr in die menschliche Gesellschaft am Hofe Markes, wo die beiden mit ihrer Liebe sich wieder zurückhalten müssen, drängt sich das Todesmotiv als *der gespenstige gelange* (17 838), dessen Nichterfüllung Tod bedeutet, in den Vordergrund; für Isold heißt das: *Tristandes vremede was ir tôt* (17 853). Der *huote*-Exkurs (17 817–18 114), in dem Gottfried die Wunschvorstellung eines *paradîs* (18 088) der Liebe entfaltet – eher elegisch denn hoffnungsvoll –, leitet zum *verbot* (18 119) über, sich zu sehen, woraus dann notwendigerweise *leit und tôtlîche clage* (18 126) entstehen. Im Bruch des Verbots – Tristan folgt der ersten Aufforderung Isoldes, sich zu sehen – wiederholt sich das Vergehen der Ureltern der Menschheit:

nu tete er rehte als Âdam tete.
daz obez, daz ime sîn Êve bôt,
daz nam er und az mit ir den tôt.
(18 162 ff.)

Die Entdeckung folgt auf dem Fuße – Marke ist sie *sîn lebender tôt*
(18 230). Tristan, der weiß, daß es ihm jetzt ans Leben gehen würde, nimmt
von Isolde Abschied und flieht. Bewegend sind beim Abschied vor allem die
Worte Isoldes, die von Tristan absolute Treue verlangt und diese in einer Art
Lebenstausch besiegelt. Die *andâht* (18 326) ist ihr eine Form des ewigen An-
gedenkens, die *ûf den tôt* (18 327) zu verpflichten ist. Da aber Tristans Leben
ihr Leben geworden ist, hat er auf sein Leben, um ihres nicht zu gefährden,
zu achten, während sie auf ihr Leben, als auf seines, zu achten bereit ist. Die
Bekräftigungsformel lautet dazu: *ein lîp, ein leben daz sîn wir* (18 344).[25] Interessant ist die Anwendung der Zeitpartikel *iemer* in Isoldes Abschiedsrede
(18 332, 18 353). Ewigkeit insinuierend findet es im Tod seine Grenze, wenn
es schließlich heißt:

Tristan und Îsôt, ir und ich,
wir zwei sîn iemer beide
ein dinc âne underscheide.
dirre kus sol ein insigel sîn
daz ich iuwer unde ir mîn
belîben staete unz an den tôt,
niwan ein Tristan und ein Îsôt.
(18 352 ff.)

Unter der Voraussetzung der Flucht kann auch diese Lebens- und Todesge-
meinschaft nicht eine Form bewährter Beständigkeit im Leben des einen im
andern garantieren, sondern Tristan tauscht *arbeit unde leit* gegen *leit und
arbeit* (18 419 f.), oder thanatologisch:

er vlôch Marken unde den tôt
und suochte tôtlîche nôt,
diu in in dem herzen tôte:
diu vremede von Îsôte.
waz half, daz er den tôt dort vlôch
und hie dem tôde mite zôch? . . .
dem wîbe nerte er daz leben
und was dem lebene vergeben
niuwan mit dem wîbe.
zu lebene und ze lîbe
enwas niht lebendes sîn tôt
niwan sîn beste leben, Îsôt.
sus twang in tôt unde tôt.
(18 421–18 426; 18 431 ff.)

Dem Tod, der ihm von Marke her droht, entflieht Tristan, um dafür den Tod der Entfremdung von Isold einzutauschen. Oder: Der Geliebten durch die Flucht das Leben bewahrend, handelt er sich durch eben diese Tat den Tod von eben dieser Geliebten ein. Sein Leben, Isold, ist unter allem Lebendigen sein Tod. Unausweichlich ist die Situation darin, daß der Tod so oder so nicht vermieden werden kann.

Der Situation des Mannes entspricht die der Frau. Tristan hofft, *an ritterschefte* (18442) – durch ritterliche Taten – davonzukommen. Schmerzerfüllt bleibt Isold in Cornwall zurück. Im Blick auf Tristan wird sie als *sîn lebender tôt* (18468) bezeichnet; ihre Stimmung ist die der Unbestimmbarkeit: *sine mohte leben noch sterben / âne in niht erwerben. / tôt unde leben haet ir vergeben. / sine mohte sterben noch geleben* (18475 ff.). Genauer ist aber von einer doppelten Gegenwärtigkeit sowohl des Lebens wie des Todes (18484 ff.) die Rede, nur daß Isolde keines von beiden zu wählen vermag. Ein innerer Monolog – an den scheidenden Tristan gerichtet – gibt bewegt Auskunft über diese paradoxale innere Situation der Verlassenheit (18491–18600). Die Trennung erweist sich hier als eine Selbstzerteilung des Lebens: Tristan entschwindet mit Isoldes Leben, sie bleibt mit dem seinen zurück; der in sich durch Liebe verknüpfte, eine Lebenszusammenhang wird zerrissen, so daß die beiden je sich Tod und Leben bereiten. Isold empfindet dies als einen Zustand – *noch lebende noch rehte tôt* (18516). Im Ausfall einer Begründung sowohl für Leben wie für Tod sieht Isold keine Möglichkeit, ihr Leben zu retten. Tristans Belehrung ist aber zu diesem Zeitpunkt unmöglich, da er schon fern ist. Im Verlust des Geliebten dokumentiert sich für sie ein grundsätzlicher Selbstverlust, da *Îsôte lîp, Îsôte leben* (18529) – Tristan – dem Wind und den Segeln des Schiffes anvertraut sind. Isold klagt:

> wâ mag ich mich nu vinden?
> wâ mag ich mich nu suochen, wâ?
> nu bin ich hie und bin ouch dâ
> und enbin doch weder dâ noch hie.
> wer wart ouch sus verirret ie?
> wer wart ie sus zerteilet mê?
> (18532 ff.)

Letztlich ist Grund dieses Selbstverlusts wiederum die Paradoxie von Tod und Leben, deren Verknüpfung Isold nicht kritisch aufzulösen vermag.

> es criegent an mir starke
> beide tôt unde leben.
> mit disen zwein ist mir vergeben.
> (18542 ff.)

Sterben ist ihr verboten, wie ihr Leben – da sie innerlich nach dem Wegzug Tristans tot ist (18553 f.) – verweigert ist. Positiv greift sie schließlich die Dynamik dieses erotischen *entwesens* auf, um vom Tod zum Leben zu gelangen:

> ich wil mich gerne twingen
> an allen mînen dingen,
> daz ich mîn unde sîn entwese,
> durch daz er mir und ime genese.
> (18597 ff.)

Isold hofft, in diesem – um ihret- und Tristans willen gestorbenen – Tod ein Motiv der Rettung zu gewinnen, das zuvörderst sein und – implizit – auch ihr Leben garantiert. Hier – an diesem Tauschvorgang – sind strukturell Vorgänge des mystischen Sterbens greifbar wie selten.

In Arundel bei Kaedin drängt sich die Tod-Leben-Problematik Tristan im Anblick von dessen Schwester Isolde Weißhand nochmals auf. Zunächst wirkt sie auf sein Erinnerungsvermögen irritierend ein: Im Anblick der weißhandigen Isold erinnert er sich der blonden, so daß die eine Isold sein Herz im Namen der andern bricht (18990 ff.). *G'isôtet,* verzaubert durch Isolde, fühlt er sich zum zweiten Mal (19006 f.), ohne doch einen Ausweg aus der Verwirrung zu finden. Er wird darüber zum Liederdichter und Komponisten, indem er den berühmten, *den edelen leich Tristanden* (19201) schafft, dessen Refrain lautet:

> Îsôt ma drûe, Îsôt m'amie,
> en vûs ma mort, en vûs ma vie!

Als schwierig erweist sich dabei die Tatsache, daß – nicht nur vor der Gesellschaft, sondern auch vor Tristan – nicht mehr leicht entscheidbar ist, welche Isolde denn gemeint ist. Gewiß, im Herzen ist Tristan klar, daß es sich bei seiner Liebe um *verre minne* (19366) zur blonden Isold handelt, faktisch aber läßt er es zu, daß er zu dieser Liebe von der weißhandigen angeregt wird. Es ist ein Verwirrspiel, in dem der Betrüger Tristan sich schließlich zur Ehe mit Isolde Weißhand bequemen wird, auch wenn es bei Gottfried nicht mehr geschildert wird. Der Schlußmonolog Tristans, worin sich der Held recht wehleidig über die Inaktivität seiner blonden Isold beklagt – die ihn offenbar nicht suchen will und ihn daher nicht mehr liebt – und sich im Rückgriff auf Ovids *remedia*-Lehre,[26] wonach eine neue Liebe der alten ihre Kraft bricht, die Verbindung mit Isolde Weißhand plausibel macht, zeigt deutlich, daß nun die aktuelle Tod-Leben-Problematik im Blick auf eine billige Lösung zunächst gebrochen ist.

An diesem Punkt, da Gottfried abbricht, kann der Leser nur hoffen, daß der Tristanroman Gottfrieds so endet, wie es durch Thomas und die nordische Fassung vorgezeichnet ist, nämlich mit dem Tod der beiden Protagonisten der Liebe. Anders läuft Tristan Gefahr, daß – wie Marke, der Brangaene von Isolde in der Ehenacht nicht zu unterscheiden vermag – *in dûhte wîp alse wîp* (12666). Das wäre dann die Ein- und Überholung der tragischen Idealität durch die Welt der Fakten. Mit Tod und Leben würde dabei ein betrügerisches Spiel gespielt, das, was von den Frauen gilt, auch von den Worten gelten ließe: sie wären belanglos. Im Sinne eines poetologischen Postulats möchte ich daher fordern, daß Ovids *remedia amoris* nur auf Zeit bei Gottfried eine Art Existenzberechtigung bekommen, damit am Schluß die Liebe um so unerbittlicher ihren Austrag im Tod der Liebenden habe.

Dies einmal angenommen, kann die Ehe mit Isolde Weißhand als eine irritierende Digression – als eine Art Versuchung, an der sich die Liebe zur blonden Isold nur erhärtet – gesehen werden (auch wenn Gottfried im Rückgriff auf Ovid sie plausibel zu machen versucht). Im Blick auf die im Prolog gelieferten Interpretamente und den erzählerischen Duktus drängen sich folgende Bemerkungen über die Funktion des Todes im ›Tristan‹ auf:

1. Lieben ist in sich Sterben, ‚Entwesen‘ (18599) – einmal als lustvolles Vergehen im anderen, einmal als *leit*-Konnotation von *liep*.

2. Diesem psychologischen Phänotyp tödlicher Liebe entspricht fatal die Genese der Liebe: Sie entstammt der Ursünde der Stammeltern – dem Essen der verbotenen Frucht im Paradies durch Eva und – von ihr angeregt – Adam. Die „Liebe ist eine wunderbare, aber tödliche Macht. Sie ist die Form des Todes, die den Menschen nach dem Sündenfall und durch den Sündenfall zugesprochen wurde, und die Entdeckung der Liebe war die Entdeckung des Todes."[27]

3. Das Ereignis der Liebe geschieht in gesellschaftlichem Rahmen. Die Gesellschaft aber fordert *êre*, d. h. Domestikation und Regelung des Liebesereignisses im Rahmen ihrer Bedingungen. Der Konflikt ist schon da, wo sich zwei Männer um eine Frau streiten, er ist vollends virulent, wo der eine Mann das Recht auf eine Frau hat, das ein anderer ihm streitig zu machen versucht. Gesellschaftlicher Vollzug von Liebe fördert daher die *leit*-Konnotation von *liep*, gibt also dem Phänotyp von Liebe ständig eine Wendung zum Schlechteren.

4. Auf der Erzählebene können sich Phänotyp, Genese und gesellschaftliche Einbettung von Liebe nur desaströs auswirken.[28] Der konkrete Tod der Liebenden wird ein Postulat (dem Gottfried sicherlich nachgekommen wäre); die Gefährdungen der Liebenden im Zusammenhang gesellschaftlicher Kontrollen sind tödlich (auch wenn sie nicht wirklich zum Tode führen, weil die *list* der Liebenden immer wieder Ausweg schafft).[29]

5. Die Frage bleibt, ob es nach dem Tod der Liebenden bei dem *guot*, das Gottfried im Prolog als Vehikel der spezifischen *êre* von Tristan und Isold betrachtet, um eine erinnernde Bewahrung gerade dieser gesellschaftsfeindlichen Liebe im Rahmen einer Elitegesellschaft der *edeln herzen* oder um einen inneren, das Gesellschaftliche transzendierenden Gehalt dieser Liebe geht. Ein Blick auf den mystischen Tod sollte klärend wirken.

6. Die jüngst zwischen Rolf und Tomasek aufgeworfene Frage, ob die Tristanminne von allem Anfang an im Kontext einer Tod-Leben-Problematik zu sehen sei, d. h., ob die Tristanliebe ein „Der-Welt-Absterben" beinhalte oder „eine dem Leben zugewandte Haltung" darstelle,[30] läßt sich meiner Meinung nach im Blick auf die ideologischen (Prolog-)Teile und narrativen Partien mit einem Sowohl-Als-auch beantworten. Nach Auskunft der ideologischen Meta-Ebene der Betrachtung, die über den Ausgang des Ganzen von allem Anfang an Bescheid weiß, ist von Gottfried die Schicksalhaftigkeit eines Geschehens zum Tode hin deutlich ausgeformt. Dagegen verbietet der „sprunghafte, szenische Charakter der Handlungsführung"[31] eine logisch-kausale „Entwicklung" des Lebens zum Tode, suggeriert vielmehr immer wieder Möglichkeiten der Rettung, ja zwischendurch gar die Utopie eines vollen Liebesglücks in der Minnegrotte *(wunschleben)*, schlägt dann aber schließlich doch abrupt in die voraus schon bedachte Möglichkeit des Todes um.

II

Die Anregung zur Tod-Leben-Dialektik – wie sie im Tristanroman schließlich doch zweifellos faßbar ist – soll Gottfried, so wird von verschiedenen Seiten behauptet, von der christlichen Mystik her zugekommen sein. Dagegen wird unter Hinweis auf weltliche Quellen, ja auf die Allgegenwart einer solchen Dialektik diesem Quellenbeleg andererseits wieder widersprochen.

In einer Zeit, in der ein *clericus* durchaus in der Lage war, sich gleichzeitig im geistlichen wie weltlichen Lebens- und Erfahrungsbereich auszukennen, dürfte das Quellenproblem faktisch keine allzu große Rolle spielen, hingegen ist der Frage nach der inneren Valenz und Gewichtigkeit von Analogien zwischen geistlichen und weltlichen Denk- und Redestrukturen großes Gewicht zuzumessen, da im Versuch von deren Beantwortung immerhin Entscheide über die ideologische Intention eines Textes gefällt werden müssen. Beim Tristanroman stellt sich zum Beispiel durchaus die Frage, ob der Roman sich seiner inneren Dynamik nach gegenüber christlichen Weltdeutungsprinzipien sperrig verhalte oder ob sich seine Handlung mit einer christlichen Lebensperspektive vereinbaren lasse.[32]

Bei Argumentationsgängen, in denen Tod und Leben sowohl vom Autor wie vom Erzählten (d. h. den Protagonisten im Roman) her als Sinndeutungsphänomene in den Vordergrund rücken,[33] handelt es sich um artikulierte „Letzthaltungen",[34] die Entscheidendes über die heilsgeschichtliche Bedeutung der im Roman abgehandelten Minne aussagen können. Daher ist es nicht sinnlos, die *mors mystica*[35] vergleichend mit der Todesauffassung im Tristanroman zusammenzuhalten.

Was ist mit dem mystischen Tod im Christentum gemeint? Ich will das an ganz wenigen Beispielen zeigen. Man hat christlich glaubende Existenz als „Existenz im Liebestod" bezeichnet und damit jene spezifische Form der Hereinnahme des Todes ins Leben des Christen gemeint, in der es „wirklich . . . um ein Sterben, um eine totale Hingabe der geschaffenen Dinge und seiner selbst, um ein blutiges oder unblutiges Martyrium, um einen Tod (geht), wie er umfassender und tiefergehend nicht gedacht werden kann"[36]. Diese Hereinnahme des Todes ins Christenleben hat zwei Seiten, eine aktive im Sinne einer bewußt unternommenen Abtötung (mortificatio) seiner selbst und eine passive im Sinne eines freiwillig auf sich genommenen Erleidens der von Gott geschickten Prüfungen und Entsagungen. Beide Formen der Hereinnahme des Todes ins Leben des Christen sind nicht möglich ohne die allem von Gott her Geschickten zuvorkommende uneingeschränkte Kraft der Liebe. So erfüllt sich das Sterben des Christen aus und in der Liebe. Da aber die Liebe des Gläubigen nicht alleinsteht, sondern sich immer wieder überholt sehen darf durch die größere Liebe, die für ihn Gott ist, ist in diesem Liebes- und Todesgeschehen Raum für Ereignisse belassen, in denen die Einheit von Tod und Leben erfahren wird: Bei höchstdenkbarem Lassen alles selbstischen Besitzens wird dem Gläubigen durch dieses Sterben hindurch die Liebe, Gott selbst in einer Einserfahrung geschenkt, die als Überformung des menschlichen durch das geschöpfliche Sein gedeutet wird. Diese Erfahrung der Vereinigung mit Gott nennt man in der christlichen Überlieferung eine *mors mystica*, ein mystisches Sterben des Gläubigen in die innigste Gemeinschaft mit Gott hinein.

Berühmt ist die Beschreibung dieser Erfahrung durch Bernhard von Clairvaux im 52. Kapitel seiner Ansprachen zum Hohenlied. Es geht um den Schlaf der Braut, der als ein Tod gedeutet werden kann, der allerdings nicht identisch ist mit einem physischen Sterben. Es heißt hier: „Der Schlummer der Braut ist kein leiblicher Schlaf, der die fleischlichen Sinne eine Zeitlang angenehm betäubt, noch der schreckliche, der gemeiniglich dem Leben vollends ein Ende macht. Noch viel weniger aber handelt es sich um jenen Todesschlaf, der vorliegt, wenn man unwiderruflich in der Todsünde verharrt. Der Schlaf der Braut ist vielmehr ein lebensvoller, wacher Schlummer, der den inneren Sinn erleuchtet, den Tod verscheucht und ewiges Leben gibt. Es ist in Wahrheit ein Schlaf, der jedoch das Bewußtsein nicht betäubt, sondern entrückt. Es ist auch ein Tod, was ich ohne Bedenken behaupten möchte; denn der Apostel rühmt von einigen, die noch im Fleische leben: ‚Ihr seid gestorben, und euer Leben ist mit Christus in Gott verborgen' (Kol 3,3). Daher darf auch ich die Verzückung der Braut mit gutem Recht einen Tod nennen. Einen Tod jedoch, der sie nicht dem Leben, wohl aber den Fallstricken des Lebens entreißt, so daß sie mit ausrufen kann: ‚Unsere Seele entrann wie ein Vogel aus dem Netz des Vogelstellers'" (Ps 124,7).

Non est autem is sponsae somnus dormitio corporis vel placida, quae sensus

carnis suaviter sopit ad tempus, vel horrida, quae funditus vitam tollere con-
suevit; multo magis vero et ab illa alienus exsistit, qua obdormitur in morte,
cum videlicet in peccato, quod est ad mortem, irrevocabiliter perseveratur.
Magis autem istiusmodi vitalis vigilque sopor sensum interiorem illuminat et,
morte propulsata, vitam tribuit sempiternam. Revera enim dormitio est, quae
tamen sensum non sopiat, sed abducat. Est et mors, quod non dubius dixerim,
quoniam Apostolus quosdam adhuc in carne viventes commendando sic loquitur:
MORTUI ESTIS, ET VITA VESTRA ABSCONDITA EST CUM CHRISTO
IN DEO. Proinde et ego non absurde sponsae extasim dixerim mortem, quae
tamen non vita, sed vitae eripiat laqueis, ut possit dicere: ANIMA NOSTRA
SICUT PASSER EREPTA EST DE LAQUEO VENANTIUM.[37]

Dieser Beschreibung der mystischen Ekstase der Braut schließt sich der
Wunsch an: „O daß ich oft diesem Tode verfiele, um den Netzen des Todes
zu entgehen, die todbringenden Lockungen des geilen Lebens nicht mehr zu
spüren und stumpf zu werden für das Gefühl der Lust, das Fieber der Habsucht, den Stachel des Zornes und der Ungeduld, für den drückenden Kummer und die lästige Sorge! Meine Seele sterbe den Tod der Gerechten, auf daß
kein Trug sie mehr umgarne, keine Schlechtigkeit sie bezaubere! O schöner
Tod, der das Leben nicht aufhebt, sondern hinaufhebt auf eine höhere Ebene!
Schöner Tod, bei dem der Leib nicht hinsinkt, die Seele aber emporsteigt!"

Utinam hac morte ego frequenter cadam, ut evadam laqueos mortis, ut non
sentiam vitae luxuriantis mortifera blandimenta, ut obstupescam ad sensum
libidinis, ad aestum avaritiae, ad iracundiae et impatientiae stimulos, ad angores
sollicitudinum et molestias curarum! Moriatur anima mea morte iustorum, ut
nulla illaqueet inustitia, nulla oblectet iniquitas. Bona mors, quae vitam non
aufert, sed transfert in melius; bona qua corpus non cadit, sed anima sublevatur.[38]

Richard von St. Viktor seinerseits unterscheidet vier Stufen der Gewalt der
Liebe.[39] Auf der ersten Stufe geht es um die „unüberwindliche" Gewalt der
Liebe, die den Eigenwillen bricht und nur mehr *desiderium* und *languor* im
Bewußtsein des Betroffenen herrschen läßt. Es handelt sich um eine erste Erfahrung der Einheit mit Gott: „Gott tritt in die Seele ein, und die Seele kehrt
zu sich selbst zurück" *(Deus intrat ad animum et animus redit ad seipsum).*[40]
Auf der zweiten Stufe sieht sich das Gedächtnis unwiderruflich an diese Erfahrung gebunden. Die Liebe ist hier also „unzertrennlich". „In diesem Zustand fesselt das Aufleuchten des göttlichen Lichtes und das Staunen darüber
mit ständiger Erinnerung und immerwährendem Andenken die Seele so un-
auflöslich, daß sie die erlebte Seligkeit nicht vergessen kann" *(Haec itaque in*
hoc statu divini luminis revelatio revelationisque admiratio iugi recordatione
perennique memoria ita animum insolubiliter ligat, ut expertam iucunditatem
oblivisci non valeat).[41] „Auf der dritten Stufe ist das Genießen und die Lust
Gottes so stark, daß alle menschlichen Vermögen, körperlicher und geistiger
Art, ausgeschaltet werden. Der Mensch verliert ‚das Bewußtsein seiner

selbst' (n. 38). Es herrscht ein Zustand völliger physischer Erschöpfung mit stärkster seelischer Anspannung."[42] Hier ist „die Seele sozusagen in Gott getötet" *(quodammodo mortificatur in Deum)*.[43] Der Zwang der göttlichen Liebe läßt „Hände und Füße" (n. 11/12) ohnmächtig werden – eine Aussage, die im Tristanroman (11803 ff.) dazu dient, die Ohnmacht der Minne zwischen Tristan und Isold darzustellen.[44] Auf der vierten Stufe erweist sich die Liebe als eine, deren Maß die Maßlosigkeit ist – eine schon von Origenes, Augustinus und Bernhard von Clairvaux bekannte Formel.[45] Sie ist nun „unersättlich" und kombiniert mit Martern und Leiden: „Unfaßbare, ja elendige Unersättlichkeit, die durch keine Hilfe vertrieben, durch keine Befriedigung besänftigt werden kann! Eine unheilbare, ganz hoffnungslose Krankheit, für die stets ein Heilmittel gesucht und niemals gefunden wird, ja, was man zunächst als Heilmittel nimmt, verwandelt sich dazu, die schrecklichen Leiden noch zu vermehren" *(Miranda, immo et miseranda ingluvies, quae nec ulla accuratione expellitur nec aliqua satisfactione sedatur. Morbus irremediabilis et omnino desperabilis, ubi semper et remedium quaeritur et nusquam invenitur, immo quidquid praesumitur ad remedium salutis, vertitur in augmentum furoris)*.[46] Die Analogie zum Sterben und Tod in einem konkreten Sinn drängt sich wiederum auf: „Das ist . . . die Stufe, die zum Untergang führt und an jeglichem Heilmittel verzweifeln läßt. Ein hoffnungsloser Kranker liegt mit halbtoten Gliedern da und weiß nicht, was noch zu tun oder was noch von einem andern zu erwarten wäre; man entzieht ihm bereits jede ärztliche Hilfe und überläßt ihn ganz sich selbst, nur noch der Atem röchelt, und jeder Augenblick scheint den Tod zu bringen. Er tut den letzten Atemzug, und was um ihn herum geschieht und was mit ihm getan wird, erreicht ihn nicht mehr. So, genauso kann auch einer, der unter der Glut des heißen Verlangens seufzt, kein Heilmittel anwenden, keinen Trost finden, was immer ihm auch geschieht. Während kein gespendeter Trost die Seele berührt, spürt sie wie ein Sterbender kaum mehr, was um sie herum geschieht" *(Hic est ille gradus . . . qui defectum adducit et de remedio iam desperare facit. Et sicut desperatus aeger qui quasi praemortuis membris iacet, iam ulterius quid agat vel ab alio exspectare debeat non habet, iam ei omnis medicorum cura subtrahitur sibique ipsi totus relinquitur, solo adhuc spiritu anhelat et omni hora quasi ad exitum appropinquat ultimum iam spiritum trahit et quid circa se agatur vel quid sibi fiat nec attendit nec advertit. Sic sic sane qui eiusmodi aestuantis desiderii ardore anhelat quidquid sibi fiat omnino non potest vel remedium afferre vel consolationem adhibere. Dum igitur adhibita consolatio quaelibet omnino animum non tangit, quodammodo quasi praemortuus quae circa se geruntur omnino non sentit)*.[47]
Der mystische Tod – hier als ein Liebestod geschildert – ist ein *excessus mentis*, eine *extasis* des Menschen in Gott hinein, die sich als ein Schwach- und Krankwerden der äußeren Sinnlichkeit des Menschen, durch ein Abge-

schiedenwerden artikuliert. Vorbild ist die Braut im Hohenlied (Hl 5,8; 8,6) oder Pauli Entrückung nach 2 Kor 12,2–4.[48] In der durch die Ekstase bedingten Selbstkonzentration der Seele auf ihre affektiv-emotionalen Liebeskräfte werden die Erkenntniskräfte mitsamt der ganzen äußeren Sinnlichkeit eingeschläfert, „getötet". Das hat insbesondere sehr genau der Heilige Bonaventura[49] – und mit ihm natürlich die franziskanische Mystik – von der Mystik des 12. Jahrhunderts übernommen.

III

Hier aber ist innezuhalten und zu unserer ursprünglichen Fragestellung zurückzukehren. Es ist zunächst ohne Zweifel festzustellen, daß die geschilderte Liebes- und Todesmystik Bernhards von Clairvaux und Richards von St. Viktor mit den Beschreibungen der Intensität, ja Tödlichkeit der Minne im Tristanroman Parallelen aufweisen. Es wäre reizvoll, diese Parallelen bis ins Sprachliche hinein zu benennen. Vieles ist hierin schon von der Forschung geleistet worden,[50] Neues ließe sich aufdecken. Ich möchte aber zum Schluß – wie angekündigt – mit meiner Fragestellung tiefer ansetzen und grundsätzlich fragen, ob wir die Tristanliebe nach ihrer Intentionalität einem „Liebesmonismus"[51] zuweisen dürfen, wie ihn beispielsweise von ganz anderer Seite her Wolfram von Eschenbach in der Absicht, eine christliche Wahrheit auszusprechen, in seinem ›Titurel‹ – auch dieses Werk, anders als das Gottfriedsche, dichterische Feier der „tödliche(n) Gewalt einer absoluten Liebe"[52] – vertreten hat. In den kommentierenden Strophen seines Werks läßt Wolfram keinen Zweifel daran, daß *minne alze manger slahte* (49,3), nicht be- und umschreibbar ist und Mönch, Klausner und Ritter gleicherweise beherrscht: *minne ist vil enge an ir rûme* (50,4). Sich im Raume drängend füllt die *minne* auch allen Lebensraum aus, wie es in der berühmten 51. Strophe heißt:

> Diu minne hât begriffen   daz smal und daz breite.
> minne hât ûf erde hûs: (und) ze himel ist reine vür got ir geleite.
> minne ist allenthalben, wan ze helle.
> diu starke minne erlamet an îr crefte,   ist zwîvel mit wanke ir geselle.

Hier ist *minne* in ihrem allumfassenden und gleichzeitig einigenden, d. h. Himmel und Erde umspannenden Charakter gesehen und behauptet.[53] Wenn es an ihr Tödliches gibt – und es gibt, wie das Schicksal von Sigune und Schionatulander erkennen läßt, für treue *minne* letztlich nichts anderes als den Tod –, dann ist es eine transzendierte Tödlichkeit zum Heil, weil ja die Hölle per definitionem für die *minne* ein Nicht-Ort ist. Klar, daß von einer solchen Konzeption her der erotische in den sakralen Lebensbereich übergängig wird: Sigune ist ihrem Geliebten übers Grab und bis ins Grab treu; sie ist eine eigentliche Minne-Heilige, eine bis ins Letzte christlich geprägte und christlich gläubige Märtyrerin der Liebe.

Von Wolframs Versuch, „Minnedienst und Ehe, Sexus und Gottesliebe, *kiusche* und natürliche Unbefangenheit" in all ihren Varianten, Kombinationen und Steigerungen „kühn zu umspannen",[54] führt kein Weg zum Tristanroman, in dem die *minne,* obwohl absolut gedacht, letztlich esoterische Angelegenheit einiger weniger *edeler herzen*[55] – auch vom Thema her – bleibt. Zwar dürfte auch Wolframs ›Titurel‹ faktisch nur einem sehr ausgewählten Publikum zugänglich geblieben sein, die Intention der *minne* aber tendiert ins Weite, Umfassende und Ganze. Damit ist die historisch und systematisch bis heute eigentlich noch nicht erhellend genug gedeutete Antinomie zwischen Eros und Agape, *amor* und *caritas* angesprochen.[56] Wenn man so will: Der Gegensatz zwischen Wolfram und Gottfried beruht auf zwei verschiedenen Positionen dieser Antinomie gegenüber. Wolfram intendiert – mit dem Zugeständnis einer Hierarchie der Liebe – einen Monismus der verschiedenen Liebesformen, Gottfried den Monismus einer einzigen – ein Versuch, der gesellschaftlich und – davon abgeleitet – auch individuell für die Liebenden scheitern *muß,* aber im imaginären Raum eines *guot,* an das sich *êre unde lop* (21) der wenigen Wohlmeinenden heften, künstlerisch vermittelt weitergedacht werden kann.

Wenn man unter diesen Voraussetzungen nochmals die Gestaltung des Todes im Tristanroman untersucht, wird man folgendes feststellen müssen: Es gibt eine Analogie zwischen dem mystischen und erotischen Sterben dann, wenn der Sterbensvorgang selber als ein ekstatisches Sich-Verströmen, als ein Übergehen in den Geliebten und damit als eine Aufhebung der Subjekt-Objekt-Spannung erfahren wird. Die mystischen Texte mit ihrer Deutung des Liebestods sind hierin ganz klar. Tristan (12495 ff.) ist hierin weniger klar, weil *dirre tôt* im Blick auf Brangaenes Aussage ja immer metaphorisch, irgendwo spielerisch bleibt. Immerhin gibt der Kontext und die Abfolge des Erzählflusses dann dem metaphorischen Gehalt des erotischen Sterbens immer mehr Realitätskontur, so daß die Analogie zum mystischen Sterben gemacht werden kann. Gerade aber der Tod im Erzählablauf – Tristan und Isold werden als Verstorbene genannt, sie sind im Blick auf Thomas als nahezu gleichzeitig Verstorbene zu sehen – setzt im Grunde die Metapher eines *lebenden tôdes* durch ein unerschütterbares Realitätsprinzip außer Kurs. Der Tod Tristans und Isoldes gibt der Tod-Leben-Dialektik ein Ende – eine besonders quälende Erfahrung nach der endgültigen Trennung, wo jedes jedem *sîn lebender tôt* (18468) wird. Es ist aber wohl nicht so, daß im konkreten Tod der Liebenden die Transzendenz einer Liebe über das Grab hinaus aufbricht. Wenn Transzendenz gegeben ist, dann ist sie innerweltlich in *êre unde lop* der empfindsamen Nachgekommenen festzustellen. Für die Liebenden ist – um es schroff zu sagen – die innerlich widersprüchliche Kombination von Leben *und* Tod, von gesellschaftlichem Umfeld *und* dagegen sich formierender und steigernder *minne* das gemäße Lebenselement. Die Liebesekstase geschieht nie so absolut, daß sie eine Transzendenz ins Göttliche bekäme. Im Grunde ist die Liebesekstase – gerade auch in der Minnegrotte – ihnen immer wieder Beweis der Kontingenz und Hinfälligkeit ihres *wunschlebens.* Warum? Weil diese Liebe sich jenseitig nicht integriert. Für die Liebenden ist, verräterisch genug, das *senemaere / von den, die vor ir jâren / von sene verdorben wâren* (17184–86) ein – ihr Schicksal typologisch spiegelnder – Zeitvertreib. Gerade das Todesmoment verhindert jegliche humoristische Relativierung der Absolutheit dieser Liebe, die als ihre Besiegelung nichts anderes als ihr Aufhören im Tode kennt. Die Transzendenz der Liebe bleibt rein innergesellschaftlich, bezogen auf ein Pathos, das nur mehr sich selber als Kunstprodukt kennt. Kein Zweifel, daß die so durchs Kunstgebilde vermittelte Gestimmtheit gruppenbildend sein kann, aber religionsbegründend ist sie nie und nimmer.

Von dem Gesagten her ist zu vermuten, daß die Thanatologie des Tristanromans weit eher an der konkreten Todessprache partizipiert als an der mystischen. Ein Blick auf Augustins breit ausgefaltete systematische Rede vom Tod und seinen Spielarten könnte das deutlich machen. Verschiedentlich ist es auch schon getan worden. Es zeigt sich, daß sowohl die Tod-Leben-Dialektik als auch die Jenseitsanspielungen Gottfrieds in den Kontext einer augustinisch geprägten Denkweise gehören. Von der *vita mortalis* und der *mors vitalis*[57] ist in den ›Konfessionen‹ die Rede. Ebenso läßt sich die Typologie verschiedener Tode – mit der der Tristanroman sicherlich ein raffiniertes Spiel treibt – bei Augustinus (und schon Ambrosius) fassen.

Wenn ich auf meine einleitend gestellte Frage nach der ideellen Transzendenz der Liebe im Tristanroman antworten soll, so möchte ich kurz und bündig sagen: Ich finde hier keine, obwohl mit allen möglichen Allusionen an christliche Gehalte gespielt wird. Es ist aber nicht zu vergessen, wie nahe dem Autor des deutschen Tristanromans Ovid oder Alanus von Lille geistig stehen. Beim ersten kann Christliches nicht vorhanden sein, beim zweiten ist es – obwohl rhetorisch faßbar – als ein innerer Gehalt doch nur wenig spürbar. Alanus dürfte Gottfried nach Konzept und Durchführung seines Romans am nächsten kommen.

Die Tod-Leben-Dialektik ist im ›Tristan‹ eine künstliche, artistisch und ästhetisch vermittelte. Faktisch existiert sie nur kurze Zeit nach der Trennung etwa bei Isold – hier allerdings als ein Weder-Noch von Tod und Leben – oder bei Tristan – bei ihm, kaum diagnostiziert, durch Ovids Remedienlehre ins Leben mit einer neuen Isold hin aufgehoben. Endgültig beseitigt wird die Dialektik von Leben und Tod spätestens im realen Tod der Liebenden. Der Tod läßt sie fühllos werden, insbesondere im transzendenzlosen Ende, das ihnen Gottfried zugedacht hat. Allerdings springt die ästhetische Konstruktion einer Schein-Transzendenz in den Leerraum ein und verspricht ein Gedenken *edeler herzen,* das dem Tod der Liebenden je neu aktuelles Leben verleiht. Die schmale gesellschaftliche Vermittlung dieser Tod-Leben-Dialektik kann nicht darüber hinwegtäuschen, daß die damit erreichte *andâht* eine bloß ästhetisch arrangierte bleibt und mit dem Tod der lebenden *edelen herzen* je neu wieder dahin ist. Leben und Tod verbleiben in einer letztlich unüberholbaren Diastase.

Ganz anders der mystische Tod. In ihm bricht in aller Direktheit Leben auf. Der Eingang der Kreatur in den Tod – metaphorisch, psychologisch und real – ist inchoativ Leben. Dies alles aber im Rahmen des Glaubens, der sich aus dem exemplarischen Tod Jesu Christi, der ins Leben führt, nährt.

Gottfrieds Dichtung ist unter diesem Aspekt der unerhörte Versuch, erotisch und ästhetisch einzuholen, was die im Glauben gegebene Tod-Leben-Dialektik immer schon verheißt: die Auferstehung der Liebenden im Tod und durch den Tod. Der Versuch muß scheitern, weil die Dialektik hier bloß auf die zerbrechliche Inständigkeit einer kleinen Gruppe zielt, die sich im ästhetischen Programm, das sie sich vorgibt, zu legitimieren glaubt. Auch sie sieht sich vom stärkeren Tod immer wieder bedroht und überholt. Erotische Tod-Leben-Dialektik ist daher sicherlich eine bloße *analogia antithetica*[58] zur mystischen. Ihr Dia ist letztlich ein Entgegen und nicht ein Hindurch.

Das Erstaunliche ist, daß Gottfried im Gedanken und Geschehen dieser Liebe das Todesgeschehen gleichzeitig metaphorisch und realphysisch zitiert. „Wen immer die Liebe trifft und wie immer sie sich vollzieht – sie wird von Anfang an als Tod erfahren, ist vom Tod bestimmt und dem Tod abgerungen, dauert unwiderruflich bis zum Tod und führt in den Tod: Liebe ist tödlich, weil sie den von ihr Betroffenen derart verwandelt, daß er seinem alten Leben abstirbt." „Der Tod ereignet sich . . . auf zwei Ebenen: auf einer vordergründigen, der höfischen Welt zugewandten, ‚realistischen‘ und auf einer sich über jener erhebenden, auf die Liebe bezogenen, auf der reales und metaphorisches Todesgeschehen als zwei Aspekte desselben Vorgangs einander korrespondieren, indem dieses Zeichen von jenem ist und jenes dieses zur Folge hat, indem also Gottfried, dem Wesen der Liebe als eines zugleich seelischen und sinnlichen Phänomens entsprechend, nicht . . . das Äußere verinnerlicht, sondern auch das Innere veräußerlicht."[59]

Wesentlich an diesem poetischen Vorgang ist, daß hier keine Transzendenz beschworen, sondern die Musik schwermütiger Sprache als sich selber genügendes Ziel vorgetragen wird.[60] Wenn von einem Weitergehen dieser Dialektik von Leben und Tod in der Liebe die Rede ist, dann nur im innerhistorischen Sinn innerweltlicher Ruhmesgeschichte, die sich in der Konkretion der Gemeinschaft der *edelen herzen* abspielt. Das Fortleben Tristans und Isoldes ist eines, das zwar bis in die Gegenwart, aber nicht ins Jenseits reicht.

In diesem Werk haben wir – fürs Mittelalter wohl einzigartig – zusammen mit der gedanklich-erzählerischen Konstruktion einer ausblicklosen, sich selber genügenden Liebe und deren Besiegelung im Tod auch eine sprachliche Autonomie der Darstellung festzustellen, deren Gravitation aus dem das Sprachliche regulierenden Gedanken zur Musik hin nicht nur sinnvoll, sondern notwendig ist. Die scharfsinnige Anwendung der Dialektik von Tod und Leben, von *liebe* und *leit* und die Sehnsuchtsmotivik der *senden nôt,* dazu reiche Bezüge auf die intensive musikalische Praxis der Liebenden, die darin einen Höhepunkt ihrer gegenseitigen Zuneigung finden (Isold als Sirene!), schaffen Voraussetzungen, die Sprache hier zum *muotgedoene* (Lustgetön!) selber werden läßt, das sie feiern soll. Es ist von hoher geistesgeschichtlicher Logik, daß dann Wagners Fassung des Tristanmythos – wohl ohne Abstützung auf Gottfrieds Text – den Liebestod von Tristan und Isolde zur musikalisch-orgastischen Entpersonalisierung und Anonymität der beiden Liebenden nach Schopenhauerscher Manier dramatisiert (gegen Ende des 2. Auftritts):

> Ohne Nennen,
> ohne Trennen,
> neu' Erkennen,
> neu' Entbrennen;
> ewig endlos,
> ein-bewußt:
> heiß erglühter Brust
> höchste Liebeslust!

Hier wird Schopenhauers am indischen Buddhismus gewonnener Begriff eines die Individualität im Tode heilsam auslöschenden Nirwana zentrales Ereignis, das, mehr noch musikalisch als sprachlich gesichert, den Höhepunkt des erotischen Versinkens von Tristan und Isolde als restlose Aufgabe der Personhaftigkeit und Individualität der beiden versteht. Die Sprachlosigkeit der Musik erhärtet dann nur, was das sprachliche Gestammel der Liebenden beschwören möchte: „namenlos / in Lieb' umfangen, / ganz uns selbst gegeben, / der Liebe nur zu leben!"

VIII. MORS MYSTICA

Die Konzeption des gottfriedschen Liebestods wäre nicht möglich gewesen, ohne daß die Mystik in der Anwendung eines metaphorischen Gebrauchs des Begriffs des Todes vorangegangen wäre. In der Mystik wird der Tod – unabhängig vom körperlichen Vorgang des Sterbens – weitgehend auch als geistliches Phänomen gedeutet: Man beschreibt ihn als „ein in der Gegenwart des irdischen Lebens erfahrenes Entwerden, das in seinem Der-Welt-Totsein als ein Vorgriff auf das ewige Leben anmutet"[1]. Diese metaphorische Anwendung des Todesbegriffs hat natürlich ihre biblischen Grundlagen, die – und das ist für den Rückbezug auf den Tristanroman wichtig – bisweilen die Liebe in Konkurrenz zum Tode sieht. Vgl. Cant 8,6: *quia fortis est ut mors dilectio.*[2] Vor allem aber ist die paulinische Dialektik von Tod und Leben relevant, weil hier vom Mysterium des Todes Christi her eine metaphorische Anwendung des Todes sich aufdrängt: *Semper enim nos, qui vivimus, in mortem tradimur propter Iesum* (2 Kor 4,11).[3] Oder: *Beati mortui qui in Domino moriuntur* (Apoc 14,13).[4]

Die mystische Metaphorisierung des Todes ist aber keineswegs einheitlich.[5] Um nicht zu breit zu werden, möchte ich drei Typen an drei Beispielen darstellen: 1. den mystischen Liebestod (Mechthild von Magdeburg), 2. die *mors mystica* als *mortificatio*, als asketischen und intellektuellen Abstraktionsprozeß (Meister Eckhart) und 3. den mystischen Tod als ein Mitsterben in der Passion Christi (Seuse).

1. Es ist gewiß, daß Mechthild von Magdeburg in ihrem Werk ›Das fließende Licht der Gottheit‹[6] ohne große Hemmungen literarische Anleihen bei der höfischen Dichtung macht, insbesondere natürlich beim Minnesang. So überträgt sie die minnesängerische Konzeption des Minnesterbens – die Minne als *vil süeziu senfte toterinne*[7], wie sie Heinrich von Morungen beschreibt – auf ihren eigenen Fall mystisch geprägter Minne zu Gott. So sagt sie:

> Mir smekket nit, wan alleine got,
> Ich bin wunderliche tot.[8]

Oder: *Ich froewe mich, dc ich minnen muos den der mich minnet und gere des, dc ich in mortlich minne ane masse und ane underlas: Vrœwe dich min sele, wan din leben ist gestorben von minne dur dich, und minne in so ser, dc du moegest sterben dur in, so brennest du jemer mere vnverloeschen als ein lebend funke in dem großen füre der lebend majestat . . .*

Da si (= die Minne) wonet, da mag ich beliben
Beide, an tod und an libe.
Das ist der toren torheit,
Die lebent ane herzeleit.[9]

Dieser Tod ist wunderlich, seltsam, erstaunlich, eine *stulta mors*, wie es in einem mystischen Traktat anderswo heißt.[10] Aber das Gebot des Minnesterbens ist der Mystikerin immer mehr innigster Wunsch; so sagt sie in einem Gebet: *Ich muos je sterben von minne* (nach dem Kommunionempfang), / *Du maht mich herre niemer anders gestillen. / Gib mir herre, und nim mir herre alles dc du wellest, / Und las mir je disen willen, / Dc ich sterben muesse von minne in der minne. Amen.*[11] Das Ganze versteht sie als ein Begraben-Werden in Gott: *Dis ist ein suesse jamer clage: Wer von minne stirbet, den sol man in gotte begraben.*[12] Die *unio mystica* ist ein höchster Vorgang, der dialektisch Leben und Tod in sich vereint: *In der groesten sterki kunt si von ir selber, und in der groesten blintheit sihet si allerklarost. In der groesten klarheit ist si beide tot und lebende. Je si lenger tot ist, je si vroelicher lebt. Je si vroelicher lebt, je si mer ervert. Je si minner wirt, je ir me zuoflüsset.*[13] Solches Grüßen Gottes, das die Minnende überkommt, impliziert, daß sie sich selber 'gelassen', ja 'vernichtet' hat: *Disen gruos mag noch muos nieman empfan er si denne vberkomen und ze nihte worden. In disem gruosse wil ich lebendig sterben.*[14] Das *sterben aller dingen* führt sie erst zur *gebruchunge*, zur Lust, die *ane mort* nicht denkbar ist.[15]

Diese Metaphorik des Minnesterbens dient hier offensichtlich für den Höhepunkt der mystischen Erfahrung, für die Einung der Seele mit Gott, ist also identisch mit dem letzten 'Weg der Einung', der sich anschließt an die Wege der Reinigung und Erleuchtung. Öfter aber gehört die *mors mystica* zur Stufe der Reinigung, wo der Begriff Metapher ist für die dem Menschen abverlangte Abstraktion in vielerlei Hinsicht. Allerdings ist bei dieser Begrifflichkeit nicht scharf nach den verschiedenen mystischen Wegen zu trennen: Die Bestimmung der *mors mystica* als reinigendes Absterben aller Kreatürlichkeit kann plötzlich übergehen in jene vollkommene *abegescheidenheit*, 'Gelassenheit' und kontemplative Ruhe, wie sie nur der *unio* zukommen.

2. Genau diese Spannweite von reinigendem Sich-Abtrennen von allem Geschöpflichen bis zu kategorialem Gott-Schauen beschlägt der Begriff des Todes bei Eckhart. *Wie sol der mensche sîn, der got schouwen sol? Er sol tôt sîn. Unser herre sprichet: 'nieman enmac mich gesehen und leben'* (Exod 33,20). *Nû sprichet sant Grêgôriûs: der ist tôt, der der werlt tôt ist (wan der grunttôt ist dirre werlt).*[16] *Nû prüevet selbe, wie ein tôte sî und wie wênic ez in allez berüeret, daz in der werlt ist. Stirbet man dirre werlt, man enstirbet gotte niht.*[17] Es gilt, daß die Voraussetzung *eines* Lebens mit Gott der Tod ist: *Der mensche, der sich selben und alliu dinc gelâzen hât, der des sînen niht ensuochet an deheinen dingen, und würket alliu sîniu werk âne warumbe und

von minne, der mensche ist tôt aller der werlt und lebet in gote und got in im.[18] *Der mensche, der alsô alliu dinc gelâzen hât an dem nidersten und dâ sie toetlich sint, der nimet sie wider in gote, dâ sie wârheit sint. Allez, daz hie tôt ist, daz ist dâ lebende, und allez, daz hie grop ist, daz ist dâ geist in gote.*[19] Bedingung des Lebens ist daher der Tod: *dar umbe, wilt dû leben und wilt, daz dîniu werk leben, sô muost dû allen dingen tôt sîn und ze nihte worden sîn. Der crêatûre eigen ist, daz si von ihte iht mache; aber gotes eigen ist, daz er von nihte iht mache; und darumbe, sol got iht in dir oder mit dir machen, sô muost dû vor ze nihte worden sîn. Und dar umbe ganc in dînen eigenen grunt, und dâ würke, und diu werk, diu dû dâ würkest, diu sint alliu lebendic.*[20] Dieses Zunichte-Werden ist natürlich nicht identisch mit einer physischen Selbstvernichtung, sondern meint eine ethische 'Vernichtung' aller Begehren, die sich nicht auf Gott richten. So kehrt sich denn das alltägliche Verhältnis von Leben und Tod um: Was vormals Leben war, das menschliche Wirken und Denken nach außen, das ist Tod; was vormals Tod war, das Sterben, ist Übergang ins Leben. Im Tod fließt die Seele in Gott hinein und Gott fließt in sie; es handelt sich dann um ein Sterben nicht aus Furcht, sondern aus Freude. Die Seele erstirbt in den Wundern der Gottheit, 'im grundlosen Meer der Gottheit'; sie wird getötet 'in der göttlichen Natur'. Der Mystiker stirbt nach Meister Eckhart einen 'göttlichen Tod'.[21] Es ist eine Kraft in der Seele, die weiter reicht als der Himmel; durch sie lebt Gott in der Seele, so daß auch der leibliche Tod nur ein Übergangszustand sein kann, ja, sie bewirkt, daß Tote wieder zum Leben auferstehen.[22] Stichwort für diese Entfremdung gegenüber allem Körperlichen ist *abegescheidenheit*: der Ausdruck meint ein Stehen in der Ewigkeit: *der mensche, der alsô stât in ganzer abegescheidenheit, der wirt alsô gezücket in die êwicheit, daz in kein zergenclich dinc bewegen enmac, daz er nihtes niht enpfindet, daz lîplich ist, und heizet der werlte tôt, wan im smacket niht, daz irdisch ist.*[23] 'Irdisches' ist bei Meister Eckhart natürlich nicht identisch bloß mit 'Körperlichem', sicher schließt es dieses ein, meint aber darüber hinaus alles, was *eigen* ist, alle individuellen Bestimmungen am Menschen, die bekanntlich nach scholastischer Lehre durch die Materie gegeben sind. Von ihnen allen hat der Mensch zu abstrahieren, wenn er mit Gott ins Einvernehmen kommen soll. Daß dieser Abstraktionsvorgang im physischen Tod, wo die Seele vom Körper abgeschieden wird und als *anima separata* weiterexistieren wird, bis sie am Jüngsten Tage wieder mit ihrem verklärten Leib vereint werden wird, gewissermaßen sein Ende und seine Vollendung bekommt, ist Eckhart klar; nur verlangt er, daß die Logik dieses Vorgangs, der unabweislich ist, schon bei Lebzeiten als eine Form der Mystagogie, der Hineinführung in die mystische Unio, gelernt und gelehrt werde. Insofern ist die metaphorische Anwendung des Todesbegriffs immer gehalten von dessen physischer Bestimmung. Der mystische Tod ist eine Vorbereitung auf den physischen.

3. Diesen Gedanken hat Heinrich Seuse besonders nachhaltig vorgetragen, wenn er im 21. Kapitel des II. Teils seines ›Büchleins der ewigen Weisheit‹ unterrichtet: *Wie man sol lernen sterben und wie ein bereiter tod beschaffen ist.*[24] Diese Todesbetrachtung wurde später, im 15. Jahrhundert vor allem, da solcherart Todesbüchlein en vogue waren, oft ediert und als selbständiges Werk gelesen.[25] Zwischen Diener und ewiger Weisheit findet ein Gespräch statt. Darin wird vom Tod gehandelt, und zwar sowohl vom leiblichen Sterben wie vom geistlichen Tod. Der Diener wird in Gegenwart eines unvorbereitet Sterbenden gesetzt. Er hört, wie dieser schreiend den ihn von hinten überfallenden Tod als einen Richter über sein Leben empfangen muß. Lehre daraus ist, man soll nicht wie das Vieh sterben, sondern sich darauf vorbereiten. Trauer über unnütz vertane Zeit ist sinnlos; sie hilft nichts mehr. Der Sterbende, der in seinen letzten Worten selber die *signa mortis* (Absterben der Hände, Bleichwerden des Antlitzes, Erlöschen der Augen, schweren Atem usw.) diagnostiziert, sieht schon das Fegfeuer vor sich,[26] das er zu erleiden haben wird. Der Diener zieht eine Lehre daraus: „Wahrlich, Herr, dieser Anblick wird mir stets von Nutzen sein; Herr, ich will alle Tage vor dem Tode auf der Lauer liegen und mich vorsehen, daß er mich nicht von hinten überfalle. Ich will sterben lernen, ich will mich auf jene Welt einstellen. Herr, ich sehe, daß hier keines Bleibens ist. Wahrlich, Herr, ich will meine Reue und meine Buße nicht bis zum Tode aufschieben. Ach, was bin ich erschrocken vor diesem Anblick! Mich wundert, daß meine Seele noch nicht den Leib verlassen hat. Nimm weg, nimm weg von mir behagliches Liegen, langen Schlaf, gutes Essen und Trinken, vergängliche Ehre, Verweichlichung und Wohlleben."[27]

Diese handfeste Vergegenwärtigung des Sterbens, die als eine Unterrichtung über den vorbereiteten Tod zu verstehen ist, findet ihr Widerlager in dem exemplarischen Tod Christi, der von Seuse bis in alle Momente seines Vollzugs hinein als ein Werk der Nachfolge miterlebt wird. Was spätere Mystik, etwa die jesuitische, als innere Vergegenwärtigung der Passionsgeschichte Christi prägt, ist bei Seuse schon vollumfänglich präsent: der menschliche Tod hat seinen Sinn im Tode Christi. Das Leben des Christen ist eine Angleichung an den Tod Christi: in diese Aufgabe gehen natürlich die Anforderungen Meister Eckharts ein, nur bekommen sie eine farbige, intensive Ausmalung im Kontext eines mit leiblichen Augen vorgestellten Leidens Christi. Der Christ muß den Tod Christi im Grunde seines Herzens tragen und ihn Gestalt werden lassen. Christus sagt zum Diener: „Sieh, sooft du aus Liebe auf dein eigenes Selbst verzichtest, so oft auch grünt und blüht (die Sühne durch meinen Tod) in dir. Wenn du dich lauter und unschuldig hältst und deine guten Werke so unterdrückt werden, daß man dich, unter freudiger Zustimmung deines Herzens, zu den Übeltätern zählt; wenn du ferner schnell bereit bist, denen, welche dich peinigen oder von dir deine Sühne ver langen, von Grund aus alles Ungemach zu vergeben, das sie dir je zugefügt, als ob es nie geschehen wäre; wenn du ihnen auch noch behilflich bist und dienstbereit mit Worten oder Werken, gleich mir, der ich meinen Kreuzigern vergeben habe: so bist du wahrlich bei deinem Geliebten gekreuzigt. Wenn du dann auf aller Menschen Liebes, auf Nutzen und Trost verzichtest, soweit es nicht die bare Not verlangt, so tritt dein Verzicht auf Liebe der Menschen sühnend für sie ein, die mich in meiner Todesstunde verließen. Wenn du dich um meinetwillen von allen Freunden losmachst, als ob sie dir nicht zugehörten, in allen Dingen, so ein Hindernis sich zwischen dich und mich schieben könnte, so habe ich einen lieben Jünger und Bruder unter dem Kreuze stehen, der mir mein Leiden tragen hilft. Die unbehinderte Freiheit deines Leidens kleidet und schmückt meine Nacktheit. Wenn du dann in jeder Widerwärtigkeit, die von dem Nächsten an dich herankommt, aus Liebe zu mir unterliegst, wenn du aller Menschen ungestümen Zorn . . . so sanft über dich ergehen läßt wie ein schweigendes Lamm . . ., sieh, so wird das wahre Bild meines Todes in dir gestaltet . . . Trage meinen bitteren Tod in deinem Herzensgrunde, in deinem Gebete, in der Erzeigung deiner Werke: so vollendest du dadurch Leid und Treue meiner reinen Mutter und meines lieben Jüngers. Der Diener: Ach, lieber Herr, ich begehre, daß du das Bild deines jammervollen Todes mir in Leib und Seele einprägst, es sei mir lieb oder leid, zu deinem höchsten Lobe und in Erfüllung deines allerliebsten Willens." [28] Der mystische Tod hat hier die Qualität einer eigentlichen *Imitatio Christi*, und zwar bis zum Tode am Kreuz, bekommen: Seuse hat diesen Weg der Nachfolge in seiner Vita mit allem denkbaren schriftstellerischen Raffinement ausführlich geschildert. Der Gedanke an den Tod wird hier zum geheimen Zugang zum inneren, mystischen Leben der Seele noch im Diesseits. [29] Gerade die Konzeption des Todes als eines innerlich immer gegenwärtigen und immer zu erleidenden entschärfte bis zu einem gewissen Grad den Schrecken des Augenblicks des Sterbens, weil der Tod ja ideell nichts eigentlich Neues brachte. Die Bedeutung der irdischen Aufgaben wurde deshalb von den Mystikern nicht entwertet, sondern – da die christliche Bewährung im Tode hier und jetzt statthaben muß – im Grunde aufgewertet: Jeder Gedanke, jede Tat des Menschen hatte ihre Bewährungsprobe im Konzept der Nachfolge zu bestehen. Das tägliche Engagement für den Nächsten bekam im Tod als eines gegenwärtigen und immer zu bestehenden erst seinen richtigen Ernst.

IX. TODESDRASTIK IM SPÄTMITTELALTER

Man kann schon sagen, daß in der Folgezeit – nach dem religiösen Aufschwung der deutschen Mystik in der ersten Hälfte des 14. Jahrhunderts – in Deutschland, was den Tod betrifft, eine neue Mentalität sich breitmachte, die allzu homogen zu deuten allerdings falsch wäre. In drei literarischen Ausprägungen ist diese neue Mentalität faßbar zu machen:
1. im literarischen Einzelfall von Johann von Tepls ›Ackermann aus Böhmen‹,
2. in der breitgestreuten, internationalen Literatur der ›Ars moriendi‹ und
3. in den Totentänzen.

Alle drei literarischen Formen sind nicht denkbar ohne den Hintergrund der konkreten Geschichte und ohne das Begleitphänomen der musikalischen und bildenden Künste. Das Paradox ergibt sich, daß dort, wo Kunst in asketische Lebenszusammenhänge, in den Gedanken an den Tod, einbezogen wird, mit einem Mal Kunst in breiter Front und Absicht entstehen kann; man denke an die ein Gesamtkunstwerk intendierenden Totentänze, in denen in religiöser Absicht der Tod bisweilen als sozialrevolutionär aufgemachte Askese einherkommt. Gewiß ist im gesamten die Stimmung des 14. und 15. Jahrhunderts eher pessimistisch – daher kann der Tod hier auch eine Präsenz für die Lebenden bekommen, die sie um ihr Leben zu betrügen droht –, aber der Einsatz des Todesgedenkens mit Johann von Tepls ›Ackermann aus Böhmen‹ ist positiv rebellisch.

Die historische Wirklichkeit des 14. Jahrhunderts bot allen Anlaß, einer pessimistischen Grundhaltung dem Leben gegenüber Bahn zu brechen.[1] Der Beginn des 14. Jahrhunderts war durch große Hungersnöte geprägt, Seuchen zogen durch ganz Europa (Lepra), der Einbruch der Pest von 1348 war nur ein Tiefpunkt unter anderen: Die Opfer der verschiedenen Pestzüge waren ungeheuer. Dazu kam eine soziale Unsicherheit, die darauf beruhte, daß die Landbevölkerung oft vor den Hungersnöten in die Stadt zog, wo die Lebensmittelverteilung der Behörden die Not etwas zu vermindern vermochte, und die vermögende Stadtbevölkerung oft (cf. ›Decamerone‹ von Boccaccio!) aufs Land flüchtete. Ein gewaltiger Bevölkerungsschwund und eine ebenso schlimme soziale Verunsicherung, die sich in Pogromen (gegen Juden, Mohren, die Fremden schlechthin) äußerte, konnten den Leuten den Gedanken an den Tod recht nahe legen, insbesondere da er – zu Hungers- und Seuchenzeiten – nicht mehr gebändigt werden konnte und in all seiner makabren Gegenwärtigkeit erfahren wurde. Oft – und das ist wichtig – fehlte auch der Trost über den Tod aus geistlicher Sicht. Der Tod wurde nicht mehr schlechterdings in seiner transitorischen Funktion – als Übergang zum Jenseits – trostreich erfahren, sondern in seiner widerwärtigen Drastik, gegen die die christliche Überwindung nicht mehr durchweg aufzukommen vermochte.

1. Problematisiert ist der Tod in seiner gewalttätigen Rolle im Streitgespräch zwischen Ackermann (= Stadtschreiber) und der Personenallegorie[2] des Todes (entstanden um 1401).[3] Zunächst noch als Rechtsstreit vorgestellt, nimmt das Gespräch immer grundsätzlichere Dimensionen an: es geht um den Tod der Margaretha, der Gattin des Ackermanns, der den Tod als einen gemeingefährlichen Verbrecher zu brandmarken versucht, ein Angriff, auf den der Tod mit kalten Vernunftüberlegungen über die Natürlichkeit des Todes reagiert. Sukzessive wird so der Ackermann aus seiner Rolle des Anklägers verdrängt, so daß er schließlich nur noch Vergütung für seinen Verlust verlangt und schließlich den Tod bittet, ihm zu raten, was er in seinem Leid tun soll. Beendet wird das Streitgespräch durch einen Richterspruch Gottes, der dem Ackermann Ehre gönnt, dem Tod dagegen den Sieg zuspricht: der Mensch schuldet dem Tod das Leben, den Leib der Erde, Gott aber die Seele. Das Werk wird durch ein Gebet beschlossen, das der Ackermann für die Seele seiner verstorbenen Frau spricht.

Auffällig ist zunächst, daß höchstens noch in der fragwürdigen, höhnisch sadistischen Argumentation des Todes der Tod das Ende der diesseitigen Existenz und gleichzeitig die Schwelle der wahren Glückseligkeit bedeutet. Für den Ackermann ist der Tod das Ärgernis schlechthin, der Stein des Anstoßes, für den es keine Entschuldigung geben kann. Deshalb setzt der Text mit einer großartigen Todesschelte ein, in welcher der Tod aufs schärfste als Mörder beschuldigt wird: Es ist klar, daß der Tod hier christlich nicht mehr als Strafe für die Sünde, als Sendbote Gottes, der die Existenz im Jammertal beendigt, durchschaut wird. Der Tod als Strafe, dem aus dem Paradies vertriebenen Menschen als unabwendbare Pein in den Lebensvollzug eingeplant, dieser Gedanke wird im ganzen Streitgespräch nie erwähnt. Der Tod kennt die Transzendenz, die ihn kausal begründet, selber nicht: Er geriert sich als *lex naturalis*, als natürliches Gesetz alles Lebendigen.[4] Für ihn ist unbefragt das Leben um des Todes willen geschaffen, genauso wie umgekehrt für den bürgerlichen Gegenstreiter der Tod das Unnatürliche schlechthin ist. Für beide aber ist der Tod nicht mehr transzendental begründet. Bare Selbstverständlichkeit und bare Unverständlichkeit des Todes begegnen sich darin, daß ein christlicher Grund für den Tod ausfällt. Das heißt natürlich nicht, daß der Ackermann etwa heidnisch argumentieren würde, oder daß der Tod sich als frevler Gegenspieler Gottes empfände. Beide beziehen sich im Gegenteil auf Gott als auf ihren Schiedsrichter. Die religiöse Klammer ist äußerlich da, sie fehlt aber innerlich. Selbst der Schiedsrichter, der im letzten (34.) Kapitel zur

Rede kommt, bezieht einen Rechtsstandpunkt: Ihr, Tod und Ackermann, rühmt euch falscher Herrschergewalt, ihr usurpiert beide, was euch nicht gehört. Dieser hat seine Herrschergewalt über die Lebenden von mir, jener hat das Leben seiner Frau nur zu Lehen bekommen; kein Wort von einer theologischen Begründung des Todes, wie es Gott angemessen wäre.

Es ist unbestreitbar, daß in einem solchen Ausfall theologischer Begründung einem profan-bürgerlichen Todesverständnis Vorschub geleistet wird. Es kommt ja dazu, daß nicht nur der Strafcharakter des Todes schlechterdings vernachlässigt, sondern auch das religiöse Scharnier, in dem jede christliche Begründung des Todes hängt, ausfällt: der Tod Christi. Der Tod wird einem weltimmanenten Ursachenkomplex zugerechnet; argumentiert wird – von seiten des Todes – mit antiker Philosophie, vornehmlich der Stoa. Es ist bis zu einem gewissen Grade sinnvoll, daß man dieses Streitgespräch als den ideologischen und formalen Anfang einer Renaissance in Deutschland verstanden hat, wenn auch auf der andern Seite vieles – so ist zum Beispiel die Todesschelte keineswegs literarisches Neuland, wie man hat wahrhaben wollen – noch stark mittelalterlich geprägt. Der innere Systemzusammenhang der Argumentation des Todes und des Angriffs des Ackermanns aber läßt wirklich eine tiefe Entfremdung gegenüber Christlichem ahnen, die sich auch anderswo bestätigt.

2. Die Zahl der Todesbüchlein, in denen eine eigentliche *ars moriendi* gelehrt wurde, ist Legion. Wir können auf das Phänomen nur als ein ganzes eingehen. Die Sterbebüchlein haben einen praktischen Ursprung: „Da es den Priestern oft unmöglich war, alle Kranken zu besuchen und auf die letzte Stunde vorzubereiten, gingen sie dazu über, die Lebenden für den Tod zu disponieren."[5] Man begann ausführlich über den Tod zu predigen und kam schließlich dazu, ursprünglich für den Priester bestimmte Anweisungen zum Umgang mit Sterbenden herzustellen, die dann bald nicht mehr nur in die Hände der jungen Priester gelangten. Eine ganze Anzahl berühmter Theologen des 15. Jahrhunderts verfaßte solche *Artes bene moriendi;* sie entstammten meist den Kreisen, die den Reformkonzilien von Konstanz und Basel nahestanden, also etwa Johannes Gerson, Johannes von Kastl, Nikolaus von Dinkelsbühl, Johannes Nider, Bernhard von Waging usf.[6] Dazu kommen viele Sterbehilfen aus der früheren geistlichen Literatur, erwähnt haben wir das Werklein von Heinrich Seuse. Heute sind wir in der Lage, dank zweier Forscher, die sich mit dieser weitgehend in frühen Drucken und Handschriften verborgenen Literatur ausführlich befaßt haben, einen gewissen Überblick über diese Literatur zu haben: Franz Falk[7] und Rainer Rudolf.

Der Inhalt der *ars moriendi,* die am stärksten die späteren Werke beeinflußt hat, nämlich jener von Johannes Gerson, zeigt uns nachhaltig die Ausrichtung dieser Literaturgattung auf die *Praxis:* Sie umfaßt 4 Teile. Der erste Teil enthält vier Ermahnungen:

1. Unterwerfung unter Gottes mächtige Hand, nach dessen Willen alle sterben müssen, da wir auf Erden keine bleibende Statt haben; wir kommen in die Welt, um durch ein verdienstliches Leben die ewige Glorie zu erwerben.
2. Dankbare Anerkennung der uns von Gott erwiesenen Wohltaten.
3. Geduldiges Ertragen von Leiden und Tod als Buße für unsere Sünden.
4. Vollkommene vertrauensvolle Hingabe unseres Selbst und all des Unsrigen an Gott (Rudolf, S. 66).

Der zweite Teil umfaßt die sechs sog. Anselmischen Fragen:

1. ob der Kranke fest im christlichen Glauben und gehorsam als ein treuer Sohn der Kirche sterben wolle;
2. ob er von Gott Verzeihung seiner Sünden begehre;
3. ob er im Fall der Wiedergenesung besser leben wolle als bisher;
4. ob er sich einer oder einiger ungebeichteten Todsünden bewußt sei und sie beichten wolle;
5. ob er, wenn nötig und möglich, restituieren wolle;
6. ob er allen Beleidigern gern verzeihe.[8]

Der dritte Teil enthält Gebete zu Gott, zu Maria, den Engeln, den Heiligen (Patronen). Und im 4. Teil endlich gibt Gerson eine Reihe von Vorschriften, was den Sakramentenempfang, die Lösung vom Kirchenbann betrifft oder das Vorlesen frommer Legenden, Gebete oder des Dekalogs, soweit noch Zeit bleibt. Wenn der Sterbende nicht mehr reden kann, solle man mit Zeichen sich mit ihm verständigen und ihn an die Hinterbliebenen erinnern. Auf keinen Fall solle man ihm eine mögliche Wiedergenesung vorspiegeln, denn dann würde er die Buße nur verschieben und zöge sich die ewig Verdammung zu; vielmehr hat man zu sorgen, daß er durch Reue und Beichte sein Seelenheil sichere.

Wichtig an dieser Art Literatur ist, daß hier der Tod als das zentrale Geschehen des Lebens dargestellt wird. Der Gedanke an das persönliche Heil, das sich im Sterben einstellt, ist hier das Entscheidende. Alles wurde auf das Drama der Agonie verlegt, während das eigentliche Christenleben im Grunde höchst pessimistisch den Antrieben überantwortet wurde, die als rein irdische für unbezähmbar und unlenkbar galten. Der Klerus ging einen schwerwiegenden Kompromiß ein, wenn er solcherart Literatur als wesentliche promulgierte: „der Christ solle ruhig auf mancherlei Art irdisch gesinnt leben und sich ganz normal um seine weltlichen Probleme kümmern, wenn er sich nur daran erinnerte, daß ihm das Jenseits bevorstand, und wenn er nur in Voraussicht dessen eine gewisse Menge von Verdiensten erwarb. Ein guter Tod würde dann ein übriges tun. Die Kirche würde seine irdischen Reste christlich bestatten, und Gott ließe ihn dann, vielleicht nach einigen Schwierigkeiten, in sein Paradies ein."[9] Damit förderte die Kirche unabsichtlich die bürgerliche Profanierung eines christlichen Daseins. Denn wenn es einen solchen, dem Jenseits und seinen Anforderungen reservierten Akt des Sterbens gab, erhob sich ja wirklich die Frage, warum noch das ganze Leben christlich geprägt und durchstrukturiert sein sollte. Insbesondere fehlte in all diesen Überlegungen der Gedanke an die Nachfolge Christi, wonach das Leben ein Hineinsterben in Christi Tod sein sollte.

3. Die Tendenz, die Abrechnung mit Gott auf das Lebensende des einzelnen zu verschieben, die im 14. und 15. Jahrhundert aufkam, bezeugte sich nicht nur in der *Ars moriendi*, sondern auch in einem spezifischen Sinn für das *Makabre*. „Gleichsam aus einer persönlichen Betrachtung über ihre Bestimmung heraus erfaßte (die Menschen) ein Gefühl des Entsetzens und der Furcht, ein Anflug von Abscheu." [10]

Schon im 13. Jahrhundert gab es literarische und ikonographische Bezeugungen dieses Abscheus vor dem gräßlichen Los des menschlichen Körpers, der sich nach dem Tode zersetzte. Sie war aber einbezogen in die gesamte religiöse Sicht der Dinge und bedeutete: Schau, was dich erwartet! Wie nichtig ist doch der Körper! Im 14. Jahrhundert kommt aber etwa seit 1350 die Personenallegorie des Todes in bildender Kunst und Literatur auf: der *Tod,* der wie aus eigener Initiative heraus zu handeln fähig war, gegen den die Menschen ohnmächtig und hilflos waren. Das Makabre oder die Todesdrastik wurden nun verschärft: Der Tod wurde zur anonymen, aber omnipräsenten eklen Figur der Endlichkeit schlechthin. Alles, was ihn betraf, war eigentlich nicht ein christlicher Bereich, sondern ein Bereich, der den Menschen als einen endlichen betraf. Der Triumph des Todes, in Bildern und literarisch widerstrebend verherrlicht, war allgegenwärtig. Das Gefühl für die Hinfälligkeit der Materie, für die zwangsläufige Zersetzung des eigenen Körpers wurde nie so radikal und vital vermenschlicht und allen religiösen Bezügen enthoben wie zu Beginn des 15. Jahrhunderts. Hier hat denn auch der Totentanz seinen Ursprung: er ist „eine der ersten kollektiven Äußerungen der neuen Profankultur" [11]. Ebenso international wie die *Ars-moriendi*-Literatur, findet er Verwirklichungen in bildlicher und literarischer Gestaltung. Man denke nur an die berühmten oberdeutschen Beispiele des Klosters Klingenthal in Kleinbasel und des Dominikanerklosters in Großbasel. In diesen Tänzen – oft aus Bild und Spruch bestehend – wird die makabre Begegnung des Menschen mit seiner unabwendbaren Endlichkeit gefeiert. „Hierarchisch abgestuft, treffen sich die Mitglieder jeglichen Standes (vom Papst und Kaiser bis zum Pfarrer und Bauern) mit einem Toten. Jedes Paar stellt einen Leichnam im Streit mit einem Lebenden dar, dessen Ebenbild man im täglichen Leben begegnen konnte." [12] Es ist keine religiös gedeutete Situation, wie hier jeder Lebende vom Tod eingeheimst wird, sondern eine rein menschlich-tragische, in der die Spitzen der Gesellschaft ebenso abgeführt werden wie die Angehörigen der Niederschicht. Das Jedermann-Motiv klingt auf:

> Schonet keinerlei Personen
> einerlei, ob arm, ob reich,

schont nicht Mitra oder Kronen,
Fürst und Bischof gilt ihm gleich.[13]

Der Totentanz hat eine spezifische soziale Information zu geben, die oft untergeht im totalen Gedanken an die alles bestimmende Todesdrastik. Allerdings mag aus der doppelten Perspektive des eigenen Daseinsloses (Gericht über die Seele und Zersetzung der Materie) noch die Äußerung von Buße und Reue resultieren. Aber eigentlich christlich ist das alles nicht mehr. An die Stelle der Vorstellung von Hölle und Paradies ist die Vorstellung der eigenen physischen Vernichtung getreten, des tragischen, aber völlig menschlichen Untergangs der eigenen Person. Ein Stück Säkularisation vollzieht sich hier unter christlichen Vorzeichen.[14]

Damit haben wir den Weg in einzelnen, das Ganze gewiß nicht völlig kennzeichnenden Stationen des Todesgedankens abgeschritten. Er führt von einer stark und emotional christlich geprägten Vorstellung vom Tod zu einer eher in Schrecken verstummenden, in apotropäischen Bildern sich manifestierenden, die christlich nicht mehr viel hergibt. Viele Autoren versuchen diesen Weg als einen richtigen darzustellen. Im Grunde aber beweist er nur, daß die christliche Integration des Todes nicht einfach ist. Daß rein irdische Vorstellungen immer wieder einen unnatürlichen oder natürlichen Tod vorgaukeln wollen. Lösungen über das Geheimnis des Sterbens und des Todes vermögen diese Anschauungen noch weniger zu geben als die christlichen, in denen wenigstens die Reintegration des Todes in eine umfassende Vorstellung von lebendigem Glück und Frieden zu glauben versucht wurde.

ANMERKUNGEN

I. Prolegomena zur Problematik des Todes

[1] P. L. Landsberg, 1973, 14. Die nachfolgenden Überlegungen sind dieser tiefdringenden Arbeit stark verpflichtet. L. Feuerbach schreibt in seinen ›Todesgedanken‹ (1830): „Nur vor dem Tode, aber nicht im Tode ist der Tod Tod und schmerzlich; der Tod ist so ein gespenstisches Wesen, daß er nur ist, wenn er nicht ist, und nicht ist, wenn er ist" (Feuerbach, SWI, 84. Vgl. Theunissen, 1984, 104).

[2] Gegen alle prätendierte „Natürlichkeit" des Sterbens und Sterbenmüssens gilt Simone de Beauvoirs (1968, 120) Feststellung angesichts des Todes ihrer Mutter: „Alle Menschen sind sterblich: aber für jeden Menschen ist sein Tod ein Unfall und, selbst wenn er sich seiner bewußt ist und sich mit ihm abfindet, ein unverschuldeter Gewaltakt." Zum philosophischen Begriff des „natürlichen Todes" vgl. G. Scherer, 1979, 19–24; W. M. Klein, 1983, 33 ff.

[3] Dies gilt trotz der nahezu uferlos gewordenen Bestsellerliteratur über die modernen „Wiederkehrer".

[4] Vgl. R. Berlinger, 1972. Die Negativität ist allerdings nur die Oberflächenansicht des Todes – sie enthüllt sich – nach Berlinger – letztlich als Freiheit, die im Tode erlangt wird.

[5] Vgl. P. Ricœur, 1967, 428 ff.

[6] Cicero, Tusculanae Disputationes I, 75; zitiert bei J. Pieper, 1968, 15.

[7] Dominicus Gundissalinus, De divisione philosophiae, hrsg. von L. Baur, Münster 1903, 7; zitiert bei J. Pieper, 1968, 15.

[8] G. Gorer, 1956; zitiert bei Pieper, 1968, 192, Anm. 13.

[9] Zu Epikurs Ansichten über den Tod vgl. J. Choron, 1967, 59–64; Pieper, 1968, 41; Scherer, 1979, 108–110.

[10] Epikur, Von der Überwindung der Furcht, übersetzt von O. Gigon, Zürich, 1949, 45.

[11] Cassiodorus, De artibus et disciplinis liberalibus, cap. 3 (PL 70, 1167); zitiert bei Pieper, 1968, 15.

[12] E. Benz, 1970, 149.

[13] Über die Vielfalt der Bestattungsarten vgl. St. Berg u. a., 1981, 76 ff.

[14] Vgl. vor allem W. Schmidt, 1926, 35.

[15] R. Leuenberger, 1973, 10 ff.

[16] Dazu vgl. D. Wyss, 1980, 98 ff.

[17] Vgl. zum folgenden P. L. Landsberg, 1973, 43 ff.; F. Wiplinger, 1970, 43 ff.; G. Scherer, 1979, 66 ff.

[18] Wenn der Tod im Menschenleben das Bewußtsein von Zeit begründet (vgl. D. Wyss, 1980), so auch das von Räumlichkeit. Dies gilt sicherlich für die psychologische Erfahrungsstruktur des Mittelalters in erhöhtem Maße. Vgl. dazu A. Gurjewitsch, 1983, 174 ff.

[19] P. L. Landsberg, 1973, 46.

[20] Werke I, 261.

[21] P. L. Landsberg, 1973, 48.

[22] A. Freybe, 1909, 14. Leider fehlt jeder genauere Hinweis. Fälschlicherweise wird das Memento mori immer wieder den Kartäusern als Grußformel in den Mund gelegt.

[23] A. M. Haas, 1971, 1 ff.; E. Jüngel, 1973, 68, der diesen Zusammenhang zwischen Selbsterkenntnis und Sterblichkeit mustergültig herausgearbeitet hat.

[24] H. U. von Balthasar, 1956, 294.

[25] H. U. von Balthasar, 1956, 294.

[26] Neuner/Roos, 535 f.; Denzinger, 296 f. Zum Problem, das diese Verlautbarung provozierte, vgl. unten S. 22 ff.

[27] E. Jüngel, 1971, 69.

[28] G. W. F. Hegel, Phänomenologie des Geistes, Leipzig ⁵1949 (Phil. Bibl. 114). Im folgenden halte ich mich stark an Jüngel, 1971, 70 ff.

[29] Hegel, 1949, 29.

[30] A. a. O.

[31] A. a. O., 28.

[32] A. a. O., 29.

[33] A. a. O., 30.

[34] R. Leuenberger, 1973, 78.

[35] νέκυες γὰρ κοπρίων ἐκβλητότεροι. J. Mansfeld, Die Vorsokratiker I, Stuttgart 1983, S. 280 f. (Nr. 120).

[36] G. K. Chesterton, o. J., 78–80.

[37] Vgl. G. Sauter, 1965, 277 ff.; A. Jäger, 1969. Vor allem aber siehe E. Bloch, Das Prinzip Hoffnung III, 1959, 196–279.

[38] M. Schur, 1972, 359 f.

[39] H. Zarndt, 1970, 308.

[40] Das Beste, Juli 1967, 45; zitiert bei Zarndt, 1970, 309.

[41] Neben diesen beiden Autoren vgl. auch P. Grelot, 1971, 51–102; S. Zedda I, 1971; W. Zimmerli, 1968; H. D. Preuss (Hrsg.), 1978.

[42] R. Leuenberger, 1973, 82.

[43] Zum entscheidenden Rang von Jesu Tod im Christentum vgl. H. Schürmann, 1975; ders., 1983; P. Hoffmann, 1966; H. Kessler, 1970.

[44] E. Jüngel, 1971, 106.

[45] D. Wiederkehr, 1974, 57.

[46] E. Jüngel, 1971, 107.

[47] A. a. O., 110 f.

[48] A. a. O., 110.

[49] K. Rahner, 1958, 45.

[50] E. Jüngel, 1971, 113. Hier wären die Überlegungen von René Girard anzuknüpfen.

[51] „Die Rede vom zweiten Tod, religionsgeschichtlich auch in der Literatur des alten Ägypten und in mandäischen Texten belegt, ist allerdings mißverständlich. Sie verdeckt das sprachlogische Problem, das durch die neutestamentlichen Einstellungen zum Tod aufgeworfen worden ist. Und es war keine glückliche Entscheidung, daß die kirchliche Tradition – vor allem unter dem mächtigen Einfluß Augustins – diesem Sprachgebrauch folgte. Begründet ist die Übernahme des apokalyptischen Sprachge-

brauchs wohl darin, daß die Rede vom zweiten Tod in besonderer Weise geeignet war, dem platonischen Todesverständnis in die christliche Theologie Eingang zu verschaffen" (Jüngel, 1971, 118 f.). Zur mittelalterlichen Zitierung der *secunda mors* vgl. H. Freytag, 1970, 90–92.

[52] R. Leuenberger, 1973, 94.

[53] E. Jüngel, 1971, 145 ff.

[54] Zum *risus paschalis* vgl. V. Wendland, 1980.

[55] Zum folgenden beziehe ich mich auf die Ausführungen von G. Greshake, Das Verhältnis „Unsterblichkeit der Seele" und „Auferstehung des Leibes" in problemgeschichtlicher Sicht, in: G. Greshake/G. Lohfink, 1978, 82–120.

[56] In Eth. Nic. III, lect. 14; zitiert bei A. Luyten, Der Tod als Problem der philosophischen Anthropologie, Universitas Friburgensis 37 (1979), 85.

[57] Greshake, 1978, 95.

II. Die theoretische Dimension mittelalterlicher Thanatologie

[1] L. Feuerbach, Gedanken über Tod und Unsterblichkeit, in: Werke I, 1975, 77–349, Zitat: 84–87.

[2] I. Fetscher, Der Tod im Lichte des Marxismus, in: A. Paus, 1978, 292.

[3] Feuerbach (Anm. 1), 87 f.

[4] A. a. O., 94.

[5] A. a. O.

[6] A. a. O., 97 f.

[7] A. a. O., 95 f.

[8] G. Keller, Der grüne Heinrich, Erste Fassung, Hrsg. von J. Fränkel, 2. Bd., Erlenbach-Zürich und München 1926, 216.

[9] Vgl. E. Benz, 1965, 240 ff.

[10] W. Fuchs, 1969, 211. Ähnlich H. Bredekamp, 1972.

[11] Fuchs (Anm. 10), 187.

[12] B. Casper, Sprache und Theologie, Freiburg i. Br. 1975, 156.

[13] Von den Klöstern ausgehend und in die Laienschaft übergreifend entwickelte sich im Mittelalter ein ganzes Nest von Vergemeinschaftungsmöglichkeiten zwischen Lebenden und Toten. Vehikel dieser Vergemeinschaftung – die als Heilsmöglichkeit gesehen wurde – waren die Toten- und Verbrüderungsbücher – eine breite Memorialüberlieferung, deren eminente Wichtigkeit fürs Mittelalter durch die Arbeiten und Studien des Münsterer Sonderforschungsbereichs ›Mittelalterforschung‹ B, insbesondere von J. Wollasch und O. G. Oexle, immer stärker sichtbar wird. Vgl. Oexle, 1982 und Wollasch, 1983. Dazu die Bibliographie in: Der Sonderforschungsbereich 7 ›Mittelalterforschung‹ (Bild, Bedeutung, Sachen, Wörter und Personen) an der Westf. Wilhelms-Universität in Münster, Erträge und Perspektiven, Münster 1984, 48–57; Der Münsterer Sonderforschungsbereich 7: Mittelalterforschung, 15. Bericht, Frühmittelalterliche Studien 16 (1982) 446–452; J. Wollasch (Hrsg.), Synopse der cluniacensischen Necrologien, Bd. 1, München 1982; K. Schmitt/J. Wollasch (Hrsg.), Memoria, Der geschichtliche Zeugniswert des liturgischen Gedenkens im Mittelalter, München 1984 (Münstersche Mittelalter-Schriften 48).

[14] Venerabilis Stephani de Lantzkrana Tractatus de quatuor novissimis, in: Bern. Pezii Bibliotheca Ascetica antiquo-nova, t. I, Regensburg 1723, 31.

[15] Eccles 7, 40, sonst 7, 36.

[16] A. Winklhofer, 1959, 11.

[17] Es ist schade, daß Eccl 7,40 und Deut 32,29 bisher keine Auslegungsgeschichte bekommen haben. Ich könnte mir denken, daß in einer solchen Geschichte wesentliche Punkte der christlichen Eschatologie in ihrer geschichtlichen Entwicklung deutlich würden. Auffällig ist überhaupt, daß in der überreich angeschwollenen Literatur über den Tod und seine Geschichte in der Menschheit kaum klare und faßbare Zielsetzungen leitend sind. Die ideologisch-weltanschauliche Belastung des Themas und seine unmittelbare Attraktion ohne viele Umwege scheinen die Thanatologie zu einem Tummelplatz aller zu machen, die ebenso umweglos darüber sprechen zu können meinen. Die Mentalitätsgeschichte hat hier immerhin wichtige Schneisen geschlagen, die zu Wegen ausgebaut werden können. Die Literaturgeschichte müßte zu einer Geschichte der Eschatologie erst noch ihren Beitrag leisten. Zur Ausbildung der christlichen Eschatologie (leider auch ohne Rücksicht auf die literarischen Darstellungsformen) vgl. Ph. Schäfer, 1984 (Katholizismus von Trient und der Gegenreformation); E. Kunz, 1980 (Protestantismus).

[18] «A partir de la fin du XIIIe siècle et du début du XIVe, naît une littérature laïque dans laquelle la mort prend une toute autre signification; les écrits de Pétrarque ou de Cino de Pistoia, le texte de la danse macabre et des chansons pieuses expriment le même sentiment douloureux de la mortalité humaine que nous avons analysée plus haut, grâce à l'iconographie. Le regret de la vie croît avec la même intensité que la conscience de la valeur spirituelle de la mort physique. Entre la patrie céleste et l'exil de la terre s'élève comme un mur, formé d'abord de débris, mais qui devient sans cesse plus haut et plus solide: le mur de l'anéantissement corporel que les chrétiens franchissent de plus en plus difficilement. La dépouille humaine qui était pour les fidèles un sujet de méditation a pris pour eux peu à peu son sens horrible et menaçant; dès lors, au-dessus de leurs têtes, a plané la Mort» (A. Tenenti, ^{2}1983, 96). Vgl. von dems., 1967, 1979.

[19] M. Dusch, 1975, 1*.

[20] Huizinga, ^{9}1965, 190–208.

[21] J. A. Mulders, 1962; M. Dusch, 1975, 8* ff.

[22] M. Dusch, 1975, 30*.

[23] Ebd., 34* ff.

[24] Ebd., 110*.

[25] Ebd., 16*.

[26] Ebd. 17. Vgl. auch J. Le Goff, 1984, 378, Anm. 153 (der ›Liber de dono timoris‹ Humberts ist zwischen 1263–77 entstanden und ist mit de dono timoris im ›Tractatus de diversis materiis praedicabilibus‹ des Stefan von Bourbon verwandt).

[27] Dusch, ebd. 24*; Le Goff, ebd., 377–383.

[28] In der Ausgabe von Dusch, 4, 4 ff. Der Topos ist alt und geht auf Platons ›Phaidros‹ (81a) zurück, wo der Zugang zur ewigen Weisheit abhängig gemacht wird von einer Einübung in den Tod (μελέτη θανάτου), die darin besteht, „die Seele nach Möglichkeit vom Körper zu trennen" (67c). Vgl. dazu H. U. von Balthasar, 1954, 374; E. Rohde, ^{3}1909, II, 279f., Anm. 1; J. Choron, 1967, 49ff.; J. Pieper, 1968, 14ff.;

Guardini, 1956, 98 ff.; G. Scherer, 1979, 98 ff.; H. Sonnemans, 1984, 226; Haas, 1981, 1777.

[29] Das Thema des *ubi sunt?* – wo sind all die berühmten Menschen des Geistes- und Kulturlebens, der Geschichte geblieben? – ist eines, das die ganze Literatur des Mittelalters durchzieht. Vgl. zur vorläufigen Information C. H. Becker, 1916; G. A. Gerhard, 1916, E. Gilson, [2]1955, 9–30, 31–38; M. Liborio, 1960; J. Schwietering, 1969, 210. Das Thema kann sich kombinieren mit dem *Sic transit gloria mundi*. Vgl. R. Elze, 1978.

[30] L. A. M. Goossens, 1952, 225 ff.

[31] Über das von Humbert übernommene Exempel aus dem Barlaam-Roman und seine weitverzweigte Geschichte handelt kompetent und ausführlich J. W. Einhorn, 1972. Ich gebe hier die Variante wieder, die im ›Barlaam und Josaphat‹ des Rudolf von Ems zu finden ist:

> Die dirre welte volger sint
> unde ir dienstlîchiu kint,
> die gelîche ich einem man,
> der nôt von einem tiere gewan:
> daz was ein einhürne grôz.
> sîn lüejen alsô lûte dôz,
> daz ez den man brâhte in nôt.
> er vorht im unde vlôch den tôt.
> ez jaget in âne milte zuht.
> dô er was in sorgen vluht
> und vor dem einhürnen lief,
> in ein abgründe tief
> viel er über eine want.
> in dem valle ergreif sîn hant
> ein boumelîn, dâ hieng er an;
> daz vriste disen selben man.
> er habete sich vil vaste
> ze des boumelînes aste;
> die vüeze hâte er gesat
> an eine wunderenge stat.
> daz was ein kleiner erdewase,
> gewurzet âne kraft mit grase:
> dar ûf enthielt er sînen val.
> diu selbe stat was alsô smal,
> daz er dar an niht mohte gestân,
> swen er daz boumel müeste lân.
> Swier dâ stuont in grôzer nôt,
> er wânde, im waere der tôt
> mit vride gar benomen dâ.
> dô kômen zwô miuse sâ:
> einiu was swarz, diu ander wîz,
> di kêrten allen iren vlîz
> an der stûden wurzel gar.

sie nuogen alsô vaste dar,
biz diu wurz vil nâch sich lie,
von der kraft diu stûde gie.
diz was ein ängestlich geschieht:
er mohte des erwenden niht,
sie wolten der wurze angesigen.
dô sach er einen trachen ligen
tief under im in dem tal,
der dinget ûf des mannes val.
ez was ein ängestlicher stric,
er truoc vil leiden aneblic:
diu ougen und der âtem sîn
wâren beidiu viurîn . . .

der einhürne dêst der tôt,
der mit ängestlîcher nôt
allez menschenkünne jaget,
biz daz sîn name an im betaget.
daz boumelîn, daz ist daz leben,
daz uns allen ist gegeben,
ieglîchem nâch sîner maht.
der liehte tac, diu trüebe naht
bezeichnet dise miuse zwô,
die jene wurzen nuogen sô
daz der stûden kraft zergienc,
dar an der man mit vorhten hienc.
alsus genaget widerstrît
unser leben disiu zît.
ir nagen daz hât endes niht,
ê man si abe genagen siht
unsers lebenes wurzelkraft,
dâ unser leben ist angehaft.
merke ouch in den sinnen dîn,
daz der trache viurîn,
der gên dem man ûf tet den munt,
bezeichent der helle grunt
und des tiuvels angesiht,
diu vorhtlîcher swaere giht.

(Rudolf von Ems, Barlaam und Josaphat, hrsg. von Franz Pfeiffer, Berlin ²1965, 4603–4648, 4713–4736.)

Diese Allegorie gleichzeitig der Vergänglichkeit und des mit ihr gegebenen Todes, aber auch der darin unvermeidlichen endgültigen Beurteilung des Menschen (im Bild des gähnenden Höllenrachens unter dem Bedrohten) steht exemplarisch für die Beängstigung des immer gegenwärtigen Todes im Mittelalter und zu allen Zeiten. Vgl. Vetter, 1964.

³² Vgl. U. M. Ugazio, 1976; G. Scherer, 1979, 49 ff.

[33] Mt 25, 1 ff. Mit Grund wird diese Parabel Inhalt des eschatologischen Zehnjung-frauenspiels (A 1350–70 und B 1428; aufgeführt am 4. Mai 1321 in Eisenach). Vgl. dazu die Ausgabe von O. Beckers, 1905, Reprint: 1977; hrsg. von K. Schneider, 1964 (Texte des späten Mittelalters 17) und M. Wehrli, 1980, 602–604.

[34] Erscheinungen Verdammter mit paränetischem Charakter sind aus dem Mittel-alter sehr häufig überliefert. Vgl. J. Le Goff, 1984; P. Dinzelbacher 1978, 1979, 1981, 1984.

[35] Zu den mittelalterlichen Himmelsvorstellungen, die nach Le Goff (1984, 438) „als das Movens des katholisch-christlichen Glaubens" im Mittelalter zu betrachten sind, vgl. E. Peters, [2]1977; H.-F. Reske, 1973; R. R. Grimm, 1977; M. L. Gatti Perer, 1983; N. Wicki, 1954. Das Thema der himmlischen Utopie im Mittelalter ist mit die-sen (Vor-)Arbeiten noch keineswegs erschöpft.

[36] A. Tenenti, [2]1983, 62–89.

[37] Dusch, 1975, 25*.

[38] Ebd., 25*f.

[39] Ebd., 25*.

[40] Dionysii Carthusiani liber vtilissimus de quatuor hominis nouissimis, Lvgdvni 1579.

[41] Vgl. o. Anm. 14.

[42] Die Diagnose des Mittelalters als einer „Epoche der Angst" und der Angstpro-duktion ist heute sehr en vogue, mit einem gewissen Recht (vgl. Delumeau in seinen verschiedenen Veröffentlichungen). Man wird aber bei dieser Beurteilung nicht außer acht lassen dürfen, daß die Angstbilder, welche die Kirche den Gläubigen anstatt der Hoffnungsbilder des Todes im Sinne von Ernst Bloch offerierte, doch kombiniert wa-ren mit emphatischen Vorstellungen eines richtigen Lebens und einer gerechten Ent-schädigung für dieses richtige Leben. Dieses ist Garant von Trost und Versprechen einer trotz aller Sterblichkeit lichten Unsterblichkeit. Man wird daher die starken Hoff-nungsbilder, welche die Epochen der Angst erträglich machten, nicht ausblenden dür-fen, sondern ihnen im Maße, als man ihre dunklen Beweggründe vorzeigt, angemessen Platz zubilligen müssen. Nur so wird die Diskussion um ein „dunkles" oder ein „lich-tes" Mittelalter mit der Zeit seine Aktualität zugunsten eines breit ausgemalten Mittel-alterbildes verlieren können. Gerade an der in vieler Hinsicht massiven *meditatio mor-tis* Innozenz' III., die immer wieder als Paradebeispiel repressiver lust- und lebens-feindlicher Ideologie vorgewiesen wird, läßt sich die innere Umkehrung des Angstbil-des in ein Hoffnungsbild aufzeigen. Im Maße der Tod als Sündensold selber Sünde ist, ist er negativ zu bewerten, im Maße er aber als Tod auch Tod der Sünde ist, ist er positiv. Die *miseria* der hiesigen Zustände haftet an der Körperlichkeit, aus der sich zu befreien die Fähigkeit der Seele darstellt, wenn sie sich der angemessenen *meditatio mortis* hingibt. In ihr erkennt sie die Trennung von Körper und Seele als eine Befreiung von Leid und Sünde und Schmerz. Rettung der eigenen Person ist einer ewigen (nicht zeitlichen) Ordnung vorbehalten. „Colui il quale ha saputo, attraverso e in occasione delle contingenze dalla sua esistenza, rifiutare ogni gioia disprezzabile, colui il quale ha saputo riconoscere con il pensiero l'ordine eterno e ha voluto morire a se stesso, vedrà nella morte il compimento della propria persona. L'idea della morte cessa di essere un motivo di timore nella misura in cui l'uomo comprende ch'essa non ha alcun potere su ciò che in lui merita di sussistere. La morte diviene così un appello prov-

videnziale rivolto all'io vero, un invito a oltre-passare l'essere empirico, il quale,
sempre preoccupato di se stesso, trema per quei beni che sono in realtà una servitù.
L'uomo può trasformare e trascendere la propria condizione mortale, perché vi è, al di
là della morte, la possibilità di una vita che è la sola degna di questo nome. La morte si
revela una nascita superiore alle nascita empirica: se vi è una vita che è in verità la
morte, vi è una morte che è in verità la vita" (F. Lazzari, 1972, 124, für den ganzen
Zusammenhang der *meditatio mortis* im 12. Jahrhundert: 119–129).

   [43] Augustinus: „Wer aus der Masse der Gläubigen wird es sich in diesem Leben her-
ausnehmen, sich unter die Zahl der Erwählten zu rechnen?" (*Qui enim ex multitudine
fidelium, quamdiu in hac mortalitate vivitur, in numero praedestinatorum se esse prae-
sumat?* De corr. et grat. 13, 40; PL 44, 940, zitiert bei Dinzelbacher, 1985, 42).

   [44] Diesen Aspekt – daß das *Memento mori!* kaum je isoliert, sondern immer kombiniert mit Gerichts- und vor allem Jenseitsvorstellungen, d. h. also versehen mit Frei-
heitsutopien auftritt – gilt es mindestens festzuhalten. Daher das Sprichwort: „Wer an
den Tod denkt, fängt an zu leben" (A. Freybe, 1909, 30).

   [45] Und weiter heißt es: *Melius est igitur mori vite quam vivere morti, quia nichil est
vita mortalis nisi mors vivens* (Lotharii Cardinalis [Innocentii III] De miseria humanae
conditionis, ed. Michele Maccarone, Lugano 1955, 30, 16–19).

   [46] F. Heer, Mittelalter, Zürich 1961, 544–547.

   [47] „Wir rennen nicht dem Tod entgegen, wir fliehen vor der Katastrophe der Geburt, wir zappeln uns ab – Gerettete, die vergessen möchten. Die Angst vor dem Tod
ist nichts als die Angst, die mit unserem ersten Augenblick anhebt, in die Zukunft. Es
widerstrebt uns, soviel ist gewiß, die Geburt als Geißel zu betrachten: hat man uns
nicht eingebleut, sie sei das höchste Gut, das Ärgste sei am Ausgang unserer Laufbahn
zu finden und nicht an ihrem Beginn? Das Übel, das wahre Übel ist jedoch *hinter* uns,
nicht vor uns. Das ist Christus entgangen, das hat Buddha gewußt: ,Wenn drei Dinge
nicht in der Welt existieren, oh ihr Getreuen, so würde der Vollendete nicht in der Welt
erscheinen . . .' Und noch vor dem Alter, vor dem Tod sieht er das Geborenwerden als
Quelle aller Gebresten und aller Katastrophen" (Cioran, 1979, 5 f.). Die Vergleichbar-
keit zwischen der christlichen Variante und der Cioranschen fällt in die Augen: Christlich ist allerlei Todesdrastik und „Nekrophilie" (vgl. dazu E. Fromm) denkbar und
möglich, nihilistisch in einem metaphysischen Sinn ist ein solches *Memento mori!* nie,
da es in der Hoffnung aufs Bessere gehalten ist. Immerhin kann sich auch das noch in
christlichem Kontext vollzogene Todesdenken bedenklich an buddhistische Toten-
betrachtung annähern.

   [48] Vgl. dazu Chr. Gnilka, 1977, besonders 9, Seneca (ep. 24, 19/21; 58, 22/4; 120,
17 f.: *nihil satis est (sc. nobis) morituris, immo morientibus; cotidie enim propius ab
ultimo stamus*). Interessant ist, daß diese Überlegung – das *cottidie morimur* – eine Be-
schwichtigung der Todesfurcht ist: Wenn unser Leben ein ständiges Sterben ist, dann
ist der Tod nicht zu fürchten. Das Argument ist stark von Epikur (vgl. ebd., 12) übernommen worden. Christlich wird das Argument umgewendet zu einer „Stärkung des
Bewußtseins der Hinfälligkeit alles Irdischen" (ebd., 15), dem dann die rettende Liebe
Christi entgegengestellt werden kann. Das Motiv einer Beseitigung der Todesfurcht
fällt im Christlichen damit weitgehend dahin. Ähnlichkeit der Motive, Aussagen über
den Tod der äußeren Form nach, müssen also nicht immer schon eine solche des
Gehalts anzeigen.

⁴⁹ Henry Spitzmüller, Poésie latine chrétienne du Moyen Age, IIIᵉ – XVᵉ siècle, Textes recueillis, traduits et commentés, Bruges 1971, 1308 f. Die Hymne wurde zu Unrecht Notker von St. Gallen zugeschrieben, sie scheint aber später verfaßt worden zu sein. Spitzmüller gibt ebd., 1803–1805, einen ausgezeichneten Überblick über die Todesdichtung im Mittelalter. Vgl. W. Lipphardt, Media vita in morte sumus (deutsch), VL VI², 271–275.

⁵⁰ Bei Jaap Mansfeld (Die Vorsokratiker I, Milesier, Pythagoreer, Xenophanes, Heraklit, Parmenides, Auswahl, Übersetzung und Erläuterungen von J. M., Stuttgart 1983, 263) ist das Fragment folgendermaßen übersetzt: „Als Unsterbliche sind sie sterblich, als Sterbliche unsterblich: das Leben der Sterblichen ist der Unsterblichen Tod, der Tod der Unsterblichen der Sterblichen Leben." Wie immer die Nuancen der Übersetzung (und damit deren Interpretation) gesetzt werden, Heraklits Meinung ist doch die, daß die Unsterblichkeit in wundersamer Verschränkung mit der Sterblichkeit steht. Diesen Gedanken hat neuerdings J.-L. Chrétien, 1982, zum Skopus der christlichen Unsterblichkeitsvorstellung gemacht: Nur für Sterbliche gibt es Unsterblichkeit!

⁵¹ Plato, Gorgias 492d–493a.

⁵² Somnium Scipionis 9.

⁵³ Consol. ad Marciam 21.

⁵⁴ De Civ. Dei 13, 10; PL 41, 383.

⁵⁵ Serm. 45, 4; PL 38, 265. Vgl. auch Serm. 40, 41; PL 38, 244 f.

⁵⁶ H.-G. Surmund, 1978, 310–315.

⁵⁷ Liber meditationum 21; PL 40, 917.

⁵⁸ Manuale 7; PL 40, 955.

⁵⁹ In Ev. hom. 37, 1; PL 76, 1275.

⁶⁰ De meditatione mortis 1, 16; PL 170, 373.

⁶¹ Ibid. 2, 9; PL 170, 389.

⁶² Des Heiligen Johannes vom Kreuz Sämtliche Werke, 5. Bd.: Kleinere Schriften, München 1929, 192–194.

⁶³ Zit. in: G. Schmolze, Verneinung des Nichts, Bespr. von A. Klingemann, Nachtwachen des Bonaventura, Insel, 1975, in: Zeitwende 46 (1975) 371.

⁶⁴ J. Choron, 1967, 98.

⁶⁵ Petrus Lombardus, Sent., 1. 4, dist. 43–50; ebd. Quaracchi 1916, vol. 2, 994–1038. Vgl. dazu C. Pozo, 1983, 24; Cloes, 1958, 313; H. J. Weber, 1973, 45–57; P. Künzle, 1965.

⁶⁶ A. Wilmart, Auteurs spiruels et textes dévots du moyen âge latin, Etudes d'histoire littéraire, Paris ²1971, 132 f.

⁶⁷ Es wäre hier die der Väterzeit und dem Mittelalter teure Anschauung, wonach die Menschen den gefallenen, zehnten Engelchor zu ersetzen die Aufgabe hätten, ausführlich zu besprechen, da dieser Gedanke nicht nur für die Erschaffung des Menschen von Belang, sondern auch für dessen eschatologische Rettung wichtig ist. Der Mensch – an seinen ihm zustehenden Ort im Jenseits verbracht – erfüllt damit die Vorstellung eines *ordo*, die schlechthin wegleitend für die Vollendung ist. Für den Mönch ist daher das „engelhafte Leben" nichts anderes als eine eschatologische Ausrichtung des gesamten Daseins auf diese Restitution, die dem Menschengeschlecht aufgegeben ist. Zur Literatur darüber vgl. Haas, 1964, 142 f., Anm. 14; ders., 1971, 37 f.; ders.,

1984, 107. Vgl. dazu jetzt auch: W. Babilas, Untersuchungen zu den Sermones subalpini. Mit einem Exkurs über die Zehn-Engelchor-Lehre, München 1968, 173–213 (mit Hinweis auf zwei typologisch verschiedene Auffassungen); E. C. Lutz, In niun schar insunder geordent gar, Gregorianische Angelologie, Dionysius-Rezeption und volkssprachliche Dichtungen des Mittelalters, ZfdPh 102 (1983) 335–376; ders., Rhetorica divina, Mittelhochdeutsche Prologgebete und die rhetorische Kultur des Mittelalters, Berlin 1984, 170–172. Zur *vita angelica* vgl. auch C. Andresen, Altchristliche Kritik am Tanz – ein Ausschnitt aus dem Kampf der alten Kirche gegen heidnische Sitte, Zs. f. Kirchengeschichte 72 (1961) 242.

[68] Le Goff, 1984, 438, schreibt am Ende seiner Untersuchung über das Fegefeuer: „Möglicherweise war das Paradies, dem die Geschichtswissenschaft bisher wenig Interesse entgegenbrachte, das nach meinem Dossier aber nicht blaß und eintönig erscheint, wie allgemein behauptet wird, die wirkende Kraft. Die von breiten Strömen durchzogene, lichtüberflutete, vom harmonischen Klang himmlischer Gesänge widerhallende, in wunderbaren Düften schwelgende Ebene, erfüllt von der unbeschreiblichen Gegenwart Gottes, die sich im Wesen und der unendlichen Ausdehnung des Empyreums offenbart, bleibt noch zu entdecken. Und steht nicht das System jenseits des Fegefeuers, das der Inbegriff der Hoffnung und der Heilsgewißheit, der Forderung nach mehr Gerechtigkeit und nach einer intensiveren Vorbereitung auf die vollkommene Reinheit ist, die man mit der letzten Etappe auf dem Weg der ‚Rückkehr‘ zu Gott erreicht, im Zeichen der Worte, die Christus am Kreuz zu dem einsichtigen Übeltäter an seiner Seite sprach: ‚Wahrlich, ich sage dir: Heute wirst du mit mir im Paradiese sein‘ (Luk 23, 43)? – Damit wäre das Fegefeuer trotz aller Ähnlichkeiten mit der Hölle dem Paradies sehr nahe, und als das Movens des katholisch-christlichen Glaubens müßte man die Sehnsucht nach dem Paradies betrachten, das eine endlose Reihe von Seelen, die zu Gott zurückkehren, aus dem Fegefeuer zu sich emporzieht." Damit wird in später Zeit wenigstens die erste Frage und Antwort des Katholischen Katechismus erkenntnismäßig insofern wieder eingeholt, als deren *Funktion* im geschichtlichen Christentum überhaupt anerkannt wird. Meist stehen die Vorbehalte gegen Himmelsvorstellungen vor deren Kenntnisnahme. Zu den Himmelsvorstellungen vgl. o. Anm. 35.

[69] J. Leclercq, 1963, 78f.

[70] Ebd., 79.

[71] J. Leclercq, 1961.

[72] Vgl. u. S. 111 ff.

[73] Caesarius von Heisterbach, Dial. Mir. ed. J. Strange, Köln 1851, XI/1, S. 266. Vgl. auch Y. Lefèvre, L'Elucidarium et les Lucidaires, Paris 1954, 162 (96) und Anm. 5, 440 (II 96).

[74] Vgl. R. Klinck, Die lateinische Etymologie des Mittelalters, München 1970, 108 ff. «Tous faut mourir pour une pomme», heißt es im Mittelalter. Vgl. dazu das Gedicht ›Le Mors de la Pomme‹ (hrsg. von F.-E. Schneegans, Romania 46 [1920] 537–570) aus dem 15. Jahrhundert, das diesen Bezug zwischen Biß und Tod zum Inhalt hat.

[75] Vgl. F. Ohly, Gesetz und Evangelium, Zur Typologie bei Luther und Lucas Cranach, Zum Blutstrahl der Gnade in der Kunst, Münster 1985.

[76] „Wenn die quälende Vorstellung vom Antichrist und die Furcht vor dem Weltende – ursprünglich Ängste der Geistlichkeit – ab der Mitte des 14. Jahrhunderts weit

größere Kreise der Bevölkerung erreichten als im Jahre 1000, dann liegt dies nicht einfach am Unheil, von dem diese Epoche heimgesucht wurde, sondern auch und sogar vielleicht in erster Linie an den Mitteln zur Verbreitung dieser eschatologischen Schrecken. Denn die Zeit vom Tode Karls des Großen bis zum Beginn des 11. Jahrhunderts hatte Europa ebenfalls Elend und Not beschert. Aber das ,Abendland des 10. Jahrhunderts, dieses Land der Wälder, der Volksstämme, der Hexerei, der Duodezfürsten', wie es von G. Duby genannt wird, war zu bäuerlich, zu zersplittert, zu ungebildet, um für intensive Propaganda empfänglich zu sein. 400 Jahre später hingegen ist es urbanisiert und besitzt jetzt eine an Zahl und Bedeutung wachsende, gebildete Elite. Prediger können nun machtvoll die städtischen Massen erschüttern, sie während einer einzigen Predigt in Angst und Hoffnung, Schuld und Zerknirschung stürzen. Die großen eschatologischen Ängste hätten das Kollektivbewußtsein, insbesondere in den Städten, nicht so nachhaltig prägen können, wären da nicht die großen volkstümlichen Predigten gewesen . . ." (Delumeau, 1985, 326). Vgl. auch Delumeau, 1976, 145 ff.; ders., 1983, 44 ff. In der Einleitung zu dem von ihm herausgegebenen Sammelwerk, 1979, 11, unterstreicht Delumeau nachhaltig die Rolle der Predigt von der Bettelordenspredigt vom 13. Jahrhundert an bis heute.

77 Vgl. das Schlußwort Delumeaus, 1983, 625–627. Vgl. auch Jacques Le Goff, Jean Delumeau et la grande peur du péché, Le Monde 4. November 1983.

78 K. Ruh, Geistliche Prosa des Spätmittelalters, in: Neues Handbuch Literaturwissenschaft, Bd. 8: Europ. Spätmittelalter, Berlin 1978, 164 ff.

79 Speculum Ecclesiae, Hrsg. von G. Mellbourn, Lund 1944, 145–147.

80 E. Bloch, Das Prinzip Hoffnung, Kap. 52 (Werkausgabe, Bd. 5, Frankfurt a. M. 1985, 1297 ff.).

81 Das wird sich im Spätmittelalter ändern, wo die Individualität sich auch im Tode und nach dem Tod stärker zu artikulieren fähig ist, insbesondere bei den Mächtigen. Vgl. Huizinga, ⁹1965, 190 ff.; E. Döring-Hirsch, 1927, 25 f.; Jaritz, 1984, 121 ff.; J. Toussaert, 1963, 204–224; unter Anm. 85.

82 Vgl. R. Lenz, 1975/79, 1980, 1981; R. Mohr, 1982; S. Rusterholz, 1979; P. R. Blum, 1983 (verschiedene Beiträge).

83 Vgl. R. Lenz, 1975, 1979, 1980, 1981; R. Mohr, 1964, 1982; S. Rusterholz, 1979.

84 R. Cruel, ²1966, 238 f.

85 Zur Typologie des Todes im Mittelalter vgl. W. Rehm, ²1967, 36 f., Anm. 2; die Bestimmtheit des Todesdenkens durch Topoi ist bis in die Neuzeit hinein spürbar: „So gibt es eine Sammlung von Loci für die Todesmeditation: ,Triumphus poeticus mortis; hoc est, selectissima carmina in obitum. Ex optimis totius Europae poetis conquisita. Adornatus studio Matthaei Turnemainni verbi Dei Ministri, Frankfurt 1624'" (F. van Ingen, 1966, 33, Anm. 25). Zur Toposbestimmtheit der frühmittelalterlichen Thanatologie vgl. auch G. S. Williams, 1976. Den Leichnam des Kardinals Lagrange (abgebildet in K. Cohen, 1973, Abb. 5) in transi (in Auflösung begriffen) erläutert J. Chiffoleau (in H. Braet, W. Verbeke, 1983, 117–133) in seinem Aufsatz «Ce qui fait changer la mort dans la région d' Avignon à la fin du Moyen Age», als einen gigantischen Traditionsverlust, in dessen Gefolge sich die menschliche Person, das Individuum sehr viel stärker profiliert. Vgl. von dems., 1980, 1981; P. Chihaia, 1982, 266 ff.; K. Bauch 1976, 215–262. Die Untersuchung der drei Tode geht über Ambrosius auf Origenes zurück. Zu Ambrosius vgl. ›De bono mortis‹ 2, 3 (*mors peccati, mors*

mystica, mors als *animae corporisque secessio – mors mala, mors bona, mors media).*
Die Unterscheidung wird in Exc. Fr. II, 36f. wiederaufgenommen. Hier lautet sie:
mors spiritalis, mors naturalis, mors poenalis. Vgl. dazu J. E. Niederhuber, 1907, 11f.;
E. Dassmann, 1965, 227f., bes. Anm. 69; dazu die einschlägigen Stellen in: G. Co-
lombo (Hrsg.), Tutte le Opere di Sant'Ambrogio, Mailand–Rom 1979ff. (bes. III,
1982, 131, Anm. 6 von C. Moreschini); W. Th. Wiesner, S. Ambrosii ›De bono mortis‹, A Revised Text with an Introduction, Translation and Commentary, Washington
1970, zur Stelle (2, 3). – Zu Origenes vgl. J. Daniélou, in: Le Mystère de la mort, 1951,
134 (Hinweis auf Röm VI, 6; PG 14, 1066; und auf das ›Gespräch mit Heraklit‹ 25–27;
SC 67, 102f.). Vgl. dazu H. C. Puech, P. Hadot, 1959; H. Crouzel, 1978 I, 1978
II, 1980, 1985.

[86] Zum Thema des Todes, der wie ein Dieb in der Nacht den ganzen Menschen hin-
wegnimmt (nach Lk 12,39: *fur in nocte*), vgl. die mittelalterlichen Belegstellen bei
R. Schützeichel, 1962, 53–58, der die berühmte Stelle aus dem ›Memento mori‹ kommentiert: *ter tot ter bezeichint ten tieb, / iuer ne lat er hie niet* (13,3f.). Vgl. auch
H. Kuhn, 1959. Die Stelle bei Honorius Aug.: PL 172, 1077f. – Zur *mors repentina*
– ein im Mittelalter allgegenwärtiges Thema – vgl. Ph. Ariès, 1980, 19ff.; vgl. dagegen
das ›Elucidarium‹ (wie o. Anm. 73), 163f. (II 101–102), 441: Die *subita mors* ist keinesfalls schädlich, sondern sogar heilsam für jene, die immerfort an den Tod denken und
gerecht sind!

[87] Das ist wie ein Bildprogramm, das – genährt von der systematisch betriebenen
Weltverachtung der Mönche (die allerdings *in* dieser Weltverachtung eine bessere, ja
einzig gute Welt als Hoffnungsbild hatten!) – sich dann – sicherlich mit neuer Motiva-
tion – im 14. Jahrhundert in den Grabbildern der Leichname *in transi* als sichtbare
Wirklichkeit dokumentierte. Vgl. K. Bauch, 1976; K. Cohen, 1973. Zur Tradition der
monastischen Weltverachtung und des Konzepts der Frau Welt (oder des *vil ubelen
mundus*) vgl. W. Stammler, 1959; H. R. Schlette, 1961; M. Skowronek, 1964; R. Bultot, 1963/64; M. de Certeau et al., 1965; F. Lazzari, 1965.

[88] Zur Fegfeuer-Auffassung des Honorius Augustodunensis vgl. Le Goff, 1984,
165–168.

[89] Zur christlichen Auffassung, daß sich der Auferstehungsleib dem Vollalter Christi angleiche, das heißt, daß alle Auferstehenden in diesem Alter auferstehen werden,
vgl. Ch. Gnilka, 1972, 148ff.

[90] Vgl. A. E. Schönbach, 1968, I, 138; C. R. Cruel, [2]1966, 241f.; A. Jeitteles
(Hrsg.), St. Pauler Predigten, Innsbruck 1878, 51 (*Pro defunctis*).

[91] G. Mellbourn, Speculum Ecclesiae, Lund 1944, 154f.

[92] F. Pfeiffer, J. Strobl, Berthold von Regensburg, Vollständige Ausgabe seiner Predigten, Wien 1862/80, 119, 15. Zur Volkspredigt im 13./14. Jahrhundert vgl. K. Stüber,
1976, 9f.

[93] A. a. O., 27, 17ff.

[94] A. a. O., 30, 5ff.

[95] A. a. O., 31, 15ff.

[96] A. a. O., 31, 33ff.

[97] A. a. O., 32, 10ff.

[98] A. a. O., 32, 35ff.

III. Das mittelalterliche Sterbebrauchtum

¹ „Auch wir, die wir von Adam unseren Ursprung herleiten, sind gebunden an die Sorgen, Kümmernisse und unüberwindlichen Versuchungen des Körpers ebenso wie der Seele, und endlich an den letzten Schrecken, den Tod. Durch jenen wurde diese natürliche Beschaffenheit unser Los, in welchem die Ausbreitung unseres Geschlechts begann ... In diesem Jammertal finden wir nichts anderes als die Schwäche unserer Natur, das Spiel des Zufalles, die Veränderlichkeit des Willens, den Unrat der Lüste und den immerwährenden Streit der Versuchungen." Vinzenz von Beauvais, Speculum historiale 31, 106, hrsg. vom Coll. Vedastinum, Duais 1624, Neudr. Graz 1965, 1323 (zitiert nach G. Melville, in Koselleck, 1980, 113, Anm. 31).

² „Wie elend und beklagenswert die Beschaffenheit des sterblichen Lebens ist, das geht aus vielen Dingen ganz offensichtlich hervor, weil nicht nur das Weltliche niemals im gleichen Zustand verbleibt, sondern das zum Schlechteren herabsinkende Sterbliche bis zum völligen Untergang zerfällt." Aus ›Prologus et praefatio cuiusdam sapientis in regulam beati Augustini‹, Ed. St. Weinfurter, 1978, 158 (zitiert bei G. Melville, 1980, 115, Anm. 34).

³ Vgl. dazu Ariès, 1980; J. Ehlers, 1977; L. Bornscheuer, 1968; J. Huizinga, ⁹1965; G. Melville, 1980, der – scheint mir – in exemplarischer Weise mit der Anwendung eines Niedergangsgedankens fürs Mittelalter Schluß gemacht hat, indem er die metahistorische Kategorie des Niedergangs – mit Recht – als Bestandteil eines völlig säkularisierten Geschichtsbildes erwies. Da das Mittelalter wahres Menschsein nicht mit Geschichtlichkeit identifizierte, sondern mit deren Überwindung in einer ‚eigentlichen‘ Welt des Jenseits, umgreift diese Kategorie zur Beschreibung auch des schlechtesten Zustandes der Welt nicht zentral die Verachtung der Welt, weil die entscheidende Identifikation nicht damit, sondern mit der Erfüllung eigentlichen Menschseins in der großen Wende von allen Widrigkeiten irdischen Daseins weg in die jenseitige Ewigkeit geschah. Die *mutabilitas* ist – grundsätzlich optimistisch – Grund der möglichen *mutatio*. Diese Gedanken Melvilles bestechen durch klare Konzepte und saubere Begrifflichkeit. Obiges Zitat bei Melville, in: Koselleck, 1980, 101.

⁴ „Der mittelalterliche Mensch formulierte sich als ein im geschichtlichen Wandel Stehender, zu dem auch der qualifizierte Befund der ‚Verschlechterung‘ seiner Lebensumstände gehört. Dennoch – den Begriff ‚Niedergang‘ dabei als Signifikante eingesetzt sehen zu wollen, wäre verfrüht. Es fand kein Subjektverlust des Menschen statt, der das Subjekt ‚Niedergang‘ hätte entstehen lassen können und ein Scheitern des Menschen gegenüber ihm entzogenen, verselbständigten Verlaufsformen angezeigt hätte. Stets war es der Mensch selbst, der als Handelnder die Verschlechterung bewirkte und trug: *Nichil novum sub sole. Et propterea tales errores nisi cessantibus hominibus non cessabunt* (‚Es geschieht nichts Neues unter der Sonne‘ ist ein wahrhaft salomonischer Spruch. Und eben daher werden auch, solange die Menschen nicht aussterben, solche Verwirrungen nicht aussterben. Petrus Azarius, Liber Gestorum 8)" (G. Melville, 1980, 113). „So ist die ‚mutabilitas‘ der Welt, die die ‚miseriae‘ verursacht, eine notwendige Voraussetzung zur Erfüllung der Erwartung des ‚eigentlichen‘ Menschseins. Die ‚miseriae‘ bringen den Menschen also auch in eschatologischer Finalität näher zu seiner Vervollkommnung. Sie neutralisieren sich gewissermaßen auch hier zwischen irdischem Leid, das erfahren wird, und himmlischer Freude, die erwartet

wird. Aus seiner Fähigkeit heraus, Geschichte in der Funktion als Abhebungsmög-
lichkeit von der Welt zu sehen, konnte der mittelalterliche Mensch also offensichtlich
sich aus der Verfangenheit in schlechten Zuständen bzw. Verschlechterungen lösbar
verstehen. Erfahrung und Erweiterung waren also tatsächlich auf zwei verschiedenen
Ebenen angesiedelt (wobei die Erwartung immer die bessere war), so daß negative Erfahrungen ohne wiederum negative Auswirkungen auf das eigentliche Wollen bleiben
konnten. Im Gegenteil – sie konnten diesem Wollen sogar von Nutzen sein, indem sie
sein Ziel näherrückten oder sicherer machten. Niedergangsbewußtsein konnte sich
dabei nicht einstellen und durfte es nicht, eher ein Optimismus, der in die Nähe eines
– allerdings genuinen – Fortschrittsbewußtseins rückte" (a. a. O., 136). Vgl. aber J. Le
Goff, ⁶1982, 307–318, der ohne größere methodische Umsicht Belege für *decadenza*
sammelt.

⁵ A. Borst, 1973, 120 f.; zur alternden Welt vgl. auch G. Miccoli, 1966.

⁶ J. Le Goff, 1965, 31. Vgl. auch G. Jaritz, 1984; F. Curschmann, ²1970; J. F. C.
Hecker, ²1964; B. Hoffmann, 1983; M. Mollat, 1984; A. Rittmann, ²1973.

⁷ G. Melville, 1980, 132 ff. „Der schlechte Zustand der Welt ist also gottgewollt, gehört mit zu dessen Plan der ‚perfectio' in der Zeit, mit der er das ‚perfectum' jenseits
der Zeitlichkeit dem Menschen zeigt. Die ‚conditio mutabilis' der Welt dient einem
pädagogischen Zweck, um den Kontrast zwischen Diesseits und Jenseits aufzuweisen,
indem bereits auf dieser Welt analog auch die diesem Kontrast entsprechenden Verhal-
tensweisen deutlich gemacht werden" (131 f.). Vgl. auch H.-W. Goetz, 1984, 319 ff.,
156 ff.

⁸ J. Le Goff, 1970, 283 f.; J. Schmidlin, 1905. Die Stelle bei Otto von Freising lautet:
Nos vero non solum credere, sed et videre quae premissa sunt possumus, dum mundum,
quem pro mutatione sui contempnendum predixerunt, nos iam deficientem et tanquam
ultimi senii extremum spiritum trahentem cernimus (Chron. V, Vorwort: Otto Bischof
von Freising, Chronik oder die Geschichte der zwei Staaten, übersetzt von
A. Schmidt, hrsg. von W. Lammers, Darmstadt 1960, 374 f.). Zu den Weltzeitaltern
vgl. H. Grundmann, Die Grundzüge der mittelalterlichen Geschichtsanschauungen
in: W. Lammers, 1961, 419 ff.; R. Schmidt, 1955/56; A.-D. von den Brincken, 1957;
A. Luneau, 1964; K.-H. Schwarte, 1966; A. Demandt, 1978, 44 f. (zum *mundus vete-*
rascens! und zu den Weltaltern), 28, 150, 349; B. Guenné, 1980, 148 ff.; M. Haeusler,
1980; H.-W. Goetz, 1984, 137 ff.; H. L. C. Tristram, 1985. Zu den Lebensaltern vgl.
U. Helfenstein, 1952; Ch. Gnilka, 1972; A. E. Imhof, 1981; R. Sprandel 1981; J. A.
Burrow, 1986.

⁹ Vgl. G. Melville, 1980, 129 ff.; H.-W. Goetz, 1984, öfter.

¹⁰ *Inter prima elementorum rudimenta ac grammaticae artis precepta audire solent*
pueri, quod quanto iuniores, tanto sint perspicaciores. Quod non inconvenienter dictum
puto, dum et priorum, qui ante nos sapientiae studuerunt, scriptis et institutis informa-
mur ac processu temporum et experientiis rerum tanto maturius, quanto in provectiori
orbis aevo positi edocemur, per nos quoque his, quae ante nos inventa sunt, compre-
hensis eodem, quo et illi, spiritu nova invenire possumus. Hanc in senio mundi ex his,
quas dixi, causis sapientiam fore multiplicandam propheta previdit, qui ait: Pertransi-
bunt plurimi, et multiplex erit scientia. Hinc est, quod multae antecessores nostros, pre-
clarae sapientiae ac excellentium ingeniorum viros, latuerunt causae, quae nobis pro-
cessu temporum ac eventu rerum patere ceperunt. Proinde Romanum imperium, quod

pro sui excellentia a paganis aeternum, a nostris pene divum putabatur, iam ad quid devenerit, ab omnibus videtur. – *Et sicut supra dixi, omnis humana potentia vel sapientia ab oriente ordiens in occidente terminari cepit* (Otto von Freising, Chron. V, Vorwort, wie Anm. 8, 372 f.).

¹¹ *Nonne tam inauditam, tam inhumanum hoc mundi factum ad contemptum sui solum nos provocare posset? Numquid non ipse mundus* – *vel potius iuxta Augustinum inmundus* – *sic amatores suos falsis delectationibus pellectos decipit, huiusmodi commertia inherentibus sibi tribuit ac ad ultimum transeundo in interitum trahit? Haec sunt iuxta Paulum tempora novissima et ideo periculosa, in quibus homines, quae sua, non quae Jesu Christi, querentes et ideo se ipsos amantes, scelerati, sine affectione parentibus inobedientes effecti, ad ausus nefarios factaque nefandissima per diversa voluptatum suarum flagitia voluptati rapiuntur. Et nota, quod haec nostra tempora, quae utique novissima creduntur, tanquam prioribus sceleribus finem inpositura ac velut mundi terminum ex flagitiorum immanitate minantia et ex obposito regnum Christi appropinquaturum prodentia, sicut quosdam ut dixi, sceleratissimos ac mundi amatores avidissimos, sic alios zelo Dei ferventissimos ac caelesti desiderio plenissimos habent; ut, sicut hos nequiciae spiritus, iam modicum tempus habens et ob hoc amplius inardescens, amplius ad vicia inflammat, sic istos dulcedo regni caelestis, quasi iam in ianuis posita, ad amorem suum magis alliciat. Unde circa haec tempora, dum regnum Romanorum non solum civiliter, sed et parricidaliter libidine domandi dividitur, alii contemptis suis pro Christo ac militiae cingulum se non sine causa gestare considerantes Hierusalem tendunt, ibique novum militiae genus exorsi sic arma contra inimicos crucis Christi gestant, ut crucis mortificationem iugiter in suo corpore portantes vita et conversatione non milites, sed monachi videantur. Rigor etiam tam in monastico quam clericali ordine exhinc usque in presentem diem amplius cepit crescere, ut iusto Die iudicio civibus mundi in sordibus magis sordescentibus cives sui ad summam virtutum per eius gratiam magis ac magis proficiant. Sed iam ad hystoriam revertamur.* Chron. VII, 9; a. a. O., wie Anm. 8, 514 f.

¹² G. M. Colombas, 1961; K. S. Frank, 1964.

¹³ *Haec mala nostris diebus in vicinis regnis pullulare cognoscimus, quanta vero ex remotis et transmarinis regnis in dies audiamus, pro fastidio vitando ad presens subprimimus. Tanta enim sunt, quod, nisi sanctorum, quorum per Dei gratiam magna nunc copia est, meritis et suffragiis staret mundus, in brevi omnino eum periturum timere cogeremur.* A. a. O., wie Anm. 8, 538 f.

¹⁴ *Tanta postremo preteritorum memoria, presentium incursu, futurorum metu discriminum urgemur, ut responsum mortis in nobis accipientes etiam tedeat nos vivere, presertim cum tam ex peccatorum nostrorum multidine quam tumultuosissimi temporis feculenta improbitate haut diu stare posse mundum putaremus, nisi sanctorum meritis vere civitatis Dei civium, quorum in toto orbe copiosa varie et pulchre distincta florent collegia, sustentaretur.* Chron. VII, 34; a. a. O., wie Anm. 8, 558 ff. Zum Endzeitbewußtsein Ottos von Freising vgl. H.-W. Goetz, 1984, 264–275. Interessant ist die hervorragende Stellung der Religiosen – Mönchs- und Ritterorden, Kanoniker –, die eschatologisch die *civitas Dei* erhalten, während die *cives mundi* immer tiefer im Schmutz ihrer Weltlichkeit versinken. Was der Zisterzienser hier noch gewissermaßen zufällig festhält, wird dann bei Joachim von Fiore methodisch festgehalten: Das dritte Reich des Heiligen Geistes wird auf der Ordnung der Mönche beruhen. Vgl. J. Taubes,

1947, 90 ff.; K. Löwith, ³1953, 138 ff.; A. Dempf, 1954, 269 ff.; H. Helbling, 1958, 16; N. Cohn, 1961, 94 ff.; B. Töpfer, 1964, 48 ff.; B. McGinn, 1985, öfter.

[15] Le Goff, 1970, 286. Die Stelle bei Dante, Paradiso XVI, 7–9:

Ben se' tu manto che tosto raccorce;   Du (Blutsadel) bist ein Mantel, der bald kurz an Ehre!
sì che, se non s'appon di dì in dìe,   weil, fügt man nicht ein Stück hinzu tagtäglich,
lo tempo va dintorno con le force.   Die Zeit um ihn herumgeht mit der Schere.

[16] Elucidarium III, 36 (Ausgabe wie in 2., Anm. 73, 176 f., 454: Während der Zeit der Herrschaft des Antichrist werden die Tage verkürzt werden, weil der Antichrist nur während einer kurzen Zeit – dreieinhalb Jahre – regieren können wird. (*Porro corpora hominum creduntur minora quam nostra, sicut nostra etiam minora quam antiquorum*).

[17] G. Melville, 1980, 136.

[18] Vgl. aber o. 2., Anm. 86: Das Prinzip der verheerenden Wirkung der *subita mors* kann durchbrochen werden, wenn der Sterbende ein Mensch ist, dem der Tod immer gegenwärtig ist; wenn das der Fall ist, dann stirbt dieser Mensch mit besonderer Gnade einen ‚jähen‘ Tod, weil ihn dieser – vorbereitet, wie er ist – schnellstens zu Gott führt. Die *mors immatura* war schon in griechischen Grabinschriften stigmatisiert. Vgl. E. Griessmair, 1966.

[19] Im folgenden halte ich mich an L. A. Veit, 1936, 184 f., der versucht, eine Synthese des Vorgangs zu geben.

[20] Man erinnere sich an die Selbstjustiz der Bauern, die den jungen Helmbrecht hängen. Bevor sie ihn umbringen, darf er seine Beichte sprechen (zu seinen Mördern, die Laien sind!) und die Notkommunion in Form einer Erdkrume empfangen:

> si liezen in sîne bîhte
> den müedinc dô sprechen;
> einer begunde brechen
> eine brôsamen von der erden:
> dem vil gar unwerden
> gab er si zeiner stiure
> für das hellefiure
> und hiengen in an einem boum.

(Wernher der Gartenaere, Helmbrecht, hrsg. von K. Speckenbach, Darmstadt 1974, 1902–1909.)

[21] K. Stüber, 1976, 67 f.; zur Beichte: a. a. O., 56–67.

[22] B. Bürki, 1969, 54–62, nennt folgende Punkte:

1. Erteilung der Buße an den Kranken, Sündenbekenntnis und
2. Verbringen des Moribunden in die Kirche.
3. Hier legt man ihn aufs Cilicium und bestreut ihn mit Asche.
4. Beten der sieben Bußpsalmen mit der Litanei der Heiligen.
5. Erteilung der Krankenölung.
6. Der Kranke soll das Herrengebet und das Glaubensbekenntnis sprechen, seinen Geist in Gottes Hände befehlen (*commendatio animae*), sich mit dem Kreuz bezeichnen und von den Lebenden Abschied nehmen.
7. Priester gibt den Frieden und erteilt die Kommunion.
8. Seit dem 14. Jahrhundert *Benedictio apostolica* mit vollkommenem Ablaß und Vergebung aller Sünden.

Vgl. auch F. A. Hoeynck, 1892; L. Ruland, 1901; Th. Maertens, L. Heuschen, 1959; P. Berger, 1966; J. Potel, 1973; A. Robertson, 1976; D. Sicard, 1978.

²³ L. Gougaud, Anciennes coutumes claustrales, Ligugé 1930, 75.

²⁴ Vgl. K. Stüber, 1976, 71; zur Krankensalbung a. a. O., 68–74; H. Vorgrimler, Buße und Krankensalbung, Handbuch der Dogmengeschichte IV/3, 215 ff.: Vor dem 8./9. Jahrhundert sind Praxis und Lehre von der Krankensalbung nicht sonderlich hervorgehoben. Das *Viaticum* – Bußsakrament, Eucharistie und Krankensalbung – ist seit dem frühen Mittelalter bekannt. Hier wurde die Krankensalbung Bestandteil der Krankenbuße, der *penitentia ad mortem*, und damit Sakrament des Sterbenden. Vom 13. Jahrhundert an wurde es als letztes der drei Sterbesakramente verabreicht. In der Frühscholastik bahnte sich die Entwicklung an, die Krankensalbung als eine Todesweihe zu betrachten. Wer wieder gesund wurde, galt als der Welt gestorben (daher kein Schwören, kein Tanzen, kein Geschlechtsverkehr). Die Bezeichnung *extrema unctio* – mit dem genannten Sinngehalt – ersetzte seit dem 12. Jahrhundert die alte Bezeichnung *oleum infirmorum*. Die Wirkung der letzten Ölung bestand in der Beseitigung der Hindernisse vor dem Eingang in die himmlische Glorie, in der Tilgung der läßlichen Sünden und in der Beseitigung der aus der Sünde stammenden *debilitas*.

²⁵ Vgl. L. A. Veit, 1936, 186.

²⁶ Vgl. G. Grabka, 1953.

²⁷ J. J. Ammann, Segen und Zauberformeln aus Hohenfurt, ZfdA 35 (1891) 248–252, hier: 251 f., zitiert nach K. Stüber, 1976, 94 f. Zu den Anselmschen Fragen s. PL 158, 685–688. Dazu vgl. F. Falk, ²1969, 37–41 (nach Fridelins ›Schatzbehalter‹); R. Rudolf, 1957, 57–59 (hier weitere Literatur); G. Steer, Anselm von Canterbury, Verfasserlexikon 1, 375–381, zur *Admonitio morienti*: 378; dazu: P. Berger, 1963; B. Fischer 1987.

²⁸ Vgl. W. R. Bonniwell, 1945, 188; J. Leclercq, 1955; 1980; 1982 I; 1982 II; 1984; D. Sicard, 1978. Vgl. vor allem die Ausführungen von A. Borst, 1980, der gegen die These Ariès' vom ‚gezähmten Tod' im frühen Mittelalter den Tod des heiligen Gallus – beschrieben um 820 vom Reichenauer Benediktiner Wetti –, den Tod Wettis selbst und schließlich das Sterben Dantes und Boccaccios ins Feld führt, um die zeitlich gestufte Typologie von ‚gezähmtem' und ‚eigenem' Tod zu relativieren. Gerade auch das Kloster mit seinem geregelten Zeitverhalten vermochte es nicht, den Tod zu zähmen.

²⁹ Caesarius von Heisterbach, Dialogus miraculorum (hinfort als D mit Buch- und Kapitelzahl zitiert), hrsg. von J. Strange, Bd. 2, Köln 1851, 288; zitiert nach K. Stüber, 1976, 103.

³⁰ Vgl. L. Gougaud, 1925; W. Brückner, 1969; K. Stüber, 1976, 105.

³¹ K. Stüber, 1976, 105. Vgl. T. S. R. Boase, 1966; 1972, zur *acerbitas mortis*.

³² Vgl. W. Haberling, 1917; P. G. Völker, 1967; J. Agrimi, C. Crisciani, 1980.

³³ Zwischen den religiösen Teil des Sterberituals und den eigentlichen Tod schob sich – je herrschaftlicher der Sterbende, später auch je bürgerlicher der Sterbende war, um so unvermeidlicher – die Regelung von weltlich wichtigen Dingen:
1. Das Ordnen der zeitlichen Dinge,
2. ein letztes Verzeihen oder Um-Verzeihung-Bitten,
3. die eigentlichen Abschiedsworte und -handlungen.
Der erste Punkt betrifft die Abfassung des Testaments, das oft in bestimmten Anordnungen und Verfügungen noch genauer interpretiert wurde. Wer nicht alles geordnet

hinterließ, der konnte im Grabe nicht zur Ruhe gelangen und mußte wiederkehren. Der Glaube vom lebenden Leichnam ist also auch hier spürbar. Auch Schulden mußten vor dem Sterben bezahlt werden.

Das Erbitten und Gewähren von Verzeihung hat seinen Hintergrund auch in den sog. Anselmischen Fragen (7 und 8). Oft wurden ehemalige Gegner am Sterbebett des einen versöhnt.

Der förmliche Abschied des Sterbenden von den ihn umgebenden Mitmenschen und Hinterbliebenen gehört weiterhin zum sozialen Gehalt des Sterbens. Er ist wohl das menschlich ergreifendste Geschehen am ganzen Vorgang.

Es folgt dann das eigentliche Sterben, darin die Seele sich vom Körper trennt. Die Vorstellungen, die sich an diesen Vorgang des Aushauchens der Seele binden (Austritt der Seele als Püppchen aus dem Mund des Sterbenden etc.), haben wir besprochen. Der physische Vorgang des Sterbens und zumal des Verwesens wird dann seit dem 14. Jahrhundert im Sinn einer sich vom religiösen *Memento mori* immer mehr lösenden Todesdrastik ohne tiefere Sinngebung beobachtet, beschrieben und in einem autonomen Sinn interessant. Es folgt dann im nördlichen Europa ein geradezu krankhaftes Schwelgen im Ekel, das sich nur durch die unerhörte und durch Seuchen und Kriege geförderte Präsenz des Todes erklären läßt: Den Menschen wird dannzumal ein oft transzendenzloses *Memento mori* oder ein *Carpe diem* abgefordert (vgl. Boccacio, Vorrede). François Villon (1431–?) umschreibt die allgemeine Vergänglichkeit aller Lebenden sinnvollerweise in seinem ‚Testament‘ am Beispiel der schönen Frauen und Liebespaare der Weltgeschichte, aber nicht ideal, sondern makaber:

Povre je suis de ma jeunesse,	Arm bin ich seit der Jugend Zeiten,
De povre et de petite extrace;	Von armer und geringer Rasse.
Mon pere n’eust oncq grant richesse,	Mein Vater hatt’ nicht Kostbarkeiten,
Ne son ayeul, nommé Orace;	Auch nicht mein Ahn, genannt Orace.
Povreté tous nous suit et trace.	Armut folgt uns auf unsrer Straße;
Sur les tombeaulx de mes ancestres,	Am Grab, drin meine Väter wohnen,
Les ames desquelz Dieu embrasse!	– Ihr’ Seelen Gottes Lieb umfasse! –
On n’y voit couronnes ne ceptres.	Sieht weder Szepter man noch Kronen.
De povreté me garmentant,	Bedrückt mich meine Armut schwer,
Souventesfois me dit le cuer:	Sagt viele Male mir das Herz:
«Homme, ne te doulouse tant	„Mensch, quäle Dich nicht allzu sehr
Et ne demaine tel douleur,	Und müh Dich nicht mit solchem Schmerz.
Se tu n’as tant qu’eust Jaques Cuer:	Hast Du so viel nicht wie Jacques Coeur,
Mieulx vault vivre soubz gros bureau	Ist’s besser doch, in grober Kluft
Povre, qu’avoir esté seigneur	Arm leben, denn als Grandseigneur
Et pourrir soubz riche tombeau!»	Verfaulen in der reichsten Gruft.“
Qu’avoir esté seigneur! . . . Que dis?	Man war ein Herr! . . . Was sag ich nur?
Seigneur, las! et ne l’est il mais?	Ein Herr, weh! ist er’s nun nicht mehr?
Selon les davitiques dis	Du findest niemals seine Spur,
Son lieu ne congnoistras jamais.	So heißt es ja nach Davids Lehr.
Quant du surplus, je m’en desmetz:	Der Rest, der macht mir’s Herz nicht schwer,
Il n’appartient a moy, pecheur;	Gebührt auch mir, dem Sünder, nicht;

Aux theologiens le remetz,   Geb ihn den Theologen her,
Car c'est office de prescheur.   Das ist des Predigers Amt und Pflicht.

Si ne suis, bien le considere,   Ich bin, das weiß ich zur Genüge,
Filz d'ange portant dyademe   Kein Engelssohn, der eine Krone
D'estoille ne d'autre sidere.   Von Sternen aus der Lichtwelt trüge.
Mon pere est mort, Dieu en ait l'ame! Mein Vater, tot – bei Gott er wohne! –
Quant est du corps, il gist soubz lame. Im Grabe liegt mit seinem Leibe.
J'entens que ma mere mourra,   Die Mutter, weiß ich, stirbt mir bald,
El le scet bien, la povre femme,   – Bekannt ist es dem armen Weibe –
Et le filz pas ne demourra.   Und auch der Sohn, der wird nicht alt.

Je congnois que povres et riches,   Ich weiß, daß arm' und reiche Leute,
Sages et folz, prestres et laiz,   Ritter, Bauern, Priester und Lai'n,
Nobles, villains, larges et chiches,   Verschwender, Knauser, Narrn, Gescheute,
Petiz et grans, et beaulx et laiz,   Häßliche, Schöne, Groß und Klein,
Dames a rebrassez colletz,   Damen mit umgeschlagenem Kragen,
De quelconque condicion,   Ob hoch oder niedrig ihr Stand,
Portans atours et bourreletz,   Die aufgebauschten Kopfputz tragen,
Mort saisit sans excepcion.   Tod greift alle mit seiner Hand.

Et meure Paris ou Helaine,   Ob Paris stirbt und Helena auch,
Quiconques meurt, meurt a douleur Wer stirbt, der stirbt in solchem Schmerz,
Telle qu'il pert vent et alaine;   Daß er verliert des Atems Hauch,
Son fiel se creve sur son cuer,   Die Galle bricht ihm übers Herz.
Puis sue. Dieu scet quelle sueur!   Dann schwitzt er, Gott, ach, welchen Schweiß,
Et n'est qui de ses maux l'alege: Und keiner kann sein Leid vertreiben;
Car enfant n'a, frere ne seur,   Nicht Kind, nicht Bruder, nicht Schwester weiß
Qui lors voulsist estre son plege.   Als Bürge dann bei ihm zu bleiben.

La mort le fait fremir, pallir,   Der Tod läßt schauern ihn und bleichen,
Le nez courber, les vaines tendre,   Die Nase krümmen, Adern dehnen,
Le col enfler, la chair mollir,   Schwellen den Hals, die Haut erweichen,
Joinctes et nerfs croistre et estendre. Die Nerven strecken und die Sehnen.
Corps femenin, qui tant es tendre,   O Frauenleib, so weich wie Seide,
Poly, souef, si precieux,   So glänzend köstlich und so weich,
Te fauldra il ces maux attendre?   Mußt Du verfallen solchem Leide?
Oy, ou tout vif aller es cieulx.   Statt lebend gehn ins Himmelreich.

Aber dieses Interesse, das in sich eine physiologische mit einer politischen Neugier für die demokratisierende Funktion des Todes im Sinne des spätmittelalterlichen Todestanzes vereinigt, ist in Tat und Wahrheit schon ein Signal des Spätmittelalters, das in Hungersnöten und Pestzeiten ein gleichzeitig geschärftes und abgestumpftes Gefühl dem Tod entgegenhält.

[34] Die Vorstellung einer Trennung der Seele vom Körper hat ihre platonischen Denkhintergründe, die heute problematisch geworden sind. Vgl. G. Greshake, G. Lohfink, [3]1978; H. Vorgrimler, 1980, 141 ff.; G. Bachl, 1980, 96 ff.; J. Auer, 1984, 36 ff.; J. Ratzinger, 1977, 68 ff. Der Streit darüber, ob das platonisch beeinflußte

Todeskonzept – mit der Annahme einer unsterblichen Seele in einem sterblichen Körper – noch tauglich sei, ist von den Theologen noch nicht zu Ende gedacht. Immerhin ist die Front einer zur Ganztod-These hin orientierten Überzeugung gewachsen. Und doch scheint mir – im Blick auf das Todesdenken der Vergangenheit – die Preisgabe jeglicher „Unsterblichkeit der Seele" philosophisch und theologisch problematisch.

[35] Zitiert bei F. P. Knapp, 1972, 228, Anm. 67.

[36] Vgl. o. Anm. 29.

[37] D 12, 5.

[38] D 8, 45.

[39] Caesarius von Heisterbach, Wunderbare Geschichten, Köln 1968, 194; D 11, 63.

[40] Nach A. Kaufmann, Caesarius von Heisterbach, Ein Beitrag zur Culturgeschichte des 12. und 13. Jahrhunderts, Cöln 1862, 142.

[41] D 11, 12.

[42] D 11, 11.

[43] D 7, 38.

[44] D 12, 37.

[45] D 12, 38.

[46] D 1, 32.

[47] Zum Begräbnis- und Bestattungsbrauchtum vgl. L. L. L. Dolberg, 1887; F. A. Hoeynck, 1892; 1893; H. Grün, 1930; L. A. Veit, 1936; F. Zoepf, 1948; Versch., Tod und Begräbnis, 1956; C. Andresen, 1960; hier besonders P. Berger, 1966, 118; N. Kyll, 1972, 15–79 (sehr ausführlich und genau!); R. Kroos, 1984, 287 ff. (grundlegend für das Begräbnis der Gläubigen ist die Vorbildlichkeit des Begräbnisses Christi!); A. Angenendt, 1978/79, 47.

[48] P. Berger, 1966, 119; Stüber, 1976, 133 f.

[49] Der Ausdruck „lebender Leichnam" wurde erst um 1910 geprägt (für den Begriff heute vgl. A. Schnaufer, 1970; G. Wiegelmann, 1966), wurde dann inflationär von Rechts- und Prähistorikern, Volks- und Völkerkundlern verwendet. „Alle jene, die um die Jahrhundertwende zu der Konzeption des ‚lebenden Leichnams' kamen, standen in Auseinandersetzung mit der 1871 von Edward B. Taylor begründeten Theorie des Animismus. Diese evolutionistische These besagt, die religiöse Entwicklung der Menschheit beginne mit einem auf dem Traum- und Todeserlebnis basierenden Seelenglauben. Aus diesen primären Glaubensvorstellungen habe sich dann der Ahnenkult und schließlich die Vorstellung einer Götterwelt entwickelt . . . Entscheidende Einwände kamen von der Ethnologie. So machte der durch zahlreiche Expeditionen ausgewiesene Konrad Theodor Preuß darauf aufmerksam, daß die Eingeborenen meist unterscheiden zwischen dem Totengeist und dem vorher im Körper wirksamen Lebensprinzip. Beide sind in der Regel nicht identisch. Daher kann – so folgerte er mit Recht – eine einheitliche Seelenvorstellung nicht aus dem Todeserlebnis gewonnen sein . . . Die Religion – so hielt man dem Animismus ferner entgegen – könne sich nicht aus genauen Begriffen logisch entwickelt haben. Für die älteste Zeit müsse man vielmehr mit komplexen Vorstellungen rechnen. Für den Totenglauben bedeutete das: am Anfang kann nur die ‚leibhaftige Erscheinung des Verstorbenen' stehen. Daher sei in der Menschheitsentwicklung noch mit einer älteren, vor dem Animismus liegenden Stufe zu rechnen, die man ‚präanimistisch' nannte. Deren Reste könne man noch heute bei Naturvölkern und niederen Schichten der Hochkulturvölker fassen. Folgerichtig ver-

suchte Hans Naumann die präanimistische Theorie für die Volkskunde fruchtbar zu machen" (G. Wiegelmann, 1966, 161 f.). Vgl. auch O. A. Erich, R. Beitl, Wörterbuch der deutschen Volkskunde, Stuttgart ³1974, 501, 969.

⁵⁰ Vgl. O. A. Erich, R. Beitl, wie Anm. 49, 587.

⁵¹ Vgl. G. Wiegelmann, 1966, 164 f. (mit Literatur); die eigentliche Geschichte des Vampirismus – wie sie historisch konkret und an der Person des walachischen Woiwoden Dracula sich ausgestaltet hat – hat uns D. Harmening, 1983, geschenkt. Weitere Literatur bei O. A. Erich, R. Beitl, wie Anm. 49, 849.

⁵² Vgl. Erich, Beitl, wie Anm. 49, 869.

⁵³ So P. Berger, 1966, 19. Im Sinn einer Kritik an der animistischen und präanimistischen These schlägt H.-P. Hasenfratz vor, den Begriff der Seele aus dem Spiel zu lassen und zur Beschreibung religiöser Phänomene das Prinzip der „Mächtigkeit" eher zu gebrauchen als den sehr vagen Seelenbegriff „und (wir) müssen feststellen, daß auch der Körper, wenn mächtig, durchaus Seele sein kann" (H.-P. Hasenfratz, 1982, 128, Anm. 89). „Als schauerlichste und gefährlichste (akosmische) Unterart der Spezies ,lebender Leichnam' gilt mit Recht der Vampir. Aber gerade an diesem ,präanimistischen Prototyp' wird deutlich, wie wenig sich Prädikate wie ,körperlich' oder ,seelisch' zur Beschreibung und Erfassung seines Wesens (oder besser: Unwesens) eignen. Der Körper des Vampirs ist viel ,seelischer' beschaffen, seine Seele viel ,körperlicher', als sich ,präanimistische' und ,animistische' Theorien träumen lassen" (a. a. O.).

⁵⁴ H. Naumann, 1921, 58.

⁵⁵ *Fecisti, quod quaedam mulieres facere solent? Cum infans sine Baptismo mortuus fuerit, tollunt cadaver parvuli et ponunt in aliquo secreto loco et palo corpusculum eius transfigunt, dicentes, si sic non fecissent, quod infantulus surgeret et multos laedere possit* (zitiert nach W. Boudriot, 1928, 49; referiert bei P. Berger, 1966, 21).

⁵⁶ P. Berger, 1966, 23. Dagegen hat K. Meuli, 1975, Bd. 1, 333–351 (›Entstehung und Sinn der Trauersitten‹) auf der Spontaneität der Trauersitten bestanden und ihnen jeglichen Zusammenhang mit der Furcht vor ,lebenden Toten' abgesprochen. Vgl. P. Berger, 1966, 24 f.

⁵⁷ A. a. O.

⁵⁸ K. Stüber, 1976, 133 f.; zum ,schmätzenden Toten' vgl. Ph. Ariès, 1976.

⁵⁹ B. Bürki, 1969, 118 ff.; K. Stüber, 1976, 139; K. Meuli, 1975, I, 315 f.

⁶⁰ L. A. Veit, 1936, 191.

⁶¹ A. a. O., 191 und 239, Anm. 16 (mit Lit.).

⁶² A. a. O.

⁶³ G. H. Buijssen, Durandus' Rationale in spätmittelhochdeutscher Übersetzung, Bd. 1–4, Assen 1974/66/83/83. Buch I, Bd. 1, 1974, 75, 14–19.

⁶⁴ Vgl. G. Steer, W. Durandus, Verfasserlexikon 2, 245–247. Dazu G. H. Buijssen, wie Anm. 63, Bd. 2, 1966, 15 ff.

⁶⁵ W. Durandus, Rationale divinorum officiorum, hrsg. von Nicolaus Doard, Lugduni 1592. Es gibt auch einige spätere Ausgaben.

⁶⁶ A. a. O., wie Anm. 63, 71, 32–72, 15.

⁶⁷ Vgl. J. Schweizer, 1956, 41 ff.; N. Kyll, 1972, 80–126; Ariès, 1980, 47 ff. Das ›Elucidarium‹ (Wende vom 11. zum 12. Jahrhundert) relativiert allerdings den Zwang, in einem geweihten Friedhof begraben werden zu müssen, mit dem Hinweis, daß die ganze Welt Tempel Gottes ist (II, 103; wie 2., Anm. 73, 441). Allerdings wird (II, 104;

a. a. O. 442) hinzugefügt, daß jene, die es nötig haben (d. h. die in Sünden sind), mit Vorteil in geweihter Erde begraben werden. Vgl. auch Ariès, 1980, 58. Die Gräber der Heiligen dürften den Verstorbenen nur dienen.

[68] J. Schweizer, 1956, 43.

[69] J. Schweizer, 1956; A. Hübner, 1931, 12: Die Beziehung der Geißler zum Totenkult bleibt noch zu untersuchen. Jedenfalls gehört zu ihrem Répertoire die Bitte um Bewahrung vor dem ‚jähen' Tod (14); sie versuchen, für sich eine eigene Weise der Bestattung durchzusetzen oder sich Vermächtnisse zu sichern (16); auch wird ihnen zugeschrieben, unter Geißelungen bestimmte Formen der Totenehrung durchzuführen. – Die Geschichte, die in mehreren Exempelsammlungen berichtet wird (s. F. C. Tubach, 1969, Nr. 3214), wonach ein Priester täglich auf dem Friedhof eine Messe für einen bestimmten Verstorbenen liest und dafür vom Bischof suspendiert wird, worauf der Verstorbene den über den Friedhof gehenden Bischof bedroht, zeigt anschaulich, wie sehr dieser Ort auch ein Bereich der Liturgie war.

[70] J. Schweizer, 1956, 43; N. Kyll, 1972, 95–101 (mit wichtigem Material). Ob nicht schon das Tanzliedchen von Kölbigk und sein Ambiente auf dem Friedhof anzusiedeln ist? Vgl. E. E. Metzner, 1972. Jedenfalls gehört dieses Tanzliedchen zu dem Komplex, den A. J. Gurjewitsch, 1986, 284, in seiner Bachtin-Kritik zum Bereich des ‚Karnevals vor dem Karneval', zu jenen kulturellen Elementen also geschlagen hat, die noch nicht in Zeit und Raum zu dem kristallisiert worden waren, was dann „Fastnacht" sein wird. Der Friedhof gehört sicherlich in den Vorbereich der Geschichte der Fastnacht.

[71] Für das folgende halte ich mich ganz an das lebendige Bild eines Friedhofs im Mittelalter, das J. Schweizer, 1956, 40–48, und N. Kyll, 1972, 80 ff., gezeichnet haben.

[72] J. Schweizer, 1956, öfter; viele Hinweise auch bei C. Lecouteux, 1986.

[73] Buch I; Ed. Buijssen, wie Anm. 63, 70–77.

[74] Ludwigs Kreuzfahrt, V. 8120 ff. (nach HDA III, 1799); zitiert bei J. Schweizer, 1956, 50 f. Der *mos teutonicus* besteht im wesentlichen eben im Auskochen der Leiche. Vgl. dazu K. Stüber, 1976, 143 ff.; W. Brückner, 1966, 29 und Anm. 10 (mit Lit.): Obwohl 1299/1302 von Papst Bonifaz VIII. verboten, blieb er während der Kreuz- und Kriegszüge des Mittelalters in südlichen Gegenden in Gebrauch.

[75] J. Schweizer, 1956, 51.

[76] Eine *mors repentina*, die dem Kaiser auch von seinen Zeitgenossen angekreidet wurde.

[77] St. Runciman, Geschichte der Kreuzzüge, München 1960, Bd. III, 17.

[78] Nach dem Bericht, den T. S. R. Boase, 1966, 243, aufgrund der zeitgenössischen Texte davon gibt.

[79] Buch I; Ed. Buijssen, wie Anm. 63, 75, 8–10.

[80] A. a. O., 76, 8 und 76, 16 f.

[81] A. a. O., 76, 22–26.

[82] A. a. O., 76, 33 ff.

[83] Siehe ‚Friedhof' in: O. A. Erich, R. Beitl, Wörterbuch der deutschen Volkskunde, Stuttgart 1974, 237 f. Der Friedenswunsch für die Verstorbenen: *Requiescant in pace* stammt aus dem Gottesdienst des Spätmittelalters. Vgl. H. J. Rieckenberg, 1966. Zum Kirchhof im Mittelalter s. N. Kyll, 1972, 80 ff.

[84] Ph. Ariès, 1976, 26.

85 A. a. O.

86 A. a. O., 27.

87 A. a. O., 75. Über den Spontancharakter dieser Trauerbekundungen s. o., Anm. 56, Meulis unerbittliche Ansicht. Psychologisch gesehen kommt dem Trauerverhalten eine seelenhygienische Funktion von entscheidender Wichtigkeit zu. Vgl. V. Kast, ²1982. Wohl deswegen und wegen seiner soziologischen Relevanz kommt dem Trauerverhalten auch der Rang eines wichtigen kulturhistorischen Phänomens zu. Vgl. H. Stubbe, 1985. Daß die Trauerriten auch heute noch von unabdingbarer Notwendigkeit sind, erinnert immer wieder L.-V. Thomas, 1975; 1978; Le Monde 4. Dez. 1983, No. 12085. Vermutlich wird die „Pornographie des Todes" in Zukunft immer weniger aufhebbar sein – trotz aller wissenschaftlichen Thanatologie der letzten 20 Jahre. Geoffrey Gorers (1956, 62) Forderung bleibt aber bestehen: „Wenn wir die moderne Pornographie des Todes in Gestalt der *comic strips* ablehnen, müssen wir dem Tode – dem natürlichen Tode – seine öffentliche Pracht zurückgeben und der Trauer wieder zu ihrem Recht verhelfen."

88 L. A. Veit, 1936, 192 ff. Zum Totenbrett vgl. N. Kyll, 1972, 55 ff.

89 Ph. Ariès, 1976, 75.

90 B. Bürki, 1969, 170.

91 L. A. Veit, 1936, 193; B. Bürki, 1969, 169, Anm. 18. – Es ist nicht zufällig, daß der Psalm 138 (139) in einer frühen – aus dem Anfang des 10. Jahrhunderts stammenden – alemannischen Paraphrase – scheinbar rätselhaft isoliert – vorliegt: Dieser Psalm wurde sehr häufig – seit dem 9. Jahrhundert belegbar – bei den eigentlichen Beerdigung gesungen. Vgl. D. Sicard, 1978, 122. Den Text der alem. Paraphrase s. bei H. D. Schlosser, Althochdeutsche Literatur, Frankfurt a. M. 1970, 42 f.

92 Vgl. dazu J. Schweizer, 1956, 78 ff.

93 Zitiert a. a. O., 84 (nach Erlach, Volkslieder I, 319; zit. Grimm WB VIII, 1169).

94 Vgl. dazu M. Wehrli, Rilkes Grabspruch, in: Freundesgabe für E. Korrodi, Zürich 1945, 112–118.

95 L. Gnädinger, 1973.

96 J. Schweizer, 1956, 19, 65, 82, 84, 88. Hierher gehört auch das Rosengedicht von Alanus von Lille (PL 210, 579; H. Spitzmüller, Poésie latine chrétienne du moyen âge, Bruges 1971, 694 ff. Den Text s. S. 120 ff.

97 J. Schweizer, 1956, 85.

98 A. a. O., 259 ff.

99 Wolfram von Eschenbach, Parzival, hrsg. von G. Weber, Darmstadt 1963, V. 107, 10 ff., zitiert bei Schweizer, 1956, 87.

100 J. Schweizer, 1956, 87 f.; Ph. Ariès, 1980, 342 ff.

101 Ph. Ariès, 1976, 40 f.; N. Kyll, 1972, 110 ff.

102 „Ungefähr im 13. Jahrhundert – zur gleichen Zeit also wie die Totenwache – werden Trauer und Totengeleite zu kirchlichen Zeremonien, die von Mitgliedern des Klerus organisiert und geleitet werden; etwas scheinbar Nichtssagendes hat sich ereignet, das gleichwohl einen tiefgreifenden Wandel des Menschen zum Tode ankündigt: der Leichnam, ehedem vertrauter und bildlicher Ausdruck des Schlafes, verfügt fortan über eine solche bannende Macht, daß sein Anblick unerträglich wird. Er wird – und zwar für Jahrhunderte – den Blicken entzogen und in einem Schrein oder unter einem Denkmal geborgen, das ihn unsichtbar macht. Das Phänomen der Verbergung des

Toten ist ein wichtiges kulturelles Ereignis . . .; es kommt darin . . . eine anfangs geistliche Symbolik zum Ausdruck" (Ph. Ariès, 1980, 216).

[103] Ph. Ariès, 1976, 97.

[104] W. Brückner, 1966.

[105] Zum Trauerverhalten vgl. L. A. Veit, 1936, 194 ff.; zum Totenoffizium vgl. Th. Maertens, L. Heuschen, 1959, 81 ff. Zu den Totengedenktagen vgl. N. Kyll, 1972, 127 ff.; F. J. Dölger, 1922; E. Freistedt, ²1971; A. Stuiber, 1960; A. Angenendt, 1983, 195 ff.

[106] L. A. Veit, 1936, 195; W. Brückner, 1966, 28.

[107] W. Brückner, 1966, 28.

[108] L. A. Veit, 1936, 199 f.

[109] A. a. O., 200.

[110] A. a. O.

[111] J. Ntedika, 1971; N. Kyll, 1972, 127–155; E. Dassmann, 1973; D. Sicard, 1978, Th. Baumeister, 1980. Beim Gebet für die Toten handelt es sich nicht um einen einseitigen, von den Lebenden auf die Toten sich erstreckenden Vorgang, sondern um einen doppelseitigen, denn die heiligen Verstorbenen und die Armen Seelen selbst vermögen für die noch im Pilgerstande sich befindlichen Menschen vieles. Vgl. J. B. Walz, 1927; 1933. Th. Maertens, L. Heuschen, 1959, 109, betrachten die seit dem Ende des 12. Jahrhunderts stark einsetzende Tendenz, für die Toten zu beten, als eine Verzeichnung der im Totenbrauchtum christlich notwendigen österlichen Vorstellungen; sie reden von einer „maßlosen Entfaltung des ‚Fürbittgebetes'" für die Verstorbenen. Der Brauch, für die Toten zu beten, geht viel weiter zurück. Vgl. A. Angenendt, 1983, 189 ff.

[112] Vgl. J. Jungmann, ⁵1962, I, 286 f.

[113] Fürs folgende vgl. N. Henrichs, 1967, 205 f.

[114] Zu Allerheiligen und dessen Vorgeschichte vgl. Ph. Ariès, 1980, 43 ff.; B. Kötting, 1965; E. Freistedt, ²1971; P. Brown, 1981; 1982; D. Weinstein, R. M. Bell, 1982; P. Molinari, 1962. Dazu und zusammenfassend H. Frank, Allerheiligenfest, LThK 1, 348; Th. Schnitzler, Lexikon des Mittelalters 1, 428.

[115] Th. Maertens, L. Heuschen, 1959, 91 ff.; A. Dörrer, Allerseelentag, LThK 1, 349 f.; Lexikon des Mittelalters.

[116] Zu diesem schwierigen, nach Herkunft und Entstehung viel befragten Sequenztext, der – wie Payen gezeigt hat – viele Beziehungen zur profanen Literatur hat, vgl. G. C. F. Mohnike, 1824–25; G. Lisco, 1840; A. Coles, 1860; A. Schwartz, 1874; Ch. Clair, 1881; E. Clop, 1907; A. Gastoné, 1908; K. Strecker, 1909; C. Blume, 1914; F. J. E. Raby, 1927; W. Lampen, 1927; 1930; Strubbe, 1931; D. M. Inguanez, 1931; F. Ermini, 1928; 1932; Capelle, 1937; L. Kunz, 1940; P. Bontempi, 1952; A. M. Kurfess, 1958; A. Chiappini, 1962; J.-C. Payen, 1965. Th. Maertens, L. Heuschen, 1959, 108 f., halten die Einfügung des *Dies irae* in die Totenmesse für eine Auswirkung des franziskanischen Einflusses im 13. Jahrhundert, möchten aber (158 f., Anm. 147) die Autorschaft des Thomas von Celano – Freund und Biograph des heiligen Franziskus – sehr eingeschränkt sehen. Die Autorschaft des Thomas ist also unsicher, auch wenn sie immer wieder (vgl. A. Robertson, 1976, 15–19) genannt wird. Vgl. L. Kunz, Dies irae, LThK 3, 380 f.; zuletzt umfassend K. Vellekoop, 1978; F. Rädle, 1987.

[117] Tag des Zornes, Tag der Zähren!
Wirst die Welt in Asche kehren,
Wie Sibyll und David lehren.

Welch ein Graus wird sein und Zagen,
Wenn der Richter kommt, mit Fragen
Streng zu prüfen alle Klagen;

Wenn in der Posaune Tone
Er die Toten jeder Zone
Dann entbietet seinem Throne!

Schaudernd sehen Tod und Leben
Sich die Kreatur erheben,
Rechenschaft dem Herrn zu geben.

Und ein Buch wird aufgeschlagen,
Treu darin ist eingetragen
Jede Schuld aus Erdentagen.

Sitzt der Richter dann und richtet,
Wird auch Heimlichstes gelichtet,
Keine Schuld bleibt ungeschlichtet.

Weh, was werd' ich Armer sagen,
Welchen Anwalt mir erfragen,
Wenn Gerechte selbst verzagen!

König schrecklicher Gewalten,
Frei ist deiner Gnade Schalten;
Gnadenquell, laß Gnade walten.

Guter Jesus, wollst erwägen,
Daß Du kamest meinetwegen.
Tritt mir nicht zu streng entgegen.

Hast gesucht mich unverdrossen,
Hast am Kreuz dein Blut vergossen:
Das sei nicht umsonst geflossen.

Richter du gerechter Rache,
Nachsicht üb' in meiner Sache,
Eh zum Letzten ich erwache.

Seufzend steh ich schuldbeladen,
Schamrot glühen meine Wangen,
Laß mein Bitten Gnad' erlangen.

Der vergeben einst Marien,
Der dem Schächer hat verziehen,
Hoffnung hast auch mir verliehen.

Wenig gilt vor dir mein Flehen,
Doch aus Gnade laß geschehen,
Daß ich mag der Höll' entgehen.

Zu den Böcken nicht, den Schlechten,
Stell mich zu den treuen Knechten,
Zu den Schafen auf der Rechten.

Wenn Verworfnen ohne Schonung
Flammenpein wird zur Belohnung,
Ruf mich zu der Sel'gen Wohnung.

Sieh zermalmt mein Herz, die Hände
Ringe ich nach Dir, so spende
Gnädig mir ein gutes Ende.

Tag der Tränen, Tag der Wehen,
Da vom Grabe wird erstehen
Zum Gericht der Mensch voll Sünden.

Laß ihn, Gott, Erbarmen finden.
Milder Jesus, Herr, das tu:
Allen gib die ew'ge Ruh!

Zum ›Buch der Werke‹ in Str. 5 vgl. L. Koep, 1952, 46 ff.; A. J. Gurevič, 1982, 256 ff.

[118] Für das folgende halte ich mich an N. Gihr, Die Sequenzen des römischen Messbuches dogmatisch und ascetisch erklärt, Freiburg i. Br. 1887, 423 ff.; vgl. jetzt K. Vellekoop, 1978; F. Rädle, 1987.

[119] Die Forschung hat in den vergangenen Jahren allerdings für die Jenseitsspekulation des Mittelalters in Form eigentlicher Berichte über Jenseitsfahrten und -erlebnisse ein einzigartiges Interesse aufgebracht. Man vgl. nur etwa die folgende Literatur: J. Amat, 1985; A. Angenendt, 1984, 80–99; E. Bauer, 1960; D. Blamires, 1979; R. A. Bowyer, 1981; C. Carozzi, 1983; W. A. Christian, 1981; M. C. Diaz y Diaz, 1985; P. Dinzelbacher, 1976, 1977, 1978, 1979, 1980, 1981 (eine wichtige Synthese!), 1984, 1985; H. R. Ellis, 1943; C. Fritzsche, 1886/87; V. Fumagalli, 1982; G. Gatto, 1979;

A. Graf, 1980; T. Gregory, 1985; A. J. Gurevič, 1982, 1986, 173–242; M. Himmelfarb, ²1985; R. Hughes, 1968; H. J. Kamphausen, 1975; C. Lecouteux, 1986; G. Le Don, 1979; J. Le Goff, 1984 I; II; A. B. van Os, 1932; D. D. R. Owen, 1970; H. R. Patch, 1950; R. C. Petry, 1956; H.-W. Rathjen, 1956; A. Rüegg, 1945; F. S. Smith, 1986; G. Zarri, 1982. Noch die Sage vom Toten als Gast (vgl. L. Petzold, 1968) ist letztlich als ein Ableger dieser Jenseitsberichte zu sehen, allerdings mit stark eschatologischem Einschlag.

  120 P. Dinzelbacher, 1981, schlägt mit Recht einen möglichst breiten Methodenpluralismus zur Erfassung der mittelalterlichen Jenseitsvisionen vor, in dem religionsphänomenologische, literarische, geschichtliche und psychologische Verfahrensweisen zum Zuge kommen. (Die theologische Dimension vermißt man.) Daß mentalitätsgeschichtliche Fragestellungen ebenso sinnvoll sein können, hat Le Goff mit seiner Subsumierung der Jenseitsvisionen unter seine Frage und Suche nach dem dritten Jenseitsort belegen können. Daß gerade aber hier das Problem der Quellen entscheidend ist, das zeigt die Diskussion zwischen C. Carozzi (1983, 483–485) und J. Le Goff oder zwischen demselben und A. J. Gurevič (vgl. Le Goff, 1984 I, 449 f.; A. J. Gurevič, 1982, 25). Noch schärfer treten Mängel in der Heranziehung der Quellen hervor, wenn A. Angenendt in seiner Besprechung von Le Goff , 1984 I, sowohl belegen kann, daß das Substantiv *purgatorium* nicht erst im Milieu der Pariser Theologen zwischen 1170–80 vorkommt, sondern schon bei Gregor von Tours († 594), De virtutibus S. Martini III 60 (MG SS rer. Merov. I/2 197²⁸) (allerdings nicht im Sinne von „Fegefeuer", aber doch im Sinne von „Reinigung"), und daß die Tatsache der unendlich zahlreichen Gebetsverbrüderungen zugunsten der Verstorbenen seit dem frühesten Mittelalter ohne die Sache „Fegefeuer" schlechterdings nicht begreiflich ist. Mit andern Worten: Mentalitätsgeschichtlich läßt sich nur dann argumentieren, wenn wirklich die ganze Mentalität aus einem möglichst breiten Quellenmaterial erarbeitet worden ist. So kann sich Le Goff nun weder als „Nominalist" auf das Substantiv *purgatorium* abstützen noch als „Realist" auf die Sache „Fegefeuer" (die es zweifellos eben schon viel früher gab!). Damit ist aber auch die bestechende These vom „dritten Ort" (neben Himmel und Hölle das Fegefeuer) am Ende des 12. Jahrhunderts – parallel zur Ideologie der Dreiteilung der mittelalterlichen Gesellschaft – zu relativieren! Es müßten eigentlich theologische Gesichtspunkte in die Diskussion eingeführt werden, damit die Frage von Entstehung und Verbreitung des Fegefeuer-Gedankens angemessen gelöst werden kann. Zum Beispiel Angenendts Frage nach dem Aufkommen des Gesichtspunkts: *deus qui nullum peccatum dimittit* (Angenendt, 1986, 39) dürfte hierbei entscheidend sein. Denn frühchristlich ist ja dem harten Wort Abrahams, „von den Flammen des Prassers gebe es keinen Weg zu ihm in das Refrigerium" (Angenendt, 1983, 196), durch den Ravennater Bischof Petrus Chrysologus († 450) durch den Hinweis widersprochen worden, daß Christi Erbarmen die Gepeinigten durchaus auf die Fürsprache der Kirche hin erlösen könne (vgl. neben Angenendt, 1983, 196 f.; J. Speigl, 1982; J. Kremer, 1985, 142–144). Dieser Aufweichung des Bußgedankens der Alten Kirche aus dem Geiste des Evangeliums steht dann die frühmittelalterliche Verhärtung durch „das mit dem NT kaum zu vereinbarende Theologumenon von dem Gott, der keine Sünde ungestraft läßt" (Angenendt, 1986, 40) gegenüber. Sowohl aus der Erweichung wie aus der Verhärtung der Bußforderung konnte sich die Sache „Fegefeuer" als eine sinnvolle Hilfe für die Verstorbenen ergeben.

  121 Vgl. J. A. Gurevič, 1982, 266 ff.

[122] Dieser Gesichtspunkt, daß die Konzeption vom Gericht gleich nach dem Tode des einzelnen Menschen die Auffassung des Menschen als ganzen schon sehr früh im Mittelalter individualisiert habe, scheint mir angemessener als jener, der diese Individualisierung erst sehr spät im späten Mittelalter ansetzt. Vgl. wiederum Gurevič, 1982, gegen Le Goff.

[123] So können Jenseitsorte durchaus die bestehenden sozialen Verhältnisse in der irdischen Wirklichkeit spiegeln: vgl. P. Dinzelbacher, 1979.

[124] Vgl. o. S. 22ff.

[125] Ich zitiere nach dem o., Anm. 39, angegebenen deutschen Übersetzungstext. In Klammer jeweils Buch- und Kapitelangabe.

[126] A. a. O., wie Anm. 39, 32.

[127] A. a. O., 33. Interessant ist, daß dem Wiedergekehrten angesehen wurde, daß er sogar leibhaftig in der Hölle war. Demgegenüber betont das ›Elucidarium‹ (Buch III, Kap. 30f.), daß nur die Seelen der Heiligen nach ihrem Tode nach freiem Willen zu erscheinen vermögen, die Seelen im Fegefeuer nur mit Erlaubnis der Engel, die Seelen der Verstorbenen dagegen, die in der Hölle schmachten, vermögen niemandem zu erscheinen; anstatt ihrer sind es Dämonen, die – unter Umständen – lebenden Menschen während des Schlafens oder Wachens erscheinen (Ausgabe nach Y. Lefèvre, Paris 1954, 173, 452), wo schon, 173 Anm. 2, auf Ausnahmen von dieser Regel bei andern Autoren hingewiesen wird.

[128] Thietmar von Merseburg (975–1018), Chronik VIII, 31; Sprandel, 1972, 37.

[129] A. Ohlmarks, 1936; C. Lecouteux, 1986, 75ff.

[130] Thietmar, a. a. O., wie Anm. 128, VIII, 1, Sprandel, 1972, 38f.

[131] Vgl. o. Anm. 123. Das Mittelalter übernimmt hierin durchaus Denkverfahren, die in den kultur- und sozialkritischen Jenseitsvorstellungen der Antike schon bemerkbar sind. Vgl. B. Gladigow, 1974.

[132] Vgl. W. Levison, 1948; E. Dünninger, 1962.

[133] Vgl. die paar Hinweise bei G.-K. Kaltenbrunner, 1975.

[134] Vgl. J. Kremer, 1985. Im eigentlichen Sinne handelt es sich bei Lazarus allerdings nicht um einen Wiedergänger, sondern um einen auf Christi Auferstehung vorausweisenden Vorgang der Auferweckung. Den Menschen, die es aber miterlebten, mußte Lazarus als ein Wiedergänger, der das Jenseits schon erlebt hatte, erscheinen.

[135] C. Lecouteux, 1986, 51. Für das folgende sind Lecouteux' kurze Bemerkungen wegleitend.

[136] De anima, hrsg. von J. H. Waszink, Paris/Amsterdam 1934, Kap. 51–57.

[137] Verfaßt zwischen 421–424, hrsg. in CSEL 51, 621–660.

[138] A. a. O., 244.

[139] A. Angenendt, 1986, 39. Er erachtet diesen Satz als grundlegend für die ganze mittelalterliche Ausgestaltung der Jenseitstopographie: „Der These von Le Goff dürfte eine anders zu akzentuierende Geschichte des Fegefeuers entgegenzustellen sein: Grundlegend ist das mit dem NT kaum zu vereinbarende Theologumenon von dem Gott, der keine Sünde ungestraft läßt. Infolgedessen wurde für die nicht ganz makellos Verstorbenen eine Läuterungsmöglichkeit im Jenseits erhofft bzw. erbeten. Dies geschah schon in patristischer Zeit, wobei für den Westen besonders Augustin und Gregor der Große bedeutsam wurden. Die im Jenseits erhoffte Läuterungsmöglichkeit erfuhr vor allem in den frühmittelalterlichen Berichten von Jenseitswanderungen eine

grausig-grausame Ausmalung. Die neue Theologie des 12. Jahrhunderts nahm erste theologische Modifikationen und Moderationen vor, und die Mystik des 14. Jahrhunderts vermochte bereits gewisse Relativierungen auszusprechen. Also nicht ‚Triumph des Fegefeuers' im 12. Jahrhundert, sondern eher bereits eine erste Mäßigung" (a. a. O., 40).

[140] A. a. O., wie Anm. 39, 18–20; D 1, 34.

[141] Vgl. J. Klapper, Erzählungen des Mittelalters, Breslau 1914, 90.

[142] Caesarii Heisterbacensis Dialogus Miraculorum, hrsg. von J. Strange, Köln 1851, II/7, IS, 70–72.

[143] „Pech, Schnee, Nacht, Wurm, Geisseln, Ketten, Gift, Scham und Schrecken" (ebd., XII/1, II S. 315).

[144] Die anvisierte *conversio morum* arbeitet hier mit dem Angstmotiv: Das Leben ist so beschaffen, daß ein Gott, der keine Sünde ungebüßt läßt, dir in jedem Fall irgend etwas anhaben muß, denn ein Leben in der Welt ohne Sünde ist unmöglich. Also: Bekehre dich! An diesem Punkt kann die monastische Bekehrungspredigt einsetzen. Im Grunde sind nahezu alle Geschichten des Caesarius von Heisterbach Predigtexempel.

[145] Horkheimer/Th. W. Adorno, Dialektik der Aufklärung, Amsterdam 1947, 254 f. Alle Zitate daraus.

[146] Die Literatur zu den Jenseitsvisionen s. o., Anm. 119. Dazu noch der kurze Überblick von H. Diels, 1922. Um zu ermessen, wie häufig Jenseitsvisionen waren, vgl. für die Spätantike und das frühe Christentum J. Amat, 1985, und fürs Mittelalter die eindrücklichen Listen bei P. Dinzelbacher, 1981, 13–28, vor allem aber auch dessen Analyse der visionären Räume (90 ff.) aufgrund der Texte. Das Potential der (nicht nur sprachlich imaginierbaren, sondern seelisch erfahrbaren) Fiktion ist – wenn die religiösen Voraussetzungen es gestatten – praktisch unendlich.

[147] Ausgabe: E. Hennecke/W. Schneemelcher, Neutestamentliche Apokryphen in deutscher Übersetzung, Bd. II: Apostolisches, Apokalypsen und Verwandtes, Tübingen ³1964, 536–567.

[148] M. Wehrli, 1980, 169.

[149] Der Heilige Patricius, der im 5. Jahrhundert Irland missionierte, wurde dem Namen nach seit der zweiten Hälfte des 12. Jahrhunderts durch die Schrift eines Mönches von Saltrey Held eines Wallfahrtsortes im Lough Derg in Nordirland (ohne daß eine Beziehung zwischen dem historischen Patricius und dem St. Patrick erwiesen werden könnte). Vgl. L. Bieler, LThK 8, 178–180 (mit Literatur); B. de Breffny, 1982 (gute Darstellung mit Literatur); C. Hanson, Saint Patrick, Confession et Lettre à Coroticus, Paris 1978 (SC 249); E. Malaspina (Hrsg.), Scritti di San Patrizio, Roma 1985, 56, Anm. 53 (Lit. zur Legende). Niemand Geringerer als Marie de France hat das ›Espurgatoire S. Patrice‹ gedichtet. Vgl. K. Warnke (Hrsg.), Das Buch vom Espurgatoire S. Patrice der Marie de France und seine Quelle, Halle a. d. S. 1938 (mit guter Einleitung). Zu weiteren Jenseitsvisionen im Mittelalter vgl. P. Dinzelbacher, 1984 (eine gedrängte Übersicht mit weiterführender Literatur). Interessant ist der Bericht eines ungarischen Ritters über seine Vision im ›Purgatorium‹ des heiligen Patricius: L.-L. Hammerich (Hrsg.), Visiones Georgii, Kopenhagen 1931.

[150] C. Semler (Hrsg.), Navigatio Sancti Brendani Abbatis from Early Latin Manuscripts, Notre Dame 1959; engl. Übersetzung: J. J. O'Meara, The Voyage of Saint Brendan, Dublin 1976; ital. Übersetzung: M. A. Grignani, La navigazione di San

Brandano, Milano 1975; franz. Übersetzung: P. Truffau, Le merveilleux voyage de Saint Brandan, Paris 1925; deutsche Nacherzählung: H. Mutthaupt, Sehnsucht nach dem verheißenen Land, Die Segelfahrt des hl. Abtes Brendan, Paderborn 1985; eine französische mittelalterliche Fassung: Benedeit, Le voyage de Saint Brandan, Texte et traduction de I. Short, Paris 1984; die deutschen mittelalterlichen Texte s. bei: C. Schröder (Hrsg.), St. Brandan, Ein lateinischer und drei deutsche Texte, Erlangen 1871; T. Dahlberg, Brandaniana, Göteborg 1958. Vgl. auch H. Biedermann, St. Brandanus, Der irische Odysseus, 62 Tafeln aus dem Krumauer Bildercodex 370 der österreichischen Nationalbibliothek, Graz 1980. Zur literargeschichtlichen Einordnung vgl. F. Bar, 1946, 82 ff.; K. Meyer, A. Nutt, [2]1972, I, 161 ff.

[151] A. Wagner (Hrsg.), Visio Tnugdali, Lateinisch und altdeutsch, Erlangen 1882, 121–186; O. Schade, Visio Tnugdali, Regensburg 1869; deutsche Übersetzung des lat. Textes von K. Falke, Die Vision des irischen Ritters Tundalus, Zürich 1921; engl. Fassung: R. Mearns (Hrsg.), The Vision of Tundale, Heidelberg 1985. Untersuchungen: P. Dinzelbacher, 1981, öfter; H. Spilling, 1975; N. F. Palmer, 1982. Spilling äußert sich kompetent über Autor, Entstehung und Rezeption der ›Visio Tnugdali‹, analysiert systematisch die darin dargestellte Jenseitswelt und versucht eine Würdigung der VT als schriftstellerische Arbeit. Palmer kann auf höchst beeindruckende Weise zeigen, welche große Verbreitung den lateinischen, deutschen und niederländischen Hss. der VT im Mittelalter zukam; sie ist damit als "one of the most widely read narrative works in continental Europe during the later Middle Ages" (1) erwiesen.

[152] Zu diesem wichtigen Motiv der Jenseitsschilderungen vgl. P. Dinzelbacher, 1973, 36 ff.

IV. Die dichterische Gestaltung des Todes im frühen Mittelalter

[1] Vgl. Crouzel, 1978, 1980, 1985; Daley, 1986, 122 ff.

[2] J. B. Metz, Credo der Christen, in: Zur Debatte, Nov./Dez. 1975, 16. „Es geht ... nicht um die Alternative zwischen eschatologischer und apokalyptischer Zeit. Die mit dieser Unterscheidung üblicherweise verbundene anthropologische Reduktion der eschatologischen Zeit hat in der christlichen Theologie einen Prozeß bestärkt, demzufolge die sog. universale Eschatologie, die auf Weltzeit gerichtet ist, immer mehr zurücktritt und nahezu vollständig überblendet wird durch die ausschließlich auf Existenzzeit gerichtete Individualeschatologie. Jene die Apokalyptik zutiefst bewegenden Fragen – Wem gehört die Welt? Wem ihre Leiden? Wem ihre Zeit? – scheinen nirgendwo so erfolgreich stillgelegt wie innerhalb der Theologie selbst" (J. B. Metz, Glaube in Geschichte und Gesellschaft, Studien zu einer praktischen Fundamentaltheologie, Mainz 1977, 157).

[3] Es gilt, was A. J. Gurjewitsch, 1986, 350, gegenüber Vovelle, 1983, festgehalten hat, gerade vom ›Muspilli‹ her zu bestätigen: „Beide Auffassungen (die vom allgemeinen Gericht am Ende der Zeiten und die vom individuellen Gericht im Augenblick des Todes) sind gleich alt und waren dem Christentum von Anfang an eigen. Das paradoxe Nebeneinander einer ‚großen‘ und einer ‚kleinen‘ Endzeit in ein und demselben Geiste (also das Nebeneinander der Auffassung vom Jüngsten Gericht nach der Wiederkehr Christi und der eines sofortigen Gerichts über die Seele des gerade gestorbenen Sünders), das unserer Logik widerspricht, aber meines Erachtens gerade deshalb ein grelles

Licht auf die mittelalterliche Gemütsverfassung wirft, bleibt Vovelle wie übrigens auch anderen Forschern unverständlich." Auch die Muspilli-Forschung könnte belegen, wie dieses moderne Unverständnis das Verstehen des Gedichts erschwert hat. Immerhin aber wird man von Gewichtsverlagerungen in der Deutung dieser beiden Gerichte sprechen dürfen. Es ist unübersehbar – und Greshakes jüngste imposante Darstellung der Geschichte der christlichen Eschatologie (1986, 163–371) belegt es aufs anschaulichste (und auch im Sinne einer Parteinahme) –, daß sich im Lauf der Jahrhunderte die Optik von einer (intrigierenden und spekulativ fragwürdigen) Gleichwertung der beiden Gerichte verengt hat auf die Fokussierung des Blicks auf die „Auferstehung im Tode". Daher die o., Anm. 2, geäußerte Kritik von Metz!

⁴ Schneider, 1963, 2, schlägt als Titel vor: ›Über die Zukunft der Seele‹.

⁵ Nach H. D. Schlosser, Ahd. Literatur, Frankfurt a. M. 1970, 203.

⁶ Ebd., 205.

⁷ Baesecke, 1918. Baesecke ist gegen Schneider (1962, 2) der schärfste Verfechter der Uneinheitlichkeit; d. h. er verficht die Meinung, daß die V. 37–62 (Elias-Gedicht) „erweislich" interpoliert wurden. Heute wird mit Recht behauptet: „Störender Fremdkörper ist das Elias-Gedicht in der Mitte nicht. Es ist eingeschmolzen in den Sinnverlauf und die Stileinheit des Ganzen. Man wird diese frühe Dichtung überfordern, wenn man verlangt, sie müßte unbedingt eine einheitliche und originale Konzeption sein. Bis in die frühmittelalterliche geistliche Dichtung hinein beobachten wir ein anderes Verfahren: Dichtung dieses Genres wird nicht in einer als endgültig anzusehenden Gestalt geschaffen und unverändert aufbewahrt, sondern sie wird, wie HUGO KUHN sagen würde, ‚verbraucht'. Man nimmt Stücke älterer Dichtung, die einem gefallen, und verbaut sie in das neue Werk und paßt sie ihm an" (Mohr, 1977, 17). Und Haug, 1977, 77, macht aus der hier geschilderten Not eine ästhetische Tugend, indem er die „gebrochene Form" des ›Muspilli‹ als Signatur der Zeit erkennt: „Die gebrochene Form spiegelt die Desorganisation, die die Zeit kennzeichnet. Das ›Muspilli‹ hat überkommene Komplexe apokalyptischer Literatur in harten Fügungen derart montiert und insbesondere in den Bruchstellen die Akzente so gesetzt, daß die unmittelbare Not der Zeit angeprangert und beschwörend vor Augen geführt werden konnte. Die christliche Endzeitschilderung, die unter anderen Bedingungen in universalhistorischer Perspektive in den umfassenden göttlichen Heilsplan integriert erscheinen kann, wurde hier von ihrem persönlich-existentiellen Aspekt her gefaßt und zeitgeschichtlich bezogen: Die Darstellung des Jüngsten Gerichts dient der Invektive gegen die Korruption im Gerichtswesen, wird zu einer aufrüttelnden Mahnung an die Großen, Gerechtigkeit zu üben. Darin erfährt diese Dichtung ihre neue Funktion und ihre neue Rechtfertigung. Nicht, daß solche Möglichkeiten nicht in der apokalyptischen Literatur seit je thematisch angelegt und immer wieder genützt worden wären, aber sie finden hier eine besondere, einmalige Form. Montage und Brechung, Formkombination und Formkontraste treten mit ihren Effekten in diesen pragmatischen Bezug."

⁸ Vgl. das o., S. 22 ff., zur doppelpoligen Eschatologie Gesagte. Vgl. Greshake, 1978, 82 ff.; R. Heinzmann, 1965; H. J. Weber, 1973; J. Ratzinger, 1977, 91–135; Greshake, 1986, 186–276. Es ist leicht abzusehen und liegt auf der Hand, daß „in der Geschichte der christlichen Eschatologie . . . schon früh der individuelle Aspekt über den universalen (kollektiven) zu dominieren" begann (Vorgrimler, 1980, 131). – Zum biblischen Hintergrund s. Chaunu, 1978, 76 f., 93. „Zwei verschiedene Eschatologien koexistie-

ren im Bewußtsein des mittelalterlichen Menschen – eine ,kleine', personengebundene für den individuellen Sterbefall und eine ,große', welthistorische im Augenblicke der Wiederkehr Christi. Ariès und Chaunu haben deshalb nicht recht, wenn sie behaupten, daß die Idee des individuellen Gerichts über die Seele des Verstorbenen erstmals am Ende des Mittelalters auftrat. Es gibt keinen Bruch zwischen der frühen und späten Periode des Mittelalters in der Auffassung des Todes und des Gerichts. Die ,kleine Eschatologie' kann nicht erst dem ,buchhalterischen Geist des sachlichen Menschen' der Vorrenaissance oder der Renaissance zugeschrieben werden. Der Gedanke von der allgemeinen Vergeltung, von der jeder gleichzeitig mit allen andern Menschen erfaßt wird, fand seinen Niederschlag vor allem in den bildkünstlerischen Darstellungen der Kirchengebäude. Die Erzählungen von den Besuchen in der anderen Welt lassen den individuellen Bezug der Lehre vom Tod und der Vergeltung stärker in den Vordergrund treten" (Gurjewitsch, 1984, 99; vgl. von dems., 1986, 350, mit Kritik an Vovelle und Le Goff).

9 Vgl. dazu auch Gurjewitsch, 1984, der zwischen Matthäus- und Lukasevangelium bemerkenswerte Unterschiede feststellt: Das Matthäusevangelium betont (Mt 25,41) das allgemeine Jüngste Gericht am Ende der Zeiten, das Lukasevangelium (16,22f.: Auferstehung des Lazarus; 23,43: der gute Schächer) akzentuiert eschatologisch das sofortige Schicksal des einzelnen nach seinem Tode. Dagegen richtet die Johannesapokalypse ihren prophetischen Blick auf das unmittelbar bevorstehende Weltende (Off 22,20), in dem individuelle und kollektive, ,kleine' und ,große' Eschatologie in eins fallen. Die Erwartung der unmittelbar bevorstehenden Erfüllung „Jesu Verkündigung der Gottesherrschaft" im Sinne einer „eschatologische(n) Botschaft" (Bultmann, 1964, 36) dürfte für die frühen Christen und schon für die Anhänger Jesu eine Selbstverständlichkeit gewesen sein – die Differenz zwischen ,großer' und ,kleiner' Eschatologie kann für sie daher – wegen dieses Verschlungenwerdens der Geschichte durch die Eschatologie (vgl. Bultmann, ebd., 42) – nicht auffällig geworden sein. Erst das Nichteintreten des Weltendes – von Bultmann als „Historisierung und Neutralisierung der Eschatologie im Urchristentum" (ebd., 44) bezeichnet – wird das Auseinandertreten der beiden Eschatologien bewirkt haben.

10 Vgl. Haug, 1977, 77.
11 Vgl. dazu die o., Anm. 8, genannte Literatur.
12 Zum folgenden vgl. Schmaus, 1948, 216 ff.; Zahn, 1920, 77 ff.
13 Vgl. dazu Wicki, 1954; Heinzmann, 1965; Weber, 1973.
14 Nach Zahn, 1920, 82, Anm. 8.
15 Zum Streit vgl. G. Hoffmann, 1917; Wicki, 1954, 288 f.; Schriften zum Streit hat M. Dykmans herausgegeben: Robert d'Anjou, La vision bienheureuse, Traité envoyé au Pape Jean XXII, Rome 1970; Les sermons de Jean XXII sur la vision béatifique, Roma 1973. Zu Johannes' XXII. Widersacher Benedikt XII. vgl. F. Wetter, 1958. – Das Problem des Zwischenzustands zwischen Tod und Auferstehung ist theologisch noch heute durchaus im Gespräch. Neueste Modellvorstellungen – wie jene von Greshake – versuchen, der Zeitlosigkeit dieses ,Zwischenzustands' zwischen individueller und universaler Vollendung dadurch gerecht zu werden, daß sie eine „Auferstehung *im* Tode" annehmen. Dieser Auffassung ist von seiten J. Ratzingers (1977) resolut widersprochen worden. Vgl. Sonnemans, 1984, 407 ff., mit seinem Referat der Diskussion.

16 Eusebius von Caesarea, Kirchengeschichte, hrsg. und eingeleitet von H. Kraft, München ²1981, VI/37, S. 305.

[17] Benedikt XII. ist identisch mit Jacques Fournier, der die Untersuchungen in Montaillou leitete.

[18] Denz. 530, Nr. 818f.

[19] Deutsche Übersetzung nach: Neuner/Roos, 1971, 535–537.

[20] Wiederkehr, 1974, 68f.; F.-J. Nocke, 1987.

[21] Zur Eliasfigur vgl. Élie le prophète, 2 Bde., Paris 1956 (Études Carmélitaines); besonders M. Hayek, Élie dans la tradition syriaque, I, 159–178. A. Wiener, The Prophet Elijah in the Development of Judaism, A Depth-Psychological Study, London 1978; M. M. Witte, 1987.

[22] Sermo 29, 11.

[23] Nach G. Steindorff, Die Apokalypse des Elias, Leipzig 1899, zitiert bei Schneider, 1963, 17f.; vgl. auch P. Riessler, Altjüdisches Schrifttum außerhalb der Bibel, übersetzt und erläutert von P. R., Augsburg 1928, 120ff. (Apokalypse des Elias, 35, 7ff.); A. Dupont-Sommer/M. Philonenko (Hrsg.), La Bible, Ecrits intertestamentaires, Paris 1987, 1816ff. (Apocalypse d'Elie, III, 25ff.).

[24] Kolb, 1964.

[25] Ebd., 12.

[26] Ebd., 13.

[27] Vgl. Mohr, 1977, 10ff.

[28] W. Braune, Ahd. Lesebuch, Tübingen [12]1952, 158f.

[29] Vgl. R. Heinzel, Kleine Schriften, Heidelberg 1907, 426f.

[30] Haug, 1977, 77.

[31] Ebd.

[32] Es wäre interessant, das ›Muspilli‹ im Zusammenhang mit der Entwicklung der Gerichtsdarstellung in der bildenden Kunst zu betrachten. Jedenfalls ist es ein entscheidender Beleg für „endzeitliche" Eschatologie, d. h. für jene Endzeit, die den Menschen als ein alles bisherige geschichtlich Geschehene einbergender Jüngster (= letzter) Tag bevorsteht. Demgegenüber hat Yves Christe – etwa für Sta. Pudenziana in Rom – eine darstellerisch „gegenwärtige Eschatologie" erschlossen, in der Christus mit seinen Jüngern als im himmlischen Jerusalem schon herrschend gezeigt wird. Vgl. Christe, 1972. Diesem Tatbestand entspricht die allgemein gehaltene Beobachtung von Beat Brenk, daß das Thema des Jüngsten Gerichts im Verhältnis zu anderen Themata in der frühchristlichen Kunst ausgesprochen selten für darstellungswürdig befunden wurde (Brenk, 1966, 74). Ausführliche Weltgerichtsbilder (mit narrativem und nicht mehr symbolischem Charakter) begegnen im Westen erst seit karolingischer Zeit (seit dem 8. Jahrhundert). Brenk (ebd., 212f.) umschreibt das Neue des narrativen Weltgerichtsbildes folgendermaßen: „Die Neuerungen im frühmittelalterlichen Gerichtsbild, welche die neue religiöse Bildgesinnung besonders verdeutlichen, sind: 1. die Sichtbarmachung der unüberbrückbaren Polarität von Gut und Böse mit Hilfe einer Reihe paradiesischer und dämonischer Figurationen . . . 2. die Anschaulichkeit und Ausführlichkeit der Darstellung mit deutlicher Bevorzugung der Hölle, 3. die schroffe Konfrontation der göttlichen Allmacht mit der Nichtigkeit des Menschen und gleichzeitig 4. die Wichtigkeit des Subjektiv-Menschlichen. Im Bild des Jüngsten Gerichts gelangt der Mensch ,von heute' als Werkzeug Gottes in der Heilsgeschichte zur Darstellung. Jedermann muß sich vom Jüngsten Gericht betroffen fühlen. Das Weltgerichtsbild appelliert wie keine andere Szene der Heiligen Schrift an den Menschen, an

das ‚*hic et nunc*‘, an den schicksalsgläubigen Christen. Es ist eine der ersten Szenen in der Geschichte der christlichen Ikonographie, welche dem Menschen als Betrachter seinen Platz vor dem Angesicht des Allmächtigen einräumt. Diese Sachlage läßt vermuten, daß sich die Anschauungen vom Verhältnis zwischen Gott und dem Menschen im Laufe des ersten Jahrtausends grundlegend gewandelt haben. Während in frühchristlicher Zeit das Aufsteigen des Menschen kraft göttlicher Liebe und Gnade im Vordergrund steht, betont das Frühmittelalter die Sündhaftigkeit des Menschen. Die Anschauung vom vollständig sündhaften Menschen geht in der Hauptsache auf Gregor den Großen zurück. Das tiefe Sündengefühl hält sich während des ganzen Mittelalters. Die Frömmigkeit orientiert sich weitgehend an den Psalmen . . . *Das tiefe Sündenbewußtsein des Frühmittelalters* brachte notwendig eine intensive *Bußfertigkeit* und eine erhöhte *Furcht vor dem Jüngsten Gericht* mit sich. Es fällt auf, daß die karolingische Bußstimmung nicht *a priori* eine Angst vor dem Weltuntergang hervorgerufen hat, sondern nur eine allgemeine Furcht vor dem Faktum des Jüngsten Gerichts. Die eschatologische Naherwartung der frühchristlichen Zeit begegnet im frühen Mittelalter in Form einer ethisch-persönlichen Furcht vor dem Weltgericht angesichts der menschlichen Verworfenheit. Der Akzent liegt nicht so sehr auf der Gerichtserwartung als auf der Furcht vor der göttlichen Strafe.“ Zusammengehalten mit Haugs geschichtlicher Argumentation ist damit ein Rahmen gegeben, in den auch das ›Muspilli‹ gehört. – Daß das ›Muspilli‹ in weitestgehende religionsgeschichtliche Zusammenhänge gehört, hat W.-E. Peuckert, 1935, gezeigt (vgl. auch A. R. Bell, 1975).

[33] Den Text s. bei F. Maurer, Die religiösen Dichtungen des 11. und 12. Jahrhunderts, nach ihren Formen besprochen und hrsg. von F. M., 3 Bde., Tübingen 1964–70, Bd. 2, 499–505.

[34] „Die Vorstellung von den 15 Zeichen und von der Verteilung der einzelnen Zeichen auf 15 Tage ist mit großer Wahrscheinlichkeit aus einem Bibelkommentar oder einer Dogmatik entnommen; es ist schwierig zu ermitteln, wer letztlich der Urheber dieser Vorstellung ist“ (Kettler, 1977, 402). Kettler verweist mit Recht auf Pseudo-Beda *De quindecim signis* (PL 94, 555). Vgl. weiter dazu Heist, 1952, Nölle, 1874, und Emmerson, 1981 (sub voce ‘Fifteen Signs of Doomsday’). Vgl. auch M. M. Witte, 1987, 165 f.

[35] Siehe Maurer (wie Anm. 33), Bd. 1, 412–417.

[36] Siehe Maurer (wie Anm. 33), Bd. 2, 361–427.

[37] Es wäre hier die später einsetzende Tradition der Antichrist-, Welt- und Endgerichtsspiele im Mittelalter anzufügen. Vgl. K. Reuschel, 1906; F. Jenschke, 1971; H. M. Schaller, 1972; H. D. Rauh, 1973; K. Aichele, 1974; A. A. Meyer, 1976; H. P. Kursawa, 1976; M. M. Witte, 1987.

[38] G. Anders, Die Antiquiertheit des Menschen, 2 Bde., München [5]1980, Bd. 1, 239.

[39] D. Sternberger, Auf der Linie der „Praktischen Humanität“, Neue Zürcher Zeitung, Nr. 297, 20./21. Dez. 1980.

[40] Vgl. o., S. 31 ff.

[41] Vgl. Focillon, 1970; G. Duby, 1967.

[42] D. Verhelst (Hrsg.), Adso Dervensis, De ortu et tempore Antichristi, Turnhout 1976. Vgl. dazu Konrad, 1964.

[43] Vgl. dazu E. Bernheim, 1964, 10–50; Kamlah, 1951; K. Löwith, 1983, 173 ff.; Taubes, 1947, 77 ff.

[44] Cohn, 1961.

[45] B. Töpfer, 1964.

[46] Nigg, 1954.

[47] Koselleck, 1979, 22.

[48] Vgl. dazu die Synthese von B. McGinn, 1985.

[49] Helbling, 1958, 16.

[50] Zitiert nach A. Rosenberg, Joachim von Fiore, Das Zeitalter des Heiligen Geistes, Bietigheim, 1977, 17.

[51] Ebd., 83 f.

[52] Vgl. H. U. von Balthasar, Theologik, II: Wahrheit Gottes, Einsiedeln 1985, 188–191.

[53] Vgl. Benz, 1964.

[54] H. de Lubac, 1979/80; Reeves, 1976.

[55] Es ist fraglich, ob es sinnvoll ist, den ahd. Psalm 138 an der Abfolge der Verse im lateinischen Psalmentext zu messen. Ich neige dazu, den Text so stehen zu lassen, wie er überliefert ist und wie er jetzt auch wieder im ›Ahd. Lesebuch‹ und bei H. D. Schlosser, Althochdeutsche Literatur, Ausgewählte Texte, Frankfurt a. M. ²1980, 42 f., abgedruckt ist. Die Literatur zum 138. Psalm siehe bei W. Krogmann, Der 138. Psalm, Forschungsgeschichte, Überblick und Urfassung, Hamburg 1973. Diese Arbeit spiegelt auch die bisherigen Forschungsinteressen, die sich auf die Herstellung einer Urfassung, auf Überlieferungsfragen und Herkunftsprobleme beschränken. Falls man sich Gedanken darüber gemacht hat, weshalb gerade Ps. 138 in ahd. Übersetzung überliefert wurde, hypostasierte man gerne wie Krogmann (ebd., 52): „ich nehme an, daß uns in der Wiener Handschrift 1609 Teile einer vollständigen althochdeutschen Nachdichtung der Psalmen in Endreimversen erhalten sind.“

[56] Zu den verschiedenen Stationen vgl. N. Kyll, 1972, 19 ff.; P. Löffler, 1975, 31 ff. – Vor allem aber sind es liturgiegeschichtliche Forschungen, die uns die wichtige Funktion des 138. Psalms zusammen mit der Antiphon ›De terra formasti me (et carnem induisti me redemptor meus domine resuscita me in novissimo die)‹ bezeugen. Vgl. die Arbeiten von H. Frank und vor allem die reich dokumentierte Arbeit von D. Sicard, 1978, 112 ff. Sicard kann belegen, daß die Großzahl aller Zeugen der *ordines defunctorum* im frühen Mittelalter die eukologische Gruppe, die aus der Antiphon ›De terra plasmasti me‹ und dem Psalm 138 ›Domine probasti me‹ gebildet wird, für die Totenliturgie bevorzugt wurde. Das gilt vor allem für die Aufbewahrung des Leichnams, aber auch für den Zug in die Kirche, vor dem Grab, während und nach der Beerdigung. Für Regensburg und Köln ist letzteres schon im 10. Jahrhundert bezeugt. Tragend hierbei ist der gallikanische Ordo (nicht der römische, der diese Kombination nicht kennt). Sicard weist auf die Häufigkeit des Gebrauchs von Ps. 138 eigens hin: «Nous nous contenterons de remarquer la fréquence de l'emploi du psaume 138, ›Domine probasti me‹. Ce psaume théologique qui prend en considération l'omniscience et l'omniprésence divines pour en tirer la prière véhémente par laquelle il s'achève, rapelle beaucoup le livre de Job et ne manque pas de liens étroits avec l'antienne ›De terra‹. Cela aura suffi à assurer son ‹succès› chez les liturgistes de la mort. On le rencontre en effet dès le IXe siècle . . .» (122). Tatsächlich ist die theologische Bedeutsamkeit dieses Psalms nicht übersehen worden. Vgl. H. Hommel, Das religionsgeschichtliche Problem des 139. Psalms, in: ders., Sebasmata, Studien zur antiken Religionsgeschichte und zum Frühchristentum,

2 Bände, Tübingen 1983/84, I, 65–83 (hier insbesondere der interessante Hinweis auf Aussageparallelen mit Atharvaveda IV, 16 über die göttliche Allgegenwart; Hommel nimmt eine „freilich schwer durchschaubare Abhängigkeit" des Psalms 138 [nach der lutherschen Zählung: 139] an); K.-H. Bernhardt, Zur Gottesvorstellung von Psalm 139, in: Kirche, Theologie, Frömmigkeit, Festgabe für D. G. Holtz, Berlin 1965, 20–31.

[57] Vgl. Reske, 1973, 13.

[58] Nach MSD I, 67–73 und: Kleinere deutsche Gedichte des 11. und 12. Jahrhunderts, Nach der Ausgabe von A. Waag hrsg. von H. J. Gernentz, Leipzig 1970, 76–81. Das Werkchen ist zwischen 1070 und 1080 in Bamberg entstanden.

[59] Rupp, 1971, 271.

[60] Nach der Ausgabe: Kleinere deutsche Gedichte des 11. und 12. Jahrhunderts, Nach der Auswahl von A. Waag neu hrsg. von W. Schröder, 2 Bde., Tübingen 1972, II, 115.

[61] Ebd., I, 111.

[62] Ebd.

[63] Die Faszination, welche die Utopie des Paradieses – in seiner himmlischen und irdischen Variante – ausübt, stellt ein „Hoffnungsbild" (E. Bloch) im Frühmittelalter dar, das nichts Beliebiges hat, sondern sowohl im Bereich des Vorstellungsmäßigen wie in der künstlerischen Ausformung des Kanons von Auslegungsmustern, mit denen man seit der Spätantike diesen Topos mit einer gewissen Konstanz tradierte, eine von höchstem Ernst getragene Vision der *vita beata* lieferte, die theologisch seit der Patristik vorbereitet war (vgl. P. J. Couvée, 1947). Vgl. R. R. Grimm, 1977, 171 f.; A. Colli, in: M. L. Gatti, 1983, 119 ff.; Reske, 1973.

[64] Gedichte des Archipoeta, Lat.-deutsch, übertragen von J. Eberle, Frankfurt a. M. 1966, 32 f.

[65] Ebd., 102–105.

[66] Vgl. dazu die umfassende Arbeit von R. Schützeichel, 1962. Der Text nach MSD I, 73–78; F. Maurer, I, 254–259.

[67] Burger, 1972, 305.

[68] Siehe den Text bei W. Maurer, III, 329–359.

[69] Nach R. Assunto, Die Theorie des Schönen im Mittelalter, Köln 1963, 167 f.

[70] E. Biser, Theologische Sprachtheorie und Hermeneutik, München 1970, 75.

[71] J. Schwietering, Die deutsche Dichtung des Mittelalters, Darmstadt [2]1957, 64.

V. Der Tod christlicher und heidnischer Helden

[1] H. van Thiel, Leben und Taten Alexanders von Makedonien, Darmstadt 1974, XXXV.

[2] *vanitas vanitatum, et omnia vanitas* (Eccles 1, 2). Und im ›Alexanderlied‹ ist das Motiv folgendermaßen aufgenommen:

> Dô Älberîh daz liet irhûb,
> dô hêter einen Salemônis mût;
> in wilhem gedanken Salemôn saz,
> dô er rehte alsus sprah:

,vanitatum vanitas
et omnia vanitas.'
daz quît: ,iz ist alliz ein îtelicheit,
daz di sunne umbegeit.'
daz hête Salemôn wol versûht,
durh daz svar ime sîn mût;
er ne wolde niwit langer ledich sitzen,
er screib von grôzen witzen,
wande des mannis mûzicheit
zô dem libe noh zô der sêle nith ne versteit.
dar ane gedâchte meister Älberîch.
den selben gedanc haben ouch ih;
ih ne wil mich niwit langer sparen,
des liedis wil ih vollen varen.

(19–36)

Ich zitiere nach der Ausgabe von H. Weismann, Alexander, Gedicht des zwölften
Jahrhunderts vom Pfaffen Lamprecht, Urtext und Übersetzung nebst geschichtlichen
und sprachlichen Erläuterungen, sowie der vollständigen Übersetzung des Pseudo-
Kallisthenes und umfassenden Auszügen aus den lat., franz., engl., pers. und türk.
Alexanderliedern, Hildesheim [2]1971. Weismann komponiert die Straßburger mit der
Vorauer Hs. zusammen. Für unseren Zusammenhang genügt das, kommt es doch auf
den Geschehenszusammenhang an. Inhaltlich bildet also die Bearbeitung die Grund-
lage der Analyse (vgl. W. Schröder, Verf. Lexikon 5, 507f.).

[3] W. Schröder, 1961, hat den Vanitas-Gedanken mit Recht seiner Interpretation
zugrunde gelegt: „Kohelet begehrte auf gegen die Sinnlosigkeit des menschlichen
Daseins. Alberic hatte offenbar vor, diesen pessimistischen Befund mit Hilfe der Alexan-
derbiographie einzuschränken, wo nicht zu bestreiten. Der deutsche Dichter, jedenfalls der Fortsetzer X, sah gerade in dem glanzvollen Erdenleben des außerordent-
lichen Mannes einen schlagenden Beweis für die von dem Prediger Salomo verkündete
vanitas, deren christliche Konsequenz die Abkehr von diesem Jammertal und das Vertrauen auf Gottes verzeihende Gnade im Jenseits sein mußte. Für Lamprecht selbst
läßt der vorzeitige Abbruch seines Werkes keine sichere Entscheidung zu. Den von
Jungbluth vermuteten Topos hätte er weder aus seiner französischen Vorlage noch
aus der Vulgata entnehmen können. Für Kohelet war die *vanitas* Thema, für Alberic
mindestens eine These, die überprüft und, wenn möglich, widerlegt werden sollte.
Lamprechts Selbständigkeit ist nicht hoch zu bewerten und zudem einseitig auf die
Verstärkung der geistlichen Note gerichtet. Aus dem begreiflichen Bemühen, den
Widerspruch zwischen Kohelets und Alberics Auffassung zu verdecken, könnte der
Kompromiß seiner Eingangsverse hervorgegangen sein, die das *vanitas*-Thema mit
dem *otiositas*-Motiv verknüpfen. *Toylle s'en otiositas*, hatte der kranke Alberic aus-
gerufen, *solaz nos faz' antiquitas que tot non sie vanitas*. Lamprecht legt sich das so
zurecht: die Einsicht in die Sinnlosigkeit alles menschlichen Beginnens verleite zur
Untätigkeit, und die gefährde die Seele, wie Salomo erfahren habe. Damit ist die
Abweisung der *otiositas* durch Alberic eingebaut und gleichwohl das Thema von
Salomones puch im ursprünglichen Sinn gerettet. Es stünde nun nichts im Wege, es
auch durchzuführen." (55) Auch H. Reifschneider, 1948, 145–153, bemerkt die im

Alexanderlied gegenwärtige *vanitas*-Stimmung, glaubt aber, daß die des Diesseits
letztlich die Oberhand behält.
4 Nach Reifschneider, 1948, 148.
5

                nu merkit al glîche,
                swaz er hât oder kan,
                sô nist er niwit wene ein man,
                sô mûz er verterben
                unde zejungist sterben,
                er mach imer niwit leben. –
                waz hilfit ime sîn lange streben?
                zelest mûz er doh werden
                gemischet zô der erden.
                diz merke ouch Alexander
                noh mêr, dan ein ander,
                unde lidige von freisen
                wituwen unde weisen
                unde kêre din gemûte
                an allirslachte gûte –
                sô dir begrîfe der tôt,
                daz dih lidige von der nôt
                got von himelriche
                unde dih in sîn rîche
                mit sinen holden bestate
                unde sîner gnâde dih gesate.
                              (7075–7095)

6   Nu ist diz liet ze ende comen.
                alle di iz habet vernomen
                beide man unde wîb,
                denket an den êwigen lîb
                unde an daz êwige leben.
                dar nâh sult ir imer streben.
                lâzet alle giricheit
                unde habet imer arbeit
                umbe daz himelrîche.
                got der ist sô rîche.
                er mach iu wol gelônen
                mit der himelischen crônen.
                bûzet ûher sunden,
                wande ir ne wizzit niwit di stunden,
                daz ir hine sult varn,
                durh daz sult ir ûh bewarn
                di wîle di ir hie sit,
                unde vorhten got in allezit,
                daz ir mit froweden mûzet varn
                zô der himelischen scaren,
                beide hêrren unde frouwen

unde ir dâ mûʒet scouwen
unde haben daʒ êwige lôn,
deum deorum in Sŷôn.
(7128 ff.)

⁷ Reifschneider, 1948, 153.
⁸ Ohly, 1968, 18 f.

⁹ Daz swert hiez er im dar tragen,
er sprach: 'nâh mînem tôde
frowet sich elliu diu stat ze Rôme:
zwâre si begrabent mih morgen niht ainen,
ir iegelîch muoz sînen friunt clagen unde wainen.
Alsô er daz wort volsprach,
daz swert er in sich stach.
in dem selbem zît
huob sich ze Rôme michel strît:
die liute wolten in ûz tragen,
bî den fuozen zôh man in in den burcgraben.
die tievel kômen dar
mit ainer micheln scar
in swarzer vogele pilede.
in ainem michelem genibele
nâmen si di sêle:
die helle bûwet si iemer mêre.
der lîchnâme was unraine,
die wolfe frâzen sîn gebaine.

(Deutsche Chroniken und andere Geschichtsbücher des Mittelalters, hrsg. von der
Gesellschaft für ältere deutsche Geschichtskunde, Erster Bd.: Deutsche Kaiserchronik, Trierer Silvester, Annolied, Berlin ²1964, V. 4282–4300.)

¹⁰ Reifschneider, 1948, 138.
¹¹ Ohly, 1968, 19 f.
¹² Reifschneider, 1948, verweist verschiedentlich darauf.
¹³ Ohly, 1974, 192.
¹⁴ Ebd.
¹⁵ Ebd., 293.
¹⁶ Ebd., 293.
¹⁷ Gurjewitsch, 1983, I, 171. Die Aussage bezieht sich auf die Schilderung historischer Ereignisse im Epos.

¹⁸ Er gedachte an di brode,
so der botich lidet ode,
diu sele hin zucchet,
der arme likename sich stuppet.
daz wissen die herren,
die nach wertlichen eren
tagelichen ringent,
daz si got dar under minnent
unt ir ougen cherent ze gote,

so chumt in der himilische bote
unt irloset si uon allen noten,
suchent si in mit deumûte.
(Das Rolandslied des Pfaffen Konrad, Mittelhochdeutscher Text und Übertragung mit
einem neuen Vorwort und einem Index nominum hrsg. von D. Kartschoke, München
1970, 3008–3019.)

[19] Zitiert bei P. Eicher, Gottesfurcht und Menschenverachtung, in: H. von Stietencron (Hrsg.), Angst und Gewalt, Düsseldorf 1979, 128, nach PL 132, 924.

[20] So etwa im erstaunten Ausruf der Heiden:
,daz ist ein fraissam diet.
sine errumet ditze uelt niet.
den tot si suchent.
ich wane unser di gote nine ruchent.'
(6414–6417)
Vgl. auch 7965 ff.

[21] Die Formel des „gezähmten Todes", die Ph. Ariès, 1976, 19–30, und 1980, 13 ff.,
auf den frühmittelalterlichen Tod anwenden möchte, ist – da nur zur Hälfte wahr –
irreführend. Auf der Ebene der literarischen Fiktion handelt es sich im Frühmittelalter
weit eher um einen parteiisch geschilderten Tod, dessen positive oder negative Würdigung von der das literarische Werk beherrschenden Ideologie diktiert wurde. Hier im
Rolandslied ist es die christliche, verbunden mit christlicher Märtyrersehnsucht. Vgl.
dazu Wenk, 1956, 28 ff. – Dieses Motiv des in der Schlacht stattfindenden Märtyrer-
todes ist verschärft im ›Willehalm‹ Wolframs von Eschenbach (W. J. Schröder/G. Hol-
landt [Hrsg.], Wolfram von Eschenbach, Willehalm/Titurel; Text, Nacherzählung, Anmerkungen und Worterklärungen, Darmstadt 1971), wo das Sterben Vivianz' geschildert wird: 60, 17–69, 11 (mit Wohlgeruch: 69, 12 ff.). Aber die schwarzweißmalende
Parteilichkeit ist durch die Zwischenposition Gyburcs gebrochen: *Der tôtlîche val /
der hiest geschehen ze bêder sît* (506, 12 f.), ist ein Ereignis, das *gotes hantgetât* (306,
28) in der heidnischen *und* christlichen Variante betrifft. Der heidnische Tod ist nicht
mehr in dem Maße verächtlich wie im Rolandslied. Die „Rede Gyburgs allein genügte,
das mittelalterliche Wort von ,gotes hantgetât' unsterblich zu machen. Was Gyburg in
Erinnerung ruft, bleibt, geschichtlich wenig eingelöst, ein Postulat der Wolframschen
Dichtung. Das Dunkel, vor dem sie aufleuchtet, ist die Welt der Kreuzzüge; auch die
Kreuzzugsliteratur, zum Beispiel das ›Rolandslied‹ des Pfaffen Konrad, dem die Heiden ,des tuvelis kint' sind, Teufelspack und als das, wo nicht zu taufen, umzubringen.
Wolfram postuliert Erbarmen in einer Welt, in der die heilige Hildegard auf weiter Flur
einsam steht, wenn sie die Mainzer Prälaten um Gnade bittet für die Ketzer – ,quo-
niam forma Dei sunt'" (U. Herzog, ,gotes hantgetât', Versuch, ein Wort in Erinnerung
zu rufen, Neue Zürcher Zeitung, 12./13. Januar 1980, Nr. 9). Mäßigend wirkt sich
auch in der Gestaltung des Schlachtentods im ›Willehalm‹ der Einfluß höfischer
Damen aus: *sô sterbenlîcher maere* (26, 7) ist „guten Frauen" nicht zuzumuten. Am
schärfsten drückt sich das wiederum aus an Gyburc, der im Sterben der Heiden, ihrer
Verwandten, *tôde drî* (110, 25) – *der zwivalte tôt*, physisch und geistig (in der Hölle),
und, als dritter Tod, ihr eigener in diesem schrecklichen Geschehen – erfahrbar werden. Letztlich aber ist alles Todesgeschehen im ›Willehalm‹ hinterfangen vom Tod Jesu
Christi; Gyburg sagt es:

dô Jêsuses mennischeit
der tôt am kriuce müete,
innen des sîn leben blüete,
ûz der gotlîchen sterke.
lieber vater, nu merke:
innen des diu mennischeit erstarp,
diu gotheit ir daz lebn erwarp.
(219, 24 ff.)

Vgl. auch 218, 1 ff., wo Gyburc auf Evas und Adams Fall anspielt und als deren Folge auf die allgemeine Todverfallenheit – von der nur Henoch und Elias ausgenommen sind! - verweist. Der Tod ist dann aber durch das Erlösungswerk der Trinität besiegt worden.

22 Reifschneider, 1948, 129.

23 WA, III. Abt., 3. Bd., 399 f., zitiert bei Ohly, 1974, 294.

24 M. Wehrli, Die ‚Klage' und der Untergang der Nibelungen, Festschrift Tschirch, Köln–Wien 1972, 97–100.

25 Das Nibelungenlied, Nach der Ausgabe von K. Bartsch, hrsg. von H. de Boor, Wiesbaden ¹⁸1965, V. 2085, 4.

26 Rupp, 1967, 215.

27 Ebd.

28 E. Kobel, Untersuchungen zum gelebten Raum in der mhd. Dichtung, Zürich o. J., 65.

VI. Der höfische Roman

1 Gerade dieser Tatbestand – das Unexplizitwerden des faktischen Todes und die Aufhebung von Lebensläufen in einem Märchenschluß (man denke an Iwein und Erec!) – kann aber den Tod erzähltechnisch in einer symbolischen Art bedeutsam werden lassen. Zu erinnern ist an die symbolische Rolle von Erecs (Schein-)Tod in der Oringlesepisode, aus der das neue Leben mit Enite erwachsen kann, das sich gegenüber dem früheren wie der Wachzustand gegenüber dem Traum absetzt: *dô si sô lûte begunde klagen, / Erec fil le roi Lac / (dannoch unversunnen lac) / in des tôdes wâne, / und doch des tôdes âne ... / er lac in einem twalme / und erschrihte von ir galme / als der dâ wirt erwecket, / von swaerem troume erschrecket* (6587 ff.). Symbolisch kann der Tod auch werden in der Totenklage, in der die ganze soziale Bedeutsamkeit des Toten evoziert wird und in der sich überhaupt das Soziale am Tod und am Toten dokumentiert. Zunächst symbolisch ist der Tod in seiner religiösen Signatur als Folge der Erbsünde (zum Beispiel im ›Parzival‹ Wolframs von Eschenbach). Denn hier gilt er nicht bloß als Fait accompli tatsächlichen Lebens, sondern im Maße er eine tiefe Sündenverfaßtheit signalisiert, wird er durchsichtig auf die Dimension des Heils (in Jesus Christus, der den Tod überwunden hat) oder Unheils (in der *mors secunda* der Verworfenheit von Gott).

2 Es liegt in der Konstitution des Romans, daß er – hierin ganz anders als das Epos, das „eine absolut fertige und äußerst vollkommene Genreform, deren konstitutives Merkmal die Verlagerung der von ihr dargestellten Welt in das vollkommen Vergangene der nationalen Ursprünge und Höhepunkte ist" (M. Bachtin, Epos und Roman, Zur

Methodologie der Romanforschung, in: ders., Untersuchungen zur Poetik und Theorie des Romans, hrsg. von E. Kowalski/M. Wegner, Berlin 1986, 465–506, hier: 477 f.) – auf das „Unabgeschlossene, Ungelöste und Problematische" (ebd., 479) orientiert ist. Daher ist er wesentlich am Leben und an dessen unabsehbaren Spielformen von Entwicklungen, Komplikationen und Überraschungen interessiert. Das Epos ist dagegen am idealen Anfang *und* am desaströsen Ende (Katastrophe, ‚Götterdämmerung') wesentlich engagiert, da der „offizielle" Charakter der Vergangenheit solche heldische Präsentation verlangt. „Der Roman hingegen ist mit dem immer existierenden Element des nichtoffiziellen Wortes und des nichtoffiziellen Gedankens (feiertägliche Form, familiäre Rede, Profanation) verbunden. Den Toten bringt man auf andere Weise Liebe entgegen, sie sind der Kontaktsphäre entzogen; wenn man über sie spricht, darf und muß man sich eines anderen Stils bedienen. Das Wort über einen Toten unterscheidet sich stilistisch wesentlich von dem Wort über einen Lebenden" (ebd., 484). Bachtins Vermutung, daß das Ungebändigte des romanhaften Vorstellungsbereichs „dem sehr umfänglichen und reichhaltigen Bereich des sich des Lachens bedienenden Volksschaffens" (ebd., 484) entstammt, stimmt in ihrer Ausschließlichkeit sicher nicht, da im Hochmittelalter die Entstehung des höfischen Romans – d. h. das „Romanhaftwerden der Literatur" (ebd., 505) – an eine soziale Schicht gebunden ist, die zwar gegen die offizielle Kultur des Klerus ihre eigene fiktionale Welt erschaffen, aber gleichzeitig sich gesellschaftlich nach unten abschotten will. – „Eigenartig und wiederum nicht eigenartig ist es, daß der Tod im Artusroman keine oder nur eine ganz geringe Rolle spielt. Es geht in diesen Romanen um das rechte ritterliche Leben in der Welt. Der Tod ist weit weg. Es sterben natürlich Ritter im Kampf, es stirbt Parzivals Mutter, es stirbt Ither, aber die Helden der Romane selbst kommen mit dem Tod nicht oder kaum in Berührung. Er fehlt, oder an seine Stelle tritt, weil diese Dichtungen das Leben auf der Welt behandeln, das Leid. Selbst im ›Parzival‹, dieser christlichsten Ritterdichtung des Mittelalters überhaupt, spielt der Tod kaum eine Rolle; höchstens bei Randfiguren wie Sigune . . ." (Rupp, 1967, 214 f.).

[3] Die Erlösung, Eine geistliche Dichtung des 14. Jahrhunderts, Auf Grund der sämtlichen Handschriften zum erstenmal kritisch hrsg. von F. Maurer, Darmstadt ²1964, 6229 ff. (Das Kommen des Antichrist, Ermordung des Henoch und des Elias, Himmelfahrt und Sturz des Antichrist usf.: Hier ist die weite Dimension der „großen" Eschatologie durchaus bewahrt.) Vgl. H. Rupp, 1967, 214: „Heilsgeschichtliche Dichtungen gibt es im 13. und 14. Jahrhundert mehr als im 12., Contemptus-mundi-Dichtungen desgleichen." Daher sind die Pauschalcharakterisierungen bestimmter Jahrhunderte mit fixen Etiketten nicht sinnvoll. Zur ‚Erlösung' und ihrem heilsgeschichtlichen Programm vgl. W. Haug, 1980.

[4] Zu Hartmanns von Aue Darstellung des Todesproblems vgl. B. Uhle, 1968. Iwein, Eine Erzählung von Hartmann von Aue, mit Anm. von G. F. Benecke und K. Lachmann, Berlin ⁶1959.

[5] M. Wehrli, 1969, 49.

[6] Ebd., 155 ff.

[7] E. Köhler, Ideal und Wirklichkeit in der höfischen Epik, Studien zur Form der frühen Artus- und Graldichtung, Tübingen 1956, 66–88.

[8] Wehrli, 1969, 49.

[9] Umgekehrt muß man natürlich in der höfischen Dichtung immer mit einer Art

Säkularisation ehemals geistlicher Gehalte im Rahmen neuer, weltlicher Dichtungs- und Phantasiemöglichkeiten, aber auch weltlicher Gesellschaftsbezüge rechnen. Vgl. dazu die These von H. H. Braches, 1961, die eine „Verritterlichung" von Jenseitsmotiven im höfischen Roman, aber auch schon im Heldenepos feststellt.

[10] Konrad von Würzburg, Heinrich von Kempten, Der Welt Lohn, Herzmaere, hrsg. von H. Rölleke, Stuttgart 1968.

[11] Hartmann von Aue, Der arme Heinrich, hrsg. von F. Neumann, Stuttgart 1959.

[12] Helmbrecht von Wernher dem Gartenaere, hrsg. von F. Panzer/K. Ruh, Tübingen [7]1965.

[13] Der Stricker, Fünfzehn kleine Verserzählungen, hrsg. von H. Fischer, Tübingen 1960, 27–35. 1967, 28–36.

[14] Dieses Thema findet sich natürlich auch in der geistlichen Literatur: Heinrich Seuse berichtet, daß zwei Brüder, die ihn verleumdet haben, einen ‚jähen Tod' sterben: K. Bihlmeyer (Hrsg.), H. Seuse, Deutsche Schriften, Frankfurt a. M. [2]1961, 70, 12 ff.

VII. Mystik oder Erotik? Dialektik von Tod und Leben in Gottfrieds ›Tristan‹

[1] Vortrag am 30. Mai 1986 an der Universität von Oxford.

[2] Man kann so weit gehen und dem Einfluß der mystischen Sprach- und Denkmodelle eine geradezu konstitutive Rolle zuweisen, vorausgesetzt, die „Minne-Realität" des Gottfriedschen Tristanromans besitzt die ideologische Inkommensurabilität einer für sich gültigen Wahrheit. Ilka Büschen, Sentimentalität, Überlegungen zur Theorie und Untersuchungen an mittelhochdeutschen Epen, Stuttgart 1974 (Studien zur Poetik und Geschichte der Literatur, Bd. 38), 125: „Das Problem der Realität dieser Erfahrung greift über in das ihrer begrifflichen Darstellung. Ebenso wie die konkrete Realität keine Modelle dieser Art von innerem, absolutem Erleben zur Verfügung stellt, fehlt auch in der Sprache das entsprechende begriffliche Material, um die innerweltliche Transzendenz des Minneerlebnisses adäquat wiederzugeben. Die allegorische Überhöhung einer Situation weltlicher *aventiure* ist notwendig, um der Minne-Realität die Dimension einer außerhalb des ihr zugeordneten Sprach- und Vorstellungsbereichs liegenden Wahrheit zu verleihen. Im gleichen Sinne ist auch der Rückgriff auf Denkmodelle und -inhalte zu verstehen, die den Wortsinn der Handlung in Bereiche erweitern, die von einer Normalsemantik nicht erfaßt werden. Bei Gottfried geht die Inkompatibilität des Minnephänomens direkt in die Struktur des Werks ein. Der Bereich mystischer Religiosität mochte am ehesten Vorstellungsinhalte eröffnen, die mit den ‚normalen' Kategorien der Erlebnis- und Bewußtseinsebene nicht zu erfassen waren. "

[3] Auf Rang und Bedeutung Augustinus' für eine Deutung von Gottfrieds ›Tristan‹ hat Gerhard Meissburger, Tristan und Isold mit den weißen Händen, Die Auffassung der Minne, der Liebe und der Ehe bei Gottfried von Straßburg und Ulrich von Türheim, Basel 1954, 116–132, hingewiesen.

[4] Tomas Tomasek, Die Utopie im ›Tristan‹ Gottfrieds von Straßburg, Tübingen 1985 (Hermaea, Bd. 49), 221 ff. (vor allem Richard von St. Viktor).

[5] Julius Schwietering, Der Tristan Gottfrieds von Straßburg und die Bernhardische Mystik, in: ders., Philologische Schriften, hrsg. von F. Ohly und M. Wehrli, Mün-

chen 1969, 339–361. Dazu vgl. die methodologische Kritik, der Hermann Kunisch, edelez herze – edeliu sêle, Vom Verhältnis höfischer Dichtung zur Mystik, in: Mediaevalia litteraria, FS für H. de Boor, hrsg. von U. Hennig und H. Kolb, München 1971, 413–450, besonders 439 ff., den Schwieteringschen Ansatz unterzogen hat.

[6] Dolores Baumgartner, Studien zu Individuum und Mystik im Tristan Gottfrieds von Straßburg, Göppingen 1978 (GAG 259); Karl Allgaier, Der Einfluß Bernhards von Clairvaux auf Gottfried von Straßburg, Frankfurt a. M. 1983.

[7] Allgaier, wie Anm. 6, 13.

[8] A. a. O.

[9] Verwirrend sind daher auch die Stellungnahmen zu weltlicher und geistlicher Liebe hinsichtlich ihrer Einheit oder Differenz. Typologien der Liebe treten immer mit Wertungen versehen auf, in denen bestimmte Liebeshaltungen auf paradoxe Weise gerade des Liebesmoments, das sie konstituieren sollte, ideologisch beraubt werden. Zwischen einem „Liebesmonismus" (Max Scheler, Schriften aus dem Nachlaß I, Bern 1933, 258 f.), in dem Liebe in all ihren Spielarten auf eine Einheit hin gravitiert, und einer analogischen und/oder einer hart unterscheidenden Liebeskonzeption sind unendlich viele Spielarten möglich. Liebeslehren insbesondere protestantischer Herkunft neigen zur letztgenannten Lösung. Vgl. Anders Nygren, Eros und Agape, Gestaltwandlungen der christlichen Liebe, Berlin 1955; Karl Barth, Kirchliche Dogmatik, Vierter Band, Teil II, Zollikon-Zürich ²1964, 825–953. Sanfter, zum Teil monistisch verfahren mit der Liebe: Georges Bataille, Der heilige Eros, Darmstadt 1963; ders., Die Tränen des Eros, München 1981; Jacques Lacan, Le Séminaire, Livre XX, Encore 1972–73, Paris 1975, 70 f. Analogisch: Walter Schubert, Religion und Eros, München 1941; C. S. Lewis, Vier Arten der Liebe, Zürich 1961; Viktor Warnach, Agape, Die Liebe als Grundmotiv der neutestamentlichen Theologie, Düsseldorf 1951; Helmut Kuhn, „Liebe", Geschichte eines Begriffs, München 1975; Josef Pieper, Über die Liebe, München 1972.

[10] Zu vermuten steht, daß erotischer und mystischer Tod einer je verschiedenen Dialektik unterliegen: Der mystische Tod geschieht um des Lebens willen, der erotische beendigt das Leben um einer Konsequenz willen, die die Leidenschaft an jenen letzten Punkt treibt, da sie in einem erschöpfenden Hingabegestus eine (scheinbare) Absolutheit gewinnt. Die Transzendenzlosigkeit des erotischen Todes bezeugt sich dann in einer nur schwer verständlichen Humorlosigkeit, ja faktischen Ruchlosigkeit des Handelns der Protagonisten. Es ist Melancholie, die den erotischen Tod prägt, keinesfalls Lebensfreude oder -glück. Mit Recht möchte P. Ganz (in seinem Vorwort zu: G. v. Str., Tristan, Nach der Ausgabe von R. Bechstein hrsg. von P. Ganz, 2 Bde., Wiesbaden 1978, Bd. 1, XVI f.) den in der Großen Heidelberger Liederhandschrift C Ulrich von Lichtenstein zugeschriebenen, nach Rudolf von Ems (›Alexander‹, 20623–20631) aber von Gottfried stammenden Spruch von der *vitrea fortuna* als melancholisches Motto über dem Tristanroman stehen haben:

> Gelücke daz gât wunderlîchen an und abe:
> man vindet ez vil lîhter danne manz behabe;
> ez wenket dâ man ez niht wol besorget.
> swen ez beswaeren wil, dem gît ez ê der zît
> und nimt ouch ê der zîte wider swaz ez gegît.
> ez tumbet den swem ez ze vil geborget.

fröide gît den smerzen:
ê daz wir âne swaere sîn des lîbes und des herzen,
man vindet ê daz glesîne gelücke.

daz hât kranke veste:
swenn ez uns under ougen spilt und schînet aller beste,
sô brichet ez vil lîhte in kleiniu stücke.

Im Verzicht auf Glückserfüllung im Leben oder im wahren Leben des Jenseits bezeugt sich eine Sicht, in der das Liebesglück als ein unbeständiges und damit dessen Einbezug in den Tod als ein scheiterndes Geschehen immer schon durchschaut ist. (Nach C. von Kraus, Deutsche Liederdichter des 13. Jahrhunderts, Bd. I, Text, Tübingen 1952, 128; dazu s. den Kommentar von H. Kuhn in a. a. O., Bd. II, Tübingen 1958, 163 f., und K. Stackmann, Gîte und Gelücke, Über die Spruchstrophen Gottfrieds, in: Festgabe für U. Pretzel, Berlin 1963, 191 f.)

[11] Es wird sich trotz allen Strukturanalogien zwischen der erotischen und mystischen Todesauffassung zeigen lassen, daß diese nicht so weit gehen, daß etwa dem erotischen Tod schlechterdings religiöse Qualität zugesprochen würde. F. Ohly (Süße Nägel der Passion, in: G. Heintze/P. Schmitter [Hrsg.], Collectanea Philologica, Festschrift für H. Gipper, Baden-Baden 1985, 403–613) hat gezeigt, daß „dem vom Seelenheil absehenden Liebestod im ›Tristan‹ . . . das Attribut der Süße" fehlt. „Der süße Minnetod liegt bei formaler Nähe auf einer radikal anderen Ebene als der theologisch süße Tod" (504).

[12] Diese entscheidende Stelle hat man versucht einer Deutung zu entziehen, die in ihr eine Entscheidung für die *mors secunda* sieht. J. Fourquet (Höfische Dichtung und Theologie, in: A. Wolf [Hrsg.], Gottfried von Straßburg, Darmstadt 1973 [Wege der Forschung 320], 199–208, bes. 203 f.) besteht gegenüber G. Weber (Gottfrieds von Straßburg Tristan und die Krise des hochmittelalterlichen Weltbildes um 1200, 2 Bde., Stuttgart 1953, Bd. 1, 82 ff.) auf einer philologisch gewonnenen, „exoterischen" Bedeutung der Stelle: „Für den Philologen ist die ‚exoterische‘ Bedeutung klar; Tristan hat soeben mit Isolde die Liebeswonnen gekostet; er sagt: ‚Mag dieser Trank Tod oder Leben sein – ich bin wonnevoll vergiftet worden; ich weiß nicht, wie der andere Tod sein wird (der Tod im gewöhnlichen Sinne), aber dieser Tod ist gar sanft; und wenn ich wüßte, daß die liebliche Isolde abermals mein Tod in *dieser* Weise wäre, so würde ich mit Freuden das Notwendige tun, um das Sterben ohne Ende wieder auf mich zu nehmen.‘ Für den Autor (= G. Weber) bedeutet dies: ich bin bereit, für diese Liebe die ewige Verdammnis hinzunehmen . . . Das Annehmen des ewigen Todes, als Gegenstück zum ewigen Leben, kehrt im weiteren Verlauf des Buches als Leitmotiv wieder. Aber im MHD steht als Wendung *der êwige tôt* (Gregorius, 86, 149, 762); der Ausdruck bezeichnet einen *Zustand*, und zwar einen *endgültigen; êwiclîches sterben* bezeichnet einen *Vorgang*, der sich unendlich erneuert . . ." Gleichwohl wird man für die Webersche „esoterische" Deutung plädieren müssen, da sich im Mittelalter die Ansicht, daß die *mors secunda* ein unbeendbares Sterben – also Vorgang – ist, leicht belegen läßt. Die großen, fürs Mittelalter entscheidenden Autoren – Augustinus und Gregor der Große – haben sich jedenfalls in diesem Sinne geäußert. Ohne daß damit die „exoterische" Deutung außer Kraft gesetzt wird, ist doch auf der in ihr zum Tragen kommenden „esoterischen" Bedeutungsebene zu beharren. Allerdings würde ich dabei nicht so weit gehen wie J. Schwietering (wie Anm. 5, 347), der diesen Trank als

„gemeinsame(n) Leidens- und Todeskelch" bezeichnet, in dem sich eine „Analogie zu Bernhardischer Leidens- und Liebesmystik" im Sinne einer christlich verbindlichen Mitleidshaltung bezeugt. Ohlys Feststellung (wie Anm. 11, 504): „Der süße Minnetod liegt bei formaler Nähe (zu theologischen Konzeptionen) auf einer radikal anderen Ebene als der theologisch süße Tod", ist volle Geltung zuzugestehen. Vgl. auch Rolf, 1974, 335f. Die paradoxe Bestimmung von Liebe im Extrembereich von Leben und Tod – zu denken ist vor allem an Alanus' von Lille Reihung von Oxymora über die Liebe, darunter: *Mors uiuens, moriens vita, suaue malum* (zitiert bei Ohly, ebd., 503, nach: N. M. Häring [Hrsg.], Alan of Lille ›De planctu naturae‹, Studi medievali 19 [1978], 842) – vermag sich – und darin liegt das Reizvolle ihrer Anwendung – je verschiedene Inhalte zu integrieren. Es ist unvorstellbar, daß in Tristans Aussage, die hier zur Debatte steht, nicht die Semantik der *secunda mors* mitgespielt hat, wenn man Augustinus und Gregor den Großen als Interpretatoren (und mentalen Hintergrund) zu Hilfe zieht. Augustinus bestimmt die *secunda mors* folgendermaßen: „Denn dieser Tod (= der zweite) ist der schlimmere und das ärgste aller Übel, denn in ihm werden nicht Seele und Leib getrennt, sondern vielmehr beide vereinigt zu ewiger Pein. Dann werden umgekehrt wie früher die Menschen sich nicht mehr vor oder nach dem Tode befinden, sondern immer im Tode, folglich niemals lebend, niemals gestorben, aber ohne Ende sterbend. Denn wie kann es für den Menschen ein schlimmeres Sterben geben, als wenn der Tod selber niemals stirbt" (De civitate Dei XIII, 11: *Illa est enim grauior et omnium malorum pessima, quae non fit separatione animae et corporis, sed in aeternam poenam potius utriusque complexu. Ibi e contrario non erunt homines ante mortem atque post mortem, sed semper in morte; ac per hoc numquam viventes, numquam mortui, sed sine fine morientes. Numquam enim erit homini peius in morte, quam ubi erit mors ipsa sine morte*). Und Gregor der Große schreibt in seinen ›Dialogi‹ (IV, 47): „Deshalb wird (die verdammte Seele) immer gezwungen, den Tod ohne Tod, das Aufhören ohne Aufhören, das Ende ohne Ende zu erleiden, so daß ihr der Tod unsterblich, das Aufhören unaufhörlich, das Ende unendlich ist" (*Ex qua re semper cogitur ut et mortem sine morte, et defectum sine defectu, et finem sine fine patiatur, quatenus ei et mors immortalis sit, et defectus indeficiens, et finis infinitus*). Vgl. Augustinus, Ench. 92 (*mors ipsa non moritur*) und 111 (*in aeterna morte sine moriendi potestate*); De civ. Dei 21, 3, 1 (*sempiterna mors*, usw.); Gregor der Gr., Moralia in Job 15, 21 (*moritur et uiuit, deficit et subsistit, finitur semper et sine fine est*).

Unsere Tristanstelle stellt sich gegenüber den in Dialogi IV, 46 abgehandelten Problemen wie die Praxis zur Theorie dar: Es geht hier um die Frage, wie denn eine in endlicher Weise begangene Schuld ohne Ende bestraft werden kann. Die Antwort Gregors: „Dies könnte man mit Recht einwenden, wenn der strenge Richter nicht die Herzen der Menschen, sondern nur ihre Taten abwägen würde. Denn die Bösen haben deshalb in endlicher Weise gesündigt, weil auch ihr Leben ein endliches war. Sie hätten, wenn es möglich wäre, endlos leben wollen, um ohne Ende sündigen zu können. Denn wer während seines Lebens von der Sünde nicht abläßt, zeigt, daß er immer in der Sünde leben will. Große Gerechtigkeit des Richters zeigt sich darin, daß diejenigen nie der Strafe entbehren, welche in diesem Leben nie der Sünde entbehren wollten." Die Fragestellung schließt sich an jene Augustins in De civ. Dei XXI, 11 an; die Antwort aber begründet sich bei Gregor nicht in einem Rückgriff auf das Zivilrecht (Vergehen wie Mord, Ehebruch oder Tempelraub können nicht nach ihrer zeitlichen

Dauer geahndet werden!), sondern in einer Gesinnungsethik, die in Tristans Antwort auf Brangaene genau widergespiegelt ist. Tristans *casus* ist derjenige Gregors. Man muß daher dieser Stelle das Provokative nicht durch Hinweis auf deren interaktionelle und kontextuelle Deutlichkeit, auf deren exoterische Funktion nehmen wollen. Zur Deutungsgeschichte unserer Stelle vgl. R. Dietz, Der ›Tristan‹ Gottfrieds von Straßburg, Probleme der Forschung (1902–1970), Göppingen 1974, 116–124. Schwieterings These, daß sich hier Bernhards von Clairvaux: *Utinam hac morte ego frequenter cadam* (wie Anm. 5, 348) spiegle, ist wohl angesichts der Selbstverständlichkeit der Auffassung von der *secunda mors* aufzugeben; ebenso aber ist die Deutung Fourquets in ihrer Ausschließlichkeit zu relativieren (sie wird noch jüngst vertreten durch D. Buschinger, Die Tristan-Sage im deutschen Mittelalter, in: W. Spiewok [Hrsg.], Zur gesellschaftlichen Funktionalität mittelalterlicher deutscher Literatur, Greifswald 1984, 67–88, zur Stelle: 78) und mit der hier gegebenen Konnotation zu versehen.

[13] "*Leit*, perhaps the word most commonly used to describe the sufferings of the lover in *Minnesang*" (V. L. Ziegler, The Leitword in Minnesang: Stylistic Analysis and Textual Criticism, University Park 1975, 175; 175–178 Sammlung der Stellen). Im folgenden zitiere ich die Texte nach ›Des Minnesangs Frühling‹, nach K. Lachmann, M. Haupt und F. Vogt neu bearbeitet von C. von Kraus, Leipzig [32]1959 (= MF mit Strophen- und Zeilenzahl). In Klammer setze ich die Gedichtnummer mit Strophen- und Zeilenzahl, wie sie die von H. Moser und H. Tervooren neugestaltete und erweiterte, 36. Auflage, Stuttgart 1977, präsentiert. Hier: MF 39, 24 (Dietmar von Eist XIII, 2, 3).

[14] MF 13, 11 ff. (I, 6, 6 f.; S. 29).

[15] *ich weiz wol, es ist ein altez maere daz ein armez minnerlîn ist rehte ein marteraere* (Her Steinmar, in: K. Bartsch, Die Schweizer Minnesänger, Darmstadt [2]1964, 170; I, 7 f.). H. de Boor (Die Grundauffassung von Gottfrieds Tristan, in: A. Wolf [Hrsg.], wie Anm. 12, 25–73, hier 59) verweist auf Tristan, den *marteraere* (7541, 7648). Und modern heißt es dann provokativ bei D. Mieth, Dichtung, Glaube und Moral, Studien zur Begründung einer narrativen Ethik mit einer Interpretation zum Tristanroman Gottfrieds von Straßburg, Mainz 1976, 240: „Wem der Tod als Preis für die ‚ungeordnete‘ Selbstverwirklichung wichtiger ist als die Enthaltung, der wird zum Blutzeugen dafür, daß die Enthaltung menschlich unmöglich war."

[16] Heinrich von Morungen, MF 142, 1 (XXVII, 1, 3; S. 272).

[17] Ders., MF 147, 4 f. (XXXIV, 2; S. 282).

[18] MF 147, 8 ff. (XXXIV, 5 ff.; S. 282).

[19] Vgl. F. Wessel, Probleme der Metaphorik und die Minnemetaphorik in Gottfrieds von Straßburg ›Tristan und Isolde‹, München 1984, 212 f.; R. Krohn (Hrsg.), Gottfried von Straßburg, Tristan, nach dem Text von F. Ranke neu herausgegeben, ins Neuhochdeutsche übersetzt, mit einem Stellenkommentar und einem Nachwort, 3 Bde., Stuttgart 1980, hier: III, 24 (mit Hinweisen auf Schwietering, wie Anm. 5, 343 f., und A. Schöne, Zu Gottfrieds ›Tristan‹-Prolog, in: A. Wolf [Hrsg.], wie Anm. 12, 147–181, hier 175 ff.).

[20] Vgl. Schwietering, wie Anm. 5, 343 f.; H.-J. Spitz, Die Metaphorik des geistigen Schriftsinns, Ein Beitrag zur allegorischen Bibelauslegung des ersten christlichen Jahrtausends, München 1972, 168 f.; Wessel, wie Anm. 19, 212 f.

[21] Vgl. W. Freytag, Das Oxymoron bei Wolfram, Gottfried und anderen Dichtern des Mittelalters, München 1972, 143–244; zur Verschränkung von Leben und Tod vgl. a. a. O., 207–214.

[22] Zum Kontext von Ehre vgl. A. Freiherr von Müller, Gloria Bona Fama Bonorum, Studien zur sittlichen Bedeutung des Ruhmes in der frühchristlichen und mittelalterlichen Welt, Husum 1977, 88 ff.

[23] Vgl. dazu Tomasek, wie Anm. 4, 37 ff. (mit Literatur). „Im Gegensatz zur Utopie im ›Tristan‹ ist der utopische Anspruch des Grals an genealogische Traditionen gebunden. Dabei wird die Gralsutopie von einer *rîterlîchen bruoderschaft* (470, 19) getragen, deren strengem Kodex (vgl. 473, 1 ff.) sich der einzelne zu unterwerfen hat. Demgegenüber stellt die Utopie im ›Tristan‹ einen in stärkerem Maße individuumsbezogenen Entwurf dar, der darüber hinaus aber auch den Bereich der Gesellschaft umgreift. Mit dem primär am Individuum orientierten Charakter des utopischen Programms im ›Tristan‹ steht die Tatsache in engem Zusammenhang, daß Gottfrieds Entwurf eine Utopie der *Minne* ist, in welche die minnesängerische Sehnsucht nach *liebem ende* durchaus Eingang gefunden hat (und auf paradigmatisch neuer Grundlage eingelöst wird). Von der Utopie des Grals aber ist mit J. Bumke (Die Utopie des Grals, Eine Gesellschaft ohne Liebe?, in: H. Gnüg [Hrsg.], Literarische Utopieentwürfe, Frankfurt a. M. 1982, 70–79, hier: 74 f.) zu sagen, daß sie das Bild einer Gesellschaft bietet, in der dem Bereich der Liebe ungleich weniger Recht zugesprochen wird" (a. a. O., 37). Ich zweifle, ob man von einem „Umgreifen" des gesellschaftlichen Bereichs sprechen kann, wo doch das Individuum und seine Ansprüche an diesem gerade scheitert. Tristan ist einer Vielzahl äußerer Gefährdungen ausgesetzt – im Kampf mit Morold, durch Isolde, am Hof Markes. Diesen Gefährdungen, die Tristan zu einem *marteraere und tôt mit lebendem lîbe* machen, ist Symbolcharakter zuzusprechen. Sie markieren von außen die innere Lebensgefährdung des Protagonisten, die ihm von seiner Liebe her zukommen wird. Angesichts von Tomaseks auf Bumke gestützter Feststellung, daß in Utopien an sich die Liebe eine nur schwer integrierbare Gegebenheit ist – dem ist zuzustimmen! –, ist aber doch festzuhalten, was den Parzivalroman im besonderen betrifft: Gerade hier wird die *minne* – sofern es sich um rein höfische *minne* handelt – in ihrer gesellschaftsdesintegrierenden Macht in den Blick gerückt; ihr wird aber eine Liebeserfüllung im Rahmen religiös-gesellschaftlicher Sinngebung, in der Institution der Ehe, resolut entgegengestellt. Die Ehe soll die *minne* gesellschaftlich integrieren. Ein unaufgelöster Rest bleibt natürlich: der grundsätzlich auf das Gelübde der Jungfräulichkeit sich abstützende Gralsorden!

[24] Augustinus, In Epistolam ad Parthos, tr. 7, cap. 8 (zitiert bei Meissburger wie Anm. 3, 126).

[25] Vgl. dazu Schwietering, wie Anm. 5, 350 f.

[26] *Successore nouo uincitur omnis amor* (Remedia amoris 462).

[27] K. Bertau, Über Literaturgeschichte, Höfische Epik um 1200, München 1983, 163.

[28] Dieser Behauptung gegenüber hält Tomasek, wie Anm. 4, 104–108, die Leidkompetenz der Liebenden und der von ihnen hörenden *edelen herzen* für so groß, daß darin die Aufhebung des Leids letztlich mit eingeschlossen ist. „In bezug auf die minnerelevanten Formen des Leides ist zu wiederholen, daß sie die Vorbedingung für ein vom Autor für möglich gehaltenes, höherwertiges, dem Leid überlegenes Glück dar-

stellen. Das Ideal des *lebenden paradîses* (18 066) ist es endlich, in dem Gotfrid den utopischen Zustand einer vollen Aufhebung des Liebesleides entwirft" (a. a. O., 108). Die Frage ist, ob nicht diese Utopie und deren Konfrontation mit dem Erzählgeschehen eine schwer entwirrbare Dialektik darstellt, deren unübersehbare Signatur der Hinweis auf das Scheitern des utopischen Entwurfs ist.

²⁹ K. Bertau, wie Anm. 27, 170: „Für Gottfrieds ‚Minnereligion' ist die Szene des Gottesurteils nicht zu brauchen, und auch nach dieser Szene läßt sich behaupten: Die Gnade Gottes wird im ›Tristan‹ nicht zum Gegenstand indiskreter Darstellung gemacht. Gott bleibt allenthalben formelhaft, so wie er in der geschilderten Welt allenthalben formelhaft anwesend ist. Über das jenseitige Leben seiner Helden exponiert der Dichter keinen Gedanken, und das Wort *helle* kommt in seinem Vokabular nicht vor. Bei ihm heißt *verderben* ‚sterben, zu Tode bringen' und *genesen* ‚mit dem Leben davonkommen'. Allein in seinem Prolog-Bekenntnis, er wolle mit dieser Welt *verderben oder genesen* (66) klingt ein Gedanke an ein jenseitiges Schicksal an." Auch wenn ich die hier für Gottfried behauptete Eindeutigkeit nicht anerkennen kann, bleibt das Gottfriedsche Insistieren auf einem konkreten, nicht mystischen Liebestod unbezweifelbar.

³⁰ Tomasek, wie Anm. 4, 103, gegen Rolf, 1974, 381.

³¹ Tomasek, wie Anm. 4, 101, Anm. 49.

³² Diese Frage wird man aufrechterhalten dürfen, auch im Blick auf Einwände gegen eine ‚theologische' Deutung des Tristanromans, wie sie W. Schröder im Anschluß an J. Fourquet (s. o., Anm. 12) und D. Mieth (o., Anm. 15) formuliert hat (Gottfrieds ›Tristan‹ in theologischer Sicht, in: ders. [Hrsg.], Wolfram-Studien VI, Berlin 1980, 206–210).

³³ Vgl. Tomaseks Exkurs: Die ‚heilsgeschichtliche' Dimension der Tristanminne (wie Anm. 4, 183–187).

³⁴ Daß mit ‚Letzthaltungen' durchaus ironisch und spielerisch auch umgegangen werden konnte, belegt J. Bumke, Höfische Kultur, Literatur und Gesellschaft im hohen Mittelalter, Bd. 2, München 1986, 589f.: „Ein Meister der höfischen Ironie war der unbekannte Verfasser von ›Aucassin und Nicolette‹, einer ›chantefable‹ (abwechselnd aus gesungenen und erzählenden Teilen), die um 1200 entstanden ist und von der Liebe des jungen Grafensohnes Aucassin zu dem Sklavenmädchen Nicolette handelte. Der Visconte, dem Nicolette gehörte, versuchte Aucassin seine Liebe auszureden: ‚Nehmt doch die Tochter eines Königs oder eines Grafen. Außerdem, was glaubt Ihr gewonnen zu haben, wenn Ihr sie zu Eurer Geliebten macht und sie in Euer Bett genommen habt? Sehr wenig habt Ihr damit gewonnen, denn Eure Seele würde dafür auf immer in der Hölle sein, und Ihr würdet niemals ins Paradies kommen.' Darauf antwortete Aucassin: ‚Was soll ich im Paradies? Mir liegt nichts daran, dorthin zu kommen, sondern nur daran, Nicolette zu haben, meine Liebste Freundin, die ich so sehr liebe. Denn ins Paradies kommen nur die, die ich hier nenne: die alten Priester und die alten Lahmen und Krüppel, die Tag und Nacht vor den Altären und in den alten Krypten hocken, bekleidet mit abgetragenen Mänteln und alten zerschlissenen Gewändern, nackend und barfuß und ohne Strümpfe, die vor Hunger und Durst sterben, vor Kälte und Krankheiten. Die gehen ins Paradies ein, und mit denen will ich nichts zu schaffen haben. Ich will vielmehr in die Hölle kommen, denn in die Hölle kommen die hübschen Kleriker und die schönen Ritter, die in Turnieren und in prächtigen Kriegen gefallen sind, und die guten Knappen und die freien Herren. Mit denen will ich gehen.

Dorthin gehen auch die höfischen Damen, die neben ihren Ehemännern zwei oder drei Liebhaber haben. Dorthin kommt Gold und Silber, Buntwerk und Grauwerk, Spielleute und Sänger und die Könige dieser Welt. Mit denen will ich gehen, wenn ich Nicolette, meine süßeste Freundin, bei mir habe.'" Das heißt die ständische Ordnung des Jenseits, die P. Dinzelbacher, 1979, ohnehin feststellen konnte, in neuer Sinngebung ironisch gliedern.

Zum hinter der Frage nach der ‚Letzthaltung' liegenden methodischen Konzept vgl. H. U. von Balthasar, Geschichte des eschatologischen Problems in der modernen deutschen Literatur, Diss. Zürich 1930; ders., Apokalypse der deutschen Seele, Studien zu einer Lehre von den letzten Haltungen, 3 Bde., Graz 1937/38 (der erste Band auch als: Prometheus, Studien zur Geschichte des deutschen Idealismus, Heidelberg 1947).

[35] Vgl. dazu A. M. Haas, 1979, 392–480; ders., 1984, 477–500.

[36] Ohne daß ich die hier genannten Zitate verifizieren kann, vgl. sachlich die gleichlautenden Ausführungen von V. Warnach, Agape, Die Liebe als Grundmotiv der neutestamentlichen Theologie, Düsseldorf 1951, 375 ff.

[37] Sermones super Cantica Canticorum, sermo 52, II, 3f.; Ed. J. Leclercq u. a., Opera omnia II, Rom 1958, 91, 28–92, 11. Der deutsche Text nach: A. Wolters, Die Schriften des Honigfließenden Lehrers Bernhard von Clairvaux, Bd. 6, Wittlich 1936, 46.

[38] Ebd., Opera II, 92, 18–25. Wolters, 46f.

[39] Richard von St. Viktor, Über die Gewalt der Liebe, Ihre vier Stufen, Einführung und Übersetzung von M. Schmidt, München 1969 (der lat. Text PL 196, 1207–1224).

[40] PL 196, 1217C (Schmidt, 46).

[41] PL 196, 1220C (Schmidt, 59f.).

[42] Schmidt, 4.

[43] PL 196, 1222D (Schmidt, 68f.).

[44] Schmidt, 4f., Anm. 2.

[45] Schmidt, 6.

[46] PL 196, 1212D (Schmidt, 32).

[47] PL 196, 1212D–1213A (Schmidt, 32).

[48] H. U. von Balthasar, Besondere Gnadengaben und die zwei Wege menschlichen Lebens, Summa Theologica, Deutsche Thomas-Ausgabe, Bd. 23, Heidelberg 1954, 372 ff.

[49] St. Gilson, Der heilige Bonaventura, Hellerau 1929, 624 ff.; Haas, 1979, 406–409.

[50] Vgl. die bei Rolf, 1974, 132, Anm. 13, verzeichnete Literatur.

[51] Der Begriff stammt von Max Scheler, vgl. o., Anm. 9; dazu Warnach, wie Anm. 9, 19, Anm. 2.

[52] M. Wehrli, Wolframs ›Titurel‹, Opladen 1974, 23. Vgl. auch Haug, 1980.

[53] „Die Minne als Absolutum und Totale – das erinnert zweifellos an Gottfried; doch wenn Gottfried zu einer Mystik änigmatischer innerer Unendlichkeit gelangt und zu einer abälardischen Trennung von äußerer und innerer Ethik, so versucht Wolfram die totale Minne auch im irdischen Bereich als eine göttliche oder gottgeschaffene zu begreifen. Ja, er läßt eine Liebe, auch wenn er sie noch so höfisch und minnedienstlich beginnen läßt, gern dort ihre höchste Erfüllung finden, wo sie zur Treue über den Tod hinaus wird oder gar, wie im Falle Sigunes, wenn sie nie vollzogen und nur vor

Gott als Ehe zu denken ist: *magetuom ich ledeclîche hân, er ist iedoch vor gote mîn man* (P. 440, 7 f.)" (Wehrli, wie Anm. 52, 24).

[54] Wehrli, wie Anm. 52, 23.

[55] Vgl. K. Speckenbach, Studien zum Begriff ‚edelez herze‘ im Tristan Gottfrieds von Straßburg, München 1965, 69.

[56] Vgl. die o., Anm. 9, angegebene Literatur. Verwirrend ist natürlich die hinreichend bekannte Tatsache, „daß mittelalterliche Dichter für die Darstellung weltlicher erotischer Liebe auf christlich-religiös geprägtes Sprachmaterial zurückgreifen. Umgekehrt haben aber auch Autoren geistlicher Werke für die Beschreibung religiöser Liebe (Gottes zu den Menschen bzw. der Menschen zu Gott) sich des Vokabulars und der Bildformeln ‚höfisch‘-weltlicher Liebesdichtung bedient. Möglich geworden war dieses Hinübergleiten ein und desselben Vokabulars von einer Bedeutungsebene in die andere vielleicht durch die . . . Auffassung von der Liebe als einer Einheit" (R. Schnell, Causa Amoris, Liebeskonzeption und Liebesdarstellung in der mittelalterlichen Literatur, Bern 1985, 20). In der Tat ist die begriffliche Differenzierung zwischen Eros und Agape Resultat einer im wesentlichen modernen religiösen Fragestellung, die insbesondere von protestantischen Autoren (W. Scholz, E. Brunner, A. Nygren, L. Grünhut u. a.) in scharfer Dialektik ausgeformt worden ist. Vgl. Th. Ohm, Die Liebe zu Gott in den nichtchristlichen Religionen, Die Tatsachen der Religionsgeschichte und die christliche Theologie, Freiburg i. Br. 1967, 1–15; H. U. von Balthasar, Eros und Agape, Stimmen der Zeit 136 (1939), 398–402; Warnach, wie Anm. 9, 11–30. Zu den mittelalterlichen gradualistischen Auffassungen der Liebe vgl. Z. Alszeghy, Grundformen der Liebe, Die Theorie der Gottesliebe bei dem Hl. Bonaventura, Rom 1946; H. Pétré, Caritas, Etude sur le vocabulaire de la charité chrétienne, Louvain 1948.

[57] Conf. I, 6, 7. Vgl. dazu P. von Moos, A, Nr. 650; T, 1972, Nr. 1641. H.-G. Surmund, 1978, 310 ff.

[58] G. Weber, Tristan oder die Krise des hochmittelalterlichen Weltbildes um 1200, 2 Bde., Stuttgart 1953, I, 39, 70, 75, 77, 90, 132, 175, 180 f., 216, 250 ff., 257, 272, 275 ff.; II, 27, 30, 33, 55, 115 f. Wer diese Unterschiedlichkeit der Gottfriedschen Gottesauffassung nicht eingesteht, läuft Gefahr, das am Tristanroman Neue – wie es W. Haug, Gottfrieds von Straßburg ›Tristan‹, Sexueller Sündenfall oder erotische Utopie, in: Kontroversen, alte und neue, Akten des VII. Internationalen Germanisten-Kongresses, Göttingen 1955, Bd. 1: Ansprachen Plenarvorträge Berichte, Tübingen 1986, 41–52, vorbildlich aufgewiesen hat – zu unterschätzen. Dieses Neue besteht in einer überraschenden Fassung des erzählerischen ‚Zufalls‘: „Im Artusroman war der Zufall programmiert; er war gebannt in die Aventiure, die funktionell-sinnvoll auf die Identität der höfischen Gesellschaft bezogen war: sie ermöglichte eine Bewegung, die immer neu auf die utopische Integration des Gegenhöfischen in die höfische *vröude* zielte. Im ›Tristan‹ hingegen wird die Gesellschaft in der epischen Handlung nicht utopisch, sondern konkret gefaßt. Das Nicht-Ideale, das Ordnungslose, der Zufall lädiert sie, und deshalb führt hier der Weg zur Utopie in ganz anderer Weise durch die Gegenwelt hindurch; sie scheint gerade im Antigesellschaftlichen auf, im Radikal-Zufälligen, in der Irrationalität des Eros. Das Zufällige erhält einen paradoxen Charakter. Es zerstört und rettet zugleich. Das neue Paradigma des Zufalls ist die geschlechtliche Liebe in ihrer Paradoxie von Auflösung und Erlösung" (ebd., 49).

[59] H. Rolf, 1974, 380 f.

[60] Vgl. dazu die magistrale Deutung von L. Gnädinger, Musik und Minne im ›Tristan‹ Gotfrids von Straßburg, Düsseldorf 1967.

VIII. Mors mystica

[1] H. Rolf, 1974, 60.

[2] Zur Hoheliederklärung im Mittelalter vgl. F. Ohly, Hohelied-Studien, Grundzüge einer Geschichte der Hoheliedauslegung des Abendlandes bis um 1200, Wiesbaden 1958; H. Riedlinger, Die Makellosigkeit der Kirche in den lateinischen Hoheliedkommentaren des Mittelalters, Münster/W. 1958; U. Küsters, Der verschlossene Garten, Volkssprachliche Hohelied-Auslegung und monastische Lebensform im 12. Jahrhundert, Düsseldorf 1985.

[3] Vgl. P. Hoffmann, 1966; G. Schunack, 1967; N. Baumert, Täglich sterben und auferstehen, Der Literalsinn von 2 Kor 4, 12–5, 10, München 1973.

[4] J. Huby, Mystiques Paulinienne et Johannique, Paris 1946; J. Blank, Krisis, Untersuchungen zur johanneischen Christologie und Eschatologie, Freiburg i. Br. 1964; P. Ricca, Die Eschatologie des Vierten Evangeliums, Zürich 1966. Apoc 14, 13 wird von W. Bousset, Die Offenbarung Johannis, Göttingen [7]1966, 386f., als Aufruf zum Martyrium gedeutet. Eher eschatologisch deutet sie A. P. van Schaik, Allos Angelos in Apk 14, in: J. Lambrecht (Hrsg.), L'Apocalypse johannique et l'Apocalyptique dans le Nouveau Testament, Gembloux 1980, 217–228, bes. 226ff. Zur mittelalterlichen Apokalypsedeutung vgl. W. Kamlah, 1965, und O. Böcher, Kirche in Zeit und Ewigkeit, Aufsätze zur Offenbarung des Johannes, Neukirchen-Vluyn 1983.

[5] Über die Geschichte der mors mystica habe ich mich ausführlich geäußert: Haas, Sermo, 1979, 392–480; ders., Geistliches Mittelalter, 1984, 477–500.

[6] Siehe u., Anm. 8.

[7] MF 147, 4 (XXXIV, 1; S. 282).

[8] IV, 12 (Offenbarungen der Schwester Mechthild von Magdeburg oder Das fließende Licht der Gottheit, Aus der einzigen Handschrift des Stiftes Einsiedeln, hrsg. von P. G. Morel, Darmstadt [2]1963, 104; hinfort: Morel und Seitenzahl).

[9] I, 28; Morel, 15.

[10] M. Bindschedler (Hrsg.), Der lat. Kommentar zum Granum Sinapis, Basel 1949, 246.

[11] VII, 21; Morel, 238f.

[12] I, 3; Morel, 7.

[13] I, 22; Morel, 11.

[14] I, 2; Morel, 5.

[15] I, 21; Morel, 10.

[16] D(eutsche) W(erke), hrsg. von J. Quint, 1, 128, 11f., Ebd., Anm. 7, weitere Belege.

[17] DW 2, 364, 5ff.

[18] DW 2, 80, 1ff.

[19] DW 2, 81, 1ff.

[20] DW 2, 255, 4ff.

[21] K. Berger, Die Ausdrücke der Unio mystica im Mittelhochdeutschen, Nendeln [2]1967, 126.

[22] DW 2, 301, 5ff.

23 DW 5, 411, 6 ff.

24 Zitate im folgenden nach K. Bihlmeyer (Hrsg.), Heinrich Seuse, Deutsche Schriften, Frankfurt a. M. [2]1961, 278 ff.

25 F. Falk, 1969, 30 ff.; R. Rudolf, 1957, 17 f.

26 Vgl. E. Bauer, 1960, 169 f.

27 Bihlmeyer, 286, 9 ff., Übersetzung nach G. Hofmann (Hrsg.), Heinrich Seuse, Deutsche mystische Schriften, aus dem Mittelhochdeutschen übertragen, Düsseldorf 1966, 292.

28 Bihlmeyer, 261, 10 ff.; Hofmann, 266 f.

29 Ähnlich auch in: Das Buch von geistlicher Armuth, bisher bekannt als Johann Taulers Nachfolgung des armen Lebens Christi, Unter Zugrundelegung der ältesten der bis jetzt bekannten Handschriften zum ersten Male vollständig hrsg. von H. S. Denifle, München 1877, 106–112.

IX. Todesdrastik im Spätmittelalter

1 Vgl. zur Krisensituation im Spätmittelalter J. Toussaert, 1963; F. Rapp, L'église et la vie religieuse en occident à la fin du moyen âge, Paris 1971; E. Meuthen, Das 15. Jahrhundert, München [2]1984; F. Seibt/W. Eberhard (Hrsg.), Europa 1400, Die Krise des Spätmittelalters, Stuttgart 1984, zum Tod: 19, 21, 57, 93, 196 f., 219 f., 251, 313; dies. (Hrsg.), Europa 1500, Integrationsprozesse im Widerstreit: Staaten Regionen Personverbände Christenheit, Stuttgart 1987; F. Graus, Pest – Geißler – Judenmorde, Das 14. Jahrhundert als Krisenzeit, Göttingen 1987.

2 Hinter der Personenallegorie des Todes steht ein mentaler Wechsel, ein Übergang von „den Toten" zum persönlich auftretenden Tod, wie er im italienischen Bereich um die Mitte des 14. Jahrhunderts anzutreffen ist (in bildnerischen Darstellungen wie dem ›Trionfo della Morte‹ von Palermo, gegen 1445, im Palazzo Sclafani. Vgl. M. Vovelle, 1983, 119 ff. (L'invention de la mort).

3 G. Jungbluth (Hrsg.), Johannes von Saaz, Der Ackermann aus Böhmen, 2 Bde. (Text und Kommentar), Heidelberg 1969/83. Zur Forschung vgl. E. Schwarz (Hrsg.), Der Ackermann aus Böhmen des Johannes von Tepl und seine Zeit, Darmstadt 1968; G. Sichel, Der Ackermann aus Böhmen, Storia della critica, Firenze 1971; G. Hahn, Der Ackermann aus Böhmen des Johannes von Tepl, Darmstadt 1984. Zuletzt vgl. W. Schröder, ›Der Ackermann aus Böhmen‹, Das Werk und sein Autor, München 1985, der – noch ohne Kenntnis von N. F. Palmers, ›Antiquitus depingebatur‹, The Roman Pictures of Death and Misfortune in the ›Ackermann aus Böhmen‹ and ›Tkadleček‹, and in the Writings of the English Classicizing Friars, DVjs 57 (1983), 171–239 – über Quellenforschung negativ entscheidet: „Fazit der Quellen- und Mustersuche: sie führt nicht weiter. Motivische und argumentative Berührungen bleiben peripher. Ein in die Augen springendes Vorbild für die Konzeption und ihre Durchführung im ›AaB‹ ist nicht auszumachen."

4 Es ist unbezweifelbar, daß die durch die Seuchen verschärfte und verbreitete Thanatopraxis die Vorstellung des „natürlichen" Todes förderte.

5 R. Rudolf, 1957, 9. Rudolf hat die noch immer unübertroffene Monographie zu den Artes moriendi geliefert. Dazu vgl. noch R. Chartier, 1976; A. Tenenti, 1977, 62 ff.; ders., 1983, 55 ff.

6 Rudolf, 1957, 62.
7 F. Falk, 1969.
8 Rudolf, 1957, 66.
9 R. Romano/A. Tenenti, 1967, 102.
10 Ebd., 118.
11 Ebd., 121.
12 Ebd.
13 Zitiert nach H. Rosenfeld, 1974, 37.
14 Zum Totentanz vgl. das unendlich reiche Material bei S. Kozáky (Cosacchi), 1936–44, 1965; H. Rosenfeld, 1974; J. Saugnieux, 1972; R. Hammerstein, 1980; G. Kaiser, 1982.

BIBLIOGRAPHIE

Die nachfolgende Bibliographie zur allgemeinen Thanatologie und zum Todesdenken im Mittelalter beansprucht keinerlei Vollständigkeit. Hingegen soll einigermaßen repräsentativ über die bestehende Literatur Auskunft gegeben werden. Textausgaben werden nach Möglichkeit in der Bibliographie nicht aufgenommen (mit Ausnahme der abgekürzt zitierten, wie MSD, Maurer usw.); die benützten Ausgaben sind jeweils in den Anmerkungen voll zitiert (leichte Erreichbarkeit und nicht Wissenschaftlichkeit war bei deren Auswahl jeweils maßgebend).

Adolf, H.: Wortgeschichtliche Studien zum Leib/Seele-Problem, Mhd. lîp 'Leib' und die Bezeichnungen für corpus, Wien 1937.

Agrimi, J./C. Crisciani: Malato, medico e medicina nel medioevo, Torino 1980.

Ahlbrecht, A.: Tod und Unsterblichkeit in der evangelischen Theologie der Gegenwart, Paderborn 1964.

Ahlzweig, C.: Untersuchungen zum Wortfeld des Erlösens im Frühneuhochdeutschen, Hamburg 1975.

Aichele, K.: Das Antichristdrama des Mittelalters, der Reformation und Gegenreformation, Den Haag 1974.

Albini, G.: Guerra, dame, peste; Crisi di mortalità e sistema sanatario nella Lombardia tardomedievale, Bologna 1982.

Albrecht, G.: Vorbereitung auf den Tod, Totengebräuche und Totenbestattung in der altfranzösischen Dichtung, Halle 1892.

Alexander, P. J.: The Byzantine Apocalyptic Tradition, Berkeley 1985.

Alger, W. R.: The Destiny of the Soul, A Critical History of the Doctrine of a Future Life, New York [10]1887.

Allard, G. H.: Dante et la mort, in: Le sentiment, 1979, 211–227.

Alpatoff, M.: Der Tod in der altrussischen Kunst, Das Kunstblatt 11 (1927) 35–41.

Alphandéry, P.: De quelques faits de prophétisme dans les sectes antérieures au Joachimisme, Revue d'histoire des religions 52 (1905) 177–218.

–: Notes sur le messianisme médiéval latin, XIe et XIIe siècles, Paris 1912.

Altaner, B.: Augustinus und die Sibylle, Analecta Bollandiana 67 (1949) 244–247.

Althaus, F.: Die letzten Dinge, Lehrbuch der Eschatologie, Gütersloh [9]1964.

Althaus, H.: Apokalyptik und Eschatologie, Sinn und Ziel der Geschichte, Freiburg i. Br. 1987.

Althaus, P.: Der Friedhof unserer Väter, Ein Gang durch die Sterbe- und Ewigkeitslieder der evangelischen Kirche, Gütersloh [2]1923.

–: Luthers Wort vom Ende und Ziel des Menschen, Luther-Mitt. d. Lutherges. 28 (1957) 97–108.

Altner, G.: Tod, Ewigkeit und Überleben, Todeserfahrung und Todesbewältigung im nachmetaphysischen Zeitalter, Heidelberg 1981.

Amat, J.: Songes et visions, L'au-delà dans la littérature tardive, Paris 1985.

Amira, K. von: Die germanischen Todesstrafen, München 1922.

Amman, J. J.: Segen und Zauberformeln aus Hohenfurt, ZfdA 35 (1891) 248–252.

Anderson, R. R./J. C. Thomas, Index verborum zum Ackermann aus Böhmen, 2 Bde., Amsterdam 1973–74.

Andreae, T.: Die Letzten Dinge, Leipzig 1940.

Andresen, C.: Bestattung als liturgisches Gestaltungsproblem in der alten Kirche, Monatsschrift f. Pastoraltheol. 49 (1960) 86–91.

Angenendt, A.: Monachi peregrini, Studien zu Pirmin und den monastischen Vorstellungen des frühen Mittelalters, München 1972.

–: Taufe und Politik im frühen Mittelalter, Frühma. Stud. 7 (1973) 143–168.

–: Mensa Pippini Regis, Röm. Quartalschr. f. chr. Altertumskunde u. Kirchengesch., Supplementheft 35 (1977) 52–68 (= 1977 I).

–: Der Taufexorzismus und seine Kritik in der Theologie des 12. und 13. Jahrhunderts, in: A. Zimmermann (Hrsg.), Die Mächte des Guten und Bösen, Vorstellungen im XII. und XIII. Jahrhundert über ihr Wirken in der Heilsgeschichte, Berlin 1977 (= 1977 II).

–: Bonifatius und das Sacramentum initiationis, Röm. Quartalschr. f. christliche Altertumskunde u. Kirchengesch. 72 (1977) 133–183 (= 1977 III).

–: Religiosität und Theologie, Ein spannungsreiches Verhältnis im Mittelalter, Archiv f. Liturgiewiss. 20/21 (1978/79) 28–55.

–: Missa specialis, Zugleich ein Beitrag zur Entstehung der Privatmessen, Frühmittelalterliche Stud. 17 (1983) 153–221.

–: Theologie und Liturgie der mittelalterlichen Toten-Memoria, in: K. Schmid u. a., 1984, 79–199 (= 1984 I).

–: Sühne durch Blut, Frühmittelalterliche Stud. 18 (1984) 437–467 (= 1984 II).

–: Bespr. von J. Le Goff, Die Geburt des Fegefeuers, in: Theol. Revue 82 (1986) 38–41.

Angermeyer, H.: Die Begegnung mit Sterben und Tod in der Literatur, in: A. Strobel, 1974, 9–25.

Anrich, G.: Clemens und Origines als Begründer der Lehre vom Fegfeuer, Tübingen–Leipzig 1922.

Apel, K.-O.: Ist der Tod eine Bedingung der Möglichkeit von Bedeutung?, Existentialismus, Platonismus oder transzendentale Sprachpragmatik?, in: H. Ebeling, 1979, 226–235.

Appel, H.: Anfechtung und Trost im Spätmittelalter und bei Luther, Leipzig 1938.

Ariès, Ph.: Studien zur Geschichte des Todes im Abendland, München 1976.

–: Western Attitudes Toward Death from the Middle Ages to the Present, London ⁴1979.

–: Geschichte des Todes, München 1980.

Arnold, K.: Kind und Gesellschaft in Mittelalter und Renaissance, Beiträge und Texte zur Geschichte der Kindheit, Paderborn 1980.

Atzberger, L.: Geschichte der christlichen Eschatologie innerhalb der vornicänischen Zeit, Graz ²1970.

–: Die christliche Eschatologie in den Stadien ihrer Offenbarung im Alten und Neuen Testament, Graz ²1977.

Aubrun, M.: Caractères et portée religieuse et sociale des visions en Occident du VIe au XIe siècle, Cahiers de civilisation méd. 23 (1980) 109–130.

Auer, J.: 'Siehe, ich mache alles neu', Der Glaube an die Vollendung der Welt, Regensburg 1984.

Bachl, G.: Über den Tod und das Leben danach, Graz 1980.

–: Die Zukunft nach dem Tod, Freiburg i. Br. 1985.

Bacon, J.: Martin Luther and the drama, Amsterdam 1976.

Bächtiger, F.: Vanitas, Schicksalsdeutung in der deutschen Renaissancegraphik, Diss. München 1970.

Baechtold, J.: Über die Anwendung der Bahrprobe in der Schweiz, Separatum, Zürich 1889/25.

Baesecke, G.: Muspilli, Berlin 1918, 414–429.

–: Der vocabularius Sancti Galli in der angelsächsischen Mission, Halle 1933.

–: Muspilli II, in: Ders., Kleinere Schr. zur ahd. Sprache und Literatur, Berlin 1966, 55–69.

Bäuml, F. H.: Rhetorical Devices and Structure in the Ackermann aus Böhmen, Berkeley 1960.

Balthasar, H. U. von: Besondere Gnadengaben und die zwei Wege menschlichen Lebens, Deutsche Thomas-Ausgabe, Bd. 23, Heidelberg 1954.

–: Der Tod im heutigen Denken, Anima 11 (1956) 292–299.

–: Eschatologie, Die Theologie der Letzten Dinge, in: L. Reinisch (Hrsg.), Theologie heute, München ²1959, 131–140.

–: Eschatologie, in: J. Feiner u. a. (Hrsg.), Fragen der Theologie heute, Zürich ³1960, 403–422.

–: Theologie der drei Tage, Einsiedeln 1969.

–: Eschatologie im Umriß, in: Ders., Pneuma und Institution, Skizzen zur Theologie IV, Einsiedeln 1974, 410–455.

–: Theodramatik, IV in fünf Bänden, Einsiedeln 1973–83.

Bar, F.: Les routes de l'autre-monde, Descente aux enfers et voyages dans l'au-delà, Paris 1946.

Bardis, P. D.: History of Thanatology; Philosophical, Religious, Psychological, and Sociological Ideas Concerning Death from Primitive Times to the Present, Washington 1981.

Bargheer, E.: Eingeweide, Lebens- und Seelenkräfte des Leibesinneren im deutschen Glauben und Brauch, Berlin–Leipzig 1931.

Barth, C.: Die Errettung vom Tode in den individuellen Klage- und Dankliedern des Alten Testaments, Zollikon 1947.

Bauch, K.: Das mittelalterliche Grabbild, Figürliche Grabmäler des 11. bis 15. Jahrhunderts in Europa, Berlin 1976.

Bauckham, R.: The Martyrdom of Enoch and Elijah: Jewish or Christian?, Journal of Biblical Literature 95 (1976) 447–458.

Bauer, E.: Die Armen Seelen- und Fegfeuervorstellungen der altdeutschen Mystik, Diss. (masch.) Würzburg 1960.

Bauer, J.: Die Trostreden des Gregorius von Nyssa in ihrem Verhältnis zur antiken Rhetorik, Marburg 1892.

Baumeister, Th.: Die Anfänge der Theologie des Martyriums, Münster 1980.

Baumeister, Th.: Jenseitsvorstellungen in der alten Georglegende, in: Gedenkschrift A. Stuiber, 1982, 176–187.

Bautz, J.: Das Fegfeuer im Anschluß an die Scholastik, mit Bezugnahme auf Mystik und Aszetik dargestellt, Mainz 1883.

–: Die Hölle, im Anschluß an die Scholastik dargestellt, Mainz ²1905.

Beaty, N. L.: The Craft of Dying, A Study in the Literary Tradition of the *Ars Moriendi* in England, New Haven 1970.

Beauduin, L.: Le Viatique, Maison-Dieu 15 (1948) 117–129.

–: Himmel und Auferstehung, in: Das Mysterium des Todes, 1955, 221–240.

Beauvoir, S. de: Ein sanfter Tod, Reinbek 1968.

Beck, H.-G.: Die Byzantiner und ihr Jenseits, Zur Entstehungsgeschichte einer Mentalität, München 1979.

Becker, C. H.: Ubi sunt qui ante nos in mundo fuere, in: Aufsätze, E. Kuhn zum 70. Geburtstag, München 1916, 87–105.

Becker, H./B. Einig/P.-O. Ullrich (Hrsg.): Im Angesicht des Todes, Ein interdisziplinäres Kompendium, 2 Bde., St. Ottilien 1987.

Becker, J.: Auferstehung der Toten im Urchristentum, Stuttgart 1976.

Becker, W.: Die Sage von der Höllenfahrt Christi in der altfranzösischen Literatur, Roman. Forschungen 32 (1913) 897–972.

Beerling, R. F.: Moderne doodsproblematiek, Een vergelijkende studie over Simmel, Heidegger en Jaspers, Delft 1945.

Beitl, R.: Tod und Begräbnis, in: Deutsches Volkstum der Gegenwart, Berlin 1933, 29 ff.

–: Wörterbuch der deutschen Volkskunde, Stuttgart 1955.

Bell, A. R.: Muspilli: Apocalypse as Political Threat, Studies in the Literary Imagination 8 (1975) 75–104.

Bendfeld, B.: Grundlegung und Beweisführung der Unsterblichkeitslehre in der beginnenden Hochscholastik, Emsdetten 1940.

Benz, E.: Das Todesproblem in der stoischen Philosophie, Stuttgart 1929.

–: Ecclesia Spiritualis, Kirchenidee und Geschichtstheologie der franziskanischen Reformation, Stuttgart ²1964.

–: Schöpfungsglaube und Endzeiterwartung, Antwort auf Teilhard de Chardins Theologie der Evolution, München 1965.

–: Die Todesvorstellungen der großen Religionen, in: J. Schlemmer ²1970, 147–163.

Beran, G.: L'offertorio ‹Domine Jesu Christe› della Messa per i defunti, Ephemerides liturgicae 50 (1936) 140–147.

Berg, St./R. Rolle/H. Seemann (Hrsg.): Der Archäologe und der Tod, Archäologie und Gerichtsmedizin, München 1981.

Berger, H. H./P. Schoonenberg/W. J. Berger (Hrsg.): Leben nach dem Tode?, Köln 1972.

Berger, P.: Die sog. Anselmischen Fragen, Ein Element mittelalterlicher Sterbeliturgie, Trierer Theol. Zs. 72 (1963) 299–306.

–: Religiöses Brauchtum im Umkreis der Sterbeliturgie in Deutschland, Münster 1966.

Bergmann, R.: Zum Problem der Sprache des Muspilli, Frühmittelalterliche Studien 5 (1971) 304–316.

Berlinger, R.: Das Nichts und der Tod, Frankfurt a. M. ²1972.

Berndt, E. R.: Amor, muerte y fortuna en ‹La celestina›, Madrid 1963.

Berner, W.: Der Tod als Bruder des Schlafs, Literarisches zu einem Bewältigungsmodell, in: Winau, 1984, 144–166.

Bernheim, E.: Mittelalterliche Zeitanschauungen in ihrem Einfluß auf Politik und Geschichtsschreibung, Aalen ²1964.

Bialostocki, J.: Kunst und Vanitas, in: Ders., Stil und Ikonographie, Studien zur Kunstwissenschaft, Dresden 1966.

Bianchi, E.: Vivere la morte, Torino 1983.

Bietenhard, H.: Die himmlische Welt im Urchristentum und Spätjudentum, Tübingen 1951.

–: Das tausendjährige Reich, Zürich ²1955.

Bigalli, D.: I Tartari e l'Apocalisse, Ricerche sull'escatologia in Adamo Marsh e Ruggero Bacone, Firenze 1971.

Billanovich Vitale, L.: ‹Autour de la mort›, Il tema della morte nella recente storiografia francese, Ricerche di storia sociale e religiosa 2 (1976) 409–418.

Binet, S./P. Jennesseaux: Der Freund der armen Seelen oder die kath. Lehre vom jenseitigen Reinigungsorte, Freiburg i. Br. ³1914.

Biraben, J.-N.: Les hommes et la peste en France et dans les pays Européens et méditerranéens, 2 Bde., Paris 1975/76.

Birkhan, H.: Kulturanthropologische Bemerkungen zu Tod und Sterben in Mittel- und Westeuropa, in: B. Thum (Hrsg.), Gegenwart als kulturelles Erbe, München 1985, 173–209.

Bischoff, E.: Das Jenseits der Seele, Zur Mystik des Lebens nach dem Tode, Berlin 1919.

Bissels, P.: Die frühchristliche Lehre von der Sterblichkeit der Seele, Trierer Theol. Zs. 76 (1967) 322–329.

–: Die Unsterblichkeitslehre im altkirchlichen Verständnis, Trierer Theol. Zs. 78 (1969) 296–304.

Blamires, D.: Herzog Ernst and the Otherworld, Manchester 1979.

Blasius, D.: Geschichte und Krankheit, Sozialgeschichtliche Perspektiven der Medizingeschichte, Geschichte und Gesellschaft 2 (1976) 386–415.

Bloch, E.: Das Prinzip Hoffnung, 3 Bde., Berlin 1954–59.

–: Werkausgabe, 16 Bde. und Ergänzungsband, Frankfurt a. M. 1985.

Block, W.: Der Arzt und der Tod in Bildern aus sechs Jahrhunderten, Stuttgart 1966.

Blum, P. R. (Hrsg.): Studien zur Thematik des Todes im 16. Jahrhundert, Wolfenbüttel 1983.

Blume, C.: Dies Irae, Tropus zum Libera, dann Sequenz, Cäcilienvereins-Organ 49 (1914) 55–64.

Boase, T. S. R.: Death in the Middle Ages; Mortality, Judgment and Remembrance, London 1972.

–: König Tod, Sterben, Jüngstes Gericht und Auferstehung, in: J. Evans (Hrsg.), Blüte des Mittelalters, Zürich 1966, 203–244.

Boelke, H. K.: Friedhofbauten, München 1974.

Boff, L.: Was kommt nachher?, Das Leben nach dem Tode, Salzburg 1982.

Bogler, T. (Hrsg.): Tod und Leben, Von den Letzten Dingen, Maria Laach 1959.

Boglioni, P.: La scène de la mort dans les premières hagiographies latines, in: Le sentiment, 1979, 183–210.

Boll, F.: Die Lebensalter, in: Ders., Kleine Schriften zur Sternkunde des Altertums, 1950, 156–213.

Bonniwell, W. R.: A History of the Dominican Liturgy, 1215–1945, New York 1945.

Bontempi, P.: Tommaso da Celano, Roma 1952.

Bookmann, H.: Leben und Sterben in einer spätmittelalterlichen Stadt, Über ein Göttinger Testament des 15. Jahrhunderts, Göttingen 1983.

Boon, P.: Weltentsagung und Neigungsehe im ›Armen Heinrich‹, Hartmanns Verwerfung des Contemptus mundi-Gedankens, in: M. A. van den Brock/G. J. Jaspers (Hrsg.), in diutscher diute, FS A. van der Lee, Amsterdam 1983, 47–55.

Borinski, K.: Braun als Trauerfarbe, München 1918.

Bornscheuer, L.: Miseriae Regum, Untersuchungen zum Königs- und Todesgedanken in den herrschaftstheologischen Vorstellungen der ottonisch-salischen Zeit, Münster 1968.

Boros, L.: Mysterium mortis, Der Mensch in der letzten Entscheidung, Olten 1962.

Borst, A.: Lebensformen im Mittelalter, Frankfurt a. M. 1973.

–: Zwei mittelalterliche Sterbefälle, Merkur 34 (1980) 1081–1098.

Boudriot, W.: Die altgermanische Religion in der amtlichen kirchlichen Literatur des Abendlandes vom 5. bis zum 11. Jahrhundert, Bonn 1928.

Bougerol, J.-G.: La théologie de l'espérance aux XIIe et XIIIe siècles, 2 Bde., Paris 1985.

–: Autour de ›La naissance du Purgatoire‹, AHDLMA 50 (1983) 7–59.

Bousset, W.: Der Antichrist in der Überlieferung des Judentums, des Neuen Testaments und der alten Kirche, Göttingen 1895.

–: Beiträge zur Geschichte der Eschatologie, Zs. f. Kirchengesch. 20 (1899) 103–131.

–: Die Himmelsreise der Seele, Darmstadt ^{2}1960.

Bowyer, R. A.: Visions of the Disembodied Soul in the Twelfth and Thirteenth Century, Diss. Exeter 1981.

Braches, H. H.: Jenseitsmotive und ihre Verritterlichung in der deutschen Dichtung des Hochmittelalters, Assen 1961.

Brackert, H.: Hartmann von Aue: Mich hât beswaeret mînes herren tôt, in: G. Jungbluth (Hrsg.), Interpretationen mhd. Lyrik, Berlin 1969, 169–184.

Braet, H./W. Verbeke (Hrsg.): Death in the Middle Ages, Leuven 1983.

Brand-Sommerfeld, R.: Zur Interpretation des ›Ackermann aus Böhmen‹, Basel 1943.

Brandenburg, H.: Repertorium der christlich-antiken Sarkophage, Wiesbaden 1967.

Brandenstein, B. von: Leben und Tod, Grundfragen der Existenz, Bonn 1948.

Brandon, S. G. F.: The Personification of Death in Some Ancient Religions, Bulletin of the John Rylands Library 43 (1960) 316–335.

Brandt, A. von: Mittelalterliche Bürgertestamente, Heidelberg 1973.

Brandt, W.: Das Schicksal der Seele nach dem Tode, Darmstadt 1967.

Brang, P.: Zur Todesmotivik in der russischen Moderne, Schweiz. Beiträge zum VIII. Internat. Slavistenkongress in Zagreb und Ljubljana, Bern 1978, 23–58.

Bredekamp, H.: Autonomie und Askese, in: M. Müller u. a. (Hrsg.), Autonomie der Kunst, Zur Genese und Kritik einer bürgerlichen Kategorie, Frankfurt a. M. 1972, 88–172.

Breede, E.: Studien zu den lat. und deutschen Totentanztexten des 13.–15. Jahrhunderts, Greifswald 1925.

Breffny, B. de: In the Steps of St. Patrick, London 1982.

Brenk, B.: Tradition und Neuerung in der christlichen Kunst des ersten Jahrtausends, Studien zur Geschichte des Weltgerichtsbildes, Wien 1966.

Breuve, L.: Het devote sterven als menselijke ervaring, Ons geestelijk erf 59 (1985) 435–456.

Briesemeister, D.: Bilder des Todes, Unterschneidheim 1970.

Bright, J.: The 'ubi sunt' Formula, Modern Language Notes 8 (1893) 187 f.

Brincken, A.-D. van den: Studien zur lat. Weltchronistik bis in das Zeitalter Ottos von Freising, Düsseldorf 1957.

Brinkmann, H.: Diesseitsstimmung im Mittelalter, DVjs 2 (1924) 721–752.

Brinktrine, J.: Die Lehre von den Letzten Dingen, Paderborn 1963.

Browe, P.: Die Sterbekommunion im Altertum und Mittelalter, Zs. f. Kath. Theol. 6 (1936) 1–54, 211–240.

Brown, P.: The Cult of Saints, Its Rise and Function in Latin Christianity, Chicago 1981.

–: Society and the Holy in Late Antiquity, London 1982.

Brückner, W.: Roß und Reiter im Leichenzeremoniell, Deutungsversuch eines historischen Rechtsbrauches, Rhein. Jb. f. Volkskunde 15/16 (1964/65) 144–209.

–: Bildnis und Brauch, Studien zur Bildfunktion der Effigies, Berlin 1966.

–: Sterben im Mönchsgewand, Zum Funktionswandel einer Totenkleidsitte, in: Kontakte und Grenzen, FS für G. Heilfurth, Göttingen 1969, 259–277.

Brunel, P.: L'évocation des morts et la descente aux enfers, d'Homère à Claudel, Paris 1974.

Brunner, E.: Das Ewige als Zukunft und Gegenwart, Zürich 1953.

Bucheit, G.: Spielmann Tod, Gral 18 (1924) 254–256.

–: Der Totentanz, Seine Entstehung und Entwicklung, Leipzig 1926.

Bühlmann, W.: Leben Sterben Leben, Fragen um Tod und Jenseits, Graz 1985.

Bürki, B.: Im Herrn entschlafen, Eine historisch pastorale Studie zur Liturgie des Sterbens und des Begräbnisses, Heidelberg 1969.

Buijssen, G. H. (Hrsg.): Durandus' Rationale in spätmittelhochdeutscher Übersetzung, I–III, Assen 1974.

Bulst, N.: Der Schwarze Tod, Demographische, wirtschafts- und kulturgeschichtliche Aspekte der Pestkatastrophe von 1347–1352, Bilanz der neueren Forschung, Saeculum 30 (1979) 45–67.

Bultmann, R.: Geschichte und Eschatologie, Tübingen ^{2}1964.

Bultot, R.: La doctrine du mépris du monde, IV 1/2, Louvain 1963/64.

Burdach, K.: Der Dichter des Ackermann aus Böhmen und seine Zeit, 2 Teile, Berlin 1926/32.

Burde, G./I.-M. Greverus: Vorbericht, Dt. Sagenkatalog; X: Der Tod und die Toten, Dt. Jb. f. Volkskunde 13 (1967) 339–345.

Burger, H.: Zeit und Ewigkeit, Studien zum Wortschatz der geistlichen Texte des Alt- und Frühmittelhochdeutschen, Berlin 1972.

Burkert, W.: Homo Necans, Interpretationen altgriechischer Opferriten und Mythen, Berlin 1972.

Burrow, J. A.: The Ages of Man, A Study in Medieval Writing and Thought, Oxford 1986.

Butt, W.: 'Sterben' und 'töten' in der Sprache der altnordischen Dichter, Diss. Kiel 1967.

Cabrol, F.: La prière pour les morts, Revue pratique de l'apologétique (1909) 881–892.

–: L'offertoire de la messe des morts, Revue Grégorienne 6 (1921) 165–170.

Camacho, G. E.: La elegía funeral en la poesía española, Madrid 1969.

Camartin, I.: Das häßliche und das schöne Sterben, Der Tod in den Erzählungen von Jorge Luis Borges, Neue Zürcher Zeitung 28./29. 6. 1986, Nr. 147.

Campbell, A.: The Black Death and Men of Learning, New York 1931.

Campenhausen, H. von: Die Idee des Martyriums in der alten Kirche, Göttingen 1936.

Camporesi, P.: La casa dell'Eternità, Un viaggio appassionante nell'Europa cristiana tra le rappresentazioni dell'inferno e i prodigi dell'ostia, Milano 1987.

Capelle, B.: Le Dies irae, chant d'espérance, Q.L.P. (1937) 217–224.

Carmignac, J.: Le mirage de l'eschatologie, Paris 1979.

–: The Sacred Bridge, Leiden 1963.

Carozzi, C.: Structure et fonction de la vision de Tnugdal, in: Faire Croire, 1981, 233–234.

–: La fin des temps, Terreurs et prophéties au Moyen Age, Paris 1982.

–: La géographie de l'au-delà et sa signification pendant le haut Moyen Age, in: Popoli e paesi nella cultura altomedievale, XXIX Settimana del Centro Italiano di Studi sull'Alto Medioevo, Spoleto 1983, 423–481.

Casel, O.: Das Sterben des hl. Vaters Benediktus, Liturgie und Mönchtum 2 (1948) 14–18.

Casperi, R./E. Kleinschmidt: Geisterlieder mit Melodien um 1300 in der Exemplarsammlung Rudolfs von Schlettstadt, ZfdA 102 (1973) 38–48.

Cavazzo, S.: La doppia morte: Resurrezione e battesimo in un rito dell Seicento, Quaderni storici 17/50 (1982) 551–582.

Certeau, M. de (Hrsg.): Le mépris du monde, La notion de mépris du monde dans la tradition spirituelle occidentale, Paris 1965.

Charles, R. H.: Eschatology, The Doctrine of a Future Life in Israel, Judaism and Christianity, New York 1963.

Chartier, R.: Les arts de mourir, 1450–1600, Annales ESC 31 (1976) 51–75.

Chastel, A.: Le Baroque et la Mort, in: Retorica e Barocco, Roma 1955, 33–46.

Chaunu, P.: La mort à Paris, XVIe, XVIIe et XVIIIe siècles, Paris 1978.

Chené-Williams, A.: Vivre sa mort et mourir sa vie: L'art de mourir au XVe siècle, in: Le sentiment, 1979, 169–182.

Chesterton, G. K.: Das Abenteuer des Glaubens, Orthodoxie, Olten o. J.

Chew, S. C.: The Pilgrimage of Life, New Haven 1962.

Chiappini, A.: La sequenza 'Dies irae, dies illa' di Fra Tommaso da Celano, Coll. Franc. 32 (1962) 116–121.

Chiffoleau, J.: La comptabilité de l'au-delà, Les hommes, la mort et la religion dans la région d'Avignon à la fin du moyen âge (vers 1320 – vers 1480), Roma 1980.

–: Sur l'usage obsessionnel de la messe pour les morts à la fin du Moyen Age, in: Faire croire, 1981, 235–256.

–: Ce qui fait changer la mort dans la région d'Avignon à la fin du Moyen Age, in: Braet u. a., 1983, 117–133.

Chihaia, P.: Réalité et transfiguration des images de la chevalerie au bas Moyen Age, in: Adelige Sachkultur, 1982, 259–271.

Choron, J.: Der Tod im abendländischen Denken, Stuttgart 1967.

Chrétien, J.-L.: Pouvoir mourir et devoir mourir selon la théologie chrétienne, Le temps de la réflexion 3 (1982) 59–87.

Christ, H.: Blutvergießen im Alten Testament, Der gewaltsame Tod des Menschen untersucht am hebräischen Wort dam, Basel 1977.

Christe, Y.: Gegenwärtige und endzeitliche Eschatologie in der altchristlichen Ikonographie, Orbis scientiarum 2 (1972) 47–59.

–: Traditions littéraires et iconographiques dans l'interprétation des images apocalyptiques, in: L'apocalypse de Jean, 1979, 109–133.

Christian, W. A.: Apparitions in Late Medieval and Renaissance Spain, Princeton 1981.

Cioran, E. M.: Vom Nachteil, geboren zu sein, Frankfurt a. M. 1979.

Clair, Ch.: Le Dies irae, Histoire traduction commentaire, Paris 1881.

Clark, J. M.: The Dance of Death in the Middle Ages and the Renaissance, Glasgow 1950.

Classen, P.: Gerhoch von Reichersberg, Wiesbaden 1960.

Clauss, L. F.: Die Totenklagen der deutschen Minnesinger, Herkunft und Wesen ihrer Form, Diss. (masch.) Freiburg i. Br. 1921.

Clemen, C.: Das Leben nach dem Tode im Glauben der Menschheit, Leipzig 1920.

Cloes, H.: La systématisation théologique pendant la première moitié du XIIᵉ siècle, Eph. Theol. Lov. 34 (1958) 277–329.

Clop, E.: La prose 'Dies irae' et l'Ordre des Frères Mineurs, Revue du Chant Grégorien 16 (1907) 46–53.

Cohen, K.: Metamorphosis of a Death Symbol, Los Angeles 1973.

Cohn, N.: Das Ringen um das tausendjährige Reich, Bern 1961.

Coles, A.: Dies irae in Thirteenth Original Versions, New York 1860.

Collange, A.: A propos de la danse macabre de la Chaise-Dieu, Quelques réflexions, Almanach de Brioude 52 (1972) 157–163.

Collins, M.: The Dance of Death in Book Illustrations, Missoury 1978.

Colombas, G. M.: Paradis et vie angélique, Paris 1961.

Condrau, G.: Der Mensch und sein Tod, Cera moriendi condicio, Köln 1984.

Conzelmann, H.: Die Bedeutung des Todes Jesu, Gütersloh 1967

Cornélis, H.: Les fondements cosmologiques de l'eschatologie d'Origène, Revue des Sciences phil. et théol. 43 (1959) 32–80, 201–247.

Corvisier, A.: La représentation de la société dans les danses des morts du XVᵉ au XVIIIᵉ siècle, Revue d'Histoire moderne et contemporaine 16 (1969) 489–539.

Cosacchi, S.: Makabertanz, Der Totentanz in Kunst, Poesie und Brauchtum des Mittelalters, Meisenheim a. Glan 1965.

Courcelle, P.: Interprétations néoplatonisantes du livre VI de l'Enéide, Recherches sur la tradition platonicienne, Entretiens sur l'antiquité classique 3 (1955) 95–136.

–: Les Pères de l'Eglise devant les enfers virgiliens, in: ders., Connais-toi toi-même de Socrate à S. Bernard, Paris 1975, 437–501.

Couvée, P. J.: Vita aeterna, Een onderzoek naar de entwikkeling van het begrip vita beata' naast en tegenover 'vita aeterna', bij Lactantius, Ambrosius en Augustinus, onder invloed der romeinsche Stoa, Diss. Utrecht, Baarn 1947.

Cramer, E. E.: Die Behandlung des menschlichen Leichnams im Civil- und Strafrecht, Zürich 1885.

Crouzel, H.: Mort et immortalité chez Origène, Bulletin de Litt. Eccl. 79 (1978) 19–36, 81–96, 181–196.

–: L'Hadès et la Géhenne chez Origène, Gregorianum 59 (1978) 291–331.

–: La doctrine origénienne du corps ressuscité, Bull. de Litt. Eccl. 81 (1980) 175–200, 241–266.

–: Différences entres les ressuscités selon Origène, in: Gedenkschrift Stuiber, 1982, 107–116.

–: Morte e immortalità nel pensiero di Origene, in: S. Felici, 1985, 41–46.

Cruel, R.: Geschichte der deutschen Predigt im Mittelalter, Darmstadt [2]1966.

Cullmann, O.: Unsterblichkeit der Seele und Auferstehung der Toten, Das Zeugnis des Neuen Testaments, Theol. Zs. 12 (Basel 1956) 126–156.

–: Unsterblichkeit der Seele oder Auferstehung der Toten?, Antwort des Neuen Testaments, Stuttgart 1962.

Cunnington, P./C. Lucas: Costumes for Births, Marriages and Death, London 1972.

Curschmann, F.: Hungersnöte im Mittelalter, Aalen [2]1970.

Daley, B., u. a.: Eschatologie in der Schrift und Patristik, Basel 1986.

Dassmann, E.: Die Frömmigkeit des Kirchenvaters Ambrosius von Mailand, Münster/W. 1965.

–: Sündenvergebung durch Taufe, Buße und Martyrerfürbitte in den Zeugnissen frühchristlicher Frömmigkeit und Kunst, Münster/W. 1973.

Deaux, G.: The Black Death, Hamish Hamilton 1969.

Delisle, L.: Rouleaux des morts du IXe au XVe siècle, Paris 1866.

Delumeau, J.: La mort au pays de Cocagne, Paris 1976.

– (Hrsg.): Histoire vécue du peuple chrétien, 2 Bde., Toulouse 1979.

–: Le péché et la peur, La culpabilisation en Occident (XIIIe–XVIIIe siècles), Paris 1983.

–: Angst im Abendland, Die Geschichte kollektiver Ängste im Europa des 14. bis 18. Jahrhunderts, 2 Bde., Reinbek 1985.

Demandt, A.: Metaphern für Geschichte, Sprachbilder und Gleichnisse im historisch-politischen Denken, München 1978.

Dempf, A.: Sacrum Imperium, Geschichts- und Staatsphilosophie des Mittelalters und der politischen Renaissance, Darmstadt 1954.

Denzinger, H./A. Schönmetzer: Enchiridion Symbolorum, Romae [36]1976.

Dexinger, F.: Tod Hoffnung Jenseits, Dimensionen und Konsequenzen biblisch verankerter Eschatologie, Wien 1983.

Diaz y Diaz, M. C.: Visiones del más allá en Galicia durante la alta edad media, Santiago de Compostela 1985.

Diehl, W.: Zur Geschichte der Beinhäuser, Hessische Chronik 29 (1942) 41–54.

Diels, H.: Himmels- und Höllenfahrten von Homer bis Dante, Neues Jb. f. d. Klass. Altertum 25 (1922) 239–253.

Diemer, J.: Über Heinrichs Gedicht vom ›Allgemeinen Leben und der Erinnerung an den Tod‹, Wien 1856.

Dinzelbacher, P.: Die Jenseitsbrücke im Mittelalter, Wien 1973.

–: Die Vision Alberichs und die Esdras-Apokryphe, Studien und Mitt. z. Gesch. d. Benediktiner-Ordens und seiner Zweige 87 (1976) 435–442.

–: Judastraditionen, Wien 1977.

–: Die Visionen des Mittelalters, Ein geschichtlicher Umriß, Zs. f. Rel.- u. Geistesgesch. 30 (1978) 116–128.

–: Reflexionen irdischer Sozialstrukturen in mittelalterlichen Jenseitsschilderungen, Archiv f. Kulturgesch. 61 (1979) 16–34.

–: Zur Entstehung der Draumkvæde, Skandinavistik 10 (1980) 89–96.

–: Vision und Visionsliteratur im Mittelalter, Stuttgart 1981.

–: Jenseitsvisionen Jenseitsreisen, in: Epische Stoffe des Mittelalters, Stuttgart 1984, 61–80.

–: Mittelalterliche Vision und moderne Sterbeforschung, in: Psychologie in der Mediävistik, Ges. Beitr. des Steinheimer Symposions, Göppingen 1985, 9–49.

–: Die tötende Gottheit: Pestbild und Todesikonographie als Ausdruck der Mentalität des Spätmittelalters und der Renaissance, in: J. Hogg (Hrsg.), Zeit, Tod und Ewigkeit in der Renaissance-Literatur, Bd. 2, Salzburg 1982, 5–138.

Dirschauer, K.: Der totgeschwiegene Tod, Theologische Aspekte der kirchlichen Bestattung, Bremen 1973.

–: Leben aus dem Tode, Grundlegung christlicher Frömmigkeit, München 1979.

Dittrich, M.: Der Dichter des ›Memento mori‹, ZfdA 72 (1935) 57–80.

Dölger, F. J.: Die Totenmesse, in: Ders., Der heilige Fisch in den antiken Rel. und im Christentum, Münster 1922, 555–569.

Döring-Hirsch, E.: Tod und Jenseits im Spätmittelalter, Zugleich ein Beitrag zur Kulturgeschichte des deutschen Bürgertums, Berlin 1927.

Dolberg, L. L. L.: Das mittelalterliche Begräbnis, Der Katholik 67 (1887 I) NF 57, 271–295.

Dollmayr, H.: H. Bosch und die Darstellung der vier letzten Dinge in der niederländischen Malerei des 15. und 16. Jahrhunderts, Jb. der A. der K. 19 (1898) 284–343.

Dondaine, H.-F.: L'objet et le ‹medium› de la vision béatifique chez les théologiens du XIIIᵉ siècle, Rech. de théol. anc. et méd. 19 (1952) 60–130.

Doyère, P.: Les ‹Pères de la Mort›, Revue Mabillon 42 (1952) 79–95.

Druet, P. P.: Pour vivre sa mort, Ars moriendi, Paris 1981.

Dubruck, E.: The Theme of Death in French Poetry of the Middle Ages and the Renaissance, London 1964.

Duby, G.: Die Grundlegung eines neuen Humanismus, 1280–1440, Genf 1966.

–: L'An Mil, Paris 1967.

Dümmler, E.: Incipit opvscvlvm Herimanni diverso metro compositvm ad amicvlas svas qvasdam sanctimoniales feminas, ZfdA 13 (1867) 385–434.

Dünninger, E.: Politische und geschichtliche Elemente in mittelalterlichen Jenseitsvisionen bis zum Ende des 13. Jahrhunderts, Diss. Würzburg 1962.

Dupont-Sommer, A./M. Philonenko (Hrsg.): La Bible, Ecrits Intertestamentaires, Paris 1987.

Dürrenmatt, N.: Das Nibelungenlied im Kreis der höfischen Dichtung, Diss. Bern 1945.

Durst, M.: Die Eschatologie des Hilarius von Poitiers, Ein Beitrag zur Dogmengeschichte des 4. Jahrhunderts, Bonn 1987.

Dusch, M.: Drei Sermones van den vtersten des mynschen, NdW 10 (1970) 25–43.

–: De Veer Utersten, Das Cordiale de quatuor novissimis von Gerhard von Vliederhoven in mittelniederdeutscher Überlieferung, Köln 1975.

Ebeling, H. (Hrsg.): Der Tod in der Moderne, Königstein 1979.

Edsman, C.-M.: Ignis Divinus, Le feu comme moyen de rajeunissement et d'immortalité: contes, légendes, mythes et rites, Lund 1949.

Egger, H.: Die Eschatologie Augustins, Greifswald 1933.

Ehlers, J.: Gut und Böse in der hochmittelalterlichen Historiographie, in: A. Zimmermann (Hrsg.), Die Mächte des Guten und Bösen, Vorstellungen im 12. und 13. Jahrhundert über ihr Wirken in der Heilsgeschichte, Berlin 1977, 27–71.

Ehrismann, G.: Religionsgeschichtliche Beiträge zum germanischen Frühchristentum, PBB 35 (1910) 209–239.

Einhorn, J. W.: Das Einhorn als Sinnzeichen des Todes: Die Parabel vom Mann im
Abgrund, Frühmittelalterliche Studien 6 (1972) 381–417.

Eliade, M.: Die Mythologie des Erinnerns und des Vergessens, Antaios 5 (1964)
28–48.

Ellis, H. R: The Road to Hell, A Study of the Conception of the Dead in Old Norse
Literature, Cambridge 1943.

Elze, M.: Spätmittelalterliche Predigt im Angesicht des Todes, in: Leben angesichts
des Todes, Beiträge zum theol. Problem des Todes, H. Thielicke zum 60. Geburtstag, Tübingen 1968, 89–99.

Elze, R.: Sic transit gloria mundi, Zum Tode des Papstes im Mittelalter, Dt. Archiv z.
Erf. des Mittelalters 34 (1978) 1–18.

Emmerson, R. K.: Antichrist in the Middle Age, A Study of Medieval Apocalypticism, Art, and Literature, Manchester 1981.

Endriß, A.: Nachfolgung des willigen Sterbens Christi, Interpretation des Staupitz-
traktates von 1515 und Versuch einer Einordnung in den frömmigkeitsgeschicht-
lichen Kontext, in: J. Nolte (Hrsg.) u. a., Kontinuität und Umbruch, Theologie
und Frömmigkeit in Flugschriften und Kleinliteratur an der Wende vom 15. zum
16. Jahrhundert, Stuttgart 1978, 93–141.

Englert, A.: Die menschlichen Altersstufen in Wort und Bild, Zs. des Vereins f. Volkskunde 15 (1905) 399–412, 17 (1907) 16–42.

Erlach, F. K. von (Hrsg.): Die Volkslieder der Deutschen, Mannheim 1834–1836.

Erlande-Grandenburg, A.: Le roi est mort, Etude sur les funérailles, les sépultures et
les tombeaux des rois de France jusqu'à la fin du XIIIe siècle, Genève 1975.

Ermini, F.: Il 'Dies irae', Genève 1928.

–: Il poeta del 'Dies irae', Roma 1932.

Escribano-Alberca, I.: Eschatologie von der Aufklärung bis zur Gegenwart, Basel
1987.

Evans, J. (Hrsg.): Blüte des Mittelalters, Zürich 1966.

Evers, H. G.: Tod, Macht und Raum als Bereiche der Architektur, München ²1970.

Falk, F.: Die deutschen Sterbebüchlein von der ältesten Zeit des Buchdruckes bis zum
Jahre 1520, Amsterdam ²1969.

Falke, K. (Hrsg.): Die Vision des irischen Ritters Tundalus, Zürich 1921.

Fastenrath, E.: „In vitam aeternam", Grundzüge christlicher Eschatologie in der ersten Hälfte des 20. Jahrhunderts, St. Ottilien 1982.

Fehr, H.: Tod und Teufel im alten Recht, Zs. d. Savigny Stiftung f. Rechtsgesch. 67, Germ. Abt. (1950) 50–75.

Fehrmann, C.: Diktaren och Döden, Dödsbild och förgängelsetanke i litteraturen från antiken till 1700-talet, Stockholm 1952.

Fehse, W.: Der Ursprung der Totentänze, Halle 1907.

Felici, S. (Hrsg.): Morte e mortalità nella catechesi dei Padri del III–IV secolo, Roma 1985.

Fernis, H. G.: Hartmanns letzte Lyrik und die Klage um den toten Herrn, Bonn 1934.

Festge, H.-H.: Welt und Umwelt, Untersuchungen zu den altgermanischen Vorstellungen über den Riesen- und Totenbezirk, Diss. (masch.) Kiel 1950.

Feuerbach, L.: Werke in sechs Bänden, hrsg. von E. Thies, Frankfurt a. M. 1975 ff.

Fiero, G. K.: Death Ritual in Fifteenth-Century Manuscript Illumination, Journal of Medieval History 10 (1984) 271–294.

Finé, H.: „Der Ort der Erquickung", Eine frühchristliche Jenseitsvorstellung und ihre geschichtliche Entwicklung im Lichte der Sprache, Geist und Leben 33 (1960) 334–348.

–: Die Terminologie der Jenseitsvorstellungen bei Tertullian, Ein semasiologischer Beitrag zur Dogmengeschichte des Zwischenzustandes, Bonn 1958.

Finger, H.: Untersuchungen zum Muspilli, Göttingen 1977.

Finkenstaedt, T.: Galgenliteratur, Zur Auffassung des Todes im England des 16. und 17. Jahrhunderts, DVjs 34 (1960) 527–554.

Fischer, B.: „Ars moriendi", Der Anselm von Canterbury zugeschriebene Dialog mit einem Sterbenden, Ein untergegangenes Element der Sterbeliturgie und der Sterbebücher des Mittelalters, in: H. Becker u. a., 1987, 1363–1370.

Fischer, J. A.: Studien zum Todesgedanken in der alten Kirche, Bd. 1: Die Beurteilung des natürlichen Todes in der kirchlichen Literatur der ersten drei Jahrhunderte, München 1954.

Fleet, M.: Walther von der Vogelweide: Ich wil ze herberge varn (Lachmann 101, 14), Oxford German Studies 8 (1973) 20–22.

Focillon, H.: L'an mil, Paris ²1970.

Focke, A.: Liebe und Tod, Versuch einer Deutung und Auseinandersetzung mit R. M. Rilke, Wien 1948.

Folkart, B.: Perspectives médiévales sur la mort: La Complainte de Pierre Michaut sur la mort d'Ysabeau de Bourbon (1465), Le Moyen Français 3 (1978) 29–74.

Frank, H.: Geschichte des Trierer Beerdigungsritus, Archiv f. Liturgiewiss. IV/2 (1956) 279–315.

–: Römische Herkunft der karolingischen Beerdigungsantiphonen, in: Mélanges M. Andrieu, RSR vol. hors série, Strasbourg 1956, 161–171.

–: Der älteste Ordo Defunctorum der röm. Liturgie und sein Fortleben in den Totenagenden des frühen Mittelalters, Archiv f. Liturgiewiss. 7 (1961/62) 360–415.

Frank, K. S.: Angelikos Bios, Münster/W. 1964.

Frankfort, H.: The Dying God, Journal of the Warburg and Courtland Institute 21 (1958) 141–151.

Frantz, A.: Das Gebet für die Todten in seinem Zusammenhang mit Cultus und Lehre nach den Schriften des heil. Augustinus, Nordhausen 1857.

Frappier, J.: La douleur et la mort dans la littérature française des XIIe et XIIIe siècles, in: Il dolore, 1967, 67–110.

Frazer, J.: The Fear of the Dead, 3 vol., London 1933–36.

–: The Belief in Immortality and the Worship of the Dead, 3 vol., London 1913–24.

Freistedt, E.: Altchristliche Totengedächtnistage und ihre Beziehung zum Jenseitsglauben und Totenkultus der Antike, Münster 1928.

Frenzen, W.: Klagebilder und Klagegebärden in der deutschen Dichtung des höfischen Mittelalters, Diss. Würzburg 1937.

Freudenthal, H.: Das Feuer im deutschen Glauben und Brauch, Berlin 1931.

Freybe, A.: Der Karfreitag in der deutschen Dichtung, 3 Vorträge, Gütersloh 1877.

–: Das Memento mori in deutscher Sitte, bildlicher Darstellung und Volksglauben, deutscher Sprache, Dichtung und Seelsorge, Gotha 1909.

–: Georg Rollenhagens Leichenpredigt zum Begräbnis des reichen Mannes, Neue kirchliche Zs. 3 (1892) 989–1008.

Freytag, H.: Kommentar zur frühmhd. Summa theologiae, München 1970.

–: Die Bedeutung der Himmelsrichtungen im himmlischen Jerusalem, PBB 93 (Tübingen 1971) 139–150.

–: Die Theorie der allegorischen Schriftdeutung und die Allegorie in deutschen Texten besonders des 11. und 12. Jahrhunderts, Bern 1982.

Frimmel, Th.: Beiträge zu einer Ikonographie des Todes, Wien 1891.

Fritzsche, C.: Die lat. Visionen des Mittelalters bis zur Mitte des 12. Jahrhunderts, Rom. Forsch. 2 (1886) 247–279, 3 (1887) 337–368.

Fuchs, W.: Todesbilder in der modernen Gesellschaft, Frankfurt a. M. 1969.

Fumagalli, V.: Il paesaggio dei morti, Luoghi d'incontro tra i morti e i vivi sulla terra nel medioevo, Quaderni storici Bd. 50, Jg. 17 (1982) 411–425.

Funkenstein, A.: Heilsplan und natürliche Entwicklung, Gegenwartsbestimmung im Geschichtsdenken des hohen Mittelalters, München 1965.

Gaboriau, F.: Interview sur la mort avec K. Rahner, Paris 1967.

Gabrieli, M.: Il dolore e la morte nella letteratura nordica dei secoli XII e XIII, in: Il dolore, 1967, 111–147.

Gastoné, A.: Sur les origines du 'Dies irae', Etud. Franc. 20 (1908) 399–405.

Gatti Peerer, M. L. (Hrsg.): «La dimora di Dio con gli uomini» (Ap 21,3), Immagini della Gerusalemme celeste dal III al XIV secolo, Milano 1983.

Gattlen, A.: Die Totensagen des alemannischen Wallis, Diss. Freiburg 1948.

Gatto, G.: Le voyage au paradis, La christianisation des traditions folkloriques au Moyen Age, Annales ESC 34 (1979) 929–942.

Geary, P.: L'humiliation des Saints, Annales ESC 34 (1979) 27–42.

Geiger, P.: Le roi est mort – vive le roi! Das Bild des Königs bei den französischen Königsbegräbnissen, Schweiz. Archiv f. Volkskunde 32 (1933), 1–20.

Geiger, W.: Totenbrauch im Odenwald, Lindenfels 1960.

Gener, P.: La Muerte y el Diablo, 2 Bde., Barcelona 1907.

Gerhard, G. A.: Ein hellenistischer Iambos, Wiener Studien, Zs. f. klass. Philol. 38 (1916) 35–53.

Gerhards-Goebels, G.: Das Bild der Witwe in der deutschen Literatur des Mittelalters, Diss. Bonn 1962.

Gernentz, H. J.: Soziale Anschauungen und Forderungen in der frühmhd. geistlichen Dichtung, Diss. (masch.) Rostock 1954.

–: Soziale Anschauungen und Forderungen einiger frühmhd. geistlicher Dichter, Weimarer Beitr. 3 (1957) 402–428.

–: Heinrich von Melk, Ein Beitrag zur Analyse der gesellschaftlichen Kräfte und der literar. Strömungen in der zweiten Hälfte des 12. Jahrhunderts, Weimarer Beitr. 4 (1960) 707–726.

Gillespie, G. T.: ›Der Ackermann aus Böhmen‹: Style and Sincerity, Trivium 16 (1981) 29–43.

Gillhof, J.: Wie man in der nordischen Literatur stirbt, Niedersachsen 13 (1908) 359–361.

Gilson, E.: Tables pour l'histoire du thème 'Ubi sunt?', in: Ders., Les idées et les lettres, Paris ²1955, 31–38.

Girard, R.: Das Ende der Gewalt, Analyse des Menschheitsverhängnisses, Freiburg i. Br. 1983.

Gladigow, B.: Jenseitsvorstellungen und Kulturkritik, Zs. f. Rel. und Geistesgesch. 26 (1974) 289–309.

Gnädinger, L.: Rosenwunden, Des Angelus Silesius ›Die Psyche begehrt ein Bienelein auff den Wunden Jesu zu seyn‹, in: M. Bircher u. a. (Hrsg.), Deutsche Barocklyrik, Gedichtinterpretationen von Spee bis Haller, Bern 1973, 97–133.

Gnilka, Ch.: Aetas spiritalis, Die Überwindung der natürlichen Altersstufen als Ideal frühchristlichen Lebens, Bonn 1972.

–: Altersklage und Jenseitssehnsucht, Jb. f. Antike u. Christentum 14 (1971) 5–23.

–: Neues Alter, neues Leben, Eine antike Weisheit und ihre christliche Nutzung, Jb. f. Antike u. Christentum 20 (1977) 5–38.

Gnilka, J.: Ist I Kor 3, 10–15 ein Schriftzeugnis für das Fegfeuer?, Eine exegetisch-hist. Untersuchung, Düsseldorf 1955.

–: Die biblische Jenseiterwartung, Unsterblichkeitshoffnung – Auferstehungsglaube, Bibel und Leben 5 (1964) 103–116.

Godenzi, G.: Manifestazioni e considerazioni della morte nella ›Divina commedia‹, Firenze 1986.

Goedeke, K.: Everyman, Homulus und Hekastus, Hannover 1865.

Goetz, H.-W.: Das Geschichtsbild Ottos von Freising, Ein Beitrag zur Historischen Vorstellungswelt und zur Geschichte des 12. Jahrhunderts, Köln 1984.

Goetzmann, W.: Die Unsterblichkeitsbeweise in der Väterzeit und Scholastik bis zum Ende des 13. Jahrhunderts, Karlsruhe 1927.

Goez, W.: Translatio Imperii, Ein Beitrag zur Geschichte des Geschichtsdenkens und der polit. Theorien im Mittelalter und in der frühen Neuzeit, Tübingen 1958.

–: Die Einstellung zum Tode im Mittelalter, in: Der Grenzbereich, 1976, 111–153.

–: Luthers ›Ein Sermon von der Bereitung zum Sterben‹ und die mittelalterliche ars moriendi, Lutherjb. 48 (1981) 97–114.

González-Ruiz, J.-M.: Entmythologisierung der 'anima separata'?, Concilium 5 (1969) 36–42.

Goossens, L. A. M.: De meditatie in de eerste tijd van de Moderne Devotie, Haarlem–Antwerpen 1952.

Gorer, G.: Die Pornographie des Todes, Der Monat 8, Mai (1956) 58–62.

Gottschling, B.: Die Todesdarstellungen in den Islendingasogur, Frankfurt a. M. 1986.

Gougaud, L.: Mourir sous le froc, in: Ders., Dévotions et pratiques ascétiques du moyen âge, Paris 1925, 129–142.

–: Etudes sur les 'Ordines commendationis animae', Ephem. liturgicae 49 (1935) 3–27.

Grabka, G.: Christian Viaticum: A Study of its Cultural Background, Tradition 9 (1953) 1–43.

Graf, A.: Miti, legendi e superstizioni del Medio Evo, 2 Bde., Torino ²1980.

Grau, G.: Quellen und Verwandtschaften der ältesten germanischen Darstellungen des Jüngsten Gerichts, Wiesbaden ²1973.

Graus, F.: Social Utopias in the Middle Ages, Past and Present 38 (1967) 3–19.

Gregory, T.: L'escatologia di Giovanni Scoto, Studi Med. 3/XVI (1975) 497–536.

– (Hrsg.): I sogni nel Medioevo, Roma 1985.

Grelot, P.: De la mort à la vie éternelle, Etudes de théologie biblique, Paris 1971.

Greshake, G.: Auferstehung der Toten, Ein Beitrag zur gegenwärtigen theologischen Diskussion über die Zukunft der Geschichte, Essen 1969.

–: Bemühungen um eine Theologie des Sterbens, Concilium 10 (1974) 270–278.

–: Stärker als der Tod, Zukunft Tod Auferstehung Himmel Hölle Fegfeuer, Mainz 1976.

Greshake, G./J. Kremer: Resurrectio Mortuorum, Zum theologischen Verständnis der leiblichen Auferstehung, Darmstadt 1986.

Greshake, G./G. Lohfink: Naherwartung, Auferstehung, Unsterblichkeit, Untersuchungen zur christlichen Eschatologie, Freiburg i. Br. ³1978.

Grieshaber, H.: Totentanz von Basel, mit den Dialogen des mittelalterlichen Wandbildes und einem Nachwort von S. Cosacchi, Dresden 1968.

Griessmair, E.: Das Motiv der mors immatura in den griechischen metrischen Grabinschriften, Innsbruck 1966.

Grimm, R. R.: Paradisus coelestis, paradisus terrestris, Zur Auslegungsgeschichte des Paradieses im Abendland bis um 1200, München 1977.

Gross, K.: Der Tod des hl. Benedictus, Ein Beitrag zu Gregor d. Gr., Dial. 2, 37, Revue Bénédictine 85 (1975) 164–176.

Grün, H.: Die Leichenrede im Rahmen der kirchlichen Beerdigung im 16. Jahrhundert, Theol. Stud. u. Krit. 96/97 (1925).

–: Das kirchliche Begräbniswesen im ausgehenden Mittelalter, Theol. Stud. u. Krit. 102 (1930) 341–381.

Grünhut, L.: Eros und Agape, Eine metaphysisch-religionspsychologische Untersuchung, Leipzig 1931.

Gruenter, R.: Der paradisus der Wiener Genesis, Euph 49 (1955) 121–144.

Grundmann, H.: Geschichtsschreibung im Mittelalter, Göttingen ²1965.

Guardini, R.: Die letzten Dinge, Die christliche Lehre vom Tode, der Läuterung nach dem Tode, Auferstehung, Gericht und Ewigkeit, Würzburg 1952.

–: Das Mysterium des Todes, Frankfurt a. M. 1955.

–: Der Tod des Sokrates, Reinbek 1956.

Gühring, A.: Der Tod in der Volkssage der deutschsprachigen Gebiete, Diss. (masch.) Tübingen 1957.

Guenné, B.: Histoire et culture historique dans l'Occident médiéval, Paris 1980.

Guerry, L.: Le thème du ‹triomphe de la Mort› dans la peinture italienne, Paris 1952.

Guiart, J.: Les hommes et la mort, Rituels funéraires à travers le monde, Paris 1979.

Guiomar, M.: Principes d'une esthétique de la mort, Les modes de présences, les présences immédiates, Le seuil de l'Au-delà, Paris 1967.

Gundolf, H.: Totenkult und Jenseitsglaube, Mödling 1967.

Gurevič (Gurjewitsch), A. J.: Le comique et le sérieux dans la littérature religieuse du Moyen Age, Diogène, n° 90, 1975, 67–89.

–: Au Moyen Age: Conscience individuelle et image de l'au-delà, Annales ESC 37 (1982) 255–275.

–: Das Weltbild des mittelalterlichen Menschen, Mit einem Nachwort von H. Mohr, Dresden ²1983 (= 1983 I).

–: Popular and Scholarly Medieval Cultural Traditions, Notes in the Margin of Le Goff's Book, Journal of Medieval History 9 (1983) 71–90 (= 1983 II).

–: Die Darstellung von Persönlichkeit und Zeit in der mittelalterlichen Kunst, in: F. Möbius/E. Schubert (Hrsg.), Architektur des Mittelalters, Funktion und Gestalt, Weimar ²1984, 87–104.

–: Mittelalterliche Volkskultur, Probleme der Forschung, Dresden 1986.

Haage, B.: Altdeutsche Pestliteratur, Jb. d. Oswald von Wolkenstein-Gesellschaft 2 (1982/83) 297–313.

Haas, A. M.: Parzivals tumpheit bei Wolfram von Eschenbach, Berlin 1964.

–: Nim din selbes war, Studien zur Lehre von der Selbsterkenntnis bei M. Eckhart, J. Tauler und H. Seuse, Freiburg 1971.

–: Sermo mysticus, Studien zu Theologie und Sprache der deutschen Mystik, Freiburg 1979.

–: Geistliches Mittelalter, Freiburg 1984.

–: Sterben und Tod im Mittelalter, Schweiz. Ärztezeitung 67 (1986) 2387–2396.

–: Die Auffassung des Todes in der Deutschen Literatur des Mittelalters, in: H. H. Jansen, 1978, 165–176.

Haberling, W.: Die Verwundetenfürsorge in den Heldenliedern des Mittelalters, Jena 1917.

Hacker, J. B. N.: Thanatologie oder Denkwürdigkeiten aus dem Gebiete der Gräber, ein unterhaltendes Lesebuch für Kranke und Sterbende, 2 Bde., Leipzig 1795/96.

Haeusler, M.: Das Ende der Geschichte in der mittelalterlichen Weltchronistik, Köln 1980.

Hahn, G.: Der Ackermann aus Böhmen, Interpretation, München 1964.

–: Die Einheit des Ackermann aus Böhmen, Studien zur Komposition, München 1963.

–: Der Ackermann aus Böhmen des Joh. von Tepl, Darmstadt 1984.

Hahn, I.: 'daz lebende paradis' (Tristan 17858–18114), ZfdA 92 (1963) 184–195.

Hain, M.: Tod und Begräbnis, Berichte, Frankfurt a. M. 1956.

–: Arme Seelen und helfende Tote, Eine Studie zum Bedeutungswandel der Legende, Rhein. Jb. f. Volkskunde 9 (1958/59) 54–64.

Hallyn, F.: Aspects du thème de la mort dans la poésie baroque, in: Thanatos classique, 1982, 11–28.

Hammerich, L.-L.: Johannes von Saaz und der Triumph des Todes im Camposanto von Pisa, FS für U. Pretzel, Berlin 1963, 253–259.

Hammerstein, R.: Die Musik der Engel, Untersuchungen zur Musikanschauung des Mittelalters, Bern 1962.

–: Diabolus in musica, Studien zur Ikonographie der Musik des Mittelalters, Bern 1974.

–: Tanz und Musik des Todes, Die mittelalterlichen Totentänze und ihr Nachleben, Bern 1980.

Harder, F.: 'Suontac' = 'Todestag' und Ähnliches, PBB 51 (1927) 292–299.

Harmening, D.: Superstitio, Überlieferungs- und theoriegeschichtliche Untersuchungen zur kirchlich-theologischen Aberglaubensliteratur des Mittelalters, Berlin 1979.

–: Der Anfang von Dracula, Zur Geschichte von Geschichten, Würzburg 1983.

Harms, W.: Der Kampf mit dem Freund oder Verwandten in der deutschen Literatur bis um 1300, München 1963.

–: Homo viator in bivio, Studien zur Bildlichkeit des Weges, München 1970.

Hartmann, H.: Über Krankheit, Tod und Jenseitsvorstellungen in Irland I, Halle 1942.

–: Der Totenkult in Irland, Heidelberg 1952.

Hasenfratz, H.-P.: Die toten Lebenden, Eine religionsphänomenologische Studie zum sozialen Tod in archaischen Gesellschaften, Zugleich ein kritischer Beitrag zur sog. Strafopfertheorie, Leiden 1982.

Hauck, K.,u. a. (Hrsg.): Sprache und Recht, Beiträge zur Kulturgeschichte des Mittelalters, Festschrift für R. Schmidt-Wiegand zum 60. Geburtstag, 2 Bde., Berlin 1986.

Haufe, G.: Entrückung und eschatologische Funktion im Spätjudentum, Zs. f. Rel.- und Geistesgesch. 13 (1961) 105–113.

Haug, W.: Die Sibylle und Vergil in der 'Erlösung', Zum heilsgesch. Programm der 'Erlösung' und zu ihrer Position in der literarhist. Wende vom Hochmittelalter zum Spätmittelalter, in: U. Gumbrecht (Hrsg.), Literatur in der Gesellschaft des Spätmittelalters, Heidelberg 1980, 71–94.

–: Erzählen vom Tod her, Sprachkrise, gebrochene Handlung und zerfallende Welt in Wolframs ›Titurel‹, in: W. Schröder (Hrsg.), Wolfram-Studien VI, Berlin 1980, 8–24.

–: Der Teufel und das Böse im mittelalterlichen Roman, Seminar 21 (1985) 165–191.

Hecker, J. F. C.: Die großen Volkskrankheiten des Mittelalters, Hildesheim ²1964.

–: Der Schwarze Tod im 14. Jahrhundert, Walluf ²1973.

Heiler, F.: Unsterblichkeitsglaube und Jenseitshoffnung in der Gesch. d. Religionen, München 1950.

Heinemann, L.: Über Quellen, Entwicklung und Gestaltung der lyrischen Totenklage deutscher Dichter bis zum Ausgang der mhd. Zeit, Diss. Marburg 1923.

Heinzmann, R.: Die Unsterblichkeit der Seele und die Auferstehung des Leibes, Eine problemgeschichtliche Untersuchung der frühscholastischen Sentenzen- und Summenliteratur von Anselm von Laon bis Wilhelm von Auxerre, Münster/W. 1965.

Heist, W.: The Fifteen Signs before Doomsday, East Lansing, Mich. 1952.

Helbling, H.: Saeculum Humanum, Ansätze zu einem Versuch über spätmittelalterliches Geschichtsdenken, Napoli 1958.

Helfenstein, U.: Beiträge zur Problematik der Lebensalter in der mittleren Geschichte, Diss. Zürich 1952.

Helm, R.: Skelett- und Todesdarstellungen bis zum Auftreten der Totentänze, Straßburg 1928.

Hengstenberg, H.-E.: Der Leib und die Letzten Dinge, Regensburg 1955.

Hengstl, M. H.: Totenklage und Nachruf in der mittellateinischen Literatur seit dem Ausgang der Antike, Diss. Würzburg 1936.

Henningsen, M.-L.: „Leib und Leben", Eine wortkundliche Untersuchung, Diss. (masch.) Kiel 1949.

Henrichs, N.: Kult und Brauchtum im Kirchenjahr, Düsseldorf 1967.

Herrlinger, G.: Totenklage um Tiere in der antiken Dichtung, Stuttgart 1930.

Herzog, E.: Psyche und Tod, Wandlungen des Todesbildes im Mythos und in den Träumen heutiger Menschen, Zürich 1960.

Herzog, U.: Deutsche Barocklyrik, Eine Einführung, München 1979.

Hild, J.: Der Tod als christliches Mysterium, Anima 11 (1956) 304–313.

Himmelfarb, M.: Tours of Hell, An Apocalyptic Form in Jewish and Christian Literature, Philadelphia ²1985.

Hirsch, E.: Tod und Jenseits im Spätmittelalter, Diss. Marburg 1927.

Hirschberger, J.: Der Schwarze Tod in Deutschland, Berlin 1882.

Hoeynck, F. A.: Das Officium defunctorum nach dem Wortsinn und für das liturgische Verständnis erklärt, Kempten 1892.

–: Zur Geschichte des Officium defunctorum, Der Katholik 73 (1893) 329–345, 431–445.

Hoffmann, B.: Kranker und Krankheit um 1500, Herzogenrath 1983.

Hoffmann, G.: Das Wiedersehen jenseits des Todes, Eine geschichtliche Untersuchung, 1906.

–: Der Streit über die selige Schau Gottes 1331–1338, Leipzig 1917.

–: Das Problem der letzten Dinge in der neueren evangelischen Theologie, Göttingen 1929.

Hoffmann, H.: Die geistigen Bindungen an Diesseits und Jenseits in der spätmittelalterlichen Didaktik, Freiburg i. Br. 1969.

Hoffmann, K.: Angst und Gewalt als Voraussetzungen des nachantiken Todesbildes, in: H. von Stietencron (Hrsg.), 1979, 101–110.

Hoffmann, P.: Die Toten in Christus, Eine religionsgeschichtliche und exegetische Studie zur paulinischen Eschatologie, Münster 1966.

Hoffmann, W.: Walthers Absage an die Welt, ZfdPh 95 (1976) 356–373.

Hogg, J. (Hrsg.): Zeit, Tod und Ewigkeit in der Renaissance Literatur, 3 Bde., Salzburg 1986/87.

Holdworth, C. J.: Visions and Visionaries in the Middle Ages, History 48 (1963) 141–153.

Horkheimer, M./Th. W. Adorno: Dialektik der Aufklärung, Amsterdam 1947.

Hübner, A.: Die deutschen Geißlerlieder, Studien zum geistlichen Volksliede des Mittelalters, Berlin 1931.

Hügli, A.: Zur Geschichte der Todesdeutung, Versuch einer Typologie, Studia Philos. 32 (1972), 1–28.

Hughes, R.: Heaven and Hell in Western Art, London 1968.

Huizinga, J.: Herbst des Mittelalters, Stuttgart ⁹1965.

Hulin, M.: La face cachée du temps, L'imaginaire de l'au-delà, Paris 1985.

Hunzinger, C.-H.: Die Hoffnung angesichts des Todes im Wandel der paulinischen Aussagen, in: Leben angesichts des Todes, 1968, 69–88.

Hurtig, J. W.: The Armored Gisant Before 1400, New York 1979.

Hurwitz, S.: Die Gestalt des sterbenden Messias, Religionspsycholog. Aspekte der jüd. Apokalyptik, Zürich 1958.

Ilg, A.: Zur Philosophie der Todesvorstellung im Mittelalter, Mittheilungen d. Kaiserl.-Königl. Central-Commission zur Erforschung u. Erhaltung der Baudenkmale, XV, Wien 1870.

–: Todesvorstellungen vor den Todtentänzen, ebd., XVII, Wien 1872.

Illich, I.: Die Nemesis der Medizin, Von den Grenzen des Gesundheitswesens, Hamburg 1981.

Imhof, A. E.: Die gewonnenen Jahre, Von der Zunahme unserer Lebensspanne seit 300 Jahren oder von der Notwendigkeit einer neuen Einstellung zu Leben und Sterben, München 1981.

Ingen, F. van: Vanitas und Memento mori in der deutschen Barocklyrik, Groningen 1966.

Inguanez, D. M.: Il Dies irae in un codice del secolo XII, Riv. Liturg. 18 (1931) 277–282.

–: Dies irae, Miscell. Cassinense (1931) 5–11.

–: Dies irae, Medioevo Latino (1938) 277–285.

Isenberg, M.: Geburt und Tod im deutschen Volksmärchen, Diss. Bonn 1948.

Jäger, A.: Reich ohne Gott, Zur Eschatologie Ernst Blochs, Zürich 1969.

Janofsky, K.: Darstellungen von Tod und Sterben in mittelenglischer Zeit, Untersuchung literar. Texte und hist. Quellen, Diss. Saarbrücken 1970.

Janota, J.: Neue Forschungen zur deutschen Dichtung des Spätmittelalters (1230–1500), DVjs 45 (1971) Sonderheft, 1*–242*.

Jansen, H. H. (Hrsg.): Der Tod in Dichtung, Philosophie und Kunst, Darmstadt 1978.

Janssens, J.: Vita e morte del Cristiano negli Epitafi di Roma anteriori al sec. VII, Roma 1981.

Jantzen, H.: Geschichte des deutschen Streitgedichtes im Mittelalter mit Berücksichtigung ähnlicher Erscheinungen in anderen Literaturen, Hildesheim [2]1977.

Jaritz, G.: Die realienkundliche Aussage der sog. ›Wiener Testamentsbücher‹, in: Das Leben in der Stadt des Spätmittelalters, Veröffentl. d. Instituts f. ma. Realienkunde Oesterreichs 2 ([2]1980) 171–190.

–: Seelenheil und Sachkultur, Gedanken zur Beziehung Mensch–Objekt im späten Mittelalter, ebd. 4 (1980) 57–82.

–: Leben, um zu sterben, in: H. Kühnel (Hrsg.), Alltag im Spätmittelalter, Graz 1984, 121–156.

Jenschke, F.: Untersuchungen zur Stoffgeschichte, Form und Funktion ma. Antichristspiele, Diss. (masch.) Münster 1971.

Jesse, W.: Bauopfer und Totenopfer, Niederdt. Zs. f. Volkskunde 8 (1930) 1–21.

Jessen, P.: Die Darstellung des Weltgerichts bis auf Michelangelo, Eine kunsthist. Untersuchung, Berlin 1883.

Jorden, W. P.: Das cluniazensische Totengedächtniswesen, Münster 1930.

Jüngel, E.: Tod, Stuttgart [3]1973.

Jungmann, J.: Missarum Solemnia, 2 Bde., Freiburg i. Br. [5]1962.

Kahn, J.-C.: Les moines messagers, La religion, le pouvoir et la science saisis par les rouleaux des morts, XIe–XIIe siècles, Paris 1987.

Kaiser, G.: Das ›Memento mori‹, Ein Beitrag zum sozialgeschichtlichen Verständnis der Gleichheitsforderung im frühen Mittelalter, Euph 68 (1974) 337–370.

–: Der tanzende Tod, Mittelalterliche Totentänze, Frankfurt a. M. 1982.

Kaltenbrunner, G.-K.: Von der Demokratie der Toten, Neue Zürcher Nachrichten, Christ und Kultur, 1. Nov. 1975.

Kamlah, W.: Christentum und Geschichtlichkeit, Untersuchungen zur Entstehung des Christentums und zu Augustins ›Bürgerschaft Gottes‹, Stuttgart ²1951.

–: Apokalypse und Geschichtstheologie, Die ma. Auslegung der Apokalypse vor Joachim von Fiore, Vaduz ²1965.

Kamper, D./C. Wulf: Im Schatten der Milchstraße, Erfahrungen auf dem Camino de Santiago, Tübingen 1981.

Kampers, F.: Das Lichtland der Seelen und der heilige Gral, Köln 1916.

Kamphausen, H. J.: Traum und Traumvision in der lateinischen Poesie der Karolingerzeit, Bern 1975.

Kantorowicz, E.: The King's Two Bodies, A Study in Medieval Political Theology, Princeton 1957.

Karl, L.: Die burgundische Dichtung und der Totentanz, ZfrPh 45 (1925) 255–281.

Kast, V.: Trauern, Phasen und Chancen des psychischen Prozesses, Stuttgart–Berlin 1982.

Kauffmann, C. J.: Tamers of Death, The History of the Alexian Brothers, Vol. I: The History of the Alexian Brothers from 1300 to 1789, New York 1976.

Kelle, J.: Untersuchungen über das Offendiculum des Honorius, sein Verhältnis zu dem gleichfalls einem Honorius zugeschriebenen Eucharistion und Elucidarius sowie zu den Deutschen Gedichten Gehugde und Pfaffenleben, Wien 1904.

Kessler, H.: Die theol. Bedeutung des Todes Jesu, Traditionsgesch. Untersuchung, Düsseldorf 1970.

–: Sucht den Lebenden nicht bei den Toten, Die Auferstehung Jesu in biblischer, fundamentaltheologischer und systematischer Sicht, Düsseldorf 1985.

Kettler, W.: Das Jüngste Gericht, Philol. Studien zu den Eschatologie-Vorstellungen in den alt- und frühmhd. Denkmälern, Berlin 1977.

Klaass, E.: Die Schilderung des Sterbens im mhd. Epos, Ein Beitrag zur mhd. Stilgeschichte, Diss. Greifswald 1931.

Klapper, J.: Die Quellen der Sage vom toten Gaste, Mitt. d. schles. Ges. f. Volkskunde 13 (1911) 202–231.

–: Erzählungen des Mittelalters, Breslau 1914.

Klare, H. J.: Nordgerm. Totenglaube, I: Die Toten, Diss. (Auszug) Kopenhagen 1933.

Klein, L.: Die Bereitung zum Sterben, Studien zu den frühen reformatorischen Sterbebüchlein, Diss. (masch.) Göttingen 1958.

Klein, W. M.: Christliches Sterben als Gabe und Aufgabe, Ansätze zu einer Theologie des Sterbens, Frankfurt a. M. 1983.

Kleinpaul, R.: Die Lebendigen und die Toten im Volksglauben, Religion und Sage, Leipzig 1898.

Klibansky, E.: Gerichtsszene und Prozeßform, Berlin 1925.

Klimkeit, H.-J. (Hrsg.): Tod und Jenseits im Glauben der Völker, Wiesbaden 1978.

Klinck, R.: Lateinische Etymologien, München 1970.

Knapp, F. P.: Hartmann von Aue und die Tradition der platonischen Anthropologie im Mittelalter, DVjs 46 (1972) 213–247.

–: Enites Totenklage und Selbstmordversuch in Hartmanns ›Erec‹, Eine quellenkritische Analyse, GRM 26 (1976) 83–90.

–: Der Selbstmord in der abendländischen Epik des Hochmittelalters, Heidelberg 1979.

Knoll, S. B.: Vergänglichkeitsbewußtsein und Lebensgenuß in der deutschen Barocklyrik, The Germanic Review 11 (1936) 246–257.

Kobusch, Th.: Freiheit und Tod, die Tradition der 'mors mystica' und ihre Vollendung in Hegels Philosophie, Theol. Quartalschr. 164 (1984) 185–203.

Koch, W. A.: Der Schatten des Todes in der deutschen Dichtung, Braunschweig 1948.

Kochendörffer, K.: Erinnerung und Priesterleben I/II, ZfdA 35 (1891) 187–204, 281–315.

Köhler, R.: Die dankbaren Todten und der gute Gerhard, Germania 3 (1858) 199–209.

–: Das Grab und seine Länge, Germania 5 (1860) 64–66.

–: Der Spruch der Todten an die Lebenden, Germania 5 (1860) 220–226.

Koep, L.: Das himmlische Buch in Antike und Christentum, Eine religionsgeschichtliche Untersuchung zur altchristlichen Bildersprache, Bonn 1952.

Kötting, B.: Der frühchristliche Reliquienkult und die Bestattung im Kirchengebäude, Köln 1965.

Kohls, E.-W.: 'Ubi sunt qui ante nos in mundo fuere?', Zur ma. Geschichte eines Vergänglichkeits-Topos und zu seinem Gebrauch bei Erasmus von Rotterdam, in: Reformatio und Confessio, Festschrift für W. Maurer zum 65. Geburtstag, Berlin 1965, 23–26.

–: Meditatio mortis chez Pétrarque et Erasme, in: Colloquia Erasmiana Turonensia, Toronto 1972, 303–311.

Kohlschmidt, W.: Zur religionsgeschichtlichen Stellung des Muspilli, ZfdA 64 (1927) 294–298.

Kolb, H.: Vora demo muspille, Versuch einer Interpretation, ZfdPh 83 (1964) 2–33.

–: Himmlisches und irdisches Gericht in karol. Theologie und ahd. Dichtung, Frühmittelalterliche Studien 5 (1971) 284–303.

Koller, E.: Der Motivkreis von Krankheit und Verwundung, Funktion und sprachliche Verwirklichung in deutschen Dichtungen des Mittelalters, Diss. (masch.) Innsbruck 1971.

Konrad, R.: De ortu et tempore Antichristi, Antichristdarstellungen und Geschichtsbild des Abtes Adso von Montier-en-Der, München 1964.

–: Das himmlische und irdische Jerusalem im mittelalterlichen Denken, in: C. Bauer u. a., Speculum historiale, Freiburg 1965, 523–539.

Korn, D.: Das Thema des Jüngsten Tages in der deutschen Lyrik des 17. Jahrhunderts, Tübingen 1957.

Korn, K.: Studien über 'Freude und Trûren' bei mhd. Dichtern, Beiträge zu einer Problemgeschichte, Leipzig 1932.

Kozáky, S.: Geschichte der Totentänze, 3 Bde., Budapest 1936–44.

Koselleck, R.: Vergangene Zukunft, Zur Semantik geschichtlicher Zeiten, Frankfurt a. M., 1979.

Koselleck, R., u. a. (Hrsg.): Niedergang, Studien zu einem geschichtlichen Thema, Stuttgart 1980.

Kramer, A.: Über das Recht auf den menschlichen Körper, Berlin 1887.

Krausse, H. K.: Zur Darstellung des Todes im Nibelungenlied, Neophilologus 61 (1977) 245–257.

Krebs, E.: Was kein Auge gesehen, Unser Leben im Jenseits, unsere Gottesschau und seliges Wiedersehen mit unseren Lieben, Freiburg i. Br. [11/12]1936.

Kremer, J.: . . . denn sie werden leben, Sechs Kapitel über Tod Auferstehung Neues Leben, Stuttgart 1972.

–: Lazarus, Die Geschichte einer Auferstehung; Text, Wirkungsgeschichte und Botschaft von 1 Joh, 11, 1–46, Stuttgart 1985.

Kretzenbacher, L.: Die Seelenwaage, Zur rel. Idee vom Jenseitsgericht auf der Schicksalswaage in Hochreligion, Bildkunst und Volksglaube, Klagenfurt 1958.

–: Eschatologisches Erzählgut in Bild, Kunst und Dichtung, in: Volksüberlieferung, Festschrift für K. Ranke zum 60. Geburtstag, Göttingen 1968, 133–150.

Kreutle, M.: Die Unsterblichkeitslehre in der Zeit nach Thomas von Aquin, PhJb 40 (1927) 40–56.

Krogmann, W.: Muspilli und Muspellsheim, Zs. f. Rel.- u. Geistesgesch. 5 (1953) 97–118.

Kroll, J.: Beiträge zum Descensus ad inferos, Königsberg 1922.

–: Gott und Hölle, Der Mythos vom Descensuskampfe, Darmstadt [2]1963.

Kroos, R.: Grabbräuche – Grabbilder, in: K. Schmidt u. a. (Hrsg.), 1984, 285–353.

Kübel, W.: Die Lehre von der Auferstehung der Toten nach Albertus Magnus, in: Studia Albertina, Festschrift für B. Geyer zum 70. Geburtstag, Münster 1952, 279–318.

Kühnel, H.: '. . . da erstach sich mit willn selber . . .', Zum Selbstmord im Spätmittelalter und in der frühen Neuzeit, in: K. Hauck u. a. (Hrsg.), 1986, 474–489.

Künzle, P.: Die Eschatologie im Gesamtaufbau der wissenschaftlichen Theologie, Anima 20 (1965) 231–238.

–: Thomas von Aquin und die moderne Eschatologie, Freiburger Zs. f. Phil. u. Theol. 8 (1961) 109–120.

Kuhn, H(ans): Der Teufel im Nibelungenlied, Zu Gunthers und Kriemhilds Tod, ZfdA 94 (1965) 280–306.

–: Uns ist Fahrwind gegeben wider den Tod, Aus einer großen Zeit des Nordens, ZfdA 106 (1977) 147–163.

Kuhn, H(ugo): Zwei ma. Dichtungen vom Tod, ›Memento mori‹ und der ›Ackermann aus Böhmen‹, Deutschunterricht 5 (1953) H. 6, 84–93.

–: Dichtung und Welt im Mittelalter, Stuttgart [2]1969.

Kully, R. M.: Dialogus mortis cum homine, Le laboureur de Bohême et son procès contre la mort, in: Le sentiment, 1979, 139–167.

Kunstein, E.: Die Höllenfahrtsszene im geistlichen Spiel des deutschen Mittelalters, Ein Beitrag zur ma. und frühneuzeitlichen Frömmigkeitsgeschichte, Diss. Köln 1972.

Kunz, E.: Protestantische Eschatologie, Von der Reformation zur Aufklärung, Freiburg i. Br. 1980.

Kunz, L.: Ist die Sequenz Dies irae vor dem Kontakion des Romanos?, Der christl. Orient (1940) 43–46.

Kurfess, A. M.: Dies irae (Sibylle), Hist. Jb. d. Görres-Ges. 77 (1958) 326–338.

Kursawa, H. P.: Antichristsage, Weltende und Jüngstes Gericht im ma. deutscher Dichtung, Diss. Köln 1976.

Kurtz, L. P.: The Dance of Death and the Macabre Spirit in European Literature, Genève ²1975.

Kurze, D.: Nationale Regungen in der spätmittelalterlichen Prophetie, HZ 202 (1966) 1–23.

Kyll, N.: Tod, Grab, Begräbnisplatz, Totenfeier: Zur Geschichte ihres Brauchtums im Trierer Lande in Luxemburg unter besonderer Berücksichtigung des Visitationshandbuches des Regino von Prüm († 915), Bonn 1972.

Läpple, A.: Der Glaube an das Jenseits, Stein a. R. 1978.

Lakner, F.: Zur Eschatologie bei Johannes XXII., ZfkathTheol 72 (1950) 326 ff.

Lammers, W. (Hrsg.): Geschichtsdenken und Geschichtsbild im Mittelalter, Darmstadt 1961.

Lampen, W.: Intorno al 'Dies irae' di Fr. Tommaso da Celano, Studi franc. 13 (1927) 1–23.

–: De dichter van het Dies irae, Tijd. v. Lit. (1930) 129–138.

Landau, M.: Hölle und Fegfeuer in Volksglaube, Dichtung und Kirchenlehre, Heidelberg 1909.

Landgraf, A.: 1 Cor 3 10–17 bei den lat. Vätern und in der Frühscholastik, Biblica 5 (1924) 140–172.

Landsberg, P. L.: Die Erfahrung des Todes, Frankfurt a. M. 1973.

Lange, E. R.: Sterben und Begräbnis im Volksglauben zwischen Weichsel und Memel, Würzburg 1955.

Lazzari, F.: Il Contemptus mundi nella scuola di San Vittore, Napoli 1965.

–: Mistica e ideologia tra XI e XIII secolo, Milano 1972.

Lebrun, F.: Les hommes et la mort en Anjou aux XVIIᵉ et XVIIIᵉ siècles, Paris 1975.

Leclercq, H.: Mort, Dict. d'archéologie chrét. 12/1, 15–52.

Leclercq, J.: Documents sur la mort des moines, Revue Mabillon 45 (1955) 165–180, 46 (1956) 65–81.

–: Etudes sur le vocabulaire monastique du moyen âge, Rome 1961.

–: Wissenschaft und Gottverlangen, Zur Mönchstheologie des Mittelalters, Düsseldorf 1963.

–: Morte, Dizionario degli Istituzioni di Perfezione 6 (1980) 162–168.

–: La mort d'après la tradition monastique du moyen âge, Studia Missionalia 31 (1982) 71–77 (= 1982 I).

–: Poèmes de la louange de S. Gossuin d'Anchin, Analecta Bollandiana 100 (1982) 417–433 (= 1982 II).

–: La joie de mourir selon s. Bernard de Clairvaux, in: Taylor (Hrsg.), 1983, 195–207.

Lecouteux, C.: Les revenants germaniques, I/II, Etudes Germaniques 39 (1984), 40 (1985).

–: Fantômes et revenants au moyen âge, Paris 1986.

Le Don, G.: Structures et significations de l'imagerie méd. de l'enfer, CCM 22 (1979) 363–373.

Lefay-Toury, M.-N.: La tentation du suicide dans le roman français du XIIᵉ siècle, Paris 1979.

Le Goff, J.: Das Hochmittelalter, Frankfurt a. M. 1965.

–: Kultur des europäischen Mittelalters, Zürich 1970.

–: Saint Louis et les corps royaux, Le temps de la réflexion 3 (1982) 255–284.

–: Storia e memoria, Torino ⁶1982.

–: Die Geburt des Fegefeuers, Stuttgart 1984 (= 1984 I).

–: The Learned and Popular Dimensions of Journeys in the Otherworld in the Middle Ages, in: S. L. Kaplan (Hrsg.), Understanding Popular Culture, Europe from the Middle Ages to the Nineteenth Century, Berlin 1984, 19–37 (= 1984 II).

–: Für ein anderes Mittelalter, Zeit, Arbeit und Kultur im Europa des 5.– 15. Jahrhunderts, Frankfurt a. M. 1984 (= 1984 III).

Leicher, R.: Die Totenklage in der deutschen Epik von der ältesten Zeit bis zur Nibelungenklage, Hildesheim ²1977.

Lemaître, J.-L. (Hrsg.): L'église et la mémoire des morts dans la France médiévale, Paris 1986.

Lenz, R. (Hrsg.): Leichenpredigten als Quelle historischer Wissenschaften, 2 Bde., Wien 1975/79.

– (Hrsg.): Leichenpredigten, Eine Bestandsaufnahme, Marburg 1980.

– (Hrsg.): Studien zur deutschsprachigen Leichenpredigt der frühen Neuzeit, Marburg 1981.

Léon-Dufour, X.: Als der Tod seine Schrecken verlor, Die Auseinandersetzung Jesu mit dem Tod und die Deutung des Paulus, Olten 1981.

Lerner, R. E.: Refreshment of the Saints: The Time after Antichrist as a Station for Earthly Progress in Medieval Thought, Traditio 32 (1976) 97–144.

Leroux, J.-M. (Hrsg.): Le temps chrétien de la fin de l'Antiquité au Moyen Age, IIIᵉ–XIIIᵉ siècles, Paris 1984.

Leuenberger, R.: Der Tod, Schicksal und Aufgabe, Zürich ²1973.

Levison, W.: Die Politik in den Jenseitsvisionen des frühen Mittelalters, in: Ders., Aus rheinischer und fränkischer Frühzeit, Düsseldorf 1948, 229–246.

Lévy-Stringer, J.: Le dernier jour, Recueil de textes apocalyptiques, Paris 1985.

Lewalter, E.: Thomas von Aquino und die Bulle ›Benedictus Deus‹ von 1336, Zs. f. Kirchengesch. 54 (1935) 399–461.

Lewandowski, T.: Das mhd. Zwiegespräch zwischen dem Leben und dem Tode und seine altrussische Übersetzung, Eine kontrastive Studie, Köln 1972.

Liborio, F. M.: Il sentimento della morte nella spiritualità dei secoli XII e XIII, in: Il dolore, 1967, 43–65.

Liborio, M.: Contributi alla storia dell''Ubi sunt', Cultura Neolatina 20 (1960) 141–209.

Liebrecht, F.: Das Grab und seine Länge, Germania 4 (1859) 374f.

–: Die Todten von Lustnau, Germania 13 (1886) 161–172.

Liebs, E.: Kindheit und Tod, Der Rattenfänger-Mythos als Beitrag zu einer Kulturgeschichte der Kindheit, München 1985.

Lipphardt, W.: 'Media vita in morte sumus', Verfasserlexikon 6², 271–275.

–: Studien zu den Marienklagen: Marienklage und germanische Totenklage, PBB 58 (1934) 390–444.

–: 'Mitten wir im Leben sind', Jb. f. Lit. u. Hymn. 8 (1963) 99–118.

Lippi, A.: La problematica della morte nella filosofia di S. Tommaso, Sapienza 18 (1965) 285–307.

Lippi, A.: La soluzione di un problema esistenziale: la morte, Sapienza 19 (1966) 184–207.

Lisco, G.: Dies irae, Hymnus auf das Weltgericht, Berlin 1840.

Löffler, P.: Studien zum Totenbrauchtum, Münster/W. 1975.

Löwith, K.: Weltgeschichte und Heilsgeschehen, Stuttgart ³1953 (= Sämtl. Schr. II, 1983).

Lohse, B., u. a. (Hrsg.): Leben angesichts des Todes, H. Thielicke zum 60. Geburtstag, Tübingen 1968.

Lommatzsch, E.: Darstellung von Trauer und Schmerz in der altfr. Literatur, ZrPh 43 (1923) 20–67.

Lot, F.: Le mythe des terreurs de l'an mille, Mercure de France 301 (1947) 639–655.

Lubac, H. de: La postérité spirituelle de Joachim de Fiore, 2 Bde., Paris 1979/80.

Lukács, G.: Die Theorie des Romans, Ein geschichtsphilosophischer Versuch über die Formen der großen Epik, Berlin 1928.

Luneau, A.: L'histoire du salut, La doctrine des âges du monde, Paris 1964.

Lunzer, J.: Totlich zaichen, ZfdA 66 (1929) 101 ff.

Maas, W.: Gott und die Hölle, Studien zum Descensus Christi, Einsiedeln 1979.

Maertens, Th./L. Henschen: Die Sterbeliturgie der kath. Kirche, Glaubenslehre und Seelsorge, Paderborn 1959.

Maier, J.: Die Wertung des Alters in der jüd. Überlieferung der Spätantike und des frühen Mittelalters, Saeculum 30 (1979) 355–364.

Mantels, W.: Zwiegespräch zwischen dem Leben und dem Tode, Nd. Jb. (1875) 54–56.

–: Noch einmal das Zwiegespräch zwischen dem Leben und dem Tode, ebd. (1876) 131–133.

Marsch, E.: Biblische Prophetie und chronographische Dichtung, Stoff und Wirkungsgeschichte der Vision des Propheten Daniel nach Dan VII, Berlin 1972.

Martelet, G.: Victoire sur la mort, Eléments d'anthropologie chrétienne, Paris ²1963.

–: L'au-delà retrouvé, Christologie des fins dernières, Paris 1975.

Marten, R.: Der menschliche Tod, Eine phil. Revision, Paderborn 1987.

Martimort, A. G.: L'Ordo commendationis animae, La Maison-Dieu 15 (1948) 143–160.

–: Comment meurt un chrétien, ebd. 44 (1955) 5–28.

Massmann, H. F.: Literatur der Totentänze, Hildesheim ²1963.

Maurer, F.: Die rel. Dichtungen des 11. und 12. Jahrhunderts, 3 Bde., Tübingen 1964/65/70.

–: Leid, Studien zur Bedeutungs- und Problemgeschichte, besonders in den großen Epen der staufischen Zeit, Bern ²1961.

Mause, L. de (Hrsg.): Hört ihr die Kinder weinen, Eine psychogenetische Geschichte der Kindheit, Frankfurt a. M. 1977.

Mausser, O.: Die Jenseitsfahrt des Ritters Tundalus, Deutsche Bearbeitung aus der Mitte des 15. Jahrhunderts, Walhalla 6 (1910) 200–261.

McGinn, B.: The Abbot and the Doctors: Scholastic Reactions to the Radical Eschatology of Joachim of Fiore, Church History 40 (1971) 30–47.

–: Joachim and the Sibyl, Cîteaux 34 (1973) 97–138 (= 1973 I).

–: St. Bernard and Eschatology, in: Bernard of Clairvaux, Studies Presented to Dom J. Leclercq, Washington 1973, 161–185 (= 1973 II).

–: Apocalypticism in the Middle Ages: An Historiographical Sketch, Medieval Studies 37 (1975) 252–286.

–: The Significance of Bonaventure's Theology of History, in: D. Tracy (Hrsg.), Celebrating the Medieval Heritage, Journal of Religion Suppl. 58 (1978) 64–81 (= 1978 I).

–: Iter sancti Sepulcri, The Piety of the First Crusaders, in: Essays in Medieval Culture, The Twelfth Annual Walter Prescott Webb Memorial Lectures, Austin 1978, 33–71 (= 1978 II).

–: Symbolism in the Thought of Joachim of Fiore, in: A. Williams (Hrsg.), Prophecy and Millenarism, Essays in Honour of M. Reeves, Harlow 1980, 143–164.

–: Apocalyptic Spirituality, New York 1979 (= 1979 I).

–: Apocalyptic Traditions in the Middle Ages, New York 1979 (= 1979 II).

–: The Calabrian Abbot, Joachim of Fiore in the History of Western Thought, New York 1985.

Meier, C.: Zur Quellenfrage des 'Himmlischen Jerusalem', Ein neuer Fund, ZfdA 104 (1975) 204–243.

Meier, J.: Ahnengrab und Rechtsstein, Berlin 1950.

–: Zur Überlieferung eines Testamentsliedes, in: Beiträge zur sprachlichen Volksüberlieferung, Festschrift A. Spamer, Berlin 1953, 13–27.

Meisen, K.: Der in den Himmel entrückte Bräutigam, Entstehung, Wanderung und Wandlung einer Volkserzählung, Rhein. Jb. f. Volkskunde 6 (1955) 118–175.

–: Die späteren volkstümlichen Varianten der Erzählung von dem in den Himmel entrückten Bräutigam, ebd. 7 (1956) 173–228.

Meissburger, G.: Grundlagen zum Verständnis der deutschen Mönchsdichtung im 11. und 12. Jahrhundert, München 1970.

Meloni, P.: Il profumo dell'immortalità, L'interpretazione patristica di Cantico 1,3, Roma 1975.

Melville, G.: System und Diachronie, Untersuchungen zur theoretischen Grundlegung geschichtsschreiberischer Praxis im Mittelalter, Hist. Jb. 95 (1975) 33–67.

–: Zur geschichtstheoretischen Begründung eines fehlenden Niedergangsbewußtseins im Mittelalter, in: R. Koselleck u. a. 1980, 103–136.

Metken, S. (Hrsg.): Die letzte Reise; Sterben, Tod und Trauersitten in Oberbayern, München 1984.

Metz, J. B.: Credo der Christen, Zur Debatte, Nov./Dez. 1975, 16 f.

Metzger, A.: Freiheit und Tod, Freiburg i. Br. ²1972.

Metzner, E. E.: Zur frühesten Geschichte der europ. Balladendichtung, Der Tanz in Kölbigk, Legendarische Nachrichten, gesellschaftlicher Hintergrund, hist. Voraussetzungen, Wiesbaden 1972.

Meuli, K.: Gesammelte Schriften, 2 Bde., hrsg. von T. Gelzer, Basel 1975.

Mew, J.: Traditional Aspects of Hell, Ancient and Modern, Ann Arbor/Mich. ²1971.

Meyer, A. A.: Heilsgewißheit und Endzeiterwartung im deutschen Drama des 16. Jahrhunderts, Untersuchungen über die Beziehungen zwischen geistlichem Spiel, bildender Kunst und den Wandlungen des Zeitgeistes im Lutherischen Raum, Heidelberg 1976.

Meyer, K./A. Nutt: The Voyage of Bran, Son of Febal, With an Essay Upon the Irish Vision of the Happy Otherworld and the Celtic Doctrine of Rebirth, 2 Bde., London ²1972.

Meyer-Baer, K.: Music of Spheres and the Dance of Death, Princeton 1970.

Miccoli, G.: Mundus senescens, in: Ders., Chiesa Gregoriana, Firenze 1966, 301–303.

Michel, A.: Mort, Dict. de théol. cath. 10/2, Paris 1928, 2489–2500.

Milburn, R. L. P.: Auf daß erfüllt werde, Frühchristl. Geschichtsdeutung, München 1956.

Milkau, F.: Die älteste deutsche Übertragung des Dies irae, Ndt. Jb. 17 (1891) 84–88.

Minois, G.: Histoire de la vieillesse, De l'Antiquité à la Renaissance, Paris 1987.

Mohnike, G. C. F.: Thomas von Celano oder Geschichte des kirchl. Hymnus Dies irae, Stralsund 1824/25.

Mohr, R.: Protestantische Theologie und Frömmigkeit im Angesicht des Todes während des Barockzeitalters hauptsächlich auf Grund hessischer Leichenpredigten, Diss. Marburg 1964.

–: Der unverhoffte Tod, Theologie- und kulturgesch. Untersuchungen zu außergewöhnlichen Todesfällen in Leichenpredigten, Marburg 1982.

Mohr, W.: Altersdichtung Walthers von der Vogelweide, Sprachkunst 2 (1971) 329–356.

Mohr, W./W. Haug: Zweimal ›Muspilli‹, Tübingen 1977.

Mohrmann, C.: Locus refrigerii, in: Dies., Etudes sur le latin des chrétiens, t. II: Latin chrétien et médiéval, Roma 1961, 81–92.

Mohrmann, C./B. Botte: L'ordinaire de la messe, Texte critique, traduction et notes, Paris 1953.

Molinari, P.: I Santi e il loro culto, Roma 1962.

Mollat, M.: Arme im Mittelalter, München 1984.

Monnier, J.: La descente aux enfers, Etude de pensée religieuse d'art et de littérature, Paris 1905.

Moos, P. von: Consolatio, Studien zur mittellat. Trostliteratur über den Tod und zum Problem der christl. Trauer, 4 Bde., München 1971/72.

Moraldi, L.: Nach dem Tode, Jenseitsvorstellungen von den Babyloniern bis zum Christentum, Zürich 1987.

Mossay, J.: La mort et l'au-delà dans saint Grégoire de Nazianze, Louvain 1964.

Müllenhoff, V./W. Scherrer: Denkmäler deutscher Poesie und Prosa aus dem VIII.– XII. Jahrhundert, 2 Bde., 3. Aufl. von E. Steinmeyer, Berlin 1892 (= MSD).

Müller, I./ L. Röhrich: Deutscher Sagenkatalog, X: Der Tod und die Toten, Deutsches Jb. f. Volkskunde 13 (1967) 346–397.

Mulders, J. A.: The Cordyal by Anthony Woodville, Earl Rivers, Edited from M 38 A 1 The Museum Meermanno Westreenianum, The Hague, With Notes on Mss., Early Editions, Authorship and Language, Diss. Nijmegen 1962.

Naumann, H.: Primitive Gemeinschaftskultur, Beiträge zur Volkskunde und Mythologie, Jena 1921.

–: Christliche Kriegerethik, ZfdA 58 (1921) 233–238.

Neckel, G.: Studien zu den germanischen Dichtungen vom Weltuntergang, Heidelberg 1918.

Neske, I.: Die spätma. deutsche Sibyllenweissagung, Untersuchung und Edition, Göppingen 1985.

Neumann, W.: Die Totenklage in der erzählenden deutschen Dichtung des 13. Jahrhunderts, Diss. Münster 1933.

Neuner, J./ H. Roos: Der Glaube der Kirche in den Urkunden der Lehrverkündigung, neubearbeitet von K. Rahner und K.-H. Weger, Regensburg [8]1971.

Neuser, P.-E.: Zum sog. 'Heinrich von Melk', Überlieferung, Forschungsgeschichte und Verfassungsfrage der Dichtungen ›Vom Priesterleben‹ und ›Von des todes gehugde‹, Köln 1973.

Neveux, H.: Les lendemains de la mort dans les croyances occidentales (vers 1250 – vers 1300), Annales ESC 34 (1979) 245–263.

Niederhuber, J. E.: Die Eschatologie des heil. Ambrosius, Eine patristische Studie, Paderborn 1907.

Nigg, W.: Das ewige Reich, Geschichte einer Hoffnung, Zürich [2]1954.

Nocke, F.-J.: Wandel eschatologischer Modelle, Vier Beispiele von Korrelation zwischen Glaubensüberlieferung und neuer Erfahrung, in: H. Becker u. a., 1987, 813–836.

Nölle, G.: Die Legende von den Fünfzehn Zeichen vor dem Jüngsten Gericht, PBB 6 (1874) 413–476.

Nohl, J.: Der schwarze Tod, Eine Chronik der Pest, Potsdam 1924.

Nolan, B.: The Gothic Visionary Perspective, Princeton 1977.

Ntedika, J.: L'évocation de l'au-delà dans prière pour les morts, Etude de patristique et de liturgie latines, Louvain 1971.

Nygren, A.: Eros und Agape, Gestaltwandlungen der christlichen Liebe, Berlin 1955.

O'Connor, M. C.: The Art of Dying Well, The Development of the Ars moriendi, New York 1942, [2]1966.

Oexle, O. G.: Utopisches Denken im Mittelalter: Pierre Dubois, Hist. Zs. 224 (1977) 293–339.

–: Die Gegenwart der Toten, in: H. Braet u. a. (Hrsg.), 1982, 19–77.

–: Mahl und Spende im ma. Totenkult, Frühma. Studien 18 (1984) 401–420.

Ogle, M. B.: The Sleep of Death, Memoirs of the American Academy in Rome 11 (1933) 81–117.

Ohlmarks, A.: Totenerweckungen in den Eddaliedern, Arkiv för Nordisk Filologi 52 (1936) 264–297.

Ohly, F.: Sage und Legende in der Kaiserchronik, Untersuchungen über Quellen und Aufbau der Dichtung, Darmstadt [2]1968.

–: Die Legende von Karl und Roland, Studien zur frühmhd. Literatur, Berlin 1974, 292–343.

Os, A. B. van: Religious Visions, The Development of the Eschatological Elements in Medieval English Religious Literature, Amsterdam 1932.

Ott, G.: Die 'Vier letzten Dinge' in der Lyrik des Andreas Gryphius, Frankfurt a. M. 1985.

Otto, W. F.: Die Manen oder von den Urformen des Totenglaubens, Eine Untersuchung zur Religion der Griechen, Römer und Semiten und zum Volksglauben überhaupt, Darmstadt [3]1976.

Owen, D. D. R.: The Vision of Hell, Infernal Journeys in Medieval French Literature, Edinburgh 1970.

Paglia, V.: La morte confortata, Riti della paura e mentalità religiosa a Roma nell'età moderna, Roma 1982.

Palmer, N. F.: ›Visio Tnugdali‹, The German and Dutch Translation and their Circulation in the Later Middle Ages, München 1982.

Palmer, N. F.: 'Antiquitus depingebatur', The Roman Pictures of Death and Misfortune in the ›Ackermann aus Böhmen‹ and ›Tkadleček‹, and in the Writings of the English Classicizing Friars, DVjs 57 (1983) 171–239.

Panofsky, E.: Grabplastik, Köln 1964.

Patch, H. R.: The Other World, According to Descriptions in Medieval Literature, Cambridge 1950.

Patrides, C. A.: The Phoenix and the Ladder, The Rise and Decline of the Christian View of History, Berkeley 1964.

Paulus, N.: Die Reue in den deutschen Sterbebüchlein, ZfkTh 28 (1904) 1–36, 449–485, 682–·698.

Paus, A. (Hrsg.): Grenzerfahrung Tod, Frankfurt a. M. 1978.

Payen, J.-C.: Le Dies irae dans la prédication de la mort et des fins dernières au moyen âge, Romania 86 (1965) 48–76.

Pesch, O. H.: Theologie des Todes bei M. Luther, in: H. Becker u. a. (Hrsg.), 1987, 709–789.

Peters, E.: Quellen und Charakter der Paradiesvorstellungen in der deutschen Dichtung vom 9. bis 12. Jahrhundert, Hildesheim ²1977.

Petry, R. C.: Christian Eschatology and Social Thought, A Historical Essay on the Social Implications of Some Selected Aspects in Christian Eschatology to a. d. 1500, New York 1956.

Petzold, L.: Der Tote als Gast, Volkssage und Exempel, Helsinki 1968.

Peuckert, W.-E.: Germanische Eschatologien, Archiv f. Rel.-Wiss. 32 (1935) 1–37.

Pézard, A.: La mort de Roland aus ‹Ronsavals›, Romania 97 (1976) 145–194.

Philippeau, H.-R.: Introduction à l'étude des rites funéraires et de la liturgie de la mort, La Maison-Dieu 1 (1945) 37–63.

–: Ursprünge und Entwicklung der Bestattungsriten, in: Das Mysterium, 1955, 167–186.

–: Pour un souhaitable ressourcement et complément du Rituel de l'agonie et des funérailles, Eph. Lit. 71 (1957) 369–407.

Pieper, J.: Tod und Unsterblichkeit, München 1968.

Plaine, F.: Les prétendues terreurs de l'an mille, Revue des questions historiques 13 (1873) 145–164.

Platelle, H.: La mort précieuse, La mort des moines d'après quelques sources des Pays Bas du Nord, Revue Mabillon 60 (1982) 151–174.

Plessner, H.: Über die Beziehung der Zeit zum Tode, Eranos 20 (1951) 349–386.

Pöhlmann, H. G. (Hrsg.): Tod und Sterben, Deutungsversuche, Gütersloh 1978.

Pörksen, U.: Der Totentanz des Spätmittelalters und sein Wiederaufleben im 19. und 20. Jahrhundert, in: P. Wapnewski (Hrsg.), Mittelalter-Rezeption, Ein Symposion, Stuttgart 1986, 245–262.

Potel, J.: Les funérailles une fête?, Que célèbrent aujourd'hui les vivants?, Paris 1973.

Pozo, C.: Teologia dell'Aldilà, Roma 1983.

Praz, M.: Liebe, Tod und Teufel, Die schwarze Romantik, München 1960.

Preuss, H. D.: Psalm 88 als Beispiel alttestamentlichen Redens vom Tod, in: Der Tod – ungelöstes Rätsel oder überwundener Feind?, Stuttgart 1974, 63–79.

Puech, H. Ch./Hadot, P.: L'Entretien d'Origène avec Héraclide et le Commentaire de Saint Ambroise sur l'Evangile de Saint Luc, Vigiliae Christianae 13 (1959) 204–234.

Pütz, H. H.: Die Darstellung der Schlacht in mhd. Erzähldichtungen von 1150 bis um 1250, Hamburg 1971.

Querry, L.: Le thème du ‹Triomphe de la mort› dans la peinture italienne, Paris 1950.

Raby, F. J. E.: A History of Christian Latin Poetry, Oxford 1927.

Rädle, F.: 'Dies irae', in: H. Becker u. a. (Hrsg.), 1987, 331–340.

Rahner, H.: Pompa diaboli, ZfkTh 55 (1931) 239–273.

Rahner, K.: Zur Theologie des Todes, Freiburg i. Br. 1958.

–: Über das christliche Sterben, in: Ders., Schr. zur Theol. VIII, Zürich 1966, 273–280.

–: Zu einer Theologie des Todes, in: Ders., Schr. zur Theologie X, Zürich 1972, 181–199.

Rapp, F.: L'église et la vie religieuse en Occident jusqu'à la fin du moyen âge, Paris 1971.

Rathjen, H.-W.: Die Höllenvorstellungen in der mhd. Literatur, Diss. (masch.) Freiburg i. Br. 1956.

Ratzinger, J.: Jenseits des Todes, Communio 3 (1972) 231–244.

–: Kleine Kath. Dogmatik IX: Eschatologie – Tod und ewiges Leben, Regensburg ·1977.

Rauh, H. D.: Das Bild des Antichrist im Mittelalter: Von Tyconius zum deutschen Symbolismus, Münster 1973.

Rautenberg, E.: Verbrennen und Begraben bei unsern Vorfahren, Hamburg 1885.

Recheis, A.: Engel, Tod und Seelenreise, Das Wirken der Geister beim Heimgang des Menschen in der Lehre der alexandrinischen und kappadokischen Väter, Rom 1958.

Reeves, M.: Joachim of Fiore and the Prophetic Future, London 1976.

Rehm, W.: Zur Gestaltung des Todesgedankens bei Petrarca und Johannes von Saaz, DVjs 5 (1927)·431–455.

–: Der Todesgedanke in der deutschen Dichtung vom Mittelalter bis zur Romantik, Darmstadt ²1967.

–: Orpheus, Der Dichter und die Toten, Selbstdeutung und Totenkult bei Novalis – Hölderlin – Rilke, Düsseldorf 1950.

Reiffenstein, I./F. V. Spechtler: Deutschsprachige Sterbebüchlein des 15. Jahrhunderts in Salzburger Handschriften, in: Germanist. Studien, Innsbruck 1969, 107–125.

Reifschneider, H.: Die Vorstellung des Todes und des Jenseits in der geistlichen Literatur des Mittelalters, Diss. (masch.) Tübingen 1948.

Reinach, S.: De l'origine des prières pour les morts, Revue des Etudes juives 41 (1900) 161–173.

Reske, H.-F.: Jerusalem caelestis – Bildformeln und Gestaltungsmuster, Darbietungsformen eines christlichen Zentralgedankens in der deutschen geistlichen Dichtung des 11. und 12. Jahrhunderts, Göppingen 1973.

Reuschel, K.: Die deutschen Weltgerichtsspiele des Mittelalters und der Reformationszeit, Leipzig 1906.

Ricœur, P.: Philosophie de la volonté, *Le volontaire et l'involontaire, Paris 1967.

Rieckenberg, H. J.: Über die Formel 'Requiescant in pace' in Grabinschriften, Göttingen 1967.

Rieger, M.: Das Spiegelbuch, Germania 16 (1871) 173–211.

–: Der jüngere Todtentanz, Germania 19 (1874) 257–280.

Rittmann, A.: Grundzüge einer Geschichte der Krankheitslehre im Mittelalter, Walluf
²1973.

Robertson, A.: Requiem, Music of Mourning and Consolation, London ²1976.

Roche, D.: ‹La mémoire de la mort› (XVIIᵉ–XVIIIᵉ siècles), Annales ESC 31 (1976)
76–119.

Rochholz, E. L.: Deutscher Glaube und Brauch im Spiegel der heidnischen Vorzeit,
2 Bde., Berlin 1867.

Röckelein, H.: Otloh, Gottschalk, Tungdal: Individuelle und kollektive Visions-
muster des Hochmittelalters, Frankfurt a. M. 1987.

Roediger, M.: Die Litanei und ihr Verhältnis zu den Dichtungen Heinrichs von Melk,
ZfdA 19 (1876) 241–346.

Röhrich, L.: Das Verzeichnis der deutschen Totensagen, Fabula 9 (1967) 270–284.

Rohde, E.: Psyche, Seelencult und Unsterblichkeitsglaube der Griechen, Tübingen
³1903.

Rolf, H.: Der Tod in mhd. Dichtungen, Untersuchungen zum ›St. Trudperter Hohenlied‹ und zu Gottfrieds von Straßburg ›Tristan und Isolde‹, München 1974.

Romano, R./A. Tenenti: Die Grundlegung der modernen Welt (1350–1550), Frankfurt a. M. 1967.

Rosenfeld, H.: Das Oberaltaicher Vado-mori-Gedicht von 1446 und Peter Rosenheim,
Mittellat. Jb. 2 (1965) 190–204.

–: Der Totentanz als europ. Phänomen, Archiv f. Kulturgesch. 48 (1966) 54–83.

–: Der mittelalterliche Totentanz, Entstehung, Entwicklung und Bedeutung, Köln
³1974.

–: Die letzte Reise, Sterben, Tod und Trauersitten in Oberbayern, Zur Ausstellung im
Münchner Stadtmuseum, Aus dem Antiquariat (1984) 8, A 302–A 308.

–: Zur Darstellung des Eigengerichts in der ma. Kunst und Literatur, Aus dem Antiquariat (1985) 10, A 361–A 368.

–: Die Ars moriendi im Wettstreit zwischen Kupferstich- und Holzschnittkunst, Aus
dem Antiquariat (1986) 3, A 127–A 130.

Rosenthal, D.: Tod, semantische, stilistische und wortgeographische Untersuchungen
auf Grund germanischer Evangelien- und Rechtstexte, Göteborg 1974.

Rotzler, W.: Die Begegnung der drei Lebenden und der drei Toten, Ein Beitrag zur
Forschung über die ma. Vergänglichkeitsdarstellungen, Winterthur 1961.

Rovighi, S. V.: L'immortalità dell'anima nei maestri francescani del sec. XIII, Milano
1936.

Rudolf, R.: Ars moriendi, Von der Kunst des heilsamen Lebens und Sterbens, Graz
1957.

Rüegg, A.: Die Jenseitsvorstellungen vor Dante, 2 Bde., Einsiedeln 1945.

Rüsche, F.: Blut, Leben und Seele, Ihr Verhältnis nach Auffassung der griech. und hel-
lenist. Antike, der Bibel und der alten alexandr. Theologen, London ²1968.

Ruland, L.: Geschichte der kirchl. Leichenfeier, Regensburg 1901.

Runge, P.: Lieder und Melodien der Geißler von 1349, Leipzig 1900.

Rupp, H.: Schmerz und Tod in der deutschen Literatur des 12. und 13. Jahrhunderts,
in: Il dolore, 1967, 203–232.

–: Deutsche religiöse Dichtungen des 11. und 12. Jahrhunderts, Untersuchungen und
Interpretationen, Bern ²1971.

Rusch, A. C.: Death as Spiritual Marriage: Individual and Ecclesial Eschatology, Vigiliae Christ. 26 (1972) 81–101.

Rusterholz, S.: Leichenreden, Internat. Archiv f. Sozialgesch. d. dt. Lit. 4 (1979) 179–196.

Sackur, E.: Sibyllinische Texte und Forschungen, Torino ²1963.

Saly, A.: Le thème de la descente aux enfers dans le 'credo' épique, Travaux de linguistique et de litt. VII, Paris 1969, 47–63.

Samter, E.: Geburt, Hochzeit und Tod, Beiträge zur vergleichenden Volkskunde, Leipzig 1911.

Saugnieux, J.: Les danses macabres de France et d'Espagne et leurs prolongements littéraires, Lyon 1972.

Sauter, G.: Zukunft und Verheißung, Das Problem der Zukunft in der gegenwärtigen theologischen und philosophischen Diskussion, Zürich/Stuttgart 1965.

Schade, O.: Visio Tnugdali, Regimonti 1869.

Schäfer, D.: Ma. Brauch bei der Überführung von Leichen, Sitzungsberichte d. preuß. Akad. d. Wiss. (1920) 478–498.

Schäfer, Ph.: Eschatologie, Trient und Gegenreformation, Basel 1984.

Schaller, H. M.: Endzeit-Erwartung und Antichrist-Vorstellungen in der Politik des 13. Jahrhunderts, in: Festschrift für H. Heimpel, Bd. 2, Göttingen 1972, 924–947.

Scherer, G.: Der Tod als Frage an die Freiheit, Essen 1971.

–: Das Problem des Todes in der Philosophie, Darmstadt 1979.

Scherer, W.: Der Ausdruck des Schmerzes und der Freude in den mhd. Dichtungen der Blütezeit, Diss. Straßburg 1908.

Schlemmer, J. (Hrsg.): Was ist der Tod?, München ²1970, 147–163.

Schlette, H. R.: Die Nichtigkeit der Welt, Der phil. Horizont des Hugo von St. Viktor, München 1961.

Schlosser, G.: Tod und Ewigkeit in den Liedern der Kirche, Heidelberg 1880.

Schmaus, M.: Von den letzten Dingen, Regensburg 1948.

–: Die Unsterblichkeit der Seele und die Auferstehung des Leibes nach Bonaventura, in: L'homme et son destin, Actes du 1ᵉʳ Congrès Intern. de Phil. Méd., Paris 1960, 505–519.

Schmid, K./J. Wollasch (Hrsg.): Memoria, Der geschichtliche Zeugniswert des liturgischen Gedenkens im Mittelalter, München 1984.

Schmidlin, J.: Die Eschatologie Ottos von Freising, ZfkTh 29 (1905) 445–481.

Schmidt, L.: Totenbrauchtum im Kulturwandel der Gegenwart, Wien 1981.

Schmidt, M.: Zu den oriental. Einflüssen auf die deutsche Lit. des Mittelalters, ZfdPh 90 (1971) 1–16.

–: Irdisches und himml. Gericht im ahd. Muspilli und bei Ephraem dem Syrer, Orientalia Christiana Analecta 221 (1983) 287–297.

Schmidt, P. G.: Die Erscheinung der toten Geliebten, ZfdA 105 (1976) 99–111.

–: Altercacio Cayn cum Christo, Ein Streitgespräch über die Ewigkeit der Höllenstrafen im Kontext des Descensus ad inferos, in: K. Hauck u. a. (Hrsg.), 1986, 722–741.

Schmidt, R.: Aetates mundi, Die Weltalter als Gliederungsprinzip der Geschichte, Zs. f. Kirchengesch. 67 (1955/56) 288–317.

Schmidt, W.: Ursprung der Gottesidee, 6 Bde., 1926–35.

Schmidt, W.-R.: Die Eschatologie in der neueren röm.-kath. Theologie von der Schul-
dogmatik bis zur 'polit. Theologie', Wiesbaden 1974.

Schmidt-Grave, H.: Leichenreden und Leichenpredigten Tübinger Professoren 1550–
1750, Tübingen 1974.

Schmitt, J.-C.: Des revenants dans la société féodale, Le temps de la réflexion 3 (1982)
285–306.

Schmitt, M.: Der große Seelentrost, Ein ndt. Erbauungsbuch des 14. Jahrhunderts,
Köln 1959.

Schmitz, H. J.: Die Bußbücher und das kanonische Bußverfahren, 2 Bde., Graz ²1958.

Schnaufer, A.: Frühgriechischer Totenglaube, Untersuchungen zum Totenglauben der
mykenischen und homerischen Zeit, Hildesheim/New York 1970.

Schnebel, O.: Der Tod in deutscher Sage und Dichtung, Berlin 1876.

Schneegans, F.-E.: Le Mors de la Pomme, Texte du XVᵉ siècle, Romania 46 (1920)
537–570.

Schneider, H.: Muspilli, ZfdA 73 (1963) 1–32.

Schneider, J. W.: Michael und seine Verehrung im Abendland, Eine Studie zur Bewußt-
seinsentwicklung der Völkerwanderungszeit und des Mittelalters, Dornach 1981.

Schnerrer, R.: Altdeutsche Bezeichnungen für das Jüngste Gericht, PBB 85 (1963)
248–312.

Schönbach, A. E.: Studien zur Geschichte der altdeutschen Predigt, Hildesheim 1968.

Scholz, H.: Eros und Caritas, Die platonische Liebe und die Liebe im Sinne des Christentums, Halle/S. 1929.

Scholz-Williams, G.: The Vision of Death: A Study of the 'Memento mori' Expressions in Some Latin, German, and French Didactic Texts of the 11th and 12th Centuries, Göppingen 1976.

–: Der Tod als Text und Zeichen in der ma. Literatur, in: H. Braet u. a. (Hrsg.), 1983,
134–149.

Schreiber, G.: Gemeinschaften des Mittelalters, Recht und Verfassung, Kult und
Frömmigkeit, Regensburg 1948.

Schreuer, H.: Das Recht der Toten, Eine germanist. Untersuchung, Zs. f. vergl.
Rechtswiss. 33 (1916) 333–432, 34 (1916) 1–208.

Schröder, H. R.: Sigfrids Tod, GRM 10 (1960) 111–121.

–: Heinrich von Morungen (Zu ›Vil süeziu, senftiu tôterinne‹ und einigen andern
Liedern), GRM 49 (1968) 337–348.

Schröder, W.: Mönchische Reformbewegungen und frühdeutsche Literaturgeschichte,
Wiss. Zs. der Univ. Halle-Wittenberg (1955) 237–248.

–: Zum Vanitas-Gedanken im deutschen Alexanderlied, ZfdA 91 (1961) 38–55.

Schröer, K. J.: Todtentanzsprüche, Germania 12 (1867) 284–309.

–: Der Tod als Jäger, Germania 13 (1868) 104.

Schürmann, H.: Jesu ureigener Tod, Exeget. Besinnungen und Ausblick, Freiburg
i. Br. 1975.

–: Gottes Reich – Jesu Geschick, Jesu ureigener Tod im Licht seiner Basileia-Verkündi-
gung, Freiburg i. Br. 1983.

Schützeichel, R.: Das alem. Memento mori, Das Gedicht und der geistig-historische
Hintergrund, Tübingen 1962.

Schultz, A.: Das höfische Leben zur Zeit der Minnesinger, 2 Bde., Osnabrück ²1965.

Schulze, U.: Betörende Vergänglichkeit – Belehrung über Welt und Tod, in: Dies., Didaktische Aspekte in der dt. Lit. des Mittelalters – Vanitas und Minnelehre, in: E. Wischer (Hrsg.), Die mittelalterliche Welt, 600–1400, Propyläen Gesch. d. Lit., II. Band, Berlin 1982, 461–482, 463–473.

Schunack, G.: Das hermeneutische Problem des Todes im Horizont von Röm 5 untersucht, Tübingen 1967.

Schur, M.: La mort dans la vie de Freud, Paris 1975.

Schwab, U.: Zum Thema des Jüngsten Gerichts in der mhd. Lit., I–III, Annali 2 (1959) 1–49, 3 (1960) 51–65, 4 (1961) 11–73.

–: Aer-aefter, Das Memento mori Bedas als christliche Kontrafaktur, Eine philol. Interpretation, in: Studi di letteratura religiosa tedesca in memoria di S. Lupi, Firenze 1972, 5–134.

–: Eva reicht den Todesbecher, Zur Trinkmetaphorik in ae. Darstellungen des Sündenfalles, Atti dell'Accademia Peloritana, Cl. di Lett., Filosofia e Belle Arti 51 (1973/74) 7–108.

–: Zum Verständnis des Isaak-Opfers in literarischer und bildlicher Darstellung des Mittelalters, Frühmittelalterliche Studien 15 (1981) 435–494.

Schwager, R.: Der wunderbare Tausch, Zur Gesch. u. Deutung der Erlösungslehre, München 1986.

Schwarte, K.-H.: Die Vorgeschichte der augustinischen Weltalterlehre, Bonn 1966.

Schwartz, A.: L'auteur du Dies irae, Revue britt. (1874) f. VI, 125–138.

Schwarz, E. (Hrsg.): Der Ackermann aus Böhmen des Johannes von Tepl und seine Zeit, Darmstadt 1968.

Schwarz, R.: Leib und Seele in der Geistesgeschichte des Mittelalters, DVjs 16 (1938) 293–323.

Schwarz, T.: Der Tod im Gewande des Narren, Zur Verbindung von Narrenidee und Vanitas-Thematik in Wort- und Bildzeugnissen des 15. bis 17. Jahrhunderts, in: W. Mezger (Hrsg.), Narren, Schellen und Marotten, Remscheid ²1984, 387–411.

Schwarzer, J.: Visionslegende, ZfdPh 13 (1882) 338–351.

Schwebel, O.: Tod und ewiges Leben im deutschen Volksglauben, Minden 1887.

Schweizer, J.: Kirchhof und Friedhof, Eine Darstellung der beiden Haupttypen europ. Begräbnisstätten, Linz 1956.

Schwietering, J.: Die Demutsformeln mhd. Dichter, in: Ders., Philologische Schriften, München 1969, 210.

Sclafert, C.: Les explorateurs de l'au-delà au XIIIᵉ siècle, Etudes 186 (1926) 257–280, 402–426.

Seelmann, W.: Die Totentänze des Mittelalters, Ndt. Jb. 17 (1891) 1–80.

Seibt, F.: Utopie im Mittelalter, Hist. Zs. 208 (1969) 555–594.

Sexau, R.: Der Tod im dt. Drama des 17. und 18. Jahrhunderts (von Gryphius bis zum Sturm und Drang), Bern 1906.

Seymour, S. J. D.: Studies in the Vision of Tundal, Dublin 1926.

–: Irish Visions of the Other World, London 1930.

Sicard, D.: La liturgie de la mort dans l'église latine des origines à la réforme carolingienne, Münster/W. 1978.

Sietencron, H. von (Hrsg.): Angst und Gewalt, Ihre Präsenz und ihre Bewältigung in den Religionen, Düsseldorf 1979.

Sigerist, H. E.: The Sphere of Life and Death in Early Medieval Manuscripts, Bulletin of Hist. Med. 11 (1942) 292–303.

Silverstein, T.: Vision Sancti Pauli, The History of the Apocalypse in Latin, Together with Nine Texts, London 1935.

Simrock, K.: 'Der gute Gerhard' und die dankbaren Todten, Bonn 1856.

Singer, K.: Vanitas und Memento mori im ›Narrenschiff‹, Würzburg 1967.

Siuts, H.: Jenseitsmotive im deutschen Volksmärchen, Leipzig 1911.

–: Bann und Acht und ihre Grundlagen im Totenglauben, Berlin 1959.

Skowronek, M.: Fortuna und Frau Welt, Zwei alleg. Doppelgängerinnen des Mittelalters, Diss. Berlin 1964.

Smith, F. S.: Secular and Sacred Visionaries in the Late Middle Ages, New York 1986.

Sommer, C.: Deutsche Frömmigkeit im 13. Jahrhundert, Schleswig 1901.

Sonnemans, H.: Seele – Unsterblichkeit – Auferstehung, Zur griech. und christl. Anthropologie und Eschatologie, Freiburg i. Br. 1984.

Sonntag, W.: Totenbestattung, Halle 1878.

Spamer, A.: Das kleine Andachtsbild vom XIV. bis zum XX. Jahrhundert, ²1980.

Speckenbach, K.: Endzeiterwartung im 'Lancelot-Gral-Zyklus', Zur Problematik des Joachimitischen Einflusses auf den Prosaroman, in: K. Grubmüller u. a., Geistliche Denkformen in der Literatur des Mittelalters, München 1984, 210–225.

Speigl, J.: Petrus Chrysologus über die Auferstehung der Toten, in: Jenseitsvorstellungen, 1982, 140–153.

Spiess, E.: Entwicklungsgeschichte der Vorstellungen vom Zustande nach dem Tode, Graz ²1975.

Spilling, H.: Die Visio Tnugdali, Eigenart und Stellung in der ma. Visionsliteratur bis zum Ende des 12. Jahrhunderts, München 1975.

Spitzmüller, H.: Poésie latine chrétienne du Moyen Age, IIIᵉ–XVᵉ siècle, Paris 1971.

Spörl, J.: Das Alte und das Neue Mittelalter, Hist. Jb. 50 (1930) 297–341, 498–524.

Sprandel, R.: Mentalitäten und Systeme, Neue Zugänge zur ma. Geschichte, Stuttgart 1972.

–: Historische Anthropologie, Zugänge zum Forschungsstand, Saeculum 27 (1976) 121–142.

–: Das Verhalten gegenüber alten Leuten: Die Geschichte der Exegese eines Paulustextes im Mittelalter, Saeculum 30 (1979) 365–373.

–: Altersschicksal und Altersmoral, Die Geschichte der Einstellungen zum Altern nach der Pariser Bibelexegese des 12.–16. Jahrhunderts, Stuttgart 1981.

Stammler, W.: Die Totentänze des Mittelalters, München 1922.

–: Der Totentanz, Entstehung und Deutung, München 1948.

–: Frau Welt, Eine ma. Allegorie, Freiburg 1959.

Stange, C.: Luthers Gedanken über die Todesfurcht, Berlin 1932.

Steer, G.: Anselm von Canterbury, Verfasserlexikon 1, 375–381.

Steffen, U.: Das Mysterium von Tod und Auferstehung, Formen des Jona-Motivs, Göttingen 1963.

Steigleder, P.: Das Spiel vom Antichrist, Eine geistesgeschichtliche Untersuchung, Würzburg 1938.

Stelling-Michaud, S.: Quelques aspects du problème du temps au moyen âge, Schweizer Beitr. z. Allg. Geschichte 17 (1959) 7–30.

Stichel, R.: Studien zum Verhältnis von Text und Bild spät- und nachbyzantinischer Vergänglichkeitsvorstellungen, Wien 1971.

Stoevesandt, H.: Die letzten Dinge in der Theologie Bonaventuras, Zürich 1969.

Stolte, H.: Hartmanns sog. Witwenklage und sein drittes Kreuzlied, DVjs 25 (1951) 184–198.

Storck, W. F.: Die Legende von den drei Toten, Diss. Heidelberg, Tübingen 1910.

–: Das 'Vado mori', ZfdPh 42 (1910) 422–428.

Strecker, K.: Dies irae, ZfdA 51 (1909) 227–255.

[Strubbe]: Sur l'âge et l'auteur du Dies irae, Q.L.P. 15 (1930) 260f.

Stubbe, H.: Formen der Trauer, Eine kulturanthropologische Untersuchung, Berlin 1985.

Stüber, K.: Commendatio animae, Sterben im Mittelalter, Bern 1976.

Stuiber, A.: Heidnische und christliche Gedächtniskalender, Jb. f. Antike u. Christentum 3 (1960) 24–33.

–: Refrigerium interim, Die Vorstellungen vom Zwischenzustand und die frühchristliche Grabeskunst, Bonn 1957.

Surmund, H.-G.: 'Factus eram ipse mihi magna quaestio' (Conf. IV 4), Untersuchungen zu Erfahrung und Deutung des Todes bei Augustinus unter besonderer Berücksichtigung des Problems der 'mors immatura', Diss. Münster/W. 1977.

Szövérffy, J.: Eschatologie in ma. Hymnen, ZfdPh 79 (1960) 18–27.

Taubes, J.: Abendländische Eschatologie, Bern 1947.

Taylor, J.: The Rule and Exercises of Holy Dying, London 1901.

Taylor, J. H. M. (Hrsg.): Dies illa, Death in the Middle Ages, Liverpool 1984.

Tenenti, A.: Processi formativi e condizionamenti del senso della morte e delle sue espressioni (secoli XII–XVIII), Ricerche di Storia sociale e religiosa 8 (1979) 5–21.

–: Sens de la mort et amour de vie, Renaissance en Italie et en France, L'Harmattan 1983.

–: La vie et la mort à travers l'art du XVe siècle, Paris ²1983.

Tennenhaus, R.-M.: Das unsterbliche Bildnis, Europ. gravierte Metallgrabplatten vom 12. bis zum 17. Jahrhundert, Wien 1977.

Theissing, H.: Dürers Ritter, Tod und Teufel, Sinnbild und Bildsinn, Berlin 1978.

Theunissen, M.: Die Gegenwart des Todes im Leben, in: R. Winau u. a., 1984, 102–124.

Thiele, G.: Mhd. morttaete, ZfdA 75 (1938) 87f.

Thielicke, H.: Leben mit dem Tod, Tübingen 1980.

Thiry, C.: La plainte funèbre, Turnhout 1978.

Thomas, L.-V.: Mort et pouvoir, Paris 1978.

–: Rites de mort, Pour la paix des vivants, Paris 1985.

Thomas, M.: Heilsspiegel und Gottesschau, Zur chronologischen Einordnung des speculum humanae salvationis nach der historischen Kontroverse über die visio beatifica, Freiburger Zs. f. Phil. u. Theol. 22 (1975) 204–233.

Thompson, W. M.: Der Tod in der engl. Lyrik des 17. Jahrhunderts, Breslau 1935.

Töpfer, B.: Das kommende Reich des Friedens, Berlin 1964.

Toussaert, J.: Le sentiment religieux en Flandre à la fin du moyen-âge, Paris 1963.

Traill, D. A.: Walahfrid Strabo's Visio Wettini, Text, Translation and Commentary, Bern 1974.

Trathnigg, G.: Über Selbstmord bei den Germanen, ZfdA 73 (1936) 99–102.

Tristram, H. L. C.: Sex aetates mundi, Die Weltzeitalter bei den Angelsachsen und den Iren, Untersuchungen und Texte, Heidelberg 1985.

Tristram, P.: Figures of Life and Death in Medieval English Literature, London 1976.

Tubach, F. C.: Index Exemplorum, Helsinki 1969.

Turner, R. V.: *Descendit ad inferos*: Medieval Views on Christ's Descent into Hell and the Salvation of the Ancient Just, Journal of the History of Ideas 27 (1966) 173–194.

Ugazio, U. M.: Il problema della morte nella filosofia di Heidegger, Milano 1976.

Uhle, B.: Das Todesproblem im dichterischen Werk Hartmanns von Aue, Diss. Frankfurt a. M. 1968.

Uhlmann, M.: Über Gog und Magog, Zs. f. wiss. Theol. 5 (1862) 265–286.

Vanderheijden, J.: Het thema en de uitbeelding van den dood in de poezie der late Middeleeuwen en der vroege renaissance in de Nederlanden, Ledeberg 1929.

Vasiliev, A.: Medieval Ideas of the End of the World: West and East, Byzantion 16 (1942/43) 462–502.

Vattioni, F. (Hrsg.): Sangue e Antropologia Biblica, 2 Bde., Roma 1981.

– (Hrsg.): Sangue e antropeologia nella letteratura christiana, 3 Bde., Roma 1983.

– (Hrsg.): Sangue e antropologia nella Liturgia, 3 Bde., Roma 1984.

Vauchez, A. (Hrsg.): Faire croire, Modalités de la diffusion et de la réception des messages religieux du XIIᵉ au XVᵉ siècle, Paris 1981.

Veit, L. A.: Volksfrommes Brauchtum und Kirche im deutschen Mittelalter, Ein Durchblick, Freiburg i. Br. 1936.

Vellekoop, K.: Dies irae, dies illa, Studien zur Frühgeschichte einer Sequenz, Bilthoven 1978.

Verbeke, W. (Hrsg.): Eschatologie in de Middeleeuwen, Löwen 1984.

Vetter, E. M.: Die Maus auf dem Gebetbuch, Ruperto-Carola 16. Jg., Bd. 36 (1964) 99–108.

Völker, P. G.: Der Arzt und das Heilwesen im Mittelalter, München 1967.

Vogüé, A. de: ‹Avoir la mort devant les yeux chaque jour comme un événement imminent›, Coll. Cist. 48 (1986) 267–278.

Vorgrimler, H.: Der Tod im Denken und Leben des Christen, Düsseldorf 1978.

–: Hoffnung auf Vollendung, Aufriß der Eschatologie, Freiburg i. Br. 1980.

Voss, G.: Das jüngste Gericht in der bildenden Kunst des frühen Mittelalters, Leipzig 1884.

Vovelle, G. et M.: Vision de la mort et de l'au-delà en Provence d'après les autels des âmes du purgatoire, XVᵉ–XXᵉ siècles, Paris 1970.

Vovelle, M.: Piété baroque et déchristianisation en Provence au XVIIIᵉ siècle, Les attitudes devant la mort d'après les clauses des testaments, Paris 1973.

–: Mourir autrefois, Attitudes collectives devant la mort aux XVIIᵉ et XVIIIᵉ siècles, Paris 1974.

–: Encore la mort: un peu plus qu'une mode?, Annales ESC 37 (1982) 276–287.

–: La mort en Occident de 1300 à nos jours, Paris 1983.

Wackernagel, W.: Der Todtentanz, ZfdA 9 (1853) 302–365.

Wadstein, E.: Die eschatologische Ideengruppe Antichrist, Weltsabbat, Weltende und Weltgericht in den Hauptmomenten ihrer christlich mittelalterlichen Gesamtentwicklung, Zs. f. wiss. Theol. 38 (1895) 538–617, 39 (1896) 79–157.

Wagner, A.: Visio Tnugdali, Lat. u. altdeutsch, Erlangen 1882.

Walker, D. P.: The Decline of Hell, Seventeenth-Century Discussions of Eternal Torment, London 1964.

Walther, H.: Das Streitgedicht, München 1920.

Walz, J. B.: Die Fürbitte der Heiligen, Eine dogmatische Studie, Freiburg i. Br. 1927.

–: Die Fürbitte der Armen Seelen und ihre Anrufung durch die Gläubigen auf Erden, Dogmatisch untersucht und dargestellt, Freiburg i. Br. 1927.

Wapnewski, P.: Herzeloydes Klage und das Leid der Blanscheflur, Zur Frage der agonalen Beziehungen zwischen den Kunstauffassungen Gottfrieds von Straßburg und Wolframs von Eschenbach, Festschrift für U. Pretzel, Berlin 1963, 173–184.

Waszink, J. H.: Mors immatura, Vigiliae Christ. 3 (1949) 107–112.

Weber, F. P.: Aspects of Death and Correlated Aspects of Life in Art, Epigram, and Poetry, Contributions Towards an Anthology and an Iconography of the Subject, College Park, Maryland ⁵1971.

Weber, H. J.: Die Lehre von der Auferstehung der Toten in den Haupttraktaten der scholastischen Theologie von Alexander von Hales zu Duns Skotus, Freiburg i. Br. 1973.

Wechssler, E.: Die roman. Marienklagen, Diss. Halle 1893.

Wehrli, M.: Formen ma. Erzählung, Zürich 1969.

–: Geschichte der deutschen Literatur, Bd. I: Vom frühen Mittelalter bis zum Ende des 16. Jahrhunderts, Stuttgart 1980.

Weicker, G.: Der Seelenvogel in der alten Literatur und Kunst, Leipzig 1902.

Weidenhiller, E.: Untersuchungen zur deutschsprachigen katechetischen Literatur des späten Mittelalters, München 1965.

Weinand, H.-G.: Tränen, Untersuchungen über das Weinen in der deutschen Sprache und Literatur des Mittelalters, Bonn 1958.

Weinfurter, St.: Vita canonica und Eschatologie, Eine neue Quelle zum Selbstverständnis der Reformkanoniker des 12. Jahrhunderts aus dem Salzburger Reformkreis, in: G. Melville (Hrsg.), Secundum regulam vivere, Festschrift N. Backmund, Windberg 1978, 139–167.

Weinhold, K.: Die heidnische Todtenbestattung in Deutschland, Wien 1859.

Weinstein, D./R. M. Bell: Saints and Society, The Two Worlds of Western Christendom, 1000–1700, Chicago 1982.

Wellmer, H.: Persönliches Memento im deutschen Mittelalter, Stuttgart 1973.

Wendland, V.: Ostermärchen und Ostergelächter, Brauchtümliche Kanzelrhetorik und ihre kulturkritische Würdigung seit dem ausgehenden Mittelalter, Frankfurt a. M. 1980.

Wenk, I.: Der Tod in der deutschen Dichtung des Mittelalters, dargestellt an den Werken des Pfaffen Konrad, Hartmanns von Aue und Wolframs von Eschenbach, Diss. (masch.) Berlin 1956.

Wentzlaff-Eggebert, F.-W.: Das Problem des Todes in der deutschen Lyrik des 17. Jahrhunderts, Leipzig 1931.

–: Der triumphierende Tod und der besiegte Tod in der Wort- und Bildkunst des Barock, Berlin 1975.

Werckmeister, O. K.: Pain and Death in the Beatus of Seint-Sever, Studi Medievali 14 (1973) 565–626.

Werner, J.: Im Sterben gleich, Die revolutionäre Melodie des ma. Totentanzes, Das Münster 28 (1975) 189f.

Wessely, J. E.: Die Gestalten des Todes und Teufels in der darstellenden Kunst, Leipzig 1876.

Wetter, F.: Die Lehre Benedikts XII. vom intensiven Wachstum der Gottesschau, Rom 1958.

Wicki, N.: Die Lehre von der himmlischen Seligkeit in der ma. Scholastik von Petrus Lombardus bis Thomas von Aquin, Freiburg 1954.

Wiederkehr, D.: Perspektiven der Eschatologie, Einsiedeln 1974.

–: Glaube an Erlösung, Konzepte der Soteriologie vom Neuen Testament bis heute, Freiburg i. Br. 1976.

Wiegelmann, G.: Der 'lebende Leichnam' im Volksbrauch, Zs. f. Volkskunde 61/62 (1965/66) 161–183.

Wikenhauser, A.: Die Herkunft der Idee des tausendjährigen Reiches in der Johannesapokalypse, Röm. Quartalschr. 45 (1937) 1–24.

Williams, G. S.: The Vision of Death, A Study of the 'memento mori' Expressions in Some Latin, German and French Didactic Texts of the 11th and 12th Centuries, Göppingen 1976.

–: Against Court and School: Heinrich von Melk and Hélinant de Froidmont as Critics of Twelfth Century Society, Neophilologus 62 (1978) 513–526.

Williams H. L.: The Personification of Death in Medieval German Literature (1150–1300): A Misrepresentation of Christian Doctrine, Diss. University of Kansas 1974.

Winau, R./H. P. Rosemeier (Hrsg.): Tod und Sterben, Berlin/New York 1984.

Winkler, E.: Scholastische Leichenpredigten, Die sermones funebres des Johannes von Sancto Geminiano, in: Kirche – Theologie – Frömmigkeit, Festgabe für G. Holtz zum 65. Geburtstag, Berlin 1965, 177–186.

–: Die Leichenpredigt im deutschen Luthertum bis Spener, München 1967.

Winklhofer, A.: Das Kommen seines Reiches, Von den letzten Dingen, Frankfurt a. M. 1959.

Wiplinger, F.: Der personal verstandene Tod, Todeserfahrung als Selbsterfahrung, München 1970.

Wisniewski, R.: Walthers Elegie (L 124, 1 ff.), ZfdPh 87 (1968) Sonderheft 91–108.

Witte, M. M.: Elias und Henoch als Exempel, typologische Figuren und apokalyptische Zeugen, Zu Verbindungen von Literatur und Theologie im Mittelalter, Frankfurt a. M. 1987.

Wittmer, C.: Die kulturgeschichtliche Bedeutung der Totenbücher am Oberrhein, Festschrift für H. Heimpel zum 70. Geburtstag, Göttingen 1972, 668–676.

Wolff, L.: Das Zwiegespräch zwischen Leben und Tod, Korrespondenzbl. d. Vereins f. ndt. Sprachforschung 44 (1931) 51–53.

Wollasch, J.: Mönchtum des Mittelalters zwischen Kirche und Welt, München 1973.

–: Überlieferung und Edition der cluniazensischen Necrologien, in: Ders. (Hrsg.), Synopse der cluniazensischen Necrologien, Bd. 1: Einleitung und Register, München 1982, 11–44.

Wolterdorf, T.: Zur Geschichte der Leichenpredigten im Mittelalter, Zs. f. protest. Theol. 6 (1884) 359–365.

Wulf, C.: Körper und Tod, in: D. Kamper u. a. (Hrsg.), Die Wiederkehr des Körpers, Frankfurt a. M. 1982, 259–273.

Wyss, D.: Zwischen Logos und Antilogos, Untersuchungen zur Vermittlung von Hermeneutik und Naturwissenschaft, Göttingen 1980.

Zaddach, B. I.: Die Folgen des Schwarzen Todes (1347–51) für den Klerus Mitteleuropas, Stuttgart 1971.

Zahn, J.: Das Jenseits, Paderborn ²1920.

Zappert, G.: Über den Ausdruck des geistigen Schmerzes im Mittelalter, Denkschr. d. kais. Akad. d. Wiss., phil.-hist. Kl., Bd. 5, Wien 1854, 73–138.

Zarndt, H.: Gott kann nicht sterben, Wider die falschen Alternativen in Theologie und Gesellschaft, München 1970.

Zarri, G.: Purgatorio „particolare" e ritorno dei morti tra Riforma e Controriforma: L'area italiana, Quaderni Storici Jg. 17, Bd. 50 (1982) 466–497.

Zedda, S.: L'escatologia biblica, 2 Bände, Brescia 1971/75.

Ziegler, P.: The Black Death, London ²1971.

Zieren, H.: Studien zum Teufelsbild in der deutschen Dichtung von 1050–1250, Diss. Bonn 1937.

Zimmerli, W.: Der Mensch und seine Hoffnung im Alten Testament, Göttingen 1968.

Zimmermann, O.: Die Totenklage in den franz. Chansons de geste, Diss. (masch.) Marburg 1923.

Zoepf, F.: Bestattung, in: Reallexikon zur dt. Kunstgeschichte 2, Stuttgart-Waldsee 1948, 332 ff.

Werke von mehreren Autoren ohne Herausgeberschaft

Adelige Sachkultur des Mittelalters, Wien 1982.

L'apocalypse de Jean, Traditions exégétiques et iconographiques, IIIᵉ–XIIIᵉ siècles, Genève 1979.

Il dolore e la morte nella spiritualità dei secoli XII e XIII, Todi 1967.

Faire croire, Modalités de la diffusion et de la réception des messages religieux du XIIᵉ au XVᵉ siècle, Paris 1981.

Der Grenzbereich zwischen Leben und Tod, Göttingen 1976.

Jenseitsvorstellungen in Antike und Christentum, Gedenkschrift für A. Stuiber, Jb. f. Antike und Christentum, Ergänzungsbd. 9, Münster/W. 1982.

Leben angesichts des Todes, Beiträge zum theologischen Problem des Todes, H. Thielicke zum 60. Geburtstag, Tübingen 1968.

Die Lebenstreppe, Bilder der menschlichen Lebensalter, Köln 1987.

La mort au moyen âge, Colloque del l'Association des historiens médiévistes français réunis à Strasbourg en juin 1975, Strasbourg 1977.

La mort en toutes lettres, Une synthèse sur le discours littéraire de la mort, Nancy 1983.

Das Mysterium des Todes, Frankfurt a. M. 1955.

Thanatos classique, Cinq études sur la mort écrite, Paris 1982.

Was ist der Tod?, Elf Beiträge und eine Diskussion, Das Heidelberger Studio, Eine Sendereihe des Süddeutschen Rundfunks, 45. Sendefolge, München ²1970.

REGISTER *

Personen und Namen

* A. = Anmerkung

Gregor von Tours 206 A. 120
Gregory, T. 206 A. 119. 250
Grelot, P. 182 A. 41. 250
Greshake, G. 22. 183 A. 55 u. 57. 199
  A. 34. 210 A. 3 u. 8. 250
Grieshaber, H. 250
Griessmair, E. 196 A. 18. 250
Grignani, M. A. 208 A. 150
Grimm, Jacob 203 A. 93
Grimm, R. R. 187 A. 35. 215 A. 63.
  250
Gross, K. 250
Grün, H. 200 A. 47. 250
Grünhut, L. 230 A. 56. 250
Gruenter, R. 250
Grundmann, H. 194 A. 8. 250
Guardini, R. 185 A. 28. 250
Gühring, A. 250
Guenné, B. 194 A. 8. 251
Guerry, L. 251
Guiart, J. 251
Guiomar, M. 251
Gundissalinus (Gonzales), Dominicus
  3. 181 A. 7
Gundolf, H. 251
Gunther 138 f.
Gurevič, A. J. (s. a. Gurjewitsch, A. J.)
  205 A. 117. 206 A. 119–121. 207 A. 122.
  251
Gurjewitsch, A. J. 181 A. 18. 202 A. 70.
  209 A. 3. 211 A. 8 u. 9. 218 A. 17
Gyburc 219 A. 21

Haage, B. 251
Haas, A. M. 182 A. 23. 185 A. 28. 189
  A. 67. 229 A. 35 u. 49. 231 A. 5. 251
Haberling, W. 197 A. 32. 251
Hacker, J. B. N. 251
Hadot, P. 192 A. 85
Häring, N. M. 225 A. 12
Haeusler, M. 194 A. 8. 251
Hagen 138 f.
Hahn, G. 232 A. 3. 251
Hahn, I. 251
Hain, M. 251
Hallyn, F. 251

Hammerich, L.-L. 208 A. 149. 251
Hammerstein, R. 233 A. 14. 252
Hanson, C. 208 A. 149
Harder, F. 252
Harmening, D. 201 A. 51. 252
Harms, W. 252
Harnack, A. von 104
Hartmann von Aue 142. 145. 222 A. 11
Hartmann, H. 252
Hasenfratz, H.-P. 201 A. 53. 252
Hauck, K. 252
Haufe, G. 252
Haug, W. 100. 210 A. 7. 211 A. 10. 212
  A. 30. 213 A. 32. 221 A. 3. 229 A. 52.
  230 A. 58. 252
Haupt, M. 226 A. 13
Hauptmann, Gerhart 58
Hayek, M. 212 A. 21
Hecker, J. F. C. 194 A. 6. 252
Heer, F. 188 A. 46
Hegel, Georg Wilhelm Friedrich 11 f.
  28. 182 A. 28 u. 29
Heiler, F. 252
Heinemann, L. 252
Heinrich I. von England 65
Heinrich II., Kaiser 128
Heinrich V., Kaiser 53
Heinrich von Kempten 222 A. 10
Heinrich von Melk 119
Heintze, G. 224 A. 11
Heinzel, R. 212 A. 29
Heinzmann, R. 210 A. 8. 211 A. 13.
  252
Heist, W. 213 A. 34. 252
Helbling, H. 196 A. 14. 214 A. 49. 252
Helena 131
Helfenstein, U. 194 A. 8. 252
Helm, R. 252
Helmbrecht, Meier 145. 196 A. 20
Hengstenberg, H.-E. 253
Hengstl, M. H. 253
Hennecke, E. 208 A. 147
Hennig, U. 223 A. 5
Henningsen, M.-L. 253
Henoch (Enoch), bibl. AT/NT 59. 96 f.
  101. 220 A. 21. 221 A. 3

Maertens, Th. 197 A. 22. 204 A. 105, 111, 115 u. 116. 260
Maier, J. 260
Malaspina, E. 208 A. 149
Mani 6
Mansfeld, J. 182 A. 35. 189 A. 50
Mantels, W. 260
Marcus, irischer Mönch 83
Margaretha (Gattin des Ackermanns aus Böhmen) 175
Maria, Mutter Jesu Christi 68. 130 (Jungfrau Maria). 177
Maria Magdalena, bibl. NT 76
Marie de France 208 A. 149
Marke, König 152 ff. 227 A. 23
Markus, Evangelist 20. 21
Marsch, E. 260
Martelet, G. 260
Marten, R. 260
Martha, bibl. NT 18
Martimort, A. G. 260
Marx, K. 30
Massmann, H. F. 260
Matthäus, Evangelist 20. 21
Maurer, F. 213 A. 33, 35 u. 36. 215 A. 66. 221 A. 3. 260
Maurer, W. 215 A. 68
Mause, L. de 260
Mausser, O. 260
McGinn, B. 196 A. 14. 214 A. 48. 260. 261
Mearns, R. 209 A. 151
Mechthild von Magdeburg 148. 169
Meier, C. 261
Meier, J. 261
Meinloh von Sevelingen 150
Meisen, K. 261
Meissburger, G. 222 A. 3. 227 A. 24. 261
Mellbourn, G. 191 A. 79. 192 A. 91
Meloni, P. 261
Melville, G. 193 A. 1–4. 194 A. 7 u. 9. 196 A. 17. 261
Metken, S. 261
Metz, J. B. 87. 88. 209 A. 2. 210 A. 3. 261
Metzger, A. 261

Metzner, E. E. 202 A. 70. 261
Meuli, K. 201 A. 56 u. 59. 203 A. 87. 261
Meuthen, E. 232 A. 1
Mew, J. 261
Meyer, A. A. 213 A. 37. 261
Meyer, K. 209 A. 150. 261
Meyer-Baer, K. 261
Miccoli, G. 194 A. 5. 262
Michael, Erzengel 58. 101. 134
Michel, A. 262
Mieth, D. 226 A. 15. 228 A. 32
Milburn, R. L. P. 262
Milkau, F. 262
Minois, G. 262
Mohnike, G. C. F. 204 A. 116. 262
Mohr, R. 191 A. 82 u. 83. 210 A. 7. 212 A. 27. 262
Mohr, W. 262
Mohrmann, C. 262
Molinari, P. 204 A. 114. 262
Mollat, M. 194 A. 6. 262
Monnier, J. 262
Montaigne, Michel de 4
Moos, P. von 230 A. 57. 262
Moraldi, L. 262
Morel, G. 231 A. 8, 9, 11–15
Moreschini, C. 192 A. 85
Morholt (Morold) 152 f. 227 A. 23
Morungen, Heinrich von 150 f. 169. 226 A. 16
Moser, H. 226 A. 13
Moses, bibl. AT 18. 43
Mossay, J. 262
Müllenhoff, V. 262
Müller, A. Freiherr von 227 A. 22
Müller, I. 262
Müntzer, Thomas 107
Mulders, J. A. 33. 184 A. 21. 262
Mutthaupt, H. 209 A. 150

Naumann, H. 201 A. 49 u. 54. 262
Neckel, G. 262
Nero, Kaiser 128
Neske, I. 262
Neumann, F. 222 A. 11

Sachen